财务管理学

主　编◎ 朱开悉

副主编◎ 黄丽萍　朱鹏　黄政　常耀中

中国财经出版传媒集团

经济科学出版社

Economic Science Press

·北 京·

图书在版编目（CIP）数据

财务管理学/朱开悉主编；黄丽萍等副主编 . --
北京：经济科学出版社，2024.6
ISBN 978 - 7 - 5218 - 5452 - 7

Ⅰ.①财…　Ⅱ.①朱…　②黄…　Ⅲ.①财务管理-教
材　Ⅳ.①F275

中国国家版本馆 CIP 数据核字（2023）第 252211 号

责任编辑：顾瑞兰　许洪川
责任校对：郑淑艳
责任印制：邱　天

财务管理学

主　编　朱开悉
副主编　黄丽萍　朱　鹏　黄　政　常耀中
经济科学出版社出版、发行　新华书店经销
社址：北京市海淀区阜成路甲 28 号　邮编：100142
总编部电话：010-88191217　发行部电话：010-88191522
网址：www. esp. com. cn
电子邮箱：esp@ esp. com. cn
天猫网店：经济科学出版社旗舰店
网址：http：//jjkxcbs. tmall. com
固安华明印业有限公司印装
787×1092　16 开　23 印张　520000 字
2024 年 6 月第 1 版　2024 年 6 月第 1 次印刷
ISBN 978 - 7 - 5218 - 5452 - 7　定价：80.00 元
（图书出现印装问题，本社负责调换。电话：010 - 88191545）
（版权所有　侵权必究　打击盗版　举报热线：010 - 88191661
QQ：2242791300　营销中心电话：010 - 88191537
电子邮箱：dbts@ esp. com. cn）

序　言

　　《财务管理学》是一门理论性和实践性很强的经济科学，不仅是会计学、财务管理和审计学专业的主要专业课程，同时也是其他管理类本科专业的核心课程之一。本教材自2003年第一版出版以来已经进行了多次修订和重印。本次教材的编写和修订，力争反映资本市场发展和财务管理环境变化，旨在系统地阐述企业财务管理的基本理论和基本方法，力图体现以下原则：第一，坚持以公司制企业为基础，以企业资金运营为主线，尽可能从我国实际出发来阐述企业财务管理理论与方法，强调实用性。第二，坚持专业教育与能力培养相结合，在加强基本理论、基本方法和基本思路论述的同时，尽可能增加国内外财务管理理论与实践发展的新内容，体现一定的前瞻性。第三，坚持按市场经济的环境和条件来阐述企业财务管理的理论和方法，体现现代财务管理规律的客观要求，并且在内容安排上符合财务管理工作进程，力求理论与实践相联系。

　　本教材以资产负债表管理的基本内容为主线，系统地阐述企业筹资、投资、分配与运营管理的基本理论与方法。本教材共十二章，包括总论；货币时间价值；收益和风险；证券估值；长期融资管理；资本成本、企业杠杆与资本结构；投资项目管理；营运资本管理；期权；股利政策；企业资本运营和企业财务分析等。本教材每章课后部分练习题附有参考答案，可供会计学、财务管理、审计学专业和其他管理学相关专业学生作教材使用，也可以当作参考资料使用，使用过程中可根据各专业教学计划进行调整。

　　本教材反映了近年来我国财务管理学的最新成果，编写组全体成员（朱开悉、黄丽萍、朱鹏、黄政、常耀中）对教材进行了交叉审核，并由主编朱开悉教授进行修改、审定，主编黄丽萍博士协助审稿。本教材在编写修订过程中，参考了诸多已公开出版的教材、专著和论文，不一一列举，在此一并致谢。作为以前同名教材的主编，也对原参编者表示感谢。

　　本教材的出版感谢经济科学出版社的关心与支持，由于时间仓促，疏漏或不足之处，敬请相关专家、学者和广大读者批评指正，将在以后不断修订完善。

编写组

2023 年 12 月

目 录

第**1**章

总　论

通过对本章的学习，能够了解企业财务管理基本理论、基本框架和基本内容；具体掌握企业财务管理的概念、内容和原则、财务活动与财务关系、企业财务管理目标、企业组织形式以及委托代理关系；理解企业财务管理所处的金融环境和金融市场；本章重点是财务管理学科的基本理论和框架。

在企业经营活动中尤其是财务管理活动中，必须面对三类不同的重要问题。第一，企业应该投资什么样的项目才可能盈利？第二，如何为所要实施的投资项目筹集资金？找谁筹资？筹资多少？第三，谁控制或管理企业？怎么运营管理企业？这些内容分别称为企业的投资活动、筹资活动和经营活动。同时，上述三个主要问题还涉及企业的资本提供者（股东、债权人）和资本使用者（管理者）之间的委托代理关系，如何在创造价值的同时，权衡他们之间的关系也是企业财务管理的重要问题。

1.1　财务管理的定义

以生产制造业为例，假设你决定创办一家生产空调的公司，为此你首先需要考虑资金来源，自有资金是否足够。如果资金不足，则需要寻找合伙人。其次需要雇用经理协助购置或租赁厂房和设备，再购买原材料，并招募一批生产和销售空调的员工。从财务管理的角度来看，你是在厂房、设备、存货和劳动力等方面进行投资。你投入在这些资产的资金来源于你筹集的资金。当你开始销售空调的时候，你的公司将获得现金，这是创造价值的基础。公司的目标是创造价值，因此，公司创造的现金流量必须超过它所使用的现金流量，公司支付给债权人和股东的现金流量必须大于债权人、股东投入公司的现金流量。

从这个简单的例子中可以看出，财务管理是价值管理，这种价值管理体现在财务决策和财务活动中。财务管理是从企业管理中分离出来的一项专门从事企业筹资、投资、经营和分配的管理职能，其本质是一种价值管理，是对企业再生产过程中的价值运动所进行的管理；是企业管理中以目标为导向、以财务活动和财务关系为对象、组织企业财务活动、处理财务关系的一项价值管理；是对某一独立核算单位的财务活动进行有效的组织，正确处理内外部各种财务关系的一项综合性价值管理活动。

1.2 财务活动与财务关系

1.2.1 企业财务活动

企业财务活动又称企业理财活动，是再生产过程中的资金运动，即筹资、投资、经营和分配资金的活动，是企业资金的组织、运用与管理活动。

企业拥有一定数额的资金，是进行生产经营活动的必要条件。资金是企业生产经营过程中商品或劳务价值的货币表现，其实质是再生产过程中运动着的价值。资金运动是指企业实物商品运动和金融商品运动过程中的价值运动。

企业的资金运动，构成企业经济活动的一个独立方面，具有自己的运动规律。随着企业再生产过程的不断进行，企业资金总是处于不断的运动之中。在企业再生产过程中，企业资金从货币资金形态开始，顺次通过购买、生产、销售三个阶段，分别表现为固定资金、生产储备资金、未完工产品资金、产成品资金等各种不同形态，然后又回到货币资金形态。

从货币资金开始，经过若干阶段，又回到货币资金形态的运动过程，叫作资金的循环。企业资金周而复始不断重复的循环，叫作资金的周转。资金的循环、周转体现着资金运动的形态变化。

1. 资金筹集

企业是以价值创造和盈利为目的的经济组织，企业为了实现其目的，需要进行生产经营，而实现生产经营的前提条件是具有一定的资金，资金筹集是指企业通过各种方式取得资金的过程。在市场经济条件下，企业筹集资金的途径主要有：①由企业所有者（包括国家、其他企业单位、个人、外商等）投入，形成企业的资本金；②企业内部积累，即将税后利润留存于企业；③对外借款，包括发行债券以及向金融机构及其他机构借入的长期借款和短期借款；④企业经营过程中形成的各项负债，如应付账款等。

2. 资金运用

资金运用是指将筹集的资金投入生产经营过程。资金运用又称投资，投资可分为对内投资和对外投资，对内投资是指对企业自身的投资，可分为固定资产投资、项目投资和流动资产投资；对外投资是指企业对其他经济实体进行的投资。

在生产过程中，生产者使用劳动手段对劳动对象进行加工，生产出新产品，与此同时耗费各种材料，损耗固定资产，支付职工工资和其他费用。在购销过程中也会发生一定的耗费，各种生产耗费的货币表现就是产品等有关对象的成本，成本是生产经营过程中的资金耗费。这样，企业所耗费的固定资金、生产储备资金、用于支付工资的资金，先转化为未完工产品资金，随着产品制造完成，再转化为产成品资金。在发生资金耗费的过程中，生产者创造出新的价值，包括为自己劳动创造的价值和为社会劳动创造的价值。所以，资金的耗费过程又是资金的积累过程。

3. 资金收入与分配

在销售过程中，企业资金从产成品资金形态转化为货币资金形态。企业取得销售收入，实现产品的价值，不仅可以补偿产品成本，而且可以实现企业的利润，企业自有资金的数额随之增大。此外，企业还可取得投资收益和其他收入。

资金分配主要是指收益的分配。企业营业收入和其他收入扣除生产经营过程中发生的各项耗费和损失之后的余额，称为企业息税前利润，即支付利息及缴纳所得税之前的收益。资金分配就是将这部分收益分别以利息、所得税和利润等形式在投资人及国家之间分配。需要说明的是，企业向债权人支付利息和向所有者分配利润都是企业收益分配的重要组成部分，但二者有所不同，具体表现为：①支付利息是企业的法定义务，不论企业是否有利润，都必须向债权人支付利息，而向所有者分配利润则不是法定的义务；②利息由税前利润支付，利润分配必须由税后利润支付。

财务活动是企业生产经营活动的重要组成部分。市场经济要求企业自主经营，自主经营必然要求企业自主理财，即要求企业按市场经济规律自主地筹资、投资、经营和分配资金。企业的财务活动只是企业财务的表现形式，要揭示企业财务的本质特征，需要对企业财务活动所体现的财务关系作深入的分析。

1.2.2 企业财务关系

企业的财务活动是以企业为主体来进行的，企业作为法人在组织财务活动过程中，必然与企业内外部有关各方发生广泛的经济利益关系，这就是企业的财务关系。企业财务关系是企业在资金运动过程中与各相关利益相关者发生的经济利益关系。

1. 企业与投资人和受资人之间的财务关系

企业作为独立的经营实体，独立经营，自负盈亏，实现所有者资本的保值与增值。所有者以投资人的身份，参与企业税后利润的分配，体现为所有权性质的投资与受资的关系。

企业向其他单位投资，依其出资额，可形成独资、控股和参股情况，并根据其出资份额参与受资方的重大决策和利润分配。企业投资最终目的是取得收益，但预期收益能否实现，也存在一定的投资风险。

企业与投资人、受资人的关系，实质是委托代理关系，是投资与分享投资收益的关系，在性质上属于所有权关系。处理这种财务关系必须维护投资人、受资人各方的合法权益。

2. 企业与债权人、债务人、往来客户之间的财务关系

企业购买材料、销售产品，要与客户发生货款收支结算关系，在购销活动中由于延期收付款项，要与有关单位发生商业信用即产生应收账款和应付账款。当企业资金不足或资金闲置时，要向银行借款、发行债券或购买其他单位债券。企业与债权人、债务人、往来客户的关系，在性质上属于债权关系、合同义务关系。处理这种财务关系，必须维护有关各方的权利和义务，保障有关各方的权益。

3. 企业与国家之间的财务关系

国家作为行政管理者——政府，担负着维护社会正常的秩序、保卫国家安全、组织和管理社会活动等任务。政府为完成这一任务，必然无偿参与企业利润的分配。企业则必然按照国家税法规定缴纳各种税款，包括所得税、流转税和计入成本的税金等。国家以社会管理者的身份向一切企业征收的有关税金，是国家财政收入的主要来源。企业及时足额地纳税，是生产管理者对国家应尽的义务。这种关系体现为一种强制和无偿的分配关系。

4. 企业内部各单位之间的财务关系

一般说来，企业内各部门、各单位之间与企业财务部门都要发生领款、报销、代收、代付的收支结算关系。在实行内部经济核算制和经营责任制的条件下，企业内部各单位都有相对独立的资金定额或独立支配的费用限额，各部门、各单位之间提供产品和劳务要进行计价结算。这样，在企业财务部门同各部门、各单位之间，各部门、各单位相互之间，就会发生资金结算关系，它体现着企业内部各单位之间的经济利益关系。处理这种财务关系，要严格分清有关各方的经济责任，以便有效地发挥激励机制和约束机制的作用。

5. 企业与员工之间的财务关系

企业要用自身的产品销售收入，向员工支付工资、津贴、奖金等，从而按照员工提供的劳动数量和质量进行分配。这种企业与员工之间的结算关系，体现着员工个人和集体在劳动成果上的分配关系。处理这种财务关系，要正确地执行有关的分配政策。

企业的资金运动，表面是钱和物的增减变动，实质是人与人之间的经济利益关系。我们要透过资金运动的现象，看到人与人之间的经济利益关系，自觉地处理好财务关系，促进生产经营活动的发展。

1.3　财务管理目标

企业财务管理目标按其涉及的范围大小，可分为总体目标和具体目标。总体目标是指整个企业财务管理所要达到的目标，决定着整个财务管理过程的发展方向，是企业财务活动的出发点和归宿。具体目标是指在总体目标的制约下，从事某一部分财务活动所要达到的目标。总体目标是各个具体目标的集中表现，具体目标是总体目标的明细化。财务管理总体目标，是企业各项财务活动的共同目标，对财务管理具体目标起着主导作用、支配作用，因而又称为财务管理的主导目标、基本目标。我们在本节将着重阐述财务管理的总体目标。

企业财务管理具体目标按其涉及的财务管理对象不同，可分为财务活动目标和财务指标目标。财务活动目标如按财务管理内容分为筹资管理目标、投资管理目标、成本管理目标、收益分配目标等，或按筹资投资对象分为股票筹资目标、债券筹资目标、证券投资目标、项目投资目标等，或按资产项目分为应收账款管理目标、存货管理目标等。财务指标目标分为利润目标、成本目标、资本结构目标等。

关于企业财务管理目标有很多不同的观点，实践中，企业采取什么样的财务管理目标与企业的资本结构、治理结构和经济社会等多种因素有关。

1.3.1　利润最大化目标

利润最大化目标是流传甚广的一种观点。利润代表了企业新创造的财富，利润越多则说明企业的财富增加越多，既可以增加股东财富又可以体现经营管理者的业绩。

传统观点认为，利润最大化目标是合理的。首先，企业进行的活动都是为了追求剩余价值，而剩余价值在市场经济条件下可以用利润来衡量，因此可以将其作为目标；其次，在自由竞争的资本市场中，资本使用权属于能获得最大利润的企业，坚持这一目标有助于资源的最优配置；最后，企业追求利润最大化，可以使社会财富实现最大化。

但是，以利润最大化为目标也存在不足或缺陷。

（1）利润最大化概念含混不清。企业利润是短期利润还是长期利润？是税前利润还是税后利润？是经营利润还是分配给股东的利润？不同的利润概念其行为导向不同。

（2）利润最大化是一个绝对指标，没有考虑企业的投入与产出之间的关系，难以在不同资本规模的企业或同一企业的不同时期进行比较。

（3）利润最大化目标没有考虑资金的时间价值。投资项目收益现值的大小，不仅取决于其收益总额的大小，还要受取得收益时间的制约。而且不同时间的资金流入，其价值是不同的。

（4）利润最大化目标没有考虑风险价值。一般而言，收益越高，风险越大。追求最大利润，有时会增加企业风险，但利润最大化目标不考虑企业风险。

（5）现行会计系统充满假设与估计，企业管理者有可能在会计准则的弹性空间内进行盈余管理，如利用非主营业务提升账面利润，扭曲企业真实的情况，从而使企业会计利润最大化目标难以反映真实情况。以利润最大化作为目标可能会使企业财务决策带有短期行为，片面追求短期利润的增加，不考虑企业长远的发展。

如果投入资本相同、利润取得的时间相同、相关的风险也相同，利润最大化目标则是许多企业采纳的财务管理目标。实践中，许多企业都把提高利润作为企业的财务管理目标，尤其是短期目标。

1.3.2　净资产收益率和每股收益最大化目标

净资产收益率最大和每股收益最大，这两个目标是利润最大化目标的演进，其特点是把企业实现的利润额同投入的自有资本或股本股数进行对比，能够确切地说明企业的盈利水平，因而对于进行财务分析、财务预测都有重要的作用。它可以克服利润最大化目标的第二个缺点，却存在其他两大缺点，即没有考虑资金的时间价值以及没有考虑风险问题。

1.3.3　企业价值最大化目标

企业价值是指企业全部资产的市场价值。企业价值的大小取决于企业全部资产的市场价值和企业潜在或预期获利能力。评估企业价值时，重点不是已经赚取的利润，而是企业潜在或预期获利能力，是企业未来报酬。企业价值最大化目标有两种计量方法：未来企业报酬贴现值和资产评估值。企业价值最大化目标存在的关键问题是如何合理计量企业价值。

计量方法可能有许多种，其中常用的是未来企业报酬贴现值，即以企业未来报酬的贴现值作为目标，从理论上看来颇有道理，但是在可操作性上却存在着难以克服的缺陷。

（1）企业的未来报酬以及按此报酬折算出来的企业资产价值，都是就企业整体而言的，但资产价值中包括由债务资本形成的资产。如果企业本年资产价值较上年增长，并不一定能说明企业经济效益的提高（如企业增加负债，提高资产负债率，相应地增加了企业资产的价值）。单用总资产价值来衡量一个企业容易误导信息使用者。

（2）未来各年的企业报酬和与企业风险相适应的贴现率很难预计，误差较大的预计很难作为对各部门要求的目标和考核的依据。

（3）企业价值的目标值通过预测方法来确定，对企业进行考评时，其实际值却无法按公式的要求来取得。资产评估值从方法的角度来看是通过资产评估的程序来取得企业资产的价值，由专业资产评估师所进行的评估，有一套科学的方法、法定的程序，评估结果比较符合资产的市场价值。但是，资产评估通常是在企业经营方式变更、资产流动、产权转移时采用，在企业日常管理、业绩评价中采用则费时费事，事实上也很难行得通。

实现了企业价值最大化也可以说是实现了企业的财富最大化，股东财富和企业价值是两个相关概念。一般意义上的企业价值最大化的核心是股东财富最大化。

1.3.4 股东财富最大化目标

股东是企业的剩余索取权拥有者，当企业盈利时股东最大限度获得收益，当企业亏损时股东承担全部损失。股东的目标是提高资本报酬，增加股东财富，实现权益资本的保值增值。以股东财富最大化作为财务管理目标，这强调股东承担企业的全部剩余风险，因此相应地享有全部剩余收益。企业管理者应最大限度以提高股东利益、增加股东财富为目标。

在上市公司中，投资人持有公司的股票并成为公司的股东。上市公司股票市场价格的高低体现着投资人对公司价值的评价，反映投入资本和企业利润之间的关系；股票市场价格受预期每股收益和企业风险的影响，股票市场价格也可以反映每股收益的风险。所以，往往用股票市场价格来代表股东财富。

股东财富最大化的目标，在一定条件下也就演变成股票市场价格最大化这一目标。但以股票市价或每股市场价最大化作为财务管理目标，实际上很难被普遍采用。原因包括：第一，上市公司在全部企业中只占极少一部分，大量的非上市公司不可能采用这一目标；第二，即使对上市公司而言，股票市场价格受多种因素影响，如宏观经济环境、非经济因素、企业无法控制的因素等，这导致股票市场价格并不总能反映企业的经营业绩，也难以准确体现股东财富。

股东财富最大化与利润最大化目标的区别如下。

（1）股东财富最大化以财富增值为目标，考虑了利润与投入资本之间的投入产出关系，避免了利润最大化目标使用利润这个绝对值的缺陷。

（2）股东财富最大化体现了企业财务的基本价值原理，财富增值计算既考虑了资金时间价值又考虑了风险因素。

（3）股东财富最大化目标促使企业管理者将投资决策、融资决策和股利分配决策整合在一起进行综合财务决策，并权衡短期和长期的股东财富价值。

1.3.5 每股现金流量最大化目标

企业价值与股东财富很大程度上取决于企业现金流量的多少，因此很多人认为企业财务管理应以每股现金流量最大化为目标。但是，我们必须看到，每股现金流量最大的企业不一定是企业价值与股东财富最大，即使是企业净现金流量最大，也必须区分经营活动现金流量、投资活动现金流量还是筹资活动现金流量。在现金流量确定后，企业价值与股东财富的高低，还取决于市场上投资人要求的投资报酬率。因此，每股现金流量最大化目标难以操作。

1.3.6　利益相关者利益最大化目标

企业除了站在股东的立场上来考虑问题外，还需要同时兼顾其他利益相关者，如员工、顾客乃至整个社会的利益，同时还应该承担一定的社会责任。以利益相关者利益最大化作为企业财务管理的目标，试图克服股东财富最大化忽略其他利益相关者利益这个缺陷；股东财富最大化目标是从股东至上视角出发，强调股东是企业唯一的剩余索求者和风险承担者。但是，其他利益相关者实际上参与了企业财务活动并承担了风险，因此在企业中享有剩余索取权并承担剩余风险的不仅仅是股东，还应包括其他利益相关者，如债权人、员工、供应商等，企业财务管理目标应当兼顾各个利益相关者的利益。

相较于股东财富最大化目标，把其他利益相关者的利益纳入企业财务管理目标，似乎更加合理，但是存在以下问题。

（1）利益相关者利益最大化将导致企业财务管理目标多元化，不同的利益相关者的利益诉求存在差异甚至是矛盾的。管理者很难在实际决策中恰当地权衡不同利益主体的利益诉求，利益相关者利益最大化目标违背一个组织目的性或理性行为的前提是单一价值目标。

（2）企业资源是有限的，这决定了企业不可能完全满足利益相关者的利益诉求。

（3）在众多利益主体中，各自的利益如何界定，其重要程度如何确定都是难题，很可能导致企业管理者只关心自己的利益。

（4）过多的财务管理目标会带来决策困难，使得企业管理者无所适从。

企业在从事生产经营过程中应维护社会利益，遵守国家法律法规，也必须在各种法律法规和准则的制约下去追求财务管理目标的实现。

1.4　企业组织形式

在社会经济生活中很容易观察到大部分经济活动是由企业参与进行的，而不是由个人直接参与进行；而且大型企业几乎都是公司，而不是其他法律上许可的企业组织形式。这些问题都非常值得探究。

企业组织形式是指企业的性质及体制。企业的组织形式一般有三种，即独资企业、合伙企业和公司。不同形式的企业，财务管理的侧重点及内容有着较大的区别。我们应该关注在各种组织形式下企业如何筹集大量的资金并运营企业。

1.4.1　独资企业

独资企业是指个人单独出资，独立拥有，个人控制的企业。

假设你决定创办一家奶茶店，创立程序很简单，准备好足够资金后，签订房屋租赁协议，再向工商管理部门申办营业执照。然后你可以雇用员工，且自己负责所有生产经营过程，到了年末，无论盈利或亏损都是你的。

独资企业有以下特点。

（1）独资企业是费用最低的企业组织形式。不需要正式的章程，而且在大多数行业中，需要遵守的相关法律法规是最少的。

（2）独资企业不是纳税主体，不需要缴纳企业所得税。企业所有的利润按个人所得税规定纳税。

（3）独资企业的业主对企业债务负有无限责任。个人资产和企业资产之间没有差别。

（4）独资企业存续期受制于业主本人的生命期。

（5）由于个人资本有限，信誉较低，难以筹集大量资本，即使企业遇到有利可图的投资机会，也会因不能筹集到足够的资金而坐失良机。

1.4.2　合伙企业

两个或两个以上的合伙人一起创办的企业，共同出资、共同经营、共担风险、共享收益，并对企业债务承担无限连带责任。合伙企业的合伙协议可以是口头协议，也可以是正式文字协议。

合伙企业分为两类：普通合伙企业；有限合伙企业。

普通合伙企业是由普通合伙人组成，合伙人对合伙企业债务承担无限连带责任。

有限合伙企业由普通合伙人和有限合伙人组成，普通合伙人对合伙企业债务承担无限连带责任，有限合伙人以其认缴的出资额为限对合伙企业债务承担责任。通常要求：普通合伙人和有限合伙人至少各一人；有限合伙人不参与企业管理。

合伙企业有以下特点。

（1）合伙企业的创建成本一般较低，容易开办。

（2）普通合伙人对所有债务负有无限责任。有限合伙人仅限于负与其出资额相应的责任。如果一个普通合伙人不能承担责任，不足部分由其他普通合伙人承担。

（3）当一个普通合伙人死亡或撤出时，普通合伙企业随之终结。但是，这一点不同于有限合伙制。

（4）合伙企业在没有宣布解散的情况下转让产权是很难的，所有的普通合伙人必须一致同意才能转让产权。但是，有限合伙人可以出售他们在合伙企业中的利益。

（5）合伙企业要筹集大量的资金十分困难。许多公司，如苹果计算机公司，就是始于独资或合伙企业，但发展到一定规模，它选择了转换为公司制企业。

（6）合伙企业不是纳税主体，不需要缴纳企业所得税。合伙企业的收入按照合伙人征收个人所得税。

（7）合伙企业的管理控制权归属于普通合伙人。企业的重大事件通常需要通过普通合伙人投票表决来确定。对于大型企业组织，要以独资或合伙制存在是很难的。

独资和合伙企业最主要的优点是创办费用低，但其缺点主要有：①无限责任；②有限的企业生命；③产权转让困难；④难以筹集资金。由于合伙企业共同出资、共同拥有、共同经营、权力分散，更加容易导致合伙人意见分歧，加剧以上缺点。

1.4.3　公司

公司制企业，即把企业组织成为一个公司，是解决筹集大量资金的一种标准方法。在众多企业组织形式中，公司最为重要。它是一个独立的法人，并享有很多像自然人一样的法律权利。例如，公司可以签订合同、起诉和被诉、购买和交换财产。

创办一家公司比创办一家独资或合伙企业复杂得多。公司创办需要有公司章程和一系列细则。公司章程要包括如下内容：公司名称、住所、经营范围、经营管理制度等重大事项。

在最简单的公司中，公司由三类不同的利益者组成：股东、董事会成员、高层管理人员。

一般情况下，股东控制公司的方向、政策和经营活动；股东选举董事会成员，董事会成员选择高层管理人员，高层管理人员以股东的利益为重，管理企业的所有经营活动。

在股权集中的公司中，股东、董事会成员和高层管理人员三者可能相互交叉。但是，在大型企业中，股东、董事会成员、公司高层管理人员可能是各不相同，不相互交叉的。

1. 与独资企业和合伙企业相比，公司的所有权和管理权分离有很多优势

（1）因为公司的产权表示为股份，所以产权可以转让给新的股东。因为公司的存在与持股者无关，所以股份转让不像合伙企业那样受到限制。

（2）公司具有无限存续期。因为公司与它的所有者相分离，某一所有者死亡或撤出不影响它的存在。即使原有的所有者撤出，公司仍然可以继续经营。

（3）股东的责任仅限于其投资于公司所有权的股份数。例如，假设投资人购买了1 000元工商银行（601398.SH）股票，其潜在的损失就是1 000元。在合伙企业中，每个普通合伙人出资1 000元，其可能的损失是1 000元加上合伙企业的负债。

有限责任、易于产权转让和无限存续期是公司这种企业组织形式的主要优点。这些优点又提高了公司筹集资金的能力。

公司存在一个重要缺点，公司的应纳税所得要征收企业所得税，同时股东收到股利后需要缴纳个人所得税。与独资和合伙企业相比，这对于股东是双重征税。

2. 公司包括有限责任公司、股份有限公司

（1）有限责任公司是指由一个以上五十个以下的股东出资设立，每个股东以其所认缴的出资额为限对公司承担有限责任，公司法人以其全部资产对公司债务承担全部责任的经济组织。

有限责任公司的基本特征是：公司的全部资本不划分为等额股份；公司不得发行股票，公司仅向股东签发出资证明书；公司股份的转让受到严格的限制，股东之间可以相互转让其全部或者部分股权；只能在出资者范围内募股集资，公司不得向社会公开招股集资，公司为出资人所发的出资证明亦不同于股票，不得在市场上流通转让；股东数量较少，一般不超过五十个；股东以其出资比例享受相应的权利和承担相应的义务。

（2）股份有限公司是指以公司资本为股份所组成的公司，股东是以其认购的股份为限对公司承担责任的企业法人。

股份有限公司主要有以下特点：资本划分为股份，每一股的金额相等。公司的股份采取股票的形式，通过发行股票筹集资本；公司规模大，股份公司的注册资本最少要达到500万元人民币；公司的所有权与经营权分离，公司的所有者为持有该公司股票的股东，但股东不直接参与公司的经营管理，公司的经营权由董事会及总经理负责；公司的产权关系及分配关系明确，公司的净资产归全体股东所有，公司税后利润按股分配，同股同权同利；股东对公司负债的责任以其出资额为限。

本书对公司与企业未进行明确区分，把公司财务管理作为讨论的重点，除非特殊说明，本书所讨论的财务管理均指公司财务管理，独资企业和合伙企业的财务管理本书不予另外介绍。

1.5 委托代理关系

企业可以被视为许多契约或合同的集合，企业的代理关系可以定义为一种契约或合同关系，这些契约或合同可能是明确的，也可能是模糊的。如企业与债权人的借贷合同，企业与员工的劳动合同，企业与供应商、客户之间的购销合同，股东与管理者之间的承诺等。

债权人为企业提供了资金，但是他们处于企业之外，债权人应到期获取固定本息。与债权人的固定索取权不同，所有者权益合同的条款之一是股东对企业资产的剩余索取权。在企业持续经营的前提下，剩余索取权仅限于企业的利润或净利润；在企业清算时，剩余索取权位于其他关系人的索取权（员工工资、债权人本息、税收等）之后。与剩余索取权相对应的是股东成为企业风险的主要承担者，因此股东拥有公司的控制权和管理

权，以确保企业在投资、融资和经营活动中增加企业价值和剩余索取权价值。

股东、管理者和债权人之间的关系构成了企业最重要的财务关系，而且股东、管理者和债权人的目标和利益不完全一致，他们之间形成委托代理关系并产生利益冲突，冲突之一：股东与管理者；冲突之二：股东与债权人；冲突之三：大股东与中小股东。

1.5.1 管理者的目标和代理成本

管理者的目标可能不同于股东的目标。如果管理者独自追求他们自己而不是股东的目标，那么管理者所要追求的最大化目标是什么呢？一般认为，管理者基本的目标是企业的财富最大化，企业的财富是管理者所能进行有效控制的财富，它与企业的成长性和规模密切相关，但是，企业的财富并非必然就是股东的财富。

管理者背离股东利益主要表现在以下两个方面。

（1）道德风险。管理者为了自己的利益，不尽最大努力去提高企业可持续盈利能力。他们不做错事，只是不十分卖力，尽力增加闲暇时间。这样做并不必然负有法律责任，股东也很难追究他们的直接责任。

（2）逆向选择。管理者为了自己的利益，不惜损害股东利益。例如，装修豪华的办公室、会议室，购置高档汽车、办公用品，气派的商业应酬，甚至故意压低本公司股票价格低买高卖股票获利，导致股东财富受损。

所有者权益合同可定义为一种委托代理关系，股东是委托人，管理者是代理人，双方都将力图为自己谋利益。解决管理者和股东之间利益冲突的费用是一种特别类型的成本，称为代理成本。代理成本是一些成本的总和主要包括：①股东的监督成本；②股东实施控制的成本。可以预期，为了使得股东财富达到最大，股东设计的合同将给管理者适当的激励。但是，代理问题仍然无法完美得到解决，结果可能是管理者背离股东利益而使股东蒙受损失。

1.5.2 所有权和经营权分离

现代大型公司一个显著的特征就是股权分散在成千上万个投资人中。例如，图1-1表明，截至2023年3月31日，共有660 888户投资人持有格力电器（000651.SZ）的股票。

公司这种企业组织形式的最大优点之一在于它允许股份转让。股权分散化导致大型公司的所有权和经营权分离，居于企业外部的股东和居于企业内部的管理者将会发生利益冲突。所有权和经营权的分离引发了一个重要问题：谁在控制企业？

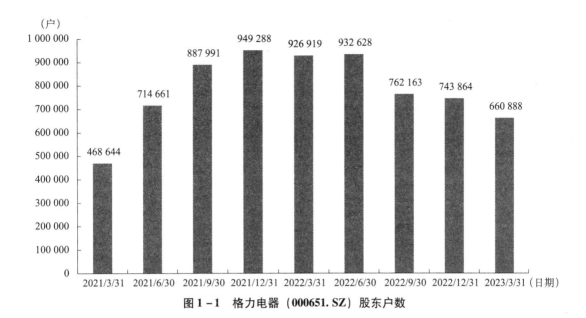

图 1-1　格力电器（000651.SZ）股东户数

1.5.3　股东和管理者

股东可以使用以下几种措施将管理者与股东的利益联系在一起。

（1）股东通过投票决定董事会成员。因此，股东控制董事会成员，董事会成员选择管理者。

（2）董事会与管理者签订劳动合同并确定薪酬水平或激励方式，如制定股票期权计划，激励管理者追求股东的目标；根据管理者的经营业绩，如每股盈利和类似的规定，奖励管理者业绩股等，这也是一种激励措施。

（3）经理人市场的竞争也可以促使管理者在经营中以股东利益为重。否则，他们将被其他人取代。愿意支付给管理者更多酬劳的企业将吸引好的管理者。

（4）如果因为经营管理太差使得上市公司的股票价格大幅度下降，上市公司可能被其他公司或个人收购。在收购后，被收购方的高层管理者可能被解雇。这会迫使管理者以股东利益为重、采取能使股东利益最大化的行动。

1.5.4　股东和债权人

1. 股东与债权人的矛盾

企业的资本来自股东和债权人。债权人把资金借给企业，目的是到期收回本金，并获得约定的利息收入，投资回报是固定的；企业借款则是为了扩大经营，投入有风险的生产经营项目，股东的利益随企业经营效益而变化。两者的风险和收益不一致，目标也不一致。

债权人事先知道借出资金是有风险的，并把这种风险的应得报酬计入利息率。但是，借款合同一旦成为事实，债权人就失去了资金的控制权。首先，股东可能未经债权人同意，投资于比债权人预计风险要高的项目，这会增加负债的风险。若高风险的项目一旦成功，额外利润就会被股东独享；但若失败，债权人却要与股东共同负担由此而造成的损失。这对债权人来说风险与收益是不对称的。其次，股东未征得现有债权人同意，发行新债券或借新债，这增大了企业破产风险，致使旧债券或旧债的价值降低，侵犯了债权人的利益。因此，在企业财务陷入困境时，股东和债权人之间的利益冲突加剧。

2. 股东与债权人的协调

当企业经营业绩好时，债权人所得的固定利息只是企业收益中的一小部分，大部分利润归股东所有。当企业财务状况差陷入财务困境时，债权人承担了资本无法追回的风险。这就使得股东的财务目标与债权人渴望实现的目标可能发生矛盾。股东与债权人的上述矛盾协调，一般通过以下方式解决。

（1）限制性条款。通过对借款的用途限制、借款的担保条款和借款的信用条件来防止和迫使企业不能侵犯债权人的利益。

（2）收回借款不再借款。当债权人发现企业有侵蚀其债权价值的意图时，可以收回债权，不再提供新的借款，从而保护自身的权益。

1.5.5 大股东和中小股东

大股东通常持有公司大多数的股份，能够左右股东大会和董事会的决议，并委派最高管理者，掌握着公司重大经营决策的控制权。

大股东对公司的控制权越大，越有积极性履行监督管理层的职能，且只有持股比例较高的股东才有可能从公司的监督中获益；同时，大股东所占比例上升时，大股东的侵占能力增强且侵占行为越难受到制约。中小股东并不必然有意愿或能力参与公司治理，但他们可以通过"用脚投票"的方式来保护自身的利益。

在中国资本市场中，上市公司股权结构高度集中，"一股独大"现象十分明显。2009~2017年，中国A股上市公司，第一大股东的平均持股比例高达30%。在此背景下，第一大股东往往有很强的动机去监督管理层，因此股东与管理者之间的第一类代理问题并不严重，甚至出现大股东与管理者的利益趋同而产生合谋，从而减弱了大股东对管理者的监督动机。相反，由于资本市场不完善、缺乏有效的外部治理机制和监管、中小股东的被保护程度较弱等，中国上市公司面临的主要问题是大股东对中小股东利益的侵占，而且大股东对中小股东利益的侵占往往是与公司管理者合谋的结果，大股东甚至会直接掏空上市公司。

大股东侵占中小股东利益的常用形式包括：利用关联交易转移利润；非法占用公司

巨额资金，利用上市公司进行担保和恶意融资；发布虚假消息操纵股价；为指派的高级管理者支付过高的薪酬；利用不合理的股利政策掠夺中小股东的既得利益。

1.6 金融市场

金融市场是现代企业赖以生存和发展的外部经济环境之一，与以筹资管理、投资管理和经营管理为基本框架的企业财务管理密切相关；金融市场既制约和影响财务管理理论，又对企业筹资活动、投资活动和经营活动产生巨大影响。

1.6.1 金融市场的概念与功能

金融市场是指资金供求双方通过某种形式融通资金达成交易的有形或无形的场所，也称为金融性资产流通的场所；金融市场反映了金融资产的供给需求关系，包含了金融资产交易过程中所产生的运行机制，其中最重要的是价格、利率、汇率形成机制。在金融市场中，市场参与者之间的关系已经不是简单的买卖关系，而是一种借贷关系或委托代理关系，是以信用为基础的资本所有权和使用权的暂时分离或有条件让渡。

金融市场由货币市场和资本市场构成，主要功能是把社会各个单位和个人的剩余资金有条件地转让给社会各个缺乏资金的单位或个人，使得财尽其用，促进社会发展。

1.6.2 金融市场的交易

一个完善的金融市场由金融市场主体、客体和参加者三部分组成。金融市场主体是指银行及其他非银行金融机构，它们是联结筹资者和投资人的桥梁。金融市场客体是金融市场交易的对象，也就是各种金融工具。金融市场的参加者是指资金供求双方。在金融市场上，资金的转移方式有以下三种。

（1）不必经由任何中介机构的直接交易。需要资金的公司或其他资金不足者直接将股票或债券出售给资金剩余者。公司将证券（股票或债券）卖给投资人，投资人将资本投资给公司，实现资金融通。

（2）经由投资银行的间接交易。投资银行是一种承销公司的新证券并协助公司获得所需资金的金融机构。在资金转移过程中，它扮演的是中间人的角色，即公司只是将股票或债券卖给投资银行，再由投资银行转售给最终投资人。

（3）经由其他金融中介机构的间接交易。金融中介机构以本身所发行的证券来交换投资人的资本，再将资本转移到各种股票和债券等有价证券上去。金融中介机构能够将资金由一种形式转换成另一种形式，使得金融市场的效率因而提高。

1.6.3　金融市场的分类

金融市场依据不同的标准，可对金融市场进行不同的分类。

（1）按内容范围不同，可分为广义的金融市场和狭义的金融市场。广义的金融市场是指一切资本流动的场所，包括资金市场、外汇市场、黄金市场，甚至还包括实物资本的流动市场。狭义的金融市场是指资金市场，包括货币市场和资本市场。

（2）按交易对象的不同，可分为实体资产市场与金融资产市场。实体资产市场又称为有形或真实资产市场，它的交易对象包括农产品、工业品、房地产、一般消费品等；金融资产市场的交易对象则包括股票、债券、票据、抵押单据及对其他真实资产的求偿权等。

（3）按实际交割日期不同，可分为现货市场、期货市场与选择权市场。在现货市场中买卖的资产通常当场交易，当场交割；在期货市场中买卖的资产必须在未来某一特定的时间，如3个月、6个月或1年后才能交割；选择权市场则是在未来期限到达后可完成或放弃某种资产的交割，如拥有某资产的购入选择权。

（4）按交易凭证期限的长短，可分为货币市场与资本市场。货币市场是指买卖到期期间少于1年的证券交易市场，货币市场的核心是银行。资本市场是指到期期间长于1年的证券交易市场。

（5）按证券是否为首次发行，分初级市场与次级市场，或称为一级（发行）市场和二级（流通）市场。初级市场是指专门买卖首次发行证券的市场。次级市场则指买卖现有的，已经流通在外证券的市场。

上市公司在发售债券和股票时与两种类型的一级市场相联系：公开发行和私募发行。大部分公开发行的债券和股票由证券公司的投资银行部门承销而进入市场。公开发行债权和股票必须在中国证监会和证券交易所注册登记，这要求公司公开其所有重要的信息。而且相关的法律、会计和其他注册登记准备的费用较高。在某些情况下，为避免这些费用，公司可采用私募发行方式，通过私下谈判将债券和股票出售给一些机构，如保险公司或基金。

在债券和股票首次发售后，它们就可以在二级市场交易。

（6）按市场的大小不同，可分为全球性市场、全国性市场以及地方性市场。例如，美国的纽约证券交易所是全世界最大的证券交易所之一，属于全球性市场；美国证券交易所属于美国的全国性交易市场；而美国加州的证券交易所则属于地方性交易市场。

1.6.4　证券市场

1. 证券市场定义

证券市场是指证券发行和买卖的场所，其实质是资金的供给方和资金的需求方通过竞争决定证券价格的场所。证券市场是市场经济发展到一定阶段的产物，是为解决资本供求矛盾和流动而产生的市场。证券是多种经济权益凭证的统称，因此，广义上的证券市场指的是所有证券发行和交易的场所；狭义上的证券市场也是最活跃的证券市场，指的是资本证券市场、货币证券市场和商品证券市场。证券市场是股票、债券、商品期货、股票期货、期权、利率期货等证券产品发行和交易的场所。对财务管理而言，最活跃也最重要的证券市场是股票市场，它是公司股票价格的决定场所。

2. 证券市场分类

证券市场按交易活动是否在固定场所进行可分为有形市场和无形市场。有形市场又称为场内市场，指有固定场所的证券交易市场，如上海证券交易所和深圳证券交易所等；无形市场也称为场外市场，指没有固定场所的证券交易市场。场内市场与场外市场之间的截然划分已经不复存在，现在已经是多层次的证券市场结构。

证券交易所是一个有形的实体，它拥有固定的交易大楼、会员与管理机构。每位会员在所内拥有各自的席位，它代表在所内进行交易的权利。大多数主要的证券公司和投资机构在证券交易所里都拥有席位。证券交易所通常一周营业 5 天，供买卖双方进行交易。同其他金融市场一样，证券交易所的主要功能仍然是促进买卖双方的交易。

根据有价证券的品种分类。证券市场主要有股票市场、债券市场、基金市场以及衍生证券市场等子市场，并且各个子市场之间是相互联系的。

我国目前的股票市场设有主板市场（上海证券交易所和深圳证券交易所）、中小板市场和创业板市场（深圳证券交易所）、科创板市场（上海证券交易所）。主板市场主要是成熟型企业的上市场所；中小板市场主要是中小企业的上市场所；创业板市场则主要是风险型成长阶段企业的上市场所。科创板市场主要服务于符合国家战略、突破关键核心技术、市场认可度高的科技创新企业。从风险水平而言，科创板市场风险最大。

1.6.5 有效市场类型

一般情况下，我们假设市场能及时地反映所有的相关信息。在现实中，某种信息对股票价格的作用可能快于其他信息。为了分析股票价格对不同信息的反应速度，可以将信息划分为不同的种类。最常见的分类是将信息分成三类：历史价格信息、公开可用信息和所有相关信息。它们之间的关系如图 1-2 所示。历史价格信息集是公开可用信息集的一个子集，公开可用信息集是所有相关信息集的一个子集。

市场有效性是企业财务管理行为的重要假设，它是指资本市场的证券价格能否有效、及时地反映全部的相关信息。如果能够及时、有效地反映全部相关信息，则称为有效的资本市场；如果不能够及时、有效地反映相关信息，则称为无效的资本市场。1970 年，法玛（Fama）将资本市场按照有效性分为以下三类市场。

1. 弱式有效市场

如果资本市场上证券的价格充分地包含和反映其历史价格的信息，那么该资本市场

图1-2 三类信息的关系

就达到了弱式有效。

由于历史的股票价格信息是最容易获取的信息,因此弱式有效是资本市场所能表现出的最低形式的效率。如果能够从股票价格的历史信息中发现某种可以获得超常利润的趋势,若每个投资人都能够做到,超额利润将在争夺中消失。

2. 半强式有效市场

如果资本市场上的证券价格充分地反映了所有公开可用的信息,包括如上市公司公布的财务报表和历史上的价格信息,那么该资本市场就达到了半强式有效。

也就是说,任何投资人按照已公开的信息进行交易,均不能获得超额收益,大多数财务分析将失去作用。

3. 强式有效市场

如果资本市场上的证券价格充分地反映了所有的相关信息,包括公开信息和内幕信息,那么该资本市场就达到了强式有效。强式有效市场包含着半强式有效市场和弱式有效市场,半强式有效市场包含着弱式有效市场。

强式有效市场假设指出,任何与证券价值有关的信息,即使是只有一个投资人知道的信息,一旦这个投资人企图利用这一信息进行交易的时候,市场将立即确认所发生的事情,股票价格在这位投资人购买该股票之前就已经反映该信息,没有任何秘密的事情,即内幕消息实际上都已经充分地反映在证券价格之中。换句话说,投资人利用内幕信息也无法在一个强式有效市场中获利。

与半强式有效市场相比较,强式有效市场还有很远的路要走。很难相信市场已经达到如此高的效率,以至某些获得真实且有价值的内幕信息的人都不能通过利用这些信息成功获利。同时,也很难发现有关市场达到强式有效的证据。目前所拥有的证据基本上都否定强式有效市场假设。

资本市场有效假设对企业财务管理有重要意义。企业财务决策制约企业财务状况,而企业财务状况影响企业股票价格和企业价值。同时,有效市场假设还给我们以下启示。

(1)市场没有记忆,历史信息对市场不构成影响,未来信息才是主要的影响因素;

因为价格及时地反映新的信息，投资人只能期望获得正常的收益率。等到信息披露后才认识信息的价值对投资人没有任何好处。实际上，在投资人进行证券交易之前，价格就已经调整了。

（2）有效市场不存在幻觉，虚假的、表面的财务信息不会影响证券价格；公司股票的价格不会因为公司改变会计方法而变动。

（3）上市公司不可能通过使用公开可用的信息来选择股票和债券的发行时间。

（4）所有证券价值相等并可互相替代；投资人能够进行自我选择，应该充分相信市场。

（5）企业内部信息对企业价值有重要影响。

1.7　企业财务治理

企业财务治理是现代企业制度的重要方面，主要解决企业对内和对外的财务行为和财务关系问题，是一种企业财务权的安排机制，通过这种财务权机制来实现企业内部财务激励与约束机制；实质上是一种财务权限划分，从而形成相互制衡关系的财务管理体制。财务治理是政府、出资人和管理者之间在财务收支管理、财务剩余索取、财务监督、财务利益分配和财务人员配置等方面划分权限，从而形成相互制衡关系的财务管理体制。

1.7.1　财务治理结构

企业财务治理就是规范所有者和管理者财务权限、财务责任和财务利益的制度安排。按照公司治理结构要求，企业财务决策分别由股东大会、董事会、管理层来实施。

股东作为出资者拥有所有权，股东大会实行所有者财务管理。

董事会与股东大会之间是一种信任托管关系，其关系通过公司章程加以约定。董事是股东的受托人，承担受托责任，受股东大会的信任委托，托管公司的法人财产和负责公司的经营。董事会拥有受约束的法人财产权和经营权。

企业非独立董事一般是从股东中选举产生的，而且出资额较大的股东才能被选为董事，企业的法人代表董事长一般是出资额最大的股东；企业独立董事一般由董事会提名，经股东大会选举产生，代表全体股东尤其是中小股东的利益。

因此，董事会成员既可能是原始出资人，又受雇于全体股东；从权能方面看，具有所有者和管理者的双重身份，具有所有者财务管理和管理者财务管理的两种职能。

总经理和董事会之间是委托代理关系，总经理是受雇者，是董事会的受托人，拥有企业经营管理权。总经理和董事会的委托代理关系通过聘任契约加以约定。总经理及企业管理层对企业财务的管理属于管理者财务管理。企业财务治理结构如图1-3所示。

股东大会、董事会和管理层对企业财务管理的职责权限存在较大差异。所有者财务

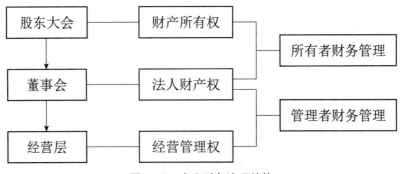

图1-3 企业财务治理结构

管理的对象，是股东投入企业的资本，而管理者财务管理的对象则是企业的法人财产。这两者管理对象上的差别是两权分离的结果，它表明出资者只对投入的资本及其权益行使产权管理，而管理者则对构成企业法人的全部财产行使产权管理，并对出资者承担资本保值增值的责任。

股东大会着眼于企业的长远发展和主要目标，实施重大的财务战略，进行重大的财务决策。其主要管理内容是：①决定公司的经营方针和投资计划；②审议批准年度财务预算、财务决策；③审议批准利润分配方案和亏损弥补方案；④对公司增加或者减少注册资本作出决定；⑤对发行公司债券作出决定；⑥对公司合并、分立、解散和清算作出决定等。

董事会着眼于企业的中、长期发展，实施具体财务战略，进行财务决策。其主要管理内容是：①决定公司的经营计划和投资方案；②制订年度财务预算方案、决策方案；③制订利润分配方案和亏损弥补方案；④制订增加或者减少注册资本的方案；⑤制订发行公司债券的方案；⑥拟订公司合并、分立、解散和清算的方案；⑦决定公司内部财务管理机构的设置；⑧聘任或者解聘经理和财务负责人等。

管理层对董事会负责，着眼于企业短期经营行为，执行财务战略，进行财务控制。其主要管理内容是：①组织实施公司年度经营计划和投资方案；②组织实施年度财务预算方案；③组织实施利润分配方案或者亏损弥补方案；④组织实施增加或者减少注册资本的方案；⑤组织实施发行公司债券的方案；⑥组织实施公司合并、分立、解散和清算的方案；⑦拟定公司内部财务管理机构设置方案；⑧提请聘任或者解聘经理和财务负责人，聘任或者解聘财务管理人员等。

1.7.2 财务总监与独立董事制度

财务总监与独立董事是公司财务治理的重要内容。由财务总监与独立董事代表股东对企业管理层的财务活动进行财务监督，已成为企业财务治理结构的一个重要组成部分。财务总监与独立董事制度产生和存在的客观前提是所有权和经营权的分离。

在两权分离的条件下，由于管理者与股东在利益上不完全一致，就需要设立代表股东尤其是中小股东利益的专业人员对企业管理层进行财务监督。因为许多企业董事会和管理层相互兼职，形成了董事自己聘任自己当经理，自己监督自己，自己评价自己的局面，导致董事会对管理层的监督低效甚至无效。

在实际工作中，经理常常改变董事会甚至股东大会的投资决策方案，事后也不向董事会报告，执行者自行其是、不听决策者指挥的事屡见不鲜。因此就需要由具有财务管理专业知识并有相当业务能力的财务总监与独立董事来对管理层进行财务监督。财务总监与独立董事可以有效地防止企业"内部人控制"，保护投资人权益。

财务总监由公司董事会任命，有的还作为委派的董事进入董事会。他代表股东利益，作为股东的代表对管理者进行的财务活动加以约束。财务总监以产权为依据行使权力，体现的是一种来自产权约束的监督关系。

财务总监的作用表现在：①约束经理人员行为、限制"内部人控制"；②实施产权监管、确保所有者权益；③参与经营决策、协调所有者与管理者关系。

财务总监的主要职权包括：①参与制定公司的财务管理制度，监督检查公司各级财务活动和资金收支情况；②参与拟定财务预算方案、决策方案；③参与拟定发行股票、债券的方案；④审核公司新项目投资的可行性；⑤参与拟定所属部门和二级公司的承包方案；⑥财务总监同经理联合批准规定限额内的经营性、投资性资金支出，汇往境外资金和担保贷款事项；⑦参与拟定公司利润分配方案和亏损弥补方案；⑧审核公司的财务报告，与经理共同确定其真实性，报本公司董事会。

财务总监的主要责任是：①保证上报公司财务报告的真实性，与经理共同承担责任；②国有企业财务总监对国有资产的流失承担相应责任；③对公司重大投资项目决策失误造成的经济损失承担责任；④对公司严重违反财经纪律的行为承担责任。

独立董事由股东大会选举产生，作为中小股东的代表对大股东和管理者进行的财务活动加以约束。独立董事不一定以产权为依据行使权力，它体现的是一种来自没有经济利益关系的独立的监督关系。

独立董事的作用表现在：约束大股东行为、限制大股东的"掠夺行为"；代表中小股东实施产权监管、确保中小股东权益；参与信息披露工作、确保信息披露的真实可靠。独立董事制度实施时间较短，还需要在实践中不断发展完善。

1.7.3 财务管理组织

企业财务管理机构的设置，因企业规模大小不同而有差异。随着企业筹资渠道和筹资方式的多样化，投资规模的不断扩大，以及财务管理地位的日益突出，财务机构与会计机构分设是必然要求。企业可以在总经理领导下设立财务副总经理来主管财务与会计工作，设立财务部和会计处，分别由财务经理和会计处长担任主管人员，再根据工作内容设置若干专业科室。财务管理机构的设置如图1-4所示。

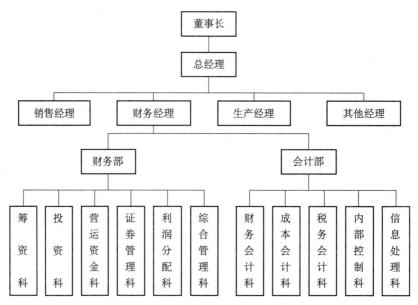

图1-4　企业财务管理机构

思考与练习

1. 简述独资企业、合伙企业与公司的差异。

2. 什么是代理问题？简述公司存在哪两类代理问题。

3. 简述公司财务目标中利润最大化目标和股东财富最大化目标。

4. 简述财务管理的经济环境包括的内容。

5. 简述权益资本和债务资本的或有索取权和固定索取权。

6. 简述公司两权分离有哪些必然性。

7. 公司制这种企业组织形式的优点和缺点是什么？

8. 简述货币市场和资本市场之间的区别。

9. 简述一级市场和二级市场的区别。

第**2**章

货币时间价值

学习目的与要求

　　通过对本章的学习，能够了解、掌握并运用货币时间价值；熟悉并掌握货币时间价值的概念、计算和运用；具体包括复利现值、复利终值、年金现值和年金终值的概念、计算和运用，以及理解普通年金、预付年金和递延年金之间的相互关系和计算方法，同时掌握画现金流图和用插值法求贴现率。本章的重点和难点是货币时间价值。

　　本章我们开始讨论财务管理学中一个十分重要的概念：今天的 1 元钱与未来的 1 元钱之间的关系。例如，你开办的空调公司正考虑是否投资 200 万元，该项投资在以后的 9 年中每年产生 30 万元的收益。你认为公司是否应投资该项目呢？乍一看，谁都会说当然应该接受该项目。但是我们应该敏锐地想到这 200 万元是要马上支出的，而那每年 30 万元的收益是在将来才能得到的。并且，当前的支出金额是确定无疑的，而未来的收益是不确定的，只是一个预期的金额。因此，在决定是否投资某个项目时，我们还须了解当前的 1 元钱与未来（有可能不确定）的 1 元钱之间的关系。

　　今天的 1 元钱比未来的 1 元钱更值钱，今天的 1 元钱可以带来利息，越早获得收益越好。若将今天的 1 元钱存入银行，年利率为 1.5%，则明年的今天将得到 1.015 元。0.015 元就是今天的 1 元钱到明年今天的时间价值。这种由于放弃现在使用资金的机会，而换取的按放弃时间长短计算的报酬，就是货币的时间价值。企业财务管理涉及的筹资活动、投资活动和经营活动都会用到货币的时间价值。

2.1　货币时间价值的概念

1. 基本定义

货币时间价值也称为资金时间价值，是指资金经历一定时间的投资和再投资后所增加的价值。资金具有时间价值的依据是资金投入市场后其数额会随着时间的延续而不断增加；这是一种普遍的客观经济现象。财务管理学中最基本的概念之一就是货币时间价值。

货币的时间价值以两种形式表现出来：一是时间价值率（又称贴现率、利率），一般取没有风险和没有通货膨胀条件下的社会平均资金利润率或通货膨胀率很低时的政府债券利率；二是时间价值额（又称利息），即一定数额的资金与时间价值率的乘积。

资金在运用过程中所增加的价值并不全部都是时间价值，还包括投资人因为承担投资风险和通货膨胀而获得的补偿。现代经济学一般观点认为，货币时间价值是扣除风险报酬和通货膨胀贴水后的社会平均资本利润率或社会平均投资报酬率，也称为真实报酬率。即：时间价值 = 真实报酬率 = 名义报酬率 – 通货膨胀贴水 – 风险报酬。实际应用过程中，一般在没有恶性通货膨胀的情况下，货币时间价值可以用短期国债的收益率表示。

由于货币随时间的延续会增值，现在的 1 元钱与未来的 1 元钱在经济上是不等效的。换一种说法，就是现在的 1 元钱和未来的 1 元钱经济价值不相等。货币时间价值原则的首要应用是现值概念，由于不同时间单位资金的价值不相等，所以不同时间的资金收支不能直接进行比较，需要把它们换算到相同的时间基础上，通常要把不同时间的资金价值折算到"现在"这个时点或"零"时点，然后才能进行大小的比较和比率的计算。

2. 时间轴

时间轴是能够表示各个时间点的数轴。严格来说，时间轴并不是货币时间价值的基本概念，而是货币时间价值中常用的工具之一，在解决相关问题时，画出时间轴总是第一个步骤。

由于不同时间点发生的现金流量不能直接比较，在比较现金流量的时候，就必须强调现金流发生的时间点。如图 2 – 1 所示，时间轴上的各个数字代表时点，一般用 t 表示。由于一年是一个时间段而不是一个时间点，一般都假定现金流是在年末（期末）发生的。在这种年末约定之下，第 0 年末表示现在，第 1 年末表示现在起的一年后。现金流入和流出相应地标记在时间轴上。现金流正号表示现金流入，如销售收入；负号表示现金流出，如投资金额；除非特别说明，决策的时间点都是 0 时点即现在。

时点	0	1	2	3	4	5
现金流	–100	–20	40	30	45	20

图 2 – 1　货币时间价值的时间轴

2.1.1　终值和现值

货币时间价值的表现形式，主要有现值和终值两种。

现值又称本金，是指未来时点上的一定量资金折合到现在的价值，或者说现值是一笔资金在若干期以前的价值即本金。

终值又称未来值，是现在的一定数量资金在未来某一时点上的价值，或者说终值是一笔资金在若干期以后的价值即本利和。

现值与终值是相对的，一笔资金相对于其前面的时点而言可以称为终值，相对于其未来的时点而言可以称为现值。例如，某人现在有 100 元，按一定的条件投资 1 年后的价值是 110 元、2 年后的价值是 121 元，那么，110 元相对于 100 元是终值、相对于 121 元就是现值。

现值可以由终值扣除时间价值因素后求得，这种由终值求得现值的方法称为贴现法或折现法。现值和终值的计量有两种模式：单利和复利。

单利：每个计息期间仅按原本金计算利息，每期的利息不再累加到下期本金中再次计算利息。不管时间多长，所生利息均不加入本金重复计算利息。单利情况下，利息没有进行再投资，即利息不再生息的一种计量模式。

复利：每个计息期间都把上期的利息并入本金内一并计算利息的方法，逐期滚算，即所谓"利滚利"。

这里所说的计息期，是指相邻两次计息的时间间隔，如年、月、日等。在计算利息时，除非特别指明，给出的利率一般是指年利率。对于不足一年的利息，以一年等于 360 天来折算。复利法是国际上目前普遍采用的利息计算方法。

在日常核算中，若没有特殊说明，货币时间价值的计算通常都是按照复利法进行的。原因在于企业进行的筹资、投资和经营决策都是在连续不断地进行的，企业前期产生的现金流量要重新投入到企业后续生产经营活动中进行循环，因此在进行财务决策时，有必要按照复利进行计算。

【例 2 -1】假设长江空调公司准备从银行借款 1 万元，利率 4%。

第一年末，长江空调公司将欠银行本金 1 万元再加上利息 0.04 万元共 1.04 万元。

第一年末，银行有两个选择：①收回借款本息共 1.04 万元，或者说是本金的 (1 + r) 倍，终止此借贷合同；②银行继续给长江空调公司借款。这种把资金本息留在市场并继续出借的过程叫作"复利计息"。

第二年末，长江空调公司将欠银行 1.0816 万元。

$$1 \times (1+4\%) \times (1+4\%) = 1 \times (1+4\%)^2 = 1 + 2 \times 4\% + 4\%^2$$
$$= 1 + 0.08 + 0.0016$$
$$= 1.0816 （万元）$$

这就是两年中这笔借款按复利计算所能获得的总收入。换句话说，通过提供贷款机会，金融市场使银行将其最初的 1 万元转变成了两年后的 1.0816 万元。

这里最需要注意的是，银行应收金额不只是借出的本金 1 万元再加上这 1 万元在两年的利息值即 $2 \times r = 2 \times 0.04 = 0.08$ 万元。除此之外，银行还得到 r^2 数目的利息，这是第一年所产生的利息部分在第二年所产生的利息。$2 \times r$ 表示这两年里的单利，而 r^2 指的是利息的利息。本例中，利息的利息是 $r^2 = (0.04)^2 = 0.0016$ 万元。

第三年末，这笔资金就会变成 $1 \times (1.04)^3 = 1.125$ 万元。以此类推，随着时间的推移，复利会产生巨大威力，如到了第五十年末，这笔资金变成 $1 \times (1.04)^{50} = 7.107$ 万元。

如果是单利计息，1 万元的年利息是 0.04 万元，50 年利息是 2 万元，本息和只有 3 万元。这远低于复利计息情况下所得到的 7.107 万元。

2.1.2　复利终值计算

复利终值计算又称一次性收付款项的终值计算。为了方便计算，我们假设：P 为本金，又称期初金额或现值；F 为本金与利息之和，又称本利和或终值；i 为贴现率，即每一计息期的利率，通常指每年利息与本金之比；$p \times i$ 为利息，即本金与利率的乘积；n 为计算利息的期数。

复利终值是指若干时期后包括本金和利息在内的未来价值，即本利之和。也就是已知本金 P、利率 i、期限 n，求复利终值 F。

分析：

第一年后的终值为：$F = P + P \times i = P \times (1+i)$

第二年后的终值为：$F = [P \times (1+i)] \times (1+i) = P \times (1+i)^2$

第三年后的终值为：$F = P \times (1+i)^3$

同理可推：

第 n 年的终值为：$F = P \times (1+i)^n$

上式是计算复利终值的一般公式，其中的 $(1+i)^n$ 被称为复利终值系数或 1 元的复利终值，用符号 $(F/P, i, n)$ 或者 $FVIF_{i,n}$ 表示。例如，$(F/P, 6\%, 3)$ 表示利率为 6%，3 期复利终值的系数。

为了便于计算，可编制"复利终值系数表"备用（见附表一）。该表的第一行是利率 i，第一列是计息期数 n，相应的 $(1+i)^n$ 值在其纵横相交处。通过该表可查出 $(F/P, 6\%, 3) = 1.191$，即在利率为 6% 的情况下，现在的 1 元和 3 年后的 1.191 元在经济上是等效的，根据这个系数可以把现值换算成终值。该表的作用不仅在于已知 i 和 n 时可以查找 1 元的复利终值，而且可在已知 1 元复利终值和 n 时查找 i，或已知 1 元复利终值和 i 时查找 n。

【例 2-2】现在将 100 元存入银行，利率为 2.5%，求 5 年后的复利终值。

解：已知 $P = 100$ 元，$i = 2.5\%$，$n = 5$ 年，则有：
$$F = 100 \times (1 + 2.5\%)^5 = 100 \times 1.1314 = 113.14 （元）$$

在这个例子中，给出了最初的投资额、利率，从而计算出终值。当然，也可以给出初始投资额和终值，从而求出利率。

【例 2-3】现有 100 万元，想在 19 年后使其达到 300 万元，选择投资机会时最低可接受的报酬率为多少？

解：已知 $P = 100$ 万元，$F = 300$ 万元，$n = 19$ 年，则有：

$$300 = 100 \times (1+i)^{19}, (1+i)^{19} = 3$$

即（$F/P, i, 19$）=3，查"复利终值系数表"，（$F/P, 6\%, 19$）=3.0256。

所以 $i = 6\%$，即投资机会的最低报酬率约为 6%，才可使现在的 100 万元在 19 年后达到 300 万元。

可以用 72 法则来估计复利终值。在给定利率的前提下，一笔资金经过多长时间可以翻一番？一种简单快捷的估算法就是 72 法则，即用 72 除以利率，可以得到使资金翻一番的年数。

根据【例 2-3】现有 100 万元，假设市场利率 9%，多少年资金能达到 200 万元？根据 72 法则，利率是 9% 的情况下，使资金翻一番的年数是 72 除以 9 等于 8 年。

2.1.3 复利现值计算

复利现值是复利终值的对称概念，指未来一定时间的特定资金按复利计算的现在价值，或者说是为取得将来一定本利和而现在所需要的本金，又称一次性收付款项的现值计算。这一计算未来现金流现值的过程叫作贴现或折现，它是复利终值计算的相反过程。

通过复利终值计算已知：

$$F = P \times (1+i)^n$$

所以：

$$P = \frac{F}{(1+i)^n} = F \times (1+i)^{-n}$$

上式中的 $(1+i)^{-n}$ 是把终值折算为现值的系数，称复利现值系数，或称 1 元的复利现值，用符号（$P/F, i, n$）或者 $PVIF_{i,n}$ 来表示。例如，（$P/F, 10\%, 5$）表示利率为 10% 时 5 期的复利现值系数。为了便于计算，可编制"复利现值系数表"（见附表二）。该表的使用方法与"复利终值系数表"相同。

【例 2-4】拟在 5 年后得到本息 1 万元，假设利率为 3%，现在应投入多少元？

解：已知 $F = 1$ 万元，$i = 3\%$，$n = 5$ 年，则有：

$P = F \times (P/F, i, n) = 10\,000 \times (P/F, 3\%, 5) = 10\,000 \times 0.8626 = 8\,626$（元）

换句话说，如果市场上有确定的年利率为 3%，我们对现在得到 8 626 元或者 5 年后得到 1 万元是等效的，并不认为这两个金额间有差别，因为今天的 8 626 元借出 5 年后就能得到 1 万元。这个 0.8626 被称作利率 3% 期限 5 年的复利现值系数。

复利现值系数与时间和利率负相关，在其他条件恒定的情况下，现金流量的现值与时间和利率呈反向变动，时间越长、利率越大，复利现值越小。

2.2 年 金

本章的前面部分探讨了现值和终值的概念。尽管这些概念有助于解决许多有关货币时间价值的问题，但是常常要做很烦琐的工作。如银行要计算一笔 20 年期、每月等额还款的抵押贷款的现值，这笔抵押贷款有 240 个付款期，因此需要一些更简便的公式来简化计算。

年金是每隔一定相同时期收入或支出相等金额的款项（在相同的间隔期内所收到或付出的等额款项），是一系列稳定有规律的、持续一段固定时期的现金收付活动。年金是非常常见的收付形式，如分期付款赊购、分期偿还贷款、发放养老金、分期支付工程款、每年相同的销售收入、定期收入或支付租金、定期收到或支付工资、定期支付保险费等。

年金有普通年金、预付年金、递延年金和永续年金等。普通年金是指每期期末发生的收付款项；预付年金是指每期期初发生的收付款项；递延年金是指 M 期以后发生的收付款项；永续年金是指无限期发生的收付款项。一般情况，没有特殊说明时，年金通常是指普通年金。

2.2.1 普通年金终值

普通年金又称后付年金，它是指在每一相同的间隔期末收到（付出）的等额款项或收入（支出）在每期期末的年金，即各期期末收付的年金。普通年金终值是指一定时期内期末收付款项的终值之和，即每次支付的复利终值之和。

设每年的支付金额为 A，利率为 i，期数为 n，按复利计算的年金终值 FA 如图 2-2 所示。

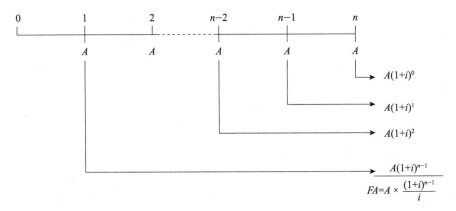

图 2-2 普通年金终值的时间序列

用公式表达：$FA = A + A(1+i) + A(1+i)^2 + \cdots + A(1+i)^{n-1}$

上式两边同乘 $(1+i)$ 得：$(1+i)FA = A(1+i) + A(1+i)^2 + A(1+i)^3 + \cdots + A(1+i)^n$

两式相减得：$(1+i)FA - FA = A(1+i)^n - A$

整理得到：$FA = A \times \dfrac{(1+i)^n - 1}{i}$

上式中的 $\dfrac{(1+i)^n-1}{i}$ 是普通年金为 1 元、利率为 i、经过 n 期的年金终值系数，记作 $(F/A，i，n)$ 或者 $FVIFA_{i,n}$，据此编制"年金终值系数表"（见附表三）以供查阅。

【例 2 – 5】长江公司投资某项目，需要每年年末向银行借款 100 万元，借款利率 5%，到期一次还本付息，假定第五年末项目竣工，公司应支付给银行的本息和总额是多少？

解：$FA = A \times \dfrac{(1+i)^n-1}{i}$

$\quad = A \times (F/A，5\%，5) = 100 \times 5.5256 = 552.56$（万元）

2.2.2 普通年金现值

普通年金现值计算又称多次性收付款项的现值计算。普通年金现值是指若干相同间隔期末收（付）的等额款项的现时总价值。它是在每期期末取得相等金额的款项，现在需要投入的金额，也是每期末等额款项的收入或支出的复利现值之和。设每年的支付金额为 A，利率为 i，期数为 n，则按复利计算的年金现值 PA 如图 2 – 3 所示。

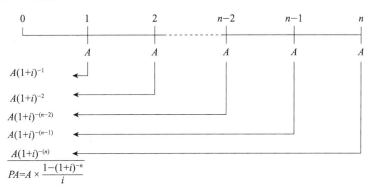

图 2 – 3 普通年金现值的时间序列

用公式推导则：

$$PA = A \times \frac{1}{(1+i)} + A \times \frac{1}{(1+i)^2} + \cdots + A \times \frac{1}{(1+i)^n} = A \times \sum_{t=1}^{n} \frac{1}{(1+i)^t} = A \times \frac{1-(1+i)^{-n}}{i}$$

式中 $\dfrac{1-(1+i)^{-n}}{i}$ 称为年金现值系数，记作 $(P/A,i,n)$ 或者 $PVIFA_{i,n}$，可据此编制"年金现值系数表"（见附表四），以供查阅。

【例 2 – 6】长江空调公司租入某设备，租期 6 年，每年年末支付租金 100 万元，设贴现率是 8%，求该设备租金的现值。

这个问题可以表述为：请计算 $i = 8\%$，$n = 6$，$A = 100$ 万元的年金现值。

解：$PA = 100 \times (P/A，8\%，6) = 100 \times 4.6229 = 462.29$（万元）

【例 2 - 7】设年金 A 为 1 元，利率为 10%，期限为 5 年，该年金的现值是 3.79 元，可用图 2 - 4 来说明复利现值和年金现值之间的关系，很容易看出，普通年金的现值系数是一系列复利现值系数之和。

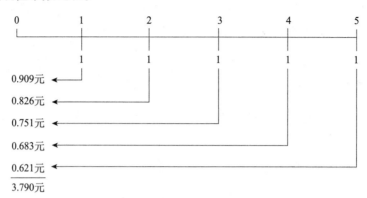

图 2 - 4 1 元年金 5 年期的现值

【例 2 - 8】长江空调公司拟购置一台电机，更新目前使用的旧电机，每月可节约电费 600 元，但新电机价格较旧电机高出 1.5 万元，新旧电机使用寿命相同，问新电机使用多少年才合算（假设月利率 1%，每月复利一次）？

解：每月复利一次，则 15 000 = 600 × $(P/A, 1\%, n)$，得到：$(P/A, 1\%, n)$ = 25

查 "年金现值系数表" 可得：$n = 29$。

因此，新电机的使用寿命至少应达到 29 个月，否则应该继续使用旧电机。

【例 2 - 9】假设以 8% 的利率借款 20 万元，投资于某个寿命为 10 年的项目，每年至少要收回多少现金才有利可图？

解：200 000 = A × $(P/A, 8\%, 10)$，得到：A = 200 000/6.71 = 29 806（元）

因此，每年至少要收回现金 29 806 元，才能还清贷款本利，有利可图。

上述计算过程中普通年金现值系数的倒数，称投资回收系数。它可以把现值折算为年金。

2.2.3 偿债基金

偿债基金是指为使年金终值达到既定金额每年年末应支付或收到的年金金额，即已知终值求年金。根据年金终值计算公式可知：$FA = A × (F/A, i, n)$，得到 $A = FA/(F/A, i, n)$，把年金终值系数的倒数，称偿债基金系数，记作 $(A/F, i, n)$。它可以把年金终值折算为每年年末需要支付或收到的金额。偿债基金系数可以制成表格备查，也可以根据年金终值系数求倒数确定。

【例 2 - 10】拟在 5 年后还清 10 万元债务，从现在起每年年末等额存入银行一笔款项。假设银行存款利率 3%，每年需要存入多少元？

由于存款会产生利息，因此不必每年年末存入 2 万元，只要存入低于 2 万元的金额，

5 年后本利和即可达到 10 万元，并用以清偿债务。

解：$A = 100\,000/\,(F/A,\,3\%,\,5)\ = 100\,000/5.3091 = 18\,836$（元）

银行利率为 3% 时，每年年末存入 18 836 元，5 年后本息和是 10 万元。

【例 2 - 11】假如现在想购置价值 100 万元的住房，购房款从现在起 5 年内每年年末等额本息还款，年利率 8%，购房者每年年末的还款额是多少？

解：$A = 1\,000\,000/\,(P/A,\,8\%,\,5)\ = 1\,000\,000/3.9927 = 250\,457$（元）

从表 2 - 1 中可知，等额本息偿还方式下，利息的支付金额是逐年下降的，第一年的还款额中利息占相当大的比例，之后，随着未偿还本金余额的减少，还款额中利息占比逐渐下降，相反本金占比逐渐上升。实际还款协议中，还有一种常用的还款方式叫等额本金还款法，即每个还款期内等额偿还本金，利息要按照实际占有本金和利率来计算。

表 2 - 1			等额本息偿还		单位：元
时期	年初本金	还款额	本期利息	本期还本	年末本金
第一年	1 000 000	250 457	80 000	170 457	829 543
第二年	829 543	250 457	66 363	184 094	645 449
第三年	645 449	250 457	51 636	198 821	446 628
第四年	446 628	250 457	35 730	214 727	231 902
第五年	231 902	250 457	18 552	231 902 *	0

注：* 四舍五入调整金额。

2.2.4 投资回收额

投资回收额是指现在投入一定金额的资本，将来在约定的年限内每年年末等额收回的款项。投资回收额的计算就是年金现值的逆运算，因为 $A \times (P/A,\,i,\,n)\ = PA$，所以，$A = PA/\,(P/A,\,i,\,n)$；年金现值系数的倒数称为投资回收系数，可以用 $(A/P,\,i,\,n)$ 表示。

【例 2 - 12】某项目需要投资 1 000 万元，若期望投资报酬率为 10%，10 年内每年收回多少金额才能收回全部投资额？

解：$A = PA/\,(P/A,\,i,\,n)\ = 10\,000\,000/\,(P/A,\,10\%,\,10)\ = 10\,000\,000/6.1446 = 1\,627\,445$（元）

计算得出，按照 10% 的期望投资报酬率，每年年末要收回 1 627 445 元才能保证 10 年可以收回全部投资额。

2.2.5 预付年金

1. 预付年金终值

预付年金又称即付年金或先付年金，它是指在每期期初收支的年金。预付年金与普通年金的区别在于收付款的时点不同，普通年金在每期的期末收付款项，预付年金在每期的期初收付款项，收付时间如图 2 − 5 所示。

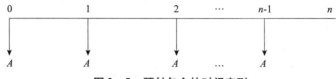

图 2 − 5 预付年金的时间序列

预付年金终值是在复利计息方法下，于若干相同间隔期初收支的等额款项的未来价值。预付年金与普通年金相比，由于现金流量是在期初发生，实际上只是比普通年金提前了一期。因此，预付年金终值计算可在普通年金终值计算公式的基础上乘以（1 + i）。

预付年金终值的计算公式为：

$$FA' = A \times \sum_{t=1}^{n} (1+i)^{t-1} \times (1+i) = A \times \frac{(1+i)^n - 1}{i}(1+i)$$

$$= A \times \left[\frac{(1+i)^{n+1} - 1}{i} - 1 \right]$$

即：$FA' = A \times [(F/A, i, n+1) - 1]$

从图 2 − 6 可见，n 期的预付年金与 n 期的普通年金，其收付款次数是一样的，只是收付款时点不一样。计算年金终值时，预付年金要比普通年金多计一期的利息。预付年金终值系数与普通年金终值系数相比，期数加 1，系数减 1，可计作 $[(F/A, i, n+1) - 1]$ 或 $[FVIFA_{i,n+1} - 1]$。在计算时可以利用"普通年金终值系数表"查 $n+1$ 期的值，再减去 1 得到 1 元预付年金终值系数。

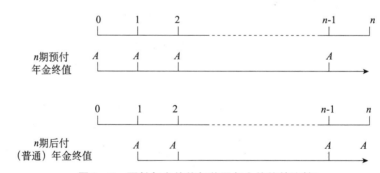

图 2 − 6 预付年金终值与普通年金终值的比较

【例 2 − 13】 每年初存入银行 1 万元，存款利率为 3%，第 5 年末的本息和应为多少？

解：方法一：预付年金终值等于普通年金终值 ×（1 + i），查年金终值系数表中 i = 3%，n = 5 期的值 5.3091。

$$FA' = 10\,000 \times (F/A, 3\%, 5) \times (1 + 3\%) = 10\,000 \times 5.3091 \times 1.03 = 54\,684$$

方法二：查年金终值系数表中 i = 3%，n = 6 期的值 6.4684，减去 1 得 5.4684。

$$FA' = 10\,000 \times [(F/A, 3\%, 6) - 1] = 10\,000 \times 5.4684 = 54\,684（元）$$

2. 预付年金现值

预付年金现值是在复利计息方法下，于若干相同间隔期初收支的等额款的现值。预付年金与普通年金相比，提前一期发生，即在各期期初发生，只需要少计算一期即可，因此，预付年金现值计算可在普通年金现值计算公式的基础上乘以（1 + i）。预付年金现值的计算公式为：

$$PA' = A \times \sum_{t=1}^{n} \frac{1}{(1+i)^t} \times (1+i) = A \times \frac{1-(1+i)^{-n}}{i} \times (1+i)$$

$$= A \times \left[\frac{1-(1+i)^{-(n-1)}}{i} + 1 \right]$$

即：$PA' = A \times [(P/A, i, n-1) + 1]$

可记作 $[(P/A, i, n-1) + 1]$ 或 $[PVIFA_{i, n-1} + 1]$。在计算时可以利用"普通年金现值系数表"查 $n-1$ 期的值，再加上 1 得到 1 元预付年金现值系数。

【例 2 – 14】假设分期付款购物，每年年初付 5 000 元，期限 6 年，利率为 8%，该项分期付款相当于现在一次性支付多少金额？

解：方法一：预付年金现值等于普通年金现值系数 × （1 + i），查年金现值系数表中 $i = 8\%$，$n = 6$ 期的值 4.6229。

$PA' = 5\,000 \times (P/A, 8\%, 6) \times (1 + 8\%) = 5\,000 \times 4.6229 \times 1.08 = 24\,964$（元）

方法二：预付年金现值等于 $A \times [(P/A, i, n-1) + 1]$，查年金现值系数表中 $i = 8\%$，$n = 5$ 期的值 3.9927，加上 1 得 4.9927。

$PA' = 5\,000 \times [(P/A, 8\%, 5) + 1] = 5\,000 \times 4.9927 = 24\,964$（元）

2.2.6　递延年金

1. 递延年金终值

递延年金终值的计算与普通年金的终值的计算类似。即：

$$FA = A \times \frac{(1+i)^n - 1}{i}$$

2. 递延年金现值

递延年金也称延期年金，它是指第一次支付发生在第二期或第二期以后的年金。凡收入或支出在第一期末以后的某一时间的年金都属于递延年金。递延年金现值的计算要运用到普通年金的现值计算与复利计算相结合的技巧。

设年金为 A，最初的 m 期没有收付款项，后面 n 期有等额的收付款项，则延期年金的现值为后 n 期年金贴现至 m 期第一期期初的现值，这可以用图 2 – 7 说明。

递延年金的现值可用下列三种方法来计算。

（1）把递延年金视为 n 期的普通年金，求出年金在递延期期末 m 点的现值，再将 m

点的现值再次贴现到第一期期初。

$$PA = A \times (P/A, i, n) \times (P/F, i, m)$$

（2）先假设递延期也发生年金收支，则变成一个（$m+n$）期的普通年金，算出（$m+n$）期的年金现值，再扣除并未发生年金收支的 m 期递延期的年金现值，即可求得递延年金现值。

$$PA = A \times [(P/A, i, m+n) - (P/A, i, m)]$$

（3）先算出递延年金的终值，再将终值折算到第一期期初，即可求得递延年金的现值。

$$PA = A \times (F/A, i, n) \times (P/F, i, m+n)$$

递延年金：

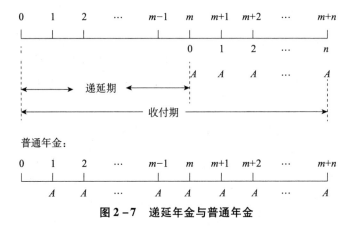

普通年金：

图 2-7 递延年金与普通年金

【例 2-15】长江空调公司年初投资一项目，预期从第 5 年开始每年年末取得 10 万元收益，项目寿命期限为 10 年，假定年利率 5%。此项投资的现值是多少金额。

解：递延期 $m=4$，年金收支期 $n=6$。

方法一：将递延年金视为普通年金，求出递延期期初的年金现值，再将此现值再次贴现到现在。

$$\begin{aligned}
PA &= A \times (P/A, i, n) \times (P/F, i, m) \\
&= 100\ 000 \times (P/A, 5\%, 6) \times (P/F, 5\%, 4) \\
&= 100\ 000 \times 5.0757 \times 0.8227 \\
&= 417\ 600\ （元）
\end{aligned}$$

方法二：假设递延期间也有年金收支，先求出所有期间 $m+n$ 的年金现值，然后扣除实际没有发生年金收支的递延期 m 的年金现值。

$$\begin{aligned}
PA &= A \times [(P/A, i, m+n) - (P/A, i, m)] \\
&= 100\ 000 \times [(P/A, 5\%, 10) - (P/A, 5\%, 4)] \\
&= 100\ 000 \times (7.7217 - 3.5460) \\
&= 417\ 600\ （元）
\end{aligned}$$

方法三：先算出递延年金期末的终值，再将此终值贴现到现在。

$$PA = A \times (F/A, i, n) \times (P/F, i, m+n)$$

$$= 100\ 000 \times (F/A，5\%，6) \times (P/F，5\%，10)$$
$$= 100\ 000 \times 6.8019 \times 0.6139$$
$$= 417\ 600\ （元）$$

从计算中可知，三种方法计算结果是一致的，此项投资的现值是 417 600 元。

2.2.7　永续年金

永续年金是一系列没有期限的现金流。凡无限期等额收入或支出的特种年金，称为永续年金，也称为终身年金。优先股可视为永续年金的一个例子。

由于永续年金没有终止的时间，其终值趋近于无穷大，因此一般不计算永续年金的终值。

永续年金的现值可以通过普通年金现值的计算公式导出：

$$PA = A \times \frac{1 - (1 + i)^{-n}}{i}$$

当 $n \to \infty$ 时，$(1 + i)^{-n}$ 的极限为零，故上式可写成：$PA = A \times \dfrac{1}{i}$

可以看出永续年金的现值与利率成反比。

【例 2 - 16】假如有一笔永续年金，每年要付给投资人 500 元，利率为 5%，求该永续年金的现值。

解：$PA = A \times \dfrac{1}{i} = \dfrac{500}{5\%} = 10\ 000$（元）

【例 2 - 17】长江空调公司拟建立一项永久性的奖学金，每年计划颁发 10 万元奖金。若利率为 5%，现在应存入多少钱？

解：$PA = 100\ 000 \times \dfrac{1}{5\%} = 2\ 000\ 000$（元）

【例 2 - 18】假设某一种优先股，每季度的股息 3 元/股，利率是 6%，投资人愿意出多少钱来购买此优先股？

解：$PA = 12 \div 6\% = 200$（元）

注意这里的季度股息 3 元，应折算为年度股息 12 元，优先股价值 200 元/股。

2.2.8　永续增长年金

假如有一栋房屋建筑物在扣除各项费用后，房东会有 10 万元的房租现金收入，而且这笔现金流预计会以每年 2% 的速度增长。如果假定这种增长趋势会永远持续下去，这种现金流就称作永续增长年金，也称为增长型永续年金。现实中，永续增长年金的典型例子是普通股股利，因此在普通股估值中经常使用永续增长年金现值公式。

设年末的收支金额为 A，利率为 i，期数为 n，每期预计增长率为 g。

永续增长年金现值为：

$$PA = A \times \frac{1}{(1+i)} + A \times \frac{1+g}{(1+i)^2} + \cdots + A \times \frac{(1+g)^{n-1}}{(1+i)^n}$$

将上式两边同时乘以 $\frac{1+g}{1+i}$：

$$PA \frac{1+g}{1+i} = A \times \frac{1+g}{(1+i)^2} + A \times \frac{(1+g)^2}{(1+i)^3} + \cdots + A \times \frac{(1+g)^n}{(1+i)^{n+1}}$$

两式相减得到：

$$PA - PA \frac{1+g}{1+i} = A \times \frac{1}{1+i} - A \times \frac{(1+g)^n}{(1+i)^{n+1}}$$

由于 $g < i, \frac{(1+g)^n}{(1+i)^{n+1}} = 0$，推出：$PA = \frac{A}{i-g}$

注意：上式中利率 i 一定要高于增长率 g，这样永续增长年金公式才有意义。如果增长率与利率数值十分接近，上式中的分母就会趋于零，现值 PA 会趋于无穷大。事实上，如果增长率 g 高于利率 i，永续增长年金现值是没有意义的。

【例 2－19】长江空调公司准备明年付给股东每股 4 元的股利，估计以后每年的股息将会以 2% 的速度增长，利率是 10%，长江空调公司股票的价格应是多少呢？

解：本例中的股利是一个典型的永续增长年金。

$$PA = \frac{A}{i-g} = \frac{4}{10\% - 2\%} = 50(元)$$

实际上，由于经济环境或通货膨胀的原因，企业的现金流常会随着时间而增长，但增长率是不确定的，永续增长年金只是普通增长年金中的一种特殊情况。现实中，现金流的分布形式是复杂多变的，并不呈现严格的规律性，对复杂的现金流形式，可以视为由几部分现金流叠加而成。

上述关于时间价值计算的方法（见表 2－2），在财务管理中有广泛用途，如存货管理、债券估值、股票估值、资产和负债估值、长期投资决策、企业价值评估等。

表 2－2　　　　　　　　　　　资金时间价值的计算公式汇总

公式名称	已知	求	公式	公式代号
单利终值	P、i、n	F	$F = P \times (1+in)$	
单利现值	F、i、n	P	$P = F \div (1+in)$	
复利终值	P、i、n	F	$F = P \times (1+i)^n$	$(F/P, i, n)$
复利现值	F、i、n	P	$P = F \times (1+i)^{-n}$	$(P/F, i, n)$
普通年金终值	A、i、n	FA	$FA = A \times \frac{(1+i)^n - 1}{i}$	$(F/A, i, n)$
预付年金终值	A、i、n	FA'	$FA' = A \times \left[\frac{(1+i)^{n+1} - 1}{i} - 1 \right]$	$(F/A, i, n+1) - 1$
偿债基金系数	FA、i、n	A	$A = FA \times \frac{i}{(1+i)^n - 1}$	$(A/F, i, n)$

续表

公式名称	已知	求	公式	公式代号
普通年金现值	A、i、n	PA	$PA = A \times \dfrac{1 - (1 + i)^{-n}}{i}$	$(P/A, i, n)$
预付年金现值	A、i、n	PA'	$PA' = A \times \left[\dfrac{1 - (1 + i)^{-(n-1)}}{i} + 1 \right]$	$(P/A, i, n-1) + 1$
投资回收系数	PA、i、n	A	$A = PA \times \dfrac{i}{1 - (1 + i)^{-n}}$	$(A/P, i, n)$
永续年金现值	A、i、n	PA	$PA = A \times \dfrac{1}{i} = \dfrac{A}{i}$	
递延年金现值	A、i、n	PA	$PA = A \times \dfrac{1 - (1 + i)^{-n}}{i} \times (1 + i)^{-m}$ $PA = A \times \left[\dfrac{1 - (1 + i)^{-(m+n)}}{i} - \dfrac{1 - (1 + i)^{-m}}{i} \right]$	$(P/A, i, n) \times$ $(P/F, i, m)$

2.3 几个特殊问题

2.3.1 复利频率和实际利率

到目前为止,我们都假定复利计息或贴现都是以年为单位进行。然而在现实中,利率一般是按年计息的,但也可能是一年计息多次。例如:银行之间的拆借是每天计息一次,某些短期抵押借款每月计息一次,也有一季计息一次,某些债券半年计息一次。复利计息频率不同和通货膨胀都会导致名义利率和实际利率不一样。

【例 2 - 20】长江空调公司发行三年期公司债,承诺年利率 5%,半年计息一次,到期一次还本付息,该债券的实际利率是多少?

半年计息一次这就意味着年初购买 1 000 元的债券,半年后变成 1 000 × 1.025 = 1 025 元,再过半年就又变成 1 025 × 1.025 = 1 050.625 元。

相比之下,如果此债券是每年复利一次,现在的 1 000 元债券一年后就会值 1 050 元 (1 000 × 1.05)。如果年计息一次,这最初的 1 000 元是全年计息的本金。而半年计息一次,这最初的 1 000 元只是前半年计息的本金,而后半年计息的本金变为 1 025 元。这样,半年计息一次使得投资人获得了"利息的利息"。由此可见,半年计息一次的终值要高于年计息一次的终值。

因为 1 025 × 1.025 = 1 050.625 元,这样 5% 的年利率半年计息一次,实际上与

5.06%的利率年计息一次是一致的。换句话说，理性的投资人会认为5%的年利率半年计息一次与5.06%的年利率没有差别。所以，本例中长江空调公司发行的债券，名义利率是5%而实际利率是5.06%。

1. 计息频率导致的差异

从【例2-20】可以看出，名义利率和实际利率可能是不一样的。名义利率又称票面利率，也就是借款合同或单据上标明的利率，是以一年为计息期的利率。

名义利率只有在给出计息间隔期的情况下才是有意义的，当计息周期为一年时，名义利率和实际利率相等，计息周期短于一年时，实际利率大于名义利率。

计算资金时间价值的方法：第一种方法，将名义利率调整为实际利率，再按实际利率计算资金时间价值。第二种方法，不计算实际利率，只相应调整有关指标，如调整期数和利率。

实际年利率和名义利率之间的关系是：假定名义利率为 i，实际年利率为 r，一年之内复利的次数为 M，则：

$$r = \left(1 + \frac{i}{M}\right)^{M} - 1$$

当计息期短于1年，而使用的利率又是年利率时，计息期数和计息率均应按下式进行换算：$r = i/M$，$t = M \times n$，式中：M 为每年的计息次数，n 为年数，t 为换算后的计息期数。

【例2-21】如果长江空调公司发行一年期的短期融资券，名义年利率是2.4%，每月复利计息，到期一次还本付息，某投资人现在购买1万元该短期融资券，一年后的价值为多少？

解：方法一：先计算实际利率，再计算债券本息和。

实际利率：$r = \left(1 + \frac{2.4\%}{12}\right)^{12} - 1 = 2.43\%$

这也就是说，投资人购买该债券的年投资回报率实际上是2.43%，这个回报率就叫实际利率。一年后这1万元的本息和 = 10 000 + 10 000 × 2.43% = 10 243（元）。

方法二：一年内计息12次，月名义利率是0.2%，计算终值。

本息和 = 10 000 × (F/P,0.2%,12) = 10 000 × 1.0243 = 10 243（元）

两种计算方法得出的结果是一致的，债券本息和都是10 243元。

前面的分析说明了复利计息一年可能不止一次。可以是半年、每季、每天、每小时、每分钟复利计息，甚至还可以在更短的时间内进行复利计息。最极端的情况是对无穷短的时间间隔进行复利计息，也就是一般所称的连续复利计息，银行和其他金融机构经常用连续复利计息方式。

当一年内计息的次数 m 趋于无穷大时，就得到了连续复利时的实际利率的计算公式：$r = e^{i} - 1$，式中，e 为自然对数的底数，$e \approx 2.71828$。

例如，当给定的名义利率为 12%，按日计息，即一年内 365 次计息时，此时实际利率为：$r = \left(1 + \frac{12\%}{365}\right)^{365} - 1 \approx e^{0.12} - 1 = 12.75\%$。

很多情况下，计息频率过高，会超过系数表的计息期数，假设系数表最大期为 n，而需计算的期数是 S。若 $S > n$，则：$S = m + n$。

复利终值：$F_S = P \times (1 + i)^S = P \times (1 + i)^{m+n} = P \times [(1 + i)^m \times (1 + i)^n]$。

复利现值：$P_S = F_S \times (1 + i)^{-S} = F_S \times (1 + i)^{-(m+n)} = F_S \times [(1 + i)^{-m} \times (1 + i)^{-n}]$。

年金现值：

$$PA_{(m+n)} = A \times \left[\frac{1 - (1 + i)^{-m}}{i} + \frac{1 - (1 + i)^{-n}}{i} \times (1 + i)^{-m}\right]$$

年金终值：

$$FA_{(m+n)} = A \times \left[\frac{(1 + i)^m - 1}{i} \times (1 + i)^n + \frac{(1 + i)^n - 1}{i}\right]$$

【例 2 – 22】长江空调公司新办一个工厂，需投资 2 800 万元，以后每年年末回收现金 400 万元，工厂的寿命为 70 年，70 年后无残值，公司期望的投资报酬率为 15%，请计算 70 年历年回收现金的现值。假设年金现值系数表最长期限 50。

解：$PA_{20+50} = 400 \times \left[\frac{1 - (1 + 15\%)^{-20}}{15\%} + \frac{1 - (1 + 15\%)^{-50}}{15\%} \times (1 + 15\%)^{-20}\right]$

$= 2\ 666.13$（万元）

【例 2 – 23】长江空调公司每年年末计提 100 万元作为储备金，为期 60 年，年利率 12%，每年计息，到期时储备金有多少钱？假设年金终值系数表最长期限 50。

解：$F_{50+10} = 100 \times \left[\frac{(1 + 12\%)^{50} - 1}{12\%} \times (1 + 12\%)^{10} + \frac{(1 + 12\%)^{10} - 1}{12\%}\right]$

$= 8\ 167.30$（万元）

【例 2 – 24】若某债券年利率为 12% 或 10%，分别按年、半年、季度、月度为计息周期计算其实际利率，根据前面的公式，可导出表 2 – 3 和表 2 – 4。

表 2 – 3   计息周期与实际利率

计息期	年复利次数	名义利率	每期利率	实际利率
一年	1 次	12%	12%	12%
半年	2 次	12%	6%	12.36%
季度	4 次	12%	3%	12.55%
月度	12 次	12%	1%	12.68%
周	52 次	12%	0.23%	12.73%
日	365 次	12%	0.03%	12.75%

表 2-4	计息周期与实际利率	
计息周期	年计息次数	有效年利率（%）
年	1	10.00000
季	4	10.38129
月	12	10.47131
周	52	10.50648
天	365	10.51558
小时	8 760	10.51703
分钟	525 600	10.51709

2. 通货膨胀导致的差异

根据利率与通货膨胀的关系，利率可以分为名义利率和实际利率。名义利率是央行或其他提供资金借贷的机构所公布的未调整通货膨胀因素的利率，即利息与本金比率。实际利率是指已经剔除通货膨胀因素后的利率。

二者之间存在如下关系：

$$1 + 名义利率 = （1 + 实际利率）× （1 + 通货膨胀率）$$

可以推出：$实际利率 = \dfrac{1 + 名义利率}{1 + 通货膨胀率} - 1$

2.3.2 贴现率的测算

前面的计算中，本书假定贴现率是既定的，但在决策中，往往需要根据已知的计息期数、终值、现值或年金来测算贴现率。贴现率的测算可用插值法进行。

先计算换算系数（即终值系数或现值系数）：

如是复利，则换算系数 $= \dfrac{F_n}{P}$ 或 $\dfrac{P}{F_n}$（复利终值系数或复利现值系数）；

若是年金，则换算系数 $= \dfrac{FA_n}{A}$ 或 $\dfrac{PA_n}{A}$（年金终值系数或年金现值系数）；

再查表，求得在 n 一定的条件下的 i 值，即为贴现率。

【例 2-25】在利率为多少时，才能保证现在存入 400 元，5 年后可得 805 元？

解：复利终值系数 $= \dfrac{F_n}{P} = \dfrac{805}{400} = 2.0125$

查表可知，$n=5$ 的各系数中，利率为 15% 的值为 2.0114，比较接近，因此 15% 的利率可以保证 5 年后得 805 元。

【例 2-26】长江空调公司在第一年初向银行借 1 万元购买设备，银行规定从第一年末到第五年末每年偿还 3 200 元，问这笔借款利率为多少？

解：年金现值系数 $= 10\ 000 \div 3\ 200 = 3.125$

查表，与 $n=5$ 相对应的贴现率中，利率为 18% 时，年金现值系数为 3.1272，利率为 20% 时，年金现值系数为 2.9906。用插值法计算借款利率。

$$\begin{array}{lll} 利率 & & 年金现值系数 \\ 18\% & & 3.1272 \\ ? & \}x \quad\}2\% & 3.125 \quad\}0.0022 \quad\}0.1366 \\ 20\% & & 2.9906 \end{array}$$

则：$X/2\% = 0.0022/0.1366$，得 $X = 0.0322\%$

因此，借款利率应为 18% + 0.0322% = 18.03%。

2.3.3　期间的测算

期间 n 的测算，其原理和步骤同年利率 i 的推算是一样的。现以普通年金为例，说明在 P/A、A、i 已知的情况下，推算期间 n 的基本步骤。

(1) 计算出 P/A 的值，假设 $P/A = \alpha$。

(2) 查 "普通年金现值系数表"。沿着已知 i 所在的列纵向查找，若恰好能找到某一系数等于 α，则该系数值所在行对应的期间便是所求的 n 值。

(3) 若无法找到恰好等于 α 的系数值，就应在表中 i 列上找出与 α 最为接近的两个上下临界系数值，分别用 β_1，β_2（$\beta_1 > \alpha > \beta_2$ 或 $\beta_1 < \alpha < \beta_2$）表示。读出 β_1，β_2 所对应的临界期间，然后进一步运用插值法。

(4) 在插值法下，假定期间 n 与相关的系数在较小范围内近似线性相关，因而可以根据临界系数 β_1，β_2 和临界年限 n_1，n_2，计算出 n；其计算公式为：

$$n = n_1 + \frac{\beta_1 - \alpha}{\beta_1 - \beta_2} \times (n_1 - n_2)$$

【例 2 - 27】长江空调公司目前拟对原有的一台设备进行更新改造，预计现在一次支付 10 万元，可使公司每年节约成本 2.5 万元。若现在银行复利年利率为 6%，那么，更新这台设备至少使用几年才合算？

解：已知 $P = 10$，$A = 2.5$，$i = 6\%$，则，$P/A = (P/A, 6\%, n)$，$\alpha = 10/2.5 = 4$

在 "普通年金现值系数表" 中的年利率为 6% 这一列中查找大于 4 和小于 4 的临界系数值，可查得：

$$(P/A, 6\%, 4) = \beta_1 = 3.4651 < 4, \quad (P/A, 6\%, 5) = \beta_2 = 4.2124 > 4$$

临界年份分别为 $n_1 = 4$，$n_2 = 5$，则：$n = 4 + \dfrac{3.4651 - 4}{3.4651 - 4.2124} \times (5 - 4) = 4.72$。

✎ 思考与练习

1. 终值和现值的概念是什么？单利计息和复利计息有什么不同？

2. 什么是名义利率？什么是实际利率？它们之间是什么关系？

3. 永续年金、永续增长年金、年金、增长年金的计算公式分别是什么？

4. 在下列情况下，计算 1 000 元按年复利计息的终值：（1）利率为 5%，为期 10 年。（2）利率为 7%，为期 10 年。（3）利率为 5%，为期 20 年。（4）为何（3）的结果不是（1）的结果的 2 倍？

5. 长江空调公司发行了一种债券，25 年后付给投资人 1 000 元/张，其间不付利息，若贴现率为 3%，该债券现值为多少？

6. 若名义利率为 3%，在下述几种方式之下，1 万元的存款三年之后的终值是多少？（1）每年计息一次？（2）每半年计息一次？（3）每月计息一次？（4）连续计息？

7. 若市场利率为 5%，每年付息 120 元的永续债券价格为多少？

8. 假定利率为 3%，计算下述几种现金流的现值：（1）一年以后开始，永远每年支付 1 000 元。（2）两年以后开始，永远每年支付 500 元。（3）三年以后开始，永远每年支付 500 元。

9. 若年利率为 3%，一项资产价格为 20 万元，在以后 8 年中每年能产生 3 万元的现金流，那么你会购买这项资产吗？

10. 你有机会以 1 280 元购买一张债券。该债券在以后的 10 年中，每年年末都肯定会付给你 200 元。如果你购买这个债券，你得到的年利率为多少？

11. 长江空调公司年初向银行借款 50 万元购买设备，第一年末开始还款，每年还款一次，等额偿还，分 5 年还清，银行借款利率为 5%。计算每年应还款多少？

12. 长江空调公司拟购置一台设备，有两种设备可选择，A 设备的价格比 B 设备高 5 万元，但每年可节约维修保养费用 1 万元。假定 A 设备的经济寿命为 6 年，市场利率为 8%，公司在 A、B 两种设备必须择一的情况下，应选择哪一种设备？

第 3 章

收益和风险

学习目的与要求

通过对本章的学习，能够掌握收益率、方差、标准差的计算方法，并理解收益率、方差和风险的关系；掌握投资组合收益和风险的关系，以及单个资产和资产组合中收益和风险的分析方法，尤其要掌握协方差和相关系数对投资组合风险的影响；掌握资本资产定价模型的研究假设、影响因素和具体应用。理解资本市场线和证券市场线。本章的重点和难点是资本资产定价模型。

3.1 单项资产的收益和风险

收益与风险是相对应的，二者相伴而生。一般地，收益高则风险大，收益低则风险小。正所谓"高风险，高收益；低风险，低收益"。我们知道，在证券投资中，股票的预期投资收益高，但投资风险大。相反，债券的预期投资收益率低，但投资风险小。第 2 章的计算过程中将贴现率视为给定的外生变量。但很多疑问尚未解决，如：收益和风险是什么关系？市场是如何衡量风险并根据风险来决定收益的？为什么不同的资产或证券有不同的收益？这些是本章要介绍的内容。

3.1.1 收益率

金融市场每个交易日有各种资产在进行交易，参与人数众多，各个市场极其活跃。以中国 A 股市场为例，截至 2023 年 8 月 8 日，共有 5 266 家上市公司，8 月 8 日上海证券交易所日成交额 3 564.78 亿元，深圳证券交易所日成交额 4 436.85 亿元，北京证券交易所日成交额 9.84 亿元。虽然中国股票市场的历史并不长，才 33 年的时间，但却十分复杂，上市公司众多且不断有公司退市或上市，同时制度变迁非常大；如果不将具体的数据高度浓缩为一些简单的指标，很难描述股票市场的情况。

1. 历史收益率

有关股票、债券和其他金融工具的历史收益率可以查询各个证券交易所的数据，限于篇幅，本章只介绍股票历史收益率相关内容，最常用的股票历史收益率数据包括以下几种。

（1）股票价格指数。股票价格指数的作用是反映整个股票市场上各种股票市场价格的总体水平及其历史变动情况；同时股票价格指数还是股指期货和股指期权的合约标的。

以中国 A 股市场最常用的指数之一沪深 300 指数为例，沪深 300 指数由沪深市场中规模大、流动性好的最具代表性的 300 只股票组成，于 2005 年 4 月 8 日正式发布，以反映沪深市场上市公司股票的整体表现。

【例 3-1】根据 Wind 数据库的沪深 300 全收益指数（H00300）数据，2012 年 12 月 31 日沪深 300 收盘为 2 757.77 点，2022 年 12 月 30 日沪深 300 收盘为 5 251.97 点，假设不考虑相关税费，请计算其年平均收益率。

解：根据股利贴现计算股票现值可知：$P = \sum_{t=1}^{n} \dfrac{D_t}{(1 + R)^t} + \dfrac{P_n}{(1 + R)^n}$，其中 D_t 为第 t 期股利，P_n 为第 n 期股票价格。

可得到：$2\ 757.77 = \dfrac{5\ 251.97}{(1 + R)^{10}}$，$R = 6.65\%$

即从 2012 年末到 2022 年末，十年间投资并一直持有沪深 300 指数的年平均收益率等于 6.65%[①]。

（2）单个股票收益率。根据投资股票本身的收益即可计算出单个股票投资收益率为：

$$R_t = \frac{D_t + P_t - P_{t-1}}{P_{t-1}} = \frac{D_t}{P_{t-1}} + \frac{P_t - P_{t-1}}{P_{t-1}}$$

其中，P_t 为第 t 期股票价格；P_{t-1} 为第 $t-1$ 期股票价格；D_t 为第 t 期股利；R_t 为第 t 期股票投资收益率。

当持有某个股票多期时，需要计算持有期收益率，一般用算术平均收益率 $\overline{R}$ 来表示。

$$\overline{R} = \sum_{i=1}^{n} \frac{R_i}{n}$$

【例 3-2】格力电器（000651.SZ）2022 年 1~12 月的月股票收盘价和收益率如表 3-1 所示，请计算其月平均收益率。

---

① 沪深 300 指数的点位是不包含上市公司分配股利的数据，直接用来计算历史收益率计算是失真的。这里用到沪深 300 全收益指数（H00 300），计算可得 [（5 251.97/2 757.77）^（1/10）] −1 = 6.65%。

表 3 - 1　　　　　**2022 年格力电器（000651.SZ）月度股票价格和收益率**

日期	收盘价（元/股）	收益率（%）	日期	收盘价（元/股）	收益率（%）
2021 - 12 - 31	33.03		2022 - 7 - 29	30.26	- 1.50
2022 - 1 - 28	33.83	2.42	2022 - 8 - 31	30.93	2.21
2022 - 2 - 28	32.77	- 3.13	2022 - 9 - 30	31.43	1.62
2022 - 3 - 31	28.30	- 13.64	2022 - 10 - 31	27.67	- 11.96
2022 - 4 - 29	28.21	- 0.32	2022 - 11 - 30	31.17	12.65
2022 - 5 - 31	29.17	3.40	2022 - 12 - 30	31.32	0.48
2022 - 6 - 30	30.72	5.31	算术平均值		- 0.21

资料来源：东方财富网格力电器（000651.SZ）交易数据。

通过计算可得格力电器（000651.SZ）2022 年的平均收益率是 - 0.21%，是亏损的，但是如果将其与其他证券或市场平均收益率进行比较，结果更具有意义。

2. 无风险资产收益率

无风险资产收益率又称为无风险利率，是指将资金投资于某一项没有任何风险的投资对象而能得到的利息率，是对无信用风险和市场风险资产的投资回报，这是一种理想的投资收益。无风险资产收益率一般受基准利率影响。一般认为中央政府发行的国债没有违约风险，可以将国债收益率视为无风险资产收益率。

为了体现某项投资的投资收益率是否超过无风险资产收益率，可以将其投资收益率与价格波动较小的国债收益率进行对比。我们认为在一年或更短的时间内，国债收益率是无风险资产收益率。将无风险的国债收益与风险极大的普通股收益进行比较，风险收益与无风险收益之差通常被称为风险溢价。之所以称其为溢价，是因为这是股票的风险增加而带来的收益。注意风险溢价并非总是正数，即承担了风险并不必然获得正的实际收益，如投资普通股的实际收益经常是负数。

截至 2023 年 8 月 8 日，中国国债收益率曲线如图 3 - 1 所示。查询可知一年期国债收益率是 1.78%，一般将一年期国债收益率视为无风险资产收益率。

2022 年格力电器（000651.SZ）的平均收益率是 - 0.21%，远低于一年期国债收益率 1.78%，这个时候风险溢价是 - 1.99%。这个结果表明 2022 年投资格力电器股票不仅没有带来任何财富增值，反而亏损了 1.99%。但是这能否直接得出结论：投资一年期国债优于投资格力电器股票呢？显然问题没有这么简单。要解答这个问题，需要考虑收益率的变动程度和风险的度量问题、投资组合以及投资时间长短等问题。

3.1.2　方差和标准差

除了用收益率的平均值来描述收益的分布特征之外，更重要的是描述收益的风险或不确定性。一般用度量变动程度或离散程度的方差和标准差来反映风险或不确定性。

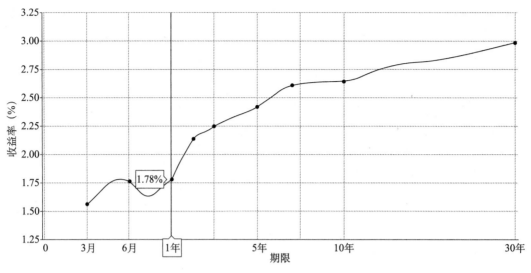

图 3 – 1 中国国债收益率

资料来源：财政部官网。

方差是收益率与均值之差的平方和的平均值，标准差是方差的算术平方根。收益率的方差或标准差越大，表明收益率围绕其均值变化的幅度越大，收益率的风险或不确定性越大。

方差：$\mathrm{Var}(R) = \dfrac{1}{n-1}\sum_{i=1}^{n}(R_i - \overline{R})^2$

标准差：$\mathrm{SD}(R) = \sqrt{\dfrac{1}{n-1}\sum_{i=1}^{n}(R_i - \overline{R})^2}$

注意，当用样本收益率的方差近似估计总体方差时，自由度减少 1，因此用 $1/(n-1)$ 而不是 $1/n$ 来计算收益率的方差。

根据【例 3 – 2】中格力电器股票收益率可以计算其收益率的方差和标准差。

$$\mathrm{Var}(R) = \frac{1}{n-1}\sum_{i=1}^{n}(R_i - \overline{R})^2 = 5.54\% \div 11 = 0.5\%$$

$$\mathrm{SD}(R) = \sqrt{\frac{1}{n-1}\sum_{i=1}^{n}(R_i - \overline{R})^2} = \sqrt{0.5\%} = 7.1\%$$

因此，格力电器（000651. SZ）股票收益率的方差是 0.5%，标准差是 7.1%。

【例 3 – 2】中是将某个股票的收益率与国债收益率进行比较，体现出单个股票的风险溢价情况，还有一种比较方法，也能体现出单个股票相对于市场的风险和收益状况，即将股票收益率与市场指数收益率对比。

现在将 2022 年格力电器（000651. SZ）股票收益率的均值、方差、标准差与同期沪深 300 指数的均值、方差、标准差进行比较。沪深 300 指数交易数据如表 3 – 2 所示，二者的收益率均值波动如图 3 – 2 所示。

表 3－2　　　　　2022 年沪深 300（000 300）的月度收盘点位和收益率

日期	收盘价（元/股）	收益率（%）	日期	收盘价（元/股）	收益率（%）
2021－12－31	4 940.37		2022－7－29	4 170.10	－7.02
2022－1－28	4 563.77	－7.62	2022－8－31	4 078.84	－2.19
2022－2－28	4 581.65	0.39	2022－9－30	3 804.89	－6.72
2022－3－31	4 222.6	－7.84	2022－10－31	3 508.7	－7.78
2022－4－29	4 016.24	－4.89	2022－11－30	3 853.04	9.81
2022－5－31	4 091.52	1.87	2022－12－30	3 871.63	0.48
2022－6－30	4 485.01	9.62	算术平均值		－1.82

资料来源：东方财富网沪深 300（000300）交易数据。

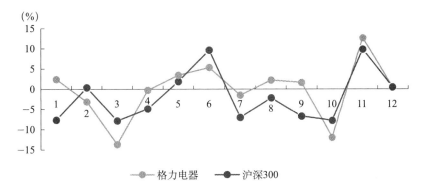

图 3－2　2022 年沪深 300 和格力电器收益率对比

资料来源：东方财富网交易数据。

　　根据表 3－2 可以计算出 2022 年沪深 300 指数收益率的均值是－1.82%，方差是 0.41%，标准差是 6.44%。同期，格力电器股票收益率均值是－0.21%，方差是 0.5%，标准差是 7.1%。格力电器股票收益率均值低于沪深 300 指数，而方差和标准差均高于沪深 300 指数，从收益率的离散程度来看，格力电器的风险高于沪深 300 指数；但是整体上，两者的变化趋势基本一致，也即 2022 年格力电器与沪深 300 指数同涨同跌，如图 3－2 所示。

3.1.3　预期收益和风险

　　通常有两种方法预计投资收益率，一种方法是以历史数据的样本均值来估计预期收益率，这种方法假设该资产未来收益的变化服从历史数据的大致概率分布；另一种方法是根据未来影响收益的各种可能性及其概率分布估计预期收益率。

　　在经济活动中，某一事件在相同的条件下可能发生也可能不发生，这类事件称为随机事件。概率就是用来表示随机事件发生可能性大小的数值。通常，把必然发生的事件的概率定为 1，把不可能发生的事件的概率定为 0，而一般随机事件的概率是介于 0 与 1

之间的一个数。概率越大就表示该事件发生的可能性越大。概率用 P_i 表示。

【例 3 – 3】长江空调公司有两个投资项目可供选择，甲项目涉及领域竞争很激烈，如果经济繁荣且该项目营运成功，会取得较大市场占有率，获利机会很大，否则会亏本。乙项目是生产销售必需品，市场前景变化不大。假设未来的经济情况只有三种：繁荣、正常、衰退，有关的概率分布和预期收益率如表 3 – 3 所示。

表 3 – 3　　　　　　　　　　未来经济情况和收益率估算

经济情况	发生概率	甲项目预期收益率（%）	乙项目预期收益率（%）
繁荣	0.3	90	20
正常	0.4	15	15
衰退	0.3	– 60	10

在这里，概率表示每一种经济情况出现的可能性，同时也就是各种不同预期收益率出现的可能性。例如，未来经济情况出现繁荣的可能性有 0.3。假如这种情况真的出现，甲项目可获得高达 90% 的收益率。当然，期望收益率作为一种随机变量，受多种因素的影响，这里为了简化，假设其他因素都相同，只有经济情况一个因素影响期望收益率。

1. 计算期望收益率

随机变量的各个取值，以相应的概率为权重的加权平均数，叫作随机变量的预期值（期望或均值），它反映随机变量取值的平均化。

$$\bar{k} = \sum_{i=1}^{N} (P_i \times K_i)$$

其中，$\bar{k}$ 表示收益率的期望；P_i 表示第 i 种结果出现的概率；K_i 表示第 i 种结果出现后的预期收益率；N 表示所有可能结果的数目。

上例根据公式计算：

甲项目的期望收益率 $= 0.3 \times 90\% + 0.4 \times 15\% + 0.3 \times (-60\%) = 15\%$

乙项目的期望收益率 $= 0.3 \times 20\% + 0.4 \times 15\% + 0.3 \times 10\% = 15\%$

两者的期望收益率相同，但其概率分布不同。一般来说，概率分布越集中，风险就越低。因为概率分布越集中，实际的结果就会越接近期望值，而实际的报酬率远低于预期报酬率的可能性就越小。

从图 3 – 3 中可以看出，甲项目收益率的分散程度大，变动范围在 – 60% ~ 90% 之间；乙项目收益率的分散程度小，变动范围在 10% ~ 20% 之间。这说明虽然两个项目的期望收益率是相同的，但风险却不同。

2. 计算标准差

表示随机变量离散程度的指标包括平均差、方差、标准差和全距等，最常用的是方差和标准差。随机变量的方差和标准差的计算公式如下：

$$方差（\sigma^2）= \sum_{i=1}^{N} (K_i - \bar{k})^2 \times P_i$$

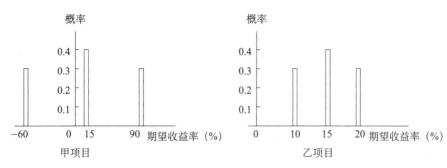

图 3-3　期望收益率的概率分布

$$标准差(\sigma) = \sqrt{\sum_{i=1}^{N}(K_i - \bar{k})^2 \times P_i}$$

根据【例 3-3】计算可得，甲项目的方差是 33.75%、标准差是 58.09%，乙项目的方差是 0.15%、标准差是 3.87%（计算过程见表 3-4），计算结果表明甲项目的风险比乙项目大。

表 3-4　　　　　　　　　　　甲、乙项目的方差和标准差

$K_i - \bar{k}$	$(K_i - \bar{k})^2$	$(K_i - \bar{k})^2 \times P_i$	$K_i - \bar{k}$	$(K_i - \bar{k})^2$	$(K_i - \bar{k})^2 \times P_i$
90% - 15%	56.25%	56.25% × 0.3 = 16.875%	20% - 15%	0.25%	0.25% × 0.3 = 0.075%
15% - 15%	0	0 × 0.4 = 0	15% - 15%	0	0 × 0.4 = 0
-60% - 15%	56.25%	56.25% × 0.3 = 16.875%	10% - 15%	0.25%	0.25% × 0.3 = 0.075%
方差（σ^2）		33.75%	方差（σ^2）		0.15%
标准差（σ）		58.09%	标准差（σ）		3.87%

3. 计算标准离差率

标准差是以均值为中心计算出来的，有时直接比较标准差可能是不准确的，需要剔除均值的影响，为了解决这个问题，引入标准离差率（又称离散系数或变异系数）的概念。标准离差率是标准差与均值的比，它是从相对角度观察的差异和离散程度，可用于比较相关事物的差异程度。

$$标准离差率：V = \sigma/\bar{k}$$

根据【例 3-3】的数据，可以计算得到甲、乙两个项目的标准离差率：

$$V（甲） = 58.09\%/15\% = 387.27\%$$
$$V（乙） = 3.87\%/15\% = 25.8\%$$

标准离差率越大，表示风险越大。即甲项目的风险比乙项目大。

3.1.4　正态分布和标准差的含义

从服从正态分布的总体中抽取一个足够大的样本，其形状就像一口"钟"，如图 3-4

所示。这样一个分布是一个以平均数为中心的对称分布。在统计学中,正态分布扮演着一个核心的角色,标准差是表示正态分布离散程度的一般方法。对于正态分布,收益率围绕其平均值左右某一范围内波动的概率取决于标准差。

根据统计学原理,在概率为正态分布的情况下,随机变量出现在预期值 ±1 个标准差范围内的概率有 68.26%;出现在预期值 ±2 个标准差范围内的概率有 95.44%;出现在预期值 ±3 个标准差范围内的概率有 99.73%。一般把"预期值 ±X 个标准差"称为置信区间,把相应的概率称为置信概率。

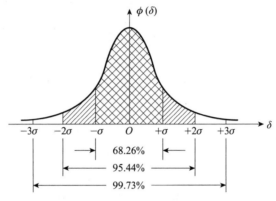

图 3 - 4　正态分布图的置信概率和置信区间

已知置信概率,可求出相应的置信区间,反过来也一样。利用图 3 - 4 可以实现标准差个数与置信概率的换算。例如,1 个标准差对应的面积是 0.3413,中轴两侧的面积占总面积的 68.26%(0.3413 × 2)。

因此,【例 3 - 3】中甲项目的实际收益率有 68.26% 的可能性是在 15% ± 58.09% 的范围内,风险较大;乙项目的实际收益率有 68.26% 的可能性是在 15% ± 3.87% 的范围内,风险较小(见表 3 - 5)。

表 3 - 5　　　　　　　　甲、乙两项目的置信概率和置信区间

置信概率	甲项目的置信区间	乙项目的置信区间
99.73%	15% ± 3 × 58.09%	15% ± 3 × 3.87%
95.44%	15% ± 2 × 58.09%	15% ± 2 × 3.87%
68.26%	15% ± 1 × 58.09%	15% ± 1 × 3.87%

如果预先给定置信概率(α),能找到相应的报酬的一个区间即置信区间;如果预先给定一个报酬率的区间,也可以找到其置信概率。

续【例 3 - 3】,假设收益率符合连续正态分布,要求计算甲项目盈利(置信区间为 $0 \rightarrow \infty$)的可能性有多大。

先计算 0 ~ 15%(均值)的面积。该区间含有标准差的个数:$X = 15 \div 58.09 = 0.26$。$X = 0.26$ 时对应的面积是 0.1026。15% → +∞ 的部分占总面积的一半,则:

P（甲盈利）$=50\% +10.26\% =60.26\%$

P（甲亏损）$=50\% -10.26\% =39.74\%$

同样，可计算乙项目盈利的概率。在 $0 \sim 15\%$ 区间含有的标准差个数：$X = 15 \div 3.87 = 3.88$。$X =3.88$ 时对应的面积为 0.5，也就是收益率在 0 以下的面积为 0，则：

P（乙亏损）$=0.5 - 0.5 =0$；P（乙盈利）$=0.5 + 0.5 = 1$。说明乙项目肯定盈利。

综上所述，两个项目的平均收益率相同，但风险大小不同。甲项目可能取得高收益，亏损的可能性也大；乙项目取得高收益的可能性小，亏损的可能性也小。

3.2　投资组合的收益和风险

方差和标准差可以度量的是单个股票收益率的风险，但实际上，投资人很少只持有单个股票或只投资某一项资产，而是构建一个投资组合或投资多个项目，通过资产的多样性来分散风险。

投资组合理论认为，若干证券组成的投资组合，其收益是这些证券收益的加权平均数，但是其风险不是这些证券风险的加权平均风险，投资组合可以降低风险。持有证券组合的投资人关注投资组合中每一种证券对组合的期望收益和风险的贡献。事实上，每一种证券的期望收益恰好是其对投资组合期望收益的贡献的度量。但是，每一种证券的标准差和方差都不能恰当地度量其对投资组合的风险的贡献。

当然，并不是任何投资组合都能降低风险。只有呈负相关关系的资产进行组合才能降低风险（如一种证券的收益上升时，另一种证券的收益下降，则这两种证券的收益呈负相关关系）；呈正相关关系的资产进行组合不能降低风险（如一种证券的收益与另一种证券的收益同升同降，则这两种证券的收益呈正相关关系）。

3.2.1　组合的期望收益率

两种或两种以上证券组合，组合期望收益率可以表示为：

$$r_p = \sum_{i=1}^{n} r_i \times w_i$$

其中，r_i 表示第 i 种证券的期望收益率；w_i 表示第 i 种证券在全部投资中的比重；n 表示组合中证券种类总数。

3.2.2　组合的标准差和协方差

证券投资组合的标准差，并不是单个证券标准差的简单加权平均，组合的风险不仅仅取决于组合内各证券的风险，还取决于各证券之间的相关性。

投资组合的方差是各证券收益率方差的加权平均数再加上其收益率的协方差。两种证券的投资组合的方差可按下式计算：

组合的方差 $\mathrm{Var}(r_p) = w_1^2 \times \mathrm{Var}(r_1) + w_2^2 \times \mathrm{Var}(r_2) + 2 \times w_1 \times w_2 \times \mathrm{Cov}(r_1, r_2)$

其中，$\mathrm{Var}(r_1)$ 表示第 1 种证券期望收益率的方差；w_1 表示第 1 种证券在全部投资中的比重；$\mathrm{Cov}(r_1, r_2)$ 表示两种证券期望收益率的协方差。

这表明投资组合的方差不仅取决于单个证券的方差，还取决于证券之间的协方差，协方差是反映证券之间共同变动的程度；随着证券组合中证券个数的增加，协方差项比方差项更重要。当一个组合扩大到能包含所有证券时，只有协方差是重要的，方差项变得微不足道。因此，充分投资的组合其投资风险，只受证券之间协方差的影响，而且与各证券本身的方差无关。

协方差的符号（正或负）反映了两种证券收益的相互关系。如果两种证券收益呈同步变动，即在任何一种经济状况下同时上升或同时下降，协方差为正值；如果两种证券收益呈非同步变动态势，即在任何一种经济状况下一升一降或一降一升，协方差为负值。

3.2.3 组合的相关系数

协方差是一个度量两种证券收益之间相互关系的统计指标。此外，这种相互关系也可以用两种证券收益之间的相关系数来反映。两种证券投资组合的协方差和相关系数的关系如下。

因为：$\mathrm{Cov}(r_1, r_2) = \mathrm{CORR}(r_1, r_2) \times \mathrm{SD}(r_1) \times \mathrm{SD}(r_2)$

协方差包括两个部分：两种证券收益的相关系数和标准差。

所以：$\mathrm{CORR}(r_1, r_2) = \dfrac{\mathrm{Cov}(r_1, r_2)}{\mathrm{SD}(r_1) \times \mathrm{SD}(r_2)}$

$\mathrm{CORR}(r_1, r_2)$ 表示两种证券期望收益的相关系数。

两种证券投资组合的协方差等于相关系数乘以两种证券收益率的标准差。因为标准差总是正值，所以相关系数的符号取决于协方差的符号。

相关系数总是在 -1 到 1 之间取值，当相关系数等于 1 时，表示一种证券期望收益的增长与另一种证券期望收益的增长成比例；当相关系数等于 -1 时，表示一种证券期望收益的增长与另一种证券期望收益的减少成比例；当相关系数等于 0 时，表示两种证券没有相关性，各自独立变动。在由多种证券构成的组合中，只要组合中证券收益之间的相关系数小于 1，组合的标准差一定小于组合中各种证券标准差的加权平均数。

【例 3 - 4】假设 A 股票的期望收益率是 10%，标准差是 12%，B 股票的期望收益率是 18%，标准差是 20%。构建投资组合，假设两种股票的相关系数为 0.2，投资比例、组合期望收益率和标准差如表 3 - 6 所示。

表 3-6		不同投资比例的投资组合		单位:%
组合	A 股票占比	B 股票占比	组合期望收益率	组合标准差
1	100	0	10	12
2	80	20	11.6	11.11
3	60	40	13.2	11.78
4	40	60	14.8	13.79
5	20	80	16.4	16.65
6	0	100	18	20

从表 3-6 中可以看出,组合的期望收益等于组合中 A、B 两种股票期望收益的加权平均数,但组合的标准差小于组合中 A、B 两种股票标准差的加权平均数。组合的标准差随着表中两种股票的权重变化而变化,构造投资组合可以降低风险。在组合 2 中,A 股票投资占比 80% ,B 股票投资占比 20% ,组合标准差 11.11% 是 6 个组合中最低的,此时组合收益率是 11.6% ,把这个组合称为最小方差组合。在图 3-5 中,组合 2 处于机会集曲线最左端的点。

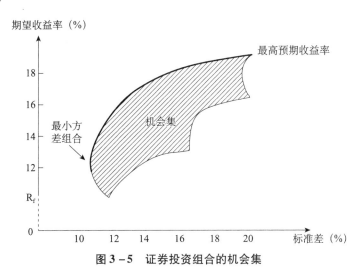

图 3-5 证券投资组合的机会集

图 3-5 描绘出随着证券投资比例的变化,期望收益率与组合标准差之间的关系;在只有两种证券的情况下,投资人的所有投资组合只能出现在机会集(也称为可行集)曲线上,即图 3-5 中那条加粗的曲线,而不会出现在曲线的上方或下方;投资人不可能获得曲线上方的任意一点,因为他不可能提高某些证券的收益,或降低某些证券的标准差,或降低两种证券之间的相关系数。同理,投资人也不可能获得曲线下方的任意一点,因为他不可能降低某些证券的收益,提高某些证券的标准差,或提高两种证券之间的相关系数。投资人改变投资比例只能改变组合在机会集曲线上的位置。【例 3-4】中如果投资人是理性的,想要尽可能地规避风险,他将选择组合 2,即选择最小方差组合。

投资人只考虑从最小方差组合至最高预期收益率。正因如此,从最小方差组合至最高预期收益率这段曲线被称为有效集或有效边界。两种证券的所有可能投资组合都落在一条曲线上，而两种以上证券的所有组合会落在一个平面上，如图 3 - 5 阴影部分所示。

证券期望收益之间的相关系数越小，机会集曲线越弯曲，风险分散效应越强。当相关系数趋近于 -1 时，机会集曲线的弯曲度最大。证券期望收益之间的相关系数越大，机会集曲线越平缓，风险分散效应越弱。完全正相关的投资组合，不具有风险分散效应，其机会集是一条直线。大多数证券之间存在相关性，但完全负相关这种情况暂时还没有出现过。值得注意的是，一对证券之间只存在一个相关系数。

那么投资人应该如何选择最佳的投资组合呢？在一个有效集内选择哪个投资组合，完全取决于投资人个人的偏好。显然，投资人应该会偏好选择一个具有高期望收益、低标准差的投资组合。

3.2.4　多种资产组合的收益和风险

1. 多种资产组合的方差

接下来，我们讨论多种资产组合的方差计算公式，实际上可以视为两种资产组合的方差计算公式的扩展。

组合的方差：$\mathrm{Var}(r_p) = \sum_{i=1}^{n} w_i^2 \times \mathrm{Var}(r_i) + \sum_{i=1}^{n} \sum_{j=1}^{n} w_i \times w_j \times \mathrm{Cov}(r_i, r_j)$

其中，$\mathrm{Var}(r_i)$ 表示第 i 种证券期望收益率的方差；w_i 表示第 i 种证券在全部投资中的比重；$\mathrm{Cov}(r_i, r_j)$ 表示第 i 和 j 种证券期望收益率的协方差。

从式中可以看出，投资组合中每两个证券收益的协方差的个数，大大超过了构成投资组合的证券的种数。例如，如果由 10 种证券构成一个投资组合，组合的方差是由 100 项组成，包括 10 个方差和 90 个协方差。

即在一个投资组合中，证券之间的协方差对组合方差的影响大于每种证券的方差对组合方差的影响。随着投资组合中包含的资产数量增加，单项资产对组合方差的影响会越来越小，而资产之间的协方差带来的影响越来越大。当投资组合中包含的资产数量非常大时，单项资产的方差对组合方差的影响几乎可以忽略不计。

假设投资组合包含 N 项资产，每项资产的方差都相等即 $\mathrm{Var}(r)$，每项资产在投资组合中所占份额相等即 $w_i = 1/N$，则投资组合的方差公式可以简化为：

$$
\begin{aligned}
\mathrm{Var}(r_p) &= \sum_{i=1}^{n} \left(\frac{1}{N}\right)^2 \times \mathrm{Var}(r) + \sum_{i=1}^{n} \sum_{j=1}^{n} \left(\frac{1}{N}\right)^2 \times \mathrm{Cov}(r_i, r_j) \\
&= N \times \left(\frac{1}{N}\right)^2 \times \mathrm{Var}(r) + N \times (N-1) \times \left(\frac{1}{N}\right)^2 \times \mathrm{Cov}(r_i, r_j) \\
&= \frac{1}{N} \times \mathrm{Var}(r) + \left(1 - \frac{1}{N}\right) \times \mathrm{Cov}(r_i, r_j)
\end{aligned}
$$

其中，$i \neq j$。当 N 趋近无穷时，公式中的第一项逐渐消失，第二项趋近于 $\mathrm{Cov}(r_i, r_j)$。即协方差随着资产数量增加并不会消失，而是取决于协方差的平均值，投资组合的风险将趋近于各项资产之间的平均协方差。这个平均协方差是所有投资组合的共同波动趋势，反映了不能分散的系统风险。投资组合不能分散全部风险，而只能分散部分风险。

因此，某资产的风险 = 系统风险 + 非系统风险或可分散风险。

2. 系统风险与非系统风险

市场上的风险非常多，包括流动性风险、利率风险、购买力风险、经营风险、市场风险、经济风险等。这些风险从性质上可以划分为系统风险和非系统风险。

（1）系统风险。系统风险又称不可分散风险或市场风险，它是指由于某些因素给市场上所有证券、所有公司造成经济损失的可能性，如宏观经济状况的变化、国家税法的变化、国家财政政策和金融政策的变化、世界能源状况的改变等。这类风险涉及所有的投资对象，不能通过多元化投资来分散，因此又称不可分散风险或系统风险。即使投资人持有经过适当分散的证券组合，也将遭受这种风险。如图3-6所示，随着投资组合中资产数量的增加，投资组合的方差逐步下降，但不会下降到零，实际上，组合的方差只下降至各对股票协方差的平均数。即投资人即使持有一个完整且充分的投资组合仍需承受系统风险。

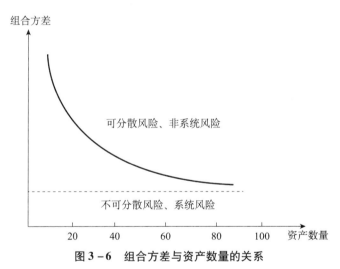

图3-6 组合方差与资产数量的关系

例如，经济衰退时所有股票的价格都有不同程度下跌。2008年美国次贷危机引起的全球金融危机导致全球股票市场下跌、2020年新冠疫情引发全球危机，这些都是典型的系统风险。系统风险影响到所有股票的价格变动，因此，不能通过股票投资组合分散掉。对投资人来说，这种风险是无法消除的，故又称不可分散风险。但系统风险对不同的公司也有不同的影响。

（2）非系统风险。非系统风险又称可分散风险或公司特别风险，它是指由于某些因素给市场上单个公司造成经济损失的可能性，如罢工、新产品开发失败、没有争取到重要合同、诉讼失败、市场竞争中失败、发生经营亏损等，都会导致该公司股票价格下跌。这类事件是随机发生的，因而可以通过多元化投资来分散，即发生于一家公司的不利事件可以被其他公司的有利事件所抵消。非系统风险可以通过证券投资组合来分散，因此，又称可分散风险。

如图 3-6 所示，随着投资组合中资产数量的增加，投资组合的方差逐步下降，在资产数量足够大时，通过投资组合可以分散非系统风险。

可见，系统风险是指对大多数资产发生影响的风险，只是每种资产受影响的程度不同而已。非系统风险是指对某一种资产或某一类资产发生影响的风险。在一个大规模的投资组合中，非系统风险会因资产多元化而被分散。

3.3 资本市场线

3.3.1 无风险资产收益率

在上述投资组合分析中，我们都假设组合中的资产都是风险资产。但实际上，市场上除了有风险资产外，还有无风险资产。很有必要分析无风险资产对投资组合收益和风险的影响。

无风险资产是指实际收益率等于预期收益率的资产，需要满足两个条件：不存在违约风险；不存在再投资风险。从市场的实际情况来看，国债一般不存在违约风险，零息债券一般不存在再投资风险。

一般可以用短期国债利率作为无风险资产收益率，所以也把无风险资产收益率称为无风险利率或无风险收益率。

我们构建一个无风险资产和某项风险资产的投资组合，假设无风险资产的收益率是 r_f，方差是 $Var(r_f)$，风险资产的收益率是 r_i，方差是 $Var(r_i)$，权重分别是 w_f、w_i，且 $w_f + w_i = 1$。

组合的预期收益率：$E(r_p) = w_f r_f + w_i r_i = r_f + w_i(r_i - r_f)$

组合的方差：$Var(r_p) = w_i^2 Var(r_i) + w_f^2 Var(r_f) + 2w_i w_f Cov(r_i, r_f)$

由于无风险资产的方差为零且无风险资产与风险资产不相关，所以无风险资产和任何风险资产的协方差是零，因此推导出：$Var(r_p) = w_i^2 Var(r_i)$，即：$SD(r_p) = w_i SD(r_i)$

我们可以得出，投资组合的预期收益率等于无风险资产和风险资产预期收益率的加权平均数，或者说，投资组合的预期收益率等于无风险资产收益率加上风险资产投资权重乘以风险溢价。投资组合的标准差是风险资产标准差的线性函数，即投资组合的风险取决于风险资产的风险和投资比例。

因此，由风险资产和无风险资产构造的投资组合，其风险和收益总会形成一条直线，从无风险资产延伸向所选定的风险资产组合。

3.3.2 资本市场线模型

如图 3-7 所示，从无风险资产收益率开始，做有效边界的切线，切点为 M，该直线称为资本市场线，简称 CML。资本市场线描述的是有效投资组合预期收益率与风险之间的线性关系，可以看作是所有资产包括风险资产和无风险资产的有效集。

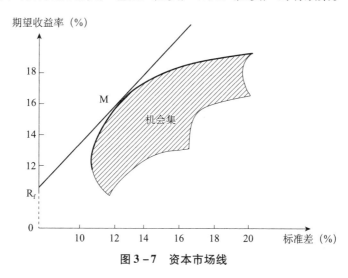

图 3-7 资本市场线

当市场达到均衡时，市场组合成为一个有效组合，而所有有效组合都可视为无风险资产与市场组合的再组合；资本市场线是表明有效组合的期望收益率和标准差之间的一种简单的线性关系的一条射线。它是沿着投资组合的有效边界，由风险资产和无风险资产构成的投资组合，切点 M 是市场均衡点，切点代表唯一、最有效的风险资产组合，它是所有证券以各自的市场价值为权重的加权平均组合，将其定义为市场组合。

资本市场线的截距是无风险资产收益率 r_f，斜率是 $(r_m - r_f) / \mathrm{SD}(r_m)$。

CML 可以表述为：$\mathrm{E}(r_p) = r_f + \dfrac{r_m - r_f}{\mathrm{SD}(r_m)} \mathrm{SD}(r_p)$

任意有效投资组合的期望收益率等于无风险资产收益率与风险溢价之和，风险溢价等于 $(r_m - r_f) / \mathrm{SD}(r_m)$ 斜率乘以该组合标准差 $\mathrm{SD}(r_p)$。

资本市场线的基本结论如下。

（1）市场均衡点：资本市场线与有效边界集的切点 M 称为市场均衡点，它代表唯一最有效的风险资产组合，它是所有证券以各自的总市场价值为权数的加权平均组合，即市场组合。

（2）组合中资产构成情况（M 左侧和右侧）：图 3-7 中的直线（资本市场线）揭示出持有不同比例的无风险资产和市场组合情况下风险与预期报酬率的权衡关系。在 M 点的左侧，同时持有无风险资产和风险资产组合，风险较低；在 M 点的右侧，仅持有市场组合，并且会借入资金进一步投资于组合 M。

（3）分离定理：个人的效用偏好与最佳风险资产组合相独立，对于不同风险偏好的投资人来说，只要能以无风险资产收益率自由借贷，他们都会选择市场组合，即分离原理——最佳风险资产组合的确定独立于投资人的风险偏好。这意味着企业管理者决策时不必考虑每一位投资人对风险的偏好，资产的价格信息完全可以确定投资人所要求的收益率，该收益率可支持管理者进行决策。

3.4 资本资产定价模型

威廉·夏普（William Sharpe）、林特纳（John Lintner）、特里诺（Jack Treynor）和莫辛（Jan Mossin）等1964年在资产组合理论和资本市场理论的基础上提出了资本资产定价模型（CAPM），第一次量化市场的风险程度，并对风险进行定价。资本资产定价模型是现代金融市场价格理论的支柱，是财务经济学领域最重要的进展和突破，并广泛应用于投资决策和公司理财等领域。

3.4.1 研究假设

（1）投资人追求财富效用最大化，他们根据投资组合的预期收益率和标准差来选择最优组合。

（2）投资人能以给定的无风险资产收益率水平下无限制地借入或贷出资金，市场可以无限制地卖空。

（3）投资人都遵守此原则：同一风险水平下，选择收益率较高的证券；同一收益率水平下，选择风险较低的证券。

（4）投资人对资产收益率的概率分布看法一致，即他们对预期收益率、标准差和协方差具有相同的预期值；市场上的有效边界只有一条。

（5）投资人具有相同的投资期限，而且只有一期。

（6）所有的资产可以无限制地细分并能够完全变现，没有交易费用，没有税收。

（7）投资人可以及时免费获得充分的市场信息，且都是价格接受者。

（8）不存在通货膨胀，且贴现率不变。

上述假设表明：第一，投资人是理性的，而且严格按照马科维茨的投资组合模型的规则进行多样化的投资，并将从有效边界的某处选择投资组合；第二，资本市场是完全有效的市场，没有任何摩擦和交易成本阻碍。

资本资产定价模型的研究对象，是充分组合情况下风险与收益之间的关系。为了补偿某一特定程度的风险，投资人要获得多少收益率。高度分散化的市场中只有系统风险，并会得到相应的回报，因此问题的关键是如何衡量系统风险并定价。

3.4.2　系统风险的度量

一项资产的预期收益率取决于它的系统风险，度量系统风险的指标是贝塔系数 β，计算公式是：

$$\beta = \frac{\text{Cov}(r_i, r_m)}{\text{Var}(m)}$$

其中，$\text{Cov}(r_i, r_m)$ 是第 i 种证券的收益与市场组合收益的协方差，$\text{Var}(m)$ 是市场组合收益的方差；β 系数的一个重要特征是，当以各种股票的市场价值占市场组合总市场价值的比重为权重时，所有证券的 β 系数平均值等于 1。所以市场组合的 β 系数等于 1。

可以用两种方法计算 β 系数，一种方法是直接用上述公式计算；另一种方法是使用回归分析法，将同一时期内的资产收益率与市场组合收益率数据进行线性回归，回归方程估计得到的系数可以近似等同于 β 系数。

3.4.3　投资组合的 β 系数

单一证券的 β 系数通常会由一些投资服务机构定期计算并公布，证券投资组合的 β 系数则可由证券组合投资中各组成证券 β 系数加权计算而得，其计算公式如下：

$$\beta_p = \sum_{i=1}^{n} w_i \beta_i$$

其中，β_p 为证券组合的 β 系数；w_i 为证券组合中第 i 种股票所占的比重；β_i 为第 i 种股票的 β 系数；n 为证券组合中股票的数量。

【例 3 – 5】甲公司持有由 ABCD 四种股票构成的证券组合，它们的 β 系数分别是 2.0、1.5、1 和 0.5，在证券组合中所占比重分别是 40%、20%、15%、25%，股票的市场收益率是 15%，无风险资产收益率是 6%。求该证券组合的 β 系数。

解：$\beta_p = \sum X_i \beta_i = 2.0 \times 40\% + 1.5 \times 20\% + 1 \times 15\% + 0.5 \times 25\% = 1.375$

β 系数的经济含义是揭示出相对于市场组合特定资产的系统风险是多少；某一资产的 β 值的大小反映了该资产预期收益率波动与整个市场收益率波动之间的相关性和程度。市场组合相对于它自己的 β 系数是 1，如果投资组合的 β 系数 1.375，表明它的系统风险是市场组合风险的 1.375 倍，其预期收益率的波动幅度是市场波动幅度的 1.375 倍。

3.4.4　收益和风险的关系：资本资产定价模型

收益和风险的基本关系是风险越大要求的收益率越高。如前所述，各投资项目的风险大小是不同的，在投资收益率相同的情况下，人们都会选择风险小的投资，结果竞争使其风险增加、收益下降。最终，高风险的项目必须有高收益，否则就没有人投资；低收益的项目必须风险很低，否则也没有人投资。收益和风险的这种联系，是市场竞争的结果。

风险和期望投资收益率的关系可以表示如下：

期望投资收益率 = 无风险资产收益率 + 风险收益率

期望投资收益率应当包括两部分。第一部分是无风险资产收益率，如购买国家发行的债券，到期连本带利一般都可以收回，国债被视为无风险资产。国债利率及类似的无风险资产收益率，是最低的社会平均收益率。第二部分是风险收益率，它与风险大小有关，风险越大则要求的收益率越高，它是风险的函数。

按照资本资产定价模型，单个证券的系统风险可用 β 系数来度量，其风险和收益之间的关系可以用资本资产定价模型和证券市场线来描述：

$$R_i = R_f + \beta \times (R_m - R_f)$$

其中，R_i 为第 i 个股票的预期收益率或必要收益率，R_f 为无风险资产收益率，R_m 为市场组合的收益率。

资本资产定价模型从本质上解释了投资收益率的内涵，市场组合的预期收益率减去无风险资产收益率（$R_m - R_f$）是市场对投资人承担的每单位风险支付的必要补偿。除了市场补偿外，还要考虑某一特定资产或证券的风险因素即 β 系数的影响。

如果 β 系数为 0，表明此项投资没有风险，因此只能获得无风险资产收益率。

如果 β 系数为 1，表明此项投资的系统风险与市场组合风险等量，此时投资收益率应等于市场组合的必要收益率。

如果 β 系数大于 1，表明此项投资的系统风险大于市场组合的风险，因此投资人对该项投资要求的收益率要大于市场组合收益率。

如果 β 系数小于 0，表明此项投资的系统风险与市场组合风险呈相反的变化，此时投资人要求的收益率低于无风险资产收益率。

3.4.5 证券市场线

为了能够比较形象地描述关于收益和风险之间的关系，可以将资本资产定价模型画图，横坐标是 β 系数，纵坐标是预期收益率，得到一条直线称为证券市场线，简称 SML，如图 3 - 8 所示。

只要市场的预期收益率大于无风险资产收益率，证券市场线将是一条斜率向上的直线。正如任何直线一样，证券市场线具有斜率和截距。截距是无风险资产收益率 R_f，斜率是市场风险溢价（$R_m - R_f$）。且关于单个证券 β 系数与预期收益率关系式，对于投资组合也成立。

【例 3 - 6】假设一个投资组合是由均等投资于两种证券 A 和 B 构成的，两种证券的收益率分别是 20.8% 和 13.44%，β 系数分别是 1.5 和 0.7，无风险资产收益率为 7%，市场的预期收益率与无风险资产收益率之差为 9.2%。求组合的预期投资收益率和 β 系数。

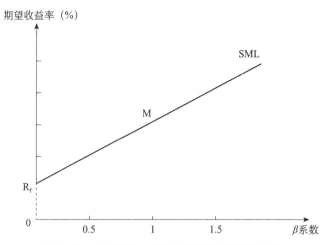

期望收益率（%）

图 3 - 8 单个证券 β 系数与预期收益率的关系

解：投资组合的预期收益率：$0.5 \times 20.8\% + 0.5 \times 13.44\% = 17.12\%$

投资组合的 β 系数：$0.5 \times 1.5 + 0.5 \times 0.7 = 1.1$

根据资本资产定价模型，这个投资组合的预期收益率：$7\% + 1.1 \times 9.2\% = 17.12\%$

通过计算可以发现两种计算方法得到的期望收益率是相等的，这个例题也表明不管是单个证券还是投资组合，资本资产定价模型都是成立的。

补充：资本市场线与证券市场线的差异。

（1）资本市场线是沿着投资组合的有效边界，由风险资产和无风险资产构成投资组合。资本市场线上的每一点，都代表着一个完整的投资组合。证券市场线表明证券或证券组合收益与 β 系数之间的关系。

（2）资本市场线的横轴是标准差（既包括系统风险又包括非系统风险），纵轴是风险组合的期望收益率；证券市场线的横轴是 β 系数（只包括系统风险），纵轴是平均的预期收益率。

（3）资本市场线只对有效组合才能成立。证券市场线无论对单个证券还是证券组合都可以成立。

（4）资本市场线揭示的是持有不同比例的无风险资产和市场组合情况下风险和收益的权衡关系；证券市场线揭示的是证券本身的风险和收益的对应关系。

（5）资本市场线表示的是预期收益率，即投资"后"期望获得的收益率；而证券市场线表示的是必要收益率，即投资"前"要求得到的最低收益率。

（6）资本市场线的作用在于确定投资组合的比例。证券市场线的作用在于根据必要收益率，利用股票估价模型，估计股票的内在价值。

思 考 与 练 习

1. 什么是无风险资产收益率？

2. 为什么投资组合不能消除全部风险？

3. 如何在风险资产的有效集中确定最优的投资组合？

4. 如果所有的投资人具有共同期望，那么投资人将会持有什么样的风险资产的组合？

5. 如何计算 β 系数？如何理解 β 系数的含义？

6. 为什么资本市场线和证券市场线都是一条直线？

7. 什么是资本资产定价模型（CAPM）？

8. 现有 F 和 G 两种证券，其中 F 证券期望收益率为 12%，标准差为 9%；而 G 证券期望收益率是 18%，标准差是 25%。求：（1）如果由 30% 的 F 证券和 70% 的 G 证券构成一个投资组合，其期望收益率是多少？（2）如果 F 和 G 这两种证券收益之间的相关系数是 0.2，那么上述组合的标准差是多少？

9. 长江空调公司现有 A 和 B 两个投资项目，投资报酬情况资料如下表所示。

投资项目比较 单位:%

市场销售情况	概率	A 项目报酬率	B 项目报酬率
较好	30	30	20
一般	50	10	10
很差	20	−15	5

（1）计算 A 项目的期望值、标准差和标准离差率。

（2）计算 B 项目的期望值、标准差和标准离差率。

（3）假定长江空调公司规定，任何投资项目的期望报酬率都必须在 10% 以上，且标准离差率不得超过 1，请问公司应该选择投资哪一个项目？

10. 长江空调公司当前的普通股股利为每股 4.2 元，股价为每股 53 元，今后公司将保持 5% 的稳定的股利增长率。公司现在股票的 β 系数为 1.28，当前无风险收益率为 3%，预计资本市场平均收益率为 10%。请分别运用股利固定增长模型和资本资产定价模型来估计该公司普通股的资本成本。

11. 苏南公司股票的实际收益率为 20%，长江公司股票的实际收益率为 10%，且长江公司股票的实际收益率与市场组合的平均收益率相同。求（1）如果无风险收益率为 3%，计算苏南公司股票的 β 系数。（2）如果苏南公司股票的 β 系数为 2.2，计算无风险收益率 R_f。

第**4**章

证券估值

 学习目的与要求

通过对本章的学习，能够了解并掌握证券的基本特征、交易机制、定价原理和估值方法，并能为具体的证券进行估值。具体包括：债券和股票估值的基本概念、理论和方法，计算债券和股票的投资收益率，理解债券和股票估值相互之间的关系。本章的重点和难点是债券和股票估值方法、模型及其运用。

在金融经济领域，估值是一项关键的任务。无论是企业资产管理、投资决策、筹资决策、经营管理还是企业价值评估，估值都对决策起着至关重要的作用。

估计资产的价值是管理者制定有效策略和决策的基础，只有对股票、债券、房地产、投资项目、企业整体价值等进行合理估值，才有可能评估潜在回报和风险，跟踪和评估后续盈利状况，并根据市场条件进行调整；才有可能评估企业的未来盈利能力和市场地位，为企业并购、股权融资、业务扩张等决策提供依据。估值涉及面较广，本章主要是从债券和股票这两种最基本的证券出发，介绍债券和股票估值的基本概念、理论和方法，以及债券和股票估值相互之间的关系。

从财务管理角度，证券价值是其预期未来现金流贴现的现值。本章首先估计债券和股票的未来现金流，再确定对应的贴现率，最后将各期现金流按照相应的贴现率计算现值，来估计债券和股票的价值。由于债券具有未来现金流已知的特性，使估值技术在债券估值的运用上更直接一些，而股票的未来现金流具有不确定性，使估值技术在股票估值的运用上相对难一些。

4.1　证券的定义和分类

证券是指各类记载并代表一定权利的法律凭证。它用以证明证券持有人有权依其所

持凭证记载的内容而取得应有的权益。

4.1.1 证券是经济权益凭证

从一般意义上来说,证券是指用以证明或设定权利所做的书面凭证,它表明证券持有人或第三者有权取得该证券代表的特定权益,或证明其曾经发生过的行为。

证券是多种经济权益凭证的统称,主要包括资本证券、货币证券和商品证券等。狭义上的证券主要指的是证券市场中的证券产品,包括产权市场产品如股票,债权市场产品如债券,衍生工具市场产品如期货、期权、远期和互换等。证券可以采取纸面形式或证券监管机构规定的其他形式。

证券的种类繁多,涉及面较广,本章主要从两个最常见、最基础的证券——股票和债券估值的角度来展开分析。

4.1.2 基础金融工具

金融工具包括金融资产、金融负债和权益工具。通常把金融工具分成两大类:基础金融工具(如应收账款、应付账款、股票、债券、基金等)和金融衍生工具(远期、互换、期货、期权等)。

基础金融工具是指其价值取决于标的物自身的价值,具体包括商业票据、股票、债券、融资合同,以及发生债权债务关系的交易合同等。

1. 按照期限分类,基础金融工具分为短期金融工具和长期金融工具

短期金融工具包括偿还期限在 1 年以内的金融工具,如商业票据、银行票据、短期债券、大额可转让定期存单、应收账款等。

长期金融工具包括偿还期限在 1 年以上的金融工具,如股票、长期债券等。

2. 按照融资形式分类,基础金融工具分为直接金融工具和间接金融工具

直接金融工具是指交易双方直接交易、直接融资的金融工具。包括:商业票据、股票、债券等。

间接金融工具指交易双方通过金融中介机构进行交易的金融工具。包括:银行票据、银行贷款、大额可转让定期存单等。

3. 按照权利义务分类,基础金融工具分为债权债务类和权益类金融工具

债权债务类金融工具包括:债券、商业票据、大额可转让定期存单、贷款合同、银行票据等。权益类金融工具主要是指股票。

4.2　债券估值和投资收益率

4.2.1　债券的定义和要素

1. 债券的定义

债券是政府、企业、银行等债务人为筹集资金，按照法定程序发行并向债权人承诺于指定日期还本付息的有价证券。本质上，债券是一种金融契约，是债的证明书，具有法律效力。债券购买者或投资人与发行者之间是一种债权债务关系。

债券是一种有价证券。由于债券的利息通常是事先确定的，所以债券是固定利息证券（定息证券）的一种。在金融市场发达的国家和地区，债券可以上市流通。

2. 债券的要素

债券尽管种类多种多样，但是在内容上都要包含一些基本的要素。这些要素是明确债权人和债务人权利与义务的主要约定，具体如下。

（1）债券面值。债券面值是指债券的票面价值，是发行人对债券持有人在债券到期后应偿还的本金数额，也是向债券持有人按期支付利息的计算依据。债券的面值与债券实际的发行价格并不一定是一致的，发行价格大于面值称为溢价发行，小于面值称为折价发行，等于面值称为平价发行。

（2）偿还期。债券偿还期是指债券上载明的偿还债券本金的期限，即债券发行日至到期日之间的时间间隔。发行人要结合自身资金周转状况及外部资本市场的各种影响因素来确定债券的偿还期。

（3）付息期。债券的付息期是指发行债券后的利息支付的时间。它可以是到期一次支付，或1年、半年、3个月支付一次。在考虑货币时间价值和通货膨胀因素的情况下，付息期对债券投资人的实际收益有很大影响。到期一次付息的债券，其利息通常是按单利计算的；而年内分期付息的债券，其利息是按复利计算的。

（4）票面利率。债券的票面利率是指债券利息与债券面值的比率，是发行人承诺以后一定时期支付给债券持有人报酬的计算标准。债券票面利率的确定主要受到银行利率、发行者的资信状况、偿还期限和利息计算方法以及当时资金市场上资金供求情况等因素的影响。

（5）发行人名称。发行人名称指债券的债务主体，为债权人到期追回本金和利息提供依据。

4.2.2　债券估值

债券估值就是对债券的价值进行评估，确定债券的内在价值，它是债券投资人未来现金流入的现值。投资人购买债券的收入包括将来收回的本金和利息。

债券价值主要由两个因素决定：债券的预期货币收入和投资人要求的必要投资收益率。债券的预期收入主要包括到期前定期支付的利息和到期时兑付的票面金额。投资人要求的必要投资收益率一般可以比照具有可比性的金融工具的收益率来确定。

由于不同类型的债券，在投资人持有债券期间所获得的现金流入的内容不同，债券价值的评估方法也不相同。按照利息支付方式不同，债券可以分为贴现债券、附息债券、到期付息债券等。

1. 贴现债券

贴现债券也称利息预付债券、贴水债券或无票面利率债券，是债券中最简单的一种。贴现债券是以贴现方式发行，没有票面利率，到期按面值偿还的债券。

简化起见，本书有时用债券的价格来代替债券的现值。因为面值是债券支付的唯一现金流，贴现债券的价值评估模型为：

$$P = \frac{F}{(1+K)^n}$$

其中，P 为债券价值；K 为市场利率或投资人要求的必要报酬率；F 为债券面值；n 为付息总期数或债券到期的年限。

【例 4 - 1】假设某两年期的贴现债券，面值是 1 000 元，市场利率为 4%，求该债券的现值。

解：$P = \dfrac{1\,000}{(1+4\%)^2} = 924.56$（元）

$1\,000 - 924.56 = 75.44$（元）

贴现债券的现值小于面值，现值与面值的差价 75.44 元就是购买该贴现债券在持有期间的投资收益。

2. 附息债券

附息债券也称为平息债券，是指在债券券面上附有息票的债券，或是按照债券票面载明的利率及支付方式支付利息和本金的债券。这是最常见的债券，固定利率、定期等额支付利息、到期一次还本的债券。附息债券的价值评估模型为：

$$\begin{aligned} P &= \frac{I_1}{(1+K)^1} + \frac{I_2}{(1+K)^2} + \cdots + \frac{I_n}{(1+K)^n} + \frac{F}{(1+K)^n} \\ &= \sum_{t=1}^{n} \frac{I}{(1+K)^t} + \frac{F}{(1+K)^n} \\ &= I \times (P/A, K, n) + F \times (P/F, K, n) \end{aligned}$$

其中，P 为债券价值；I 为每期支付的债券利息；K 为市场利率或投资人要求的必要报酬率；F 为债券面值；n 为付息总期数或债券到期的年限。

【例 4 – 2】投资人拟购买于 20 × 3 年 7 月 1 日发行的一批面值为 1 000 元的债券，其票面利率为 4%，期限为 20 年，每年 7 月 1 日支付利息，目前的市场利率为 5%，债券价格为 900 元，请问投资人是否会购买这种债券？

$$解：P = \sum_{t=1}^{20} \frac{1\ 000 \times 4\%}{(1 + 5\%)^t} + \frac{1\ 000}{(1 + 5\%)^{20}} = 40 \times 12.4622 + 1\ 000 \times 0.3769$$

$$= 875.39（元）$$

该债券市价 900 元，高于债券内在价值，投资人不会购买这种债券。

3. 到期付息债券

到期付息债券又称利随本清的债券，到期日一次还本付息且单利计息的债券。到期付息债券的价值评估模型为：

$$P = \frac{F \times i \times n + F}{(1 + K)^n} = \frac{I \times n + F}{(1 + K)^n}$$

公式中符号含义同前。

【例 4 – 3】投资人拟购买一种利随本清的企业债券，该债券的面值为 1 000 元，期限 5 年，票面利率为 6%，单利计息，假设市场利率为 4%，该债券发行价格为多少时投资人才会购买？

$$解：P = \frac{1\ 000 \times 6\% \times 5 + 1\ 000}{(1 + 4\%)^5} = 1\ 300 \times 0.822 = 1\ 068.6（元）$$

即该债券价格应小于等于 1 068.6 元，投资人才会购买。

4. 已经上市流通的债券的价值估值

流通债券是指已发行并在二级市场上流通的债券。它不同于新发行的债券，它已经在市场上流通了一段时间，在估值时需要考虑现在至下一次利息支付的时间因素。其特点包括：到期时间小于债券发行在外的时间；估值的时点不在发行日，可在任何时点，会产生非整数计息期问题。

流通债券的估值方法有两种：一种方法是以现在为折算时间点，历年现金流量按非整数计息期贴现；另一种方法是以最近一次付息时间（或最后一次付息时间）为折算时间点，计算历次现金流量现值，然后将其折算到现在。

流通债券的价值在两个付息日之间呈周期性变动，债券发行后价值逐渐上升，在付息日由于付息而价值下降，越接近到期日，债券价值越向债券面值靠近。

【例 4 – 4】假设有一种面值是 1 000 元的债券，票面利率为 10%，每年 5 月 1 日支付一次利息，到期还本，该债券于 20 × 1 年 5 月 1 日发行，20 × 6 年 5 月 1 日到期。现在是 20 × 4 年 4 月 1 日，若投资的必要报酬率是 10%，请计算该债券的价值。

解：方法一：计算持有该债券到期获得的所有利息和本金的现值。注意持有债券的时间不是整年，而是 1/12 年，13/12 年，25/12 年。

在持有债券的 2 年 1 个月的期限内，含有 3 个付息日，要计算三次利息的现值。

20×4 年 5 月 1 日利息的现值 = 1 000 × 8% × $(1 + 10\%)^{-1/12}$ = 79.3673（元）

20×5 年 5 月 1 日利息的现值 = 1 000 × 8% × $(1 + 10\%)^{-13/12}$ = 72.1519（元）

20×6 年 5 月 1 日利息的现值 = 1 000 × 8% × $(1 + 10\%)^{-25/12}$ = 65.5953（元）

20×6 年 5 月 1 日本金的现值 = 1 000 × $(1 + 10\%)^{-25/12}$ = 819.9410（元）

该债券在 20×4 年 4 月 1 日的价值 = 79.3673 + 72.1519 + 65.5953 + 819.9410 = 1 037.06（元）

方法二：先计算 20×4 年 5 月 1 日该债券的价值，然后将其折算为 4 月 1 日的价值。

20×4 年 5 月 1 日的价值 = 80 + 80 × $(1 + 10\%)^{-1}$ + 1 080 × $(1 + 10\%)^{-2}$ = 1 045.29（元）

20×4 年 4 月 1 日的价值 = 1 045.29 / $(1 + 10\%)^{1/12}$ = 1 037.02（元）

4.2.3 债券投资收益率

债券投资收益主要包括两部分：一部分为利息收入，它是根据债券面值和票面利率计算的；另一部分为债券价差收入，即债券到期按面值收回的金额或到期前出售债券的价款与购买债券时的投资额之差。

债券投资收益率是一定时期内债券投资收益与投资额的比率，是衡量债券投资是否可行的重要指标。到期收益率是选购债券的标准，它可以反映债券投资按复利计算的真实收益率。如果高于投资人要求的报酬率，则应买进该债券，否则就放弃。其结论和计算债券的真实价值相同。如果该债券不是定期付息，而是到期时一次还本付息或用其他方式付息，那么即使平价发行，到期收益率也可能与票面利率不同。

由于计息方式不同，债券投资收益率的计算方法也不相同。

1. 贴现债券投资收益率

贴现债券是指券面上不附息票，发行时按规定的折扣率，以低于票面面值的价格折价发行，到期按票面面值偿还本金的债券。这种债券无票面利息，债券票面面值大于发行价格的差价就是债券利息。贴现债券的投资收益率也可以按单利和复利两种方法计算。

（1）单利计息的贴现债券投资收益率。如果债券的投资期限较短，可以采用单利计息方法计算债券投资收益率，其计算公式为：

$$R = \frac{(S_n - S_0)/n}{S_0}$$

其中，R 为债券的年投资收益率；S_n 为债券到期时的偿还金额或到期前出售的价款；S_0 为债券的投资额（购买价格）；n 为债券的持有年限。

【例 4 – 5】投资人在债券发行时购买一张两年期、面值为 1 000 元的贴现债券，其发行价格为 900 元。要求按单利计息方法计算该债券的投资收益率。

解：R = [（1 000 − 900）/2] /900 = 5.56%

（2）复利计息的贴现债券投资收益率。如果债券的投资期限较长，应采用复利计息方法计算债券的投资收益率，其计算公式为：

$$R = \sqrt[n]{\frac{S_n}{S_0}} - 1$$

公式中的符号含义同前。

【例 4-6】投资人在债券发行时购买一张面值为 1 000 元，期限为 2 年的贴现债券，其发行价格为 900 元。要求按复利计息方法计算该债券的投资收益率。

解：$R = \sqrt{\frac{1\ 000}{900}} - 1 = 5.41\%$

可见，采用复利计息方法计算的贴现债券投资收益率低于采用单利计息方法计算的贴现债券投资收益率，债券的期限越长，两者的差异越大。

2. 附息债券投资收益率

附息债券是指在债券券面上附有各种息票的债券。息票上标明应付利息额和支付利息的时期。息票到期时，可以凭息票领取本期利息。附息债券投资收益率的计算又可以分以下两种情况。

（1）单利计息的附息债券投资收益率。附息债券一般采用单利计息方法，每期利息额均相等，在用单利计息方法计算债券投资收益率时，如果不考虑债券利息的再投资收益，则债券投资收益率的计算公式为：

$$R = \frac{P + (S_n - S_0)/N}{S_0} \times 100\%$$

其中，R 为债券的年投资收益率；S_n 为债券到期时的偿还金额或到期前出售的价款；S_0 为债券的投资额（购买价格）；P 为债券年利息额；N 为债券的持有年限。

【例 4-7】投资人买入面值为 1 000 元的附息债券 100 张，票面利率为 8%，期限两年，买价是每张 1 050 元。要求计算该债券到期时的投资收益率。

解：$R = \dfrac{100 \times 1\ 000 \times 8\% + (100 \times 1\ 000 - 100 \times 1\ 050) \div 2}{100 \times 1\ 050} = 5.24\%$

（2）复利计息的附息债券投资收益率。投资人在进行债券投资决策时，也可以采用复利计息方法，不仅要考虑债券的利息收入和价差收入，还要考虑债券利息的再投资收益。在这种情况下，债券投资收益率的计算公式为：

$$R = \sqrt[n]{\frac{S_n + P(F/A, i, n)}{S_0}} - 1$$

其中，i 为债券利息的再投资收益，一般用市场利率；其他符号含义同前。

【例 4-8】投资人买入面值为 1 000 元的附息债券 100 张，票面利率为 8%，期限两年，买价是每张 1 050 元，市场利率为 9%，要求采用复利计息方法计算该债券的投资收益率。

$$R = \sqrt{\frac{1\ 000 \times 100 + 1\ 000 \times 100 \times 8\% \times (F/A, 9\%, 2)}{1\ 050 \times 100}} - 1$$

$$= \sqrt{\frac{1\,000 + 1\,000 \times 8\% \times 2.090}{1\,050}} - 1$$

$$= 5.43\%$$

可见，采用复利计息方法计算的附息债券投资收益率高于采用单利计息方法计算的附息债券投资收益率，债券的期限越长，两者的差异越大。一般在进行债券投资决策时，最好采用复利计息的方法计算债券投资收益率，因为这种方法考虑了资金的时间价值，特别是当债券的投资期限较长时，债券利息的再投资收益就不可忽略。

4.3　股票估值和投资收益率

股份公司这种企业组织形态出现以后，很快成为全球企业组织的重要形式。与之相伴的是股份公司以股票形式筹集资金，发行股票、交易股票以及围绕股票衍生的各类金融工具，带动了股票市场的迅速发展。

4.3.1　股票的要素

1. 股票的定义

股票是股份公司为筹集资金而发行给股东作为持股凭证并借以取得股息和红利的一种无偿还期限的有价证券，是股份公司股本的构成部分，也是股份公司所有权的一部分。这种所有权是一种综合权利，如股票持有人即股东有权参加股东大会、投票表决各类重大事项、参与公司的重大决策、获取股息或分享公司利润等，但股东也要共同承担公司经营风险。

股票是资本市场的主要长期信用工具，可以转让、买卖，但不能要求股份公司返还其出资额。当股份公司解散或破产时，股东按其所持股份对债权人承担有限责任。

2. 股票的要素

（1）面值。股票的面值是股份公司发行的股票在票面上标明的金额，即票面金额。股票的面值以每股为单位。股份发行公司将其股本分成若干股，每股代表的股本是每股的面值。股票的面值是固定的，也有一些股票没有面值。中国境内 A 股上市的公司，股票面值一般都是每股 1 元。

（2）价格。股票本身没有价值，但它可以当作商品出卖，并且有一定的价格。股票面值是固定不变的，而股票价格则是变动的，它经常大于或小于股票的面值。

股票价格包括股票的发行价格和交易价格。股票价格是由股票市场决定的，股票的面值和价格经常不一致。股票价格可以高于或低于面值，但首次发行股票的价格一般不低于面值；中国境内 A 股上市的公司，首次发行股票的价格必须高于面值。

股票市场是一个价格波动非常明显的市场，日常交易中，股票的市场交易价格主要包括：开盘价、收盘价、最高价和最低价。其中收盘价是最重要的，后续涉及股票价格的内容，一般指的是收盘价。

（3）股利。股利又称为股息、红利，是指股份公司从留存收益中派发给股东的收益。股利是股东投资股份公司获得收益的一部分（另一部分是资本利得）。优先股的股利是固定的，以一定的事先约定的比率确定优先股股利。普通股的股利一般随着股份公司利润和股利分配政策的变化而变化。

（4）发行公司。股份公司通过证券交易所公开向投资人发行股票募集资金，需要经过严格的程序，同时发行公司（也称为发行人）需要达到很多要求。例如，发行人需要具备完整的业务体系、直接向市场独立经营的能力、资产完整、注册资本和业绩达标、最近 3 年内无重大违法行为、财务会计报告无虚假记载、最近 3 年没有更换过董事等高层管理人员、必须定期向公众披露公司的财务状况和经营成果等。

3. 股票的分类

股票种类很多，可按不同标准进行分类。

（1）普通股和优先股。按股东的权利和义务不同，股票可分为普通股和优先股。

普通股是股份有限公司发行的无特别权利的股份，也是最基本的、标准的股份，具有股票最一般的特性。普通股股东享有平等权利，不加以特别限制，其收益取决于股份有限公司的经营效益及所采取的股利政策，并对公司清算时的资产分配拥有最后的请求权。通常情况下，股份有限公司只发行普通股。

优先股是股份有限公司发行的具有一定优先权的股份。优先股股东优先于普通股股东分得公司收益和剩余资产。优先股不需要偿还本金，具有普通股的某些特性；优先股是股息固定的股票，又具有债券的一些特性。

（2）记名股票和无记名股票。按股票票面上有无记名，可分为记名股票和无记名股票。

记名股票是指在股票票面上记载股东姓名或名称并将其计入股东名册的一种股票。这种股票只有股票上所记载的股东才能行使其股权，所以记名股票的转让、继承都要按法律规定严格办理过户手续。

无记名股票是指在股票上不记载股东姓名或名称，也不将其计入股东名册的一种股票。这种股票的持有人即股份的所有人，具有股东资格。股票的转让、继承无须办理过户手续，只要将股票移交给受让人就可实现股权的转移。

（3）面值股票和无面值股票。按股票票面是否标明金额，可分为面值股票和无面值股票。

面值股票是指在票面上标有一定金额的股票。持有面值股票的股东，按照所持有的股票面值总额占公司发行在外的全部股票面值总额的比例，来确定其在公司享有权利和承担义务的大小。

无面值股票是指股票票面上不标示金额，只载明每股股票占公司股本总额的比例或股份数的股票，并据此确定股东在公司享有权利和承担义务的大小。

我国《中华人民共和国公司法》规定，股票应记载股票的面额，并且其发行价格不得低于票面金额。不允许公司发行无面值股票。

(4) A 股、B 股、H 股和 N 股。按发行对象和上市地区的不同，可分为 A 股、B 股、H 股和 N 股。

A 股也称人民币普通股票、流通股、社会公众股、普通股。即由中国境内公司发行，供投资人以人民币认购和交易的普通股股票。A 股实行"T+1"交割制度，有涨跌幅限制。

B 股也称人民币特种股票。它是以人民币标明面值，以外币认购和买卖，在中国境内（上海、深圳）证券交易所上市交易的外资股。B 股公司的注册地和上市地都在中国境内。

H 股也称国企股、境外上市外资股。它是指注册地在内地、上市地在香港的外资股。（香港英文 HongKong 首字母，得名 H 股。）H 股实行"T+0"交割制度，无涨跌幅限制。中国内地投资人可通过"港股通"直接投资 H 股。

N 股也称境外上市外资股。它是指那些在美国纽约（New York）的证券交易所上市的外资股票。在我国股票市场中，当股票名称前出现了 N 字，表示这只股是当日新上市的股票。

(5) 其他分类。股票还可以根据收益和风险的不同分为以下类别。

蓝筹股也叫绩优股或白马股，是指一些大型绩优公司发行的股票，表示股票市场上的热门股票。这类公司一般在所属行业中占有重要，甚至是支配性地位，经营业绩良好，股利较高且稳定，信誉较好，投资风险较小。

成长股是指那些销售额和收益额均保持比较稳定的增长水平的公司所发行的股票。这类公司一般处于成长期，有良好的发展前景。

ST 股也叫黄牌股，是指连续两年亏损，证券交易所对其进行特别处理的股票。

PT 股也叫红牌股，是指连续三年亏损，证券交易所取消其交易资格，但对其转让提供特别服务的股票。

垃圾股表示股价持续下跌，公司资产的质量和信誉较差，没有投资价值，类似垃圾而乏人问津的冷门股票。

4.3.2 普通股估值

股票的种类非常多，但估值的方法基本与普通股估值方法相似，因此本节以普通股估值为例来讲解股票估值问题。

一项资产的价值是由其未来现金流的现值决定的；投资人购买股票后，主要能获得两种类型的现金流：股利和出售股票的预期股价收入。因此股票的价值取决于：下一期的股利和下一期的股票价格的现值总和，或以后各期股利的现值。

1. 短期持股

股票价值的一般计算公式为：

$$V = \sum_{t=1}^{n} \frac{D_t}{(1+R)^t} + \frac{V_n}{(1+R)^n}$$

其中，V 为股票价值；D_t 为第 t 年的预期股利；R 为投资人要求的必要报酬率；V_n 为第 n 年后的预期股价；n 为投资人持股年数。

2. 长期持股

如果投资人永远持有股票，只能获得一系列的股利，这些股利的现值就是股票的价值。在这种情况下，股票价值计算的一般公式为：

$$V = \sum_{t=1}^{n} \frac{D_t}{(1+R)^t}$$

公式中符号含义同前。

下面我们来举例说明上述两个估值公式是一致的，即使投资人目光短浅不能长期持有股票，想尽早得到现金流，但是他必须找到第二个愿意购买该股票的投资人，而第二个投资人支付的价格依然取决于其购买后获得的股利和卖出时的股价，以此类推可以得到：不管是短期持股还是长期持股，股利贴现模型都是成立的，即股票价值等于未来所有股利的现值。

假设某人购买股票并持有一年，买价是 V，一年后股价是 V_1，持股期间收到股利 D_1，R 是投资人要求的必要报酬率。此时：

$$V = \frac{D_1}{1+R} + \frac{V_1}{1+R}$$

一年后的股价 V_1 是由什么决定的呢？显然是另一个投资人以 V_2 价格购买了该股票，因此：

$$V_1 = \frac{D_2}{1+R} + \frac{V_2}{1+R}$$

将 V_1 代入可得：$V = \dfrac{D_1}{1+R} + \dfrac{1}{1+R}\left(\dfrac{D_2}{1+R} + \dfrac{V_2}{1+R}\right) = \dfrac{D_1}{1+R} + \dfrac{D_2}{(1+R)^2} + \dfrac{V_2}{(1+R)^2}$

将这个过程一直推导下去，最后可得到：

$$V = \sum_{t=1}^{n} \frac{D_t}{(1+R)^t}$$

即股票价值等于未来所有股利的现值。

3. 估值模型的具体应用

既然股票的价值是未来股利的现值，那么股利的不同形式必然影响股票价值，假设上市公司的股利呈现以下的基本模式：①零增长；②持续增长；③不同的增长率，那么上述估值模型还可以进行简化。

（1）股利零增长。如果公司每年发放固定的股利给股东，即预期股利增长率为零，这种股票称之为零增长股。股利零增长时的股利支付过程是一个永续年金，因此，零增长股的估值模型为：

$$V = \frac{D}{R}$$

其中，D 为每年固定股利，其他符号含义同前。

推导过程如下：

因为：$V = \frac{D_0(1+g)}{(1+R)} + \frac{D_0(1+g)^2}{(1+R)^2} + \cdots + \frac{D_0(1+g)^n}{(1+R)^n}$

设：$R > g$，将上式两边同时乘以 $\frac{(1+R)}{(1+g)}$ 后减去上式得：

$$\frac{V(1+R)}{(1+g)} - V = D_0 - \frac{D_0(1+g)^n}{(1+R)^n}$$

由于：$K > g$，当 $n \to \infty$ 时，

则：$\frac{D_0(1+g)^n}{(1+R)^n} \to 0$ 　即：$\frac{V(1+R)}{(1+g)} - V = D_0 - \frac{D_0(1+g)^n}{(1+R)^n} = D_0$

$$\frac{V(R-g)}{(1+g)} = D_0$$

所以：$V = \frac{D_0(1+g)}{(R-g)} = \frac{D_1}{(R-g)}$

当 $g = 0$ 时，$V = \frac{D_1}{R}$

其中，D_0 是上年股利，D_1 是本年股利，g 是年股利增长率。

【例 4 - 9】 投资人准备购买一种股票，该股票每年支付固定股利 1.2 元/股，投资人要求的报酬率为12%，该股票价格为多少时投资人才会购买？

解：$V = \frac{1.2}{12\%} = 10$

所以，股票价格在 10 元/股以下时，投资人才会购买该股票。

（2）股利固定增长。对大多数公司而言，预期公司利润与股利每年都会增长。假设公司最近一次支付过的股利为 D_0，预期股利固定增长率为 g，则在第 t 年年末的股利可预测为：

$$D_t = D_0 \times (1+g)^t$$

每年股利按固定增长率增长的股票称为固定股利增长股。对于固定股利增长股的价值可按下列公式计算：

$$V = \sum_{t=1}^{\infty} \frac{D_0(1+g)^t}{(1+R)^t}$$

当 g 固定时，该公式可简化为：

$$V = \frac{D_0(1+g)}{R-g} = \frac{D_1}{R-g}$$

其中，D_1是未来第一年的股利，其他符号含义同前。

【例4-10】某上市公司最近一次支付的股利为1.85元/股，预期每年股利固定增长率12%，必要报酬率为16%，求该公司股票的价值，该股票价格为多少时投资人才会购买？

解：$V = \dfrac{1.85 \times (1+12\%)}{16\% - 12\%} = 51.80$

所以，该公司股票的价值是51.8元/股；当该股票价格小于等于51.8元/股时，投资人才会购买该股票。

（3）股利非固定增长。股利固定不变或固定增长，这是非常理想化的情形。在现实生活中，大多数公司都会随着其寿命周期的起伏而经历各种不同的成长阶段：公司早期的增长率快于宏观经济增长率；中期的增长率等于宏观经济增长率；后期的增长率慢于宏观经济增长率，甚至出现负增长。在这种情况下，要分阶段计算，才能确定股票价值。

第一种情况：股利非固定成长后的零增长模型。

如果股利在前面一段时间内是不固定的，或是高速增长阶段，随后进入股利零增长阶段，则股票价值是非固定股利的现值或高速增长阶段股利现值加上零增长阶段股利现值之和。

【例4-11】某上市公司的股票前2年股利高速增长，第一年增长25%，第二年增长20%，此后股利预计保持不变，最近一次支付股利3元每股，投资人要求的收益率15%，该股票的价值是多少？

解：第一年股利是$3 \times (1+25\%) = 3.75$，第二年股利是$3.75 \times (1+20\%) = 4.5$，之后进入零增长阶段，因此股票价值为：

$$V = \frac{3.75}{1+15\%} + \frac{4.5}{(1+15\%)^2} + \frac{4.5}{15\%} \times (P/F,15\%,2) = 29.35$$

通过计算可知，该公司股票价值为29.35元。也就是说，该公司股票价格小于等于29.35元时，投资人愿意购买。

第二种情况：股利非固定成长后的零增长模型。

如果股利在前面一段时间内是不固定的，或是高速增长阶段，随后进入股利固定增长阶段，则股票价值是非固定股利的现值或高速增长阶段股利现值加上固定增长阶段股利现值之和。

【例4-12】某上市公司的股票前2年股利高速增长，第一年增长25%，第二年增长20%，此后股利固定增长，固定增长率是12%，最近一次支付股利3元每股，投资人要求的收益率15%，该股票的价值是多少？

解：第一年股利是$3 \times (1+25\%) = 3.75$，第二年股利是$3.75 \times (1+20\%) = 4.5$，之后进入固定增长阶段，因此股票价值为：

$$V = \frac{3.75}{1+15\%} + \frac{4.5}{(1+15\%)^2} + \frac{4.5 \times (1+12\%)}{15\% - 12\%} \times (P/F, 15\%, 2) = 133.69$$

通过计算可知，该公司股票价值为 133.69 元。也就是说，该公司股票价格小于等于 133.69 元时，投资人愿意购买。

4. 无股利公司

根据上述的股利贴现模型可以对股票进行估值，但是现实中我们可以看到很多上市公司没有分配股利，例如，金杯汽车（SH.600609）自从 1992 年 12 月 18 日上市三十多年以来，分配股利次数是零次，未来也不太可能分配股利。那么无股利的上市公司其股票价格理论上就应该是零元每股，但现实情况是这些公司的股票依然以高于零元的价格进行交易。此时上述股票估值模型仿佛都失效了，怎么办呢？是什么原因导致的？如何解决？

从上市公司的发展目标角度，如果上市公司有许多发展机会，就会面临着两难处境：现在发放股利，或者不发放股利而将资金用于再投资以便在将来产生更多的股利。这是一个艰难的选择，因为对某些投资人来说，推迟发放股利是一个坏消息。但是，理智的投资人相信他们在将来会得到更多的股利或是得到等价值的回报。如上市公司发生并购时，投资人所持有的股票会涨价。

例如，京东成立于 1998 年 6 月 18 日，在以后的许多年里增长很快。京东于 2014 年 5 月 22 日在美国纳斯达克上市，股票代码为 jd；2020 年 6 月 18 日在香港主板上市，股票代码为：HK.09618，但公司一直没有分配股利。直到 2022 年 5 月 19 日，即在美国纳斯达克上市 8 年之后，京东首次分配现金股利每股 1.26 元。无论是从财务状况或经营成果，还是从公司市值增长情况来看，京东都有能力分配股利，那它为什么这么久才开始分配现金股利？答案是因为有很多发展机会。

从这些现实的案例中可以看出，股票估值其实比较复杂，不仅仅要用股利估值模型，更要考虑上市公司的盈利能力、市场前景、成长性、行业状况等因素，公司所处行业的不同将影响公司的发展前景。下面介绍一种常用的粗略估值方法即市盈率分析法。

5. 市盈率分析法

前述股票价值的计算方法在理论上比较完善，但实际操作起来却相当有难度，因为对未来股利的预计很复杂并且要求比较高，而且预测准确度较低，另外很多公司是零股利公司。有一种粗略衡量股票价值的方法，就是市盈率分析法。市盈率（PE）是指股票的市场价与每股收益之比，即投资人对上市公司的每一元净利润所愿意支付的购买价格。市盈率是衡量个股和市场整体投资价值的一项重要指标，也是投资人衡量股票潜力、投资入市的重要依据。

市盈率的计算公式为：

$$市盈率 = \frac{每股市价}{每股收益}$$

因此可以推出股票市价等于市盈率乘以每股收益，即：

股票市价 = 该股票市盈率 × 该股票每股收益

股票价值 = 行业平均市盈率 × 该股票每股收益

假设两个不同行业的上市公司,它们的每股收益都是 1 元/股,其中一个公司有很多发展机会如高新技术企业,而另一个几乎没有发展机会如钢铁公司,有发展机会公司的股票可以在较高的价位上出售,因为投资人既购买现有的 1 元每股收益也购买发展机会。假设有发展机会公司的股票售价为 30 元,而另一个公司的售价为 2 元,这样,有发展机会的公司的市盈率为 30,而没有发展机会的公司的市盈率只有 2。

这种现象在现实中相当普遍。电子元件、半导体或其他高科技股票经常以较高的市盈率发行上市,因为,市场认为它们发展前景很好,会有较高的增长率。一些科技类公司虽然尚未盈利,但却以较高的价位发行股票。这些公司的市盈率是趋于无穷的。例如,倍孚能科技 (688567.SH) 在 2020 年 7 月 17 日上市,发行市盈率是 1 737.49 倍,发行价格是 15.9 元/股,2020 ~ 2022 年的每股收益都是负数分别是 - 0.35、- 0.89 和 - 0.86;高溢价且亏损依然能上市的背后是公司所处行业是电气、电源、储能设备,市场预期未来有较大增长空间。

相反,铁路、公共事业和钢铁公司却经常以较低的市盈率发行股票,因为市场对它们增长的预期较低。例如,盛德鑫泰 (300881.SZ) 在 2020 年 9 月 1 日上市,发行市盈率是 20.49 倍,发行价格是 14.17 元/股。2018 年到 2022 年的每股收益分别是 0.82、0.93、0.63、0.52 和 0.73;低溢价的背后是公司所处行业是钢铁行业,市场预期未来有较小增长空间。

在以下情况中,上市公司的市盈率可能是比较高的:①公司有许多发展机会;②公司经营风险较低;③公司采用的是比较保守的会计核算方法。尽管三个因素都比较重要,但是第一个因素对市盈率的影响是最重要的。

在实际应用中,可以根据证券交易市场中股票的交易情况,得到同类或同行业股票过去若干年的行业平均市盈率,乘以该公司当前的每股收益,可以估计出该股票的价值。用它和当前市价比较,可以判断该股票的市场价格是否合理,从而作出是否投资的决策。

【例 4 - 13】长江空调公司股票的每股收益为 1.8 元,市盈率为 15,同行业该类股票的平均市盈率为 12,求长江空调公司股票的价值,判断是否值得购买。

解:股票市价 = 1.8 × 15 = 27 (元/股)

股票价值 = 1.8 × 12 = 21.6 (元/股)

计算结果表明,该股票的市场价是 27 元/股,而根据行业平均市盈率估计该股票的价值是 21.6 元/股,因此,只有当该股票价格小于等于 21.6 元/股时,投资人才应该购买,现在不值得购买。

4.3.3　股票投资收益率

通过股票价值评估,投资人可以确定是否购进股票,但投资人以某一市场价格购入股票后，能获得多少投资收益率呢？如何确定股票投资收益率？下面介绍三种情况下的计算方法。

1. 不考虑时间价值

股票投资收益率的计算，必须将股价与投资收益结合起来进行衡量，股票的买价即为股票的投资额，股票投资收益主要包括股利和股票价差收益。在不考虑时间价值因素的情况下，股票投资收益率的计算公式为：

$$R = \frac{D + S_1 + S_2}{P}$$

其中，R 为股票投资收益率；P 为股票购买价格；D 为每年收到的股利；S_1 为股价上涨的收益；S_2 为持股期间其他相关收益。

【例 4 - 14】投资人于 20 ×4 年 9 月 1 日以每股 12 元的价格购买 A 公司的股票 2 万股，20 ×5 年 6 月 10 日，收到 A 公司支付的每股 1.6 元的现金股利，20 ×5 年 12 月 1 日将 A 公司的股票以每股 14 元的价格全部出售，不考虑相关税费，求该股票的投资收益率。

解：$R = \dfrac{1.6 \times 20\ 000 + (14 - 12) \times 20\ 000}{12 \times 20\ 000} = 30\%$

2. 考虑时间价值

如果考虑时间价值因素，股票投资收益率应为使股票投资净现值为零时的贴现率，需要用插值法测算出投资收益率，其计算公式为：

$$P = \sum_{t=1}^{n} \frac{D_t}{(1 + R)^t} + \frac{P_n}{(1 + R)^n}$$

其中，P 为股票的购买价格；P_n 为股票的出售价格；D_t 为第 t 年股利；R 为股票投资收益率；n 为投资年限。

【例 4 - 15】投资人在 20 ×2 年 5 月末以每股 5.1 元的价格购买 B 公司股票 100 万股，在 20 ×3 年、20 ×4 年、20 ×5 年的 5 月末每股各分得现金股利 0.5 元、0.6 元和 0.8 元，并于 20 ×5 年 5 月末以每股 6 元的价格将股票全部出售，不考虑相关税费，试计算该股票投资收益率。

解：$100 \times 5.1 = \dfrac{100 \times 0.5}{1 + R} + \dfrac{100 \times 0.6}{(1 + R)^2} + \dfrac{100 \times 0.8 + 100 \times 6}{(1 + R)^3}$

采用插值法计算：

$$R = 16\% + \frac{523.38 - 510}{523.38 - 499.32} \times (18\% - 16\%) = 17.11\%$$

3. 股利固定增长贴现模型

根据股利固定增长时的贴现模型：

$$V = \frac{D_0(1 + g)}{R - g} = \frac{D_1}{R - g}$$

可以推导出：

$$R = \frac{D_1}{V} + g$$

即在已知股票市场价格、预期股利和股利增长率的情况下，即可求出股票投资预期收益率。如果市场是有效的，则预期收益率等于必要收益率。由此上式可知，股票投资收益率源于两个因素：预期股利除以股价（即股利收益率）、资本利得收益率。

【例 4 - 16】长江空调公司股价现在是 60 元/股，明年估计发放股利 3 元/股，且该股利将以 8% 的增长率增长，投资人如果现在购买该股票，求其投资收益率。

解：$R = \dfrac{3}{60} + 8\% = 5\% + 8\% = 13\%$

注意：这 13% 的投资收益率中，包含了两部分：5% 的股利收益率和 8% 的资本利得收益率。

根据【例 4 - 16】继续假设下一年长江空调公司预计股利是 3.24 元/股，将使得公司股价涨到 64.8 元/股（$V_1 = \dfrac{D_2}{R-g} = \dfrac{3.24}{13\% - 8\%} = 64.8$）。此时，资本利得收益率等于 8% 即（64.8 - 60）/60 = 8%。

这个例题说明一个重要原理：在股利按固定比例增长的情况下，股票价格和股利的增长速度的相同的。

股利增长率是影响股票价格的重要因素，如果没有新增资本，股利增长的来源是公司留存收益以及该留存收益投入生产运营获得的收益。公司每年赚取的利润，可以分配股利也可以用于新增投资项目以便获得比上一年更多的利润，进而可以分配更多的股利，如果公司将全部利润用于分配股利，则留存收益是零或再投资是零，此时，一般假设用相当于折旧的资本投资来维持公司运营使公司利润保持不变，而再投资中大于折旧的部分，只能源于留存收益。因此，在股利固定增长的情况下，股利增长率可以分解为两部分。

股利增长率 =（1 - 股利支付率）× 净资产收益率 = 留存收益比率 × 净资产收益率

【例 4 - 17】长江空调公司近五年共盈利 1 千万元，同期支付了 400 万元股利，股利支付率是 40%。预计明年公司的每股收益是 4.5 元/股，每股支付股利是 1.8 元，现在公司股价是 60 元/股，如果公司预期净资产收益率为 10%，求现在购买长江空调公司股票的预期投资收益率。

解：股利增长率 g =（1 - 40%）× 10% = 6%

$$R = \frac{1.8}{60} + 6\% = 3\% + 6\% = 9\%$$

计算结果表明，现在购买长江空调公司股票的预期投资收益率是 9%。

我们可以发现预期投资收益率是 9%，低于长江空调公司 10% 的预期净资产收益率，这说明购买该公司股票，会增加其公司价值，或者说公司有较多盈利前景较好的投资项目，值得投资人通过购买股票间接参与并分享公司价值增长带来的收益。

思考与练习

1. 比较每半年支付利息的债券的名义利率和实际利率。

2. 利率和债券价格之间的关系是什么？

3. 如何计算债券的到期收益率？

4. 某上市公司预计明年每股股利为 3 元，且以后每年股利渴望以 8% 的比率永久增长，如果适当的贴现率为 12%，那么预计该公司的股票价格为多少？

5. 假设某投资人以 50 元每股的价格购买某股票，该股票在将来可能每股支付股利 2 元，股利在不确定的将来以 8% 的比率上升。根据持有者对该公司风险的估计，他认为支付的价格是合理的，问该投资人应得年回报率是多少？

6. 长江空调公司 20×4 年 1 月 1 日发行 5 年期的债券，每张债券的面值 1 000 元，票面利率 10%，每年年末付息一次，到期按面值偿还。

(1) 假定 20×4 年 1 月 1 日的市场利率为 8%，债券的发行价格应定为多少？

(2) 假定 20×5 年 1 月 1 日债券市价为 1 088 元，你期望的投资报酬率为 6%，你是否愿意购买该债券？

7. 长江空调公司于 20×4 年 1 月 5 日以每张 1 020 元的价格购买 A 公司发行的利随本清的公司债券。该债券的面值为 1 000 元，期限为 3 年，票面利率为 10%，不计复利。购买时市场利率为 8%。

(1) 利用债券价值评估模型分析长江空调公司购买 A 公司债券是否合算。

(2) 如果长江空调公司于 20×5 年 1 月 5 日将 A 公司债券以每张 1 130 元的市价出售，计算长江空调公司该债券投资的投资收益率。

8. 长江空调公司股票的 β 值为 1.5，市场全部股票的平均收益率为 12%，无风险收益率为 4%。公司今年每股股利 0.4 元，未来 2 年以 15% 的速度高速增长，而后以 8% 的速度转入正常增长。请计算长江空调公司股票的必要报酬率和股票的价值。

9. 长江空调公司支付每股股利为 1.8 元，预计在未来该公司股票的股利按每年 6% 的速度增长。假定必要收益率是 18%。要求：计算长江空调公司股票的内在价值。如果现在股票价格是每股 20 元，长江空调公司的股票是否值得投资？

10. 某债券面值 1 000 元每张，票面利率 8%，20×4 年 7 月 1 日发行，20×9 年 7 月 1 日到期，半年支付一次利息（6 月末和 12 月末支付），假设投资的必要报酬率为 10%。

(1) 计算该债券在发行时的价值。

(2) 计算该债券在 20×7 年 12 月末，支付利息之前的价值。

(3) 计算该债券在 20×7 年 9 月 1 日的价值。

第 5 章

长期融资管理

 学习目的与要求

通过对本章的学习，能够了解、掌握公司首次公开发行股票融资、股权再融资、混合性融资和私募股权融资的基本原则、制度和相关规定。了解并掌握长期借款融资、发行长期债券融资和租赁融资的基本内容、特征和优缺点；理解权益性资本融资和债务性资本融资的条件、成本、特点和利弊；本章的难点是不同融资方式的融资成本、融资途径和相互之间的关系。

公司进行生产经营、对内对外投资、调整资本结构和扩大经营规模等活动时都需要资金支持，融资是公司财务管理的第一项活动，无论是在初创阶段、发展阶段或扩张阶段都需要融资。融资要解决的基本问题包括：以什么方式融资？找谁融资？融资金额多少？是否能负担融资成本？融资风险有哪些？公司财务管理部门应根据公司融资需求、适时地把握机会以恰当的融资方式、较低的融资成本筹集到资金。本章重点介绍长期融资。

5.1 权益性资本融资

融资按照资金来源可以分为内部融资和外部融资。内部融资的资金来源于留存收益和折旧；外部融资的资金来源于外部投资人或其他经济体。随着公司规模增大和市场竞争程度加深，完全依靠内部融资已经很难满足公司成长的资金需求，外部融资尤其是长期融资是公司获取资金的重要方式。

进一步将外部融资按照资金性质进行分类，可以分为两类：一类是由投资人（股东）提供权益性资本，简称为权益资本；另一类是由债权人提供的债务性资本，简称为债务

资本。本节介绍权益性资本融资，下一节介绍债务性资本融资。

权益性资本融资主要包括首次公开发行股票融资、股权再融资、私募股权融资、留存收益融资等。权益资本是公司最重要的资金，具有数额稳定、使用期长和无须还本付息等特点，它体现公司经济实力，能够增强公司抵御风险能力，同时也是公司进行债务性资本融资的基础。

5.1.1 首次公开发行股票融资

很多公司都在争先恐后地要首次公开发行股票（简称 IPO）上市，IPO 是什么？IPO 融资会对公司产生哪些影响？股票上市交易能带来哪些优势？

公开发行是指向不特定对象发行证券，或者向累计超过二百人的特定对象发行证券；因此公开发行又称公募。与之对应的是私下发行简称私募。

公开发行股票可以分为首次发行（IPO）和再次发行（股权再融资）；IPO 是指企业首次向社会公众公开出售股票；这是唯一合法地向社会公众发行股票的方式。通常情况下，上市公司的股票是根据公司招股说明书或注册声明中约定的条款，通过经纪人或承销商出售的。一旦完成 IPO，公司就可以申请在证券交易所或报价系统上市交易股票。公司 IPO 成功后就成为了公众的公司，必须建立股东大会、董事会、监事会、管理层等法人治理结构。同时，公司还会引入独立董事、审计等监督机构，成为一个规范且机制健全的上市公司。

全球股票市场众多，公司可以挑选最适合自身发展需求的股票市场申请 IPO 并上市，同时股票的种类也繁多；限于篇幅，本章内容主要是指在中国境内 A 股市场发行普通股融资。

1. IPO 的有关条件与要求

（1）主体资格。发行人应是依法设立且合法存续的股份有限公司；经有关部门批准，有限责任公司在依法变更为股份有限公司后，可以申请公开发行股票。

（2）公司治理。发行人已经依法建立健全股东大会、董事会、监事会、独立董事、董事会秘书制度，相关机构和人员能够依法履行职责；发行人董事、监事和高级管理人员符合法律、行政法规和规章规定的任职资格；发行人的董事、监事和高级管理人员已经了解与股票发行上市有关的法律法规，知悉上市公司及其董事、监事和高级管理人员的法定义务和责任；内部控制制度健全且被有效执行，能够合理保证财务报告的可靠性、生产经营的合法性、营运的效率与效果。

（3）独立性。发行人应具有完整的业务体系和直接面向市场独立经营的能力；资产应当完整；人员、财务、机构以及业务必须独立。

（4）同业竞争。发行人与控股股东、实际控制人及其控制的其他企业间不得有同业竞争；募集资金投资项目实施后，也不会产生同业竞争。

（5）关联交易。发行人与控股股东、实际控制人及其控制的其他企业间不得有显失公平的关联交易；应完整披露关联方关系并按重要性原则恰当披露关联交易，关联交易价格公允，不存在通过关联交易操纵利润的情形。

（6）业绩要求。以 A 股为例，发行人发行前三年的累计净利润超过 3 000 万元人民币；发行前三年累计净经营性现金流超过 5 000 万元人民币或累计营业收入超过 3 亿元人民币；无形资产与净资产比例不超过 20%；过去三年的财务报告中无虚假记载。

（7）股本及公众持股。发行人发行前不少于 3 000 万股；上市股份公司股本总额不低于人民币 5 000 万元；公众持股至少为 25%；如果发行时股份总数超过 4 亿股，发行比例可以降低，但不得低于 10%；发行人的股权清晰，控股股东和受控股股东、实际控制人支配的股东持有的发行人股份不存在重大权属纠纷。

（8）其他要求。发行人最近三年主营业务和董事、高级管理人员没有发生重大变化，实际控制人没有发生变更；发行人的注册资本已足额缴纳，发起人或者股东用作出资资产的财产权转移手续已办理完毕，发行人的主要资产不存在重大权属纠纷；发行人的生产经营符合法律、行政法规和公司章程的规定，符合国家产业政策；最近三年不得有重大违法行为。

2. 需要公开的资料

必须公开披露的信息包括但不限于：①招股说明书；②上市公告书；③定期报告，包括年度报告和中期报告；④临时报告，包括重要会议公告、重大事件公告和收购与合并公告等。

3. 股票发售方式

股票发售方式是指股份有限公司向社会公开发行股票时所采取的销售方式。我国《上市公司证券发行管理办法》规定，上市公司公开发行股票，应当由证券公司承销；非公开发行股票，发行对象均属于原前十大股东的，可以由上市公司自行销售。

证券公司承销包括包销和代销两种形式。

（1）包销。包销是由代理股票发行的证券承销商一次性将发行公司所发行的全部或部分股票承购下来，并垫支相当股票发行价格的全部资本。如果发行公司股票发行的数量太大，多家证券承销商可以组团联合起来包销。在规定的募集期限内，如果实际募集股份数低于预定发行股份数，剩余部分由承销机构全部承购。

（2）代销。代销是由发行公司自己发行，中间只委托证券公司代为推销，证券公司代销证券收取一定的代理手续费。在规定的募集期限内，如果实际募集股份数低于预定发行股份数，承销机构不承担承购剩余股份的责任，而是将未售出的股份归还发行公司。

4. 首次公开发行股票融资的优点

（1）公司获得整个投资人的投资，能筹集大量资金，减少债务增加股本，提高公司的实力并扩大公司经营规模；2022 年全年共 428 家公司在 A 股市场 IPO 上市，融资规模达 5 869.93 亿元。仅中国移动（600941.SH）一家公司 IPO 就募集资金 486.95 亿元。

（2）公司被要求定期报告并接受公众监督，这能促进公司建立标准的经营管理模式，完善公司规章制度和管理体系。

（3）提升公司知名度、声望和公众形象、拓宽市场前景、提高市场份额和影响力、塑造品牌及企业形象，从而提高销售收入和利润。

（4）能吸引和留住更好的人才，如给高管和员工提供期权激励计划等，提高员工待遇和归属感，公司更能找到并留住优秀人才。

（5）公司上市后股票自由流通，为创始人、创业团队成员和早期投资者在证券市场出售他们的股票提供途径。

（6）为公司提供了比风险投资和私募股权投资等私募资金来源更多的融资渠道。

5. 首次公开发行股票融资的缺点

IPO 融资几乎是所有融资方式中成本中最高的，包括显性成本和隐性成本。

（1）显性成本费用高昂。公司为 IPO 所需承担的显性成本可概括为三类。①上市的发行费用，包括承销及保荐费、审计及验资费、信息披露费、律师费和其他费用。2022 年中国移动（600941. SH）在 A 股 IPO 的发行费用是 5.73 亿元，其中，承销保荐费用为 5.06 亿元。②因规范上市而支出的税务成本和社保成本等间接费用成本。③上市后的后续成本，主要包括人力资源成本、信息披露成本、合规成本和持续发生的外部服务费用等。

（2）隐性成本升高，具体包括：①准入成本。由于发行上市条件严格，企业依据自身的情况需要做盈余管理和税务调节，就会涉及税务成本、人力资源成本、上市筹备费用等。②信息披露成本。严格的信息披露要求使得公司的基本经营情况完全被公开；同时上市前后有大量中介机构参与其中，它们掌握着大量重要信息，这些都可能导致企业的商业机密被泄露。③时间成本。上市前的审核期会涉及股权转让、增资扩股、并购重组等，这些都需要时间成本。④上市后的经营成本上升。上市给企业带来品牌效应和巨大声誉，也同时给企业带来为名所累的问题。如公司过去很小的负面消息可能会被放大，需要付出的公关成本增加。

另外，IPO 可能会造成公司创始人和管理团队失去对公司的控制权。上市公司需要遵守股东权益和公司治理的规定，需要与股东大会、董事会和监事会等共同决策，决策过程需要更多的程序和时间，不够灵活和高效。同时上市公司面临市场压力和投资者的期望，需要在短期内快速盈利，会更加关注短期利润而忽视长期发展。

总的来说，IPO 对一家公司来说是非常困难的大事，耗时久远且成本巨大。例如，2020 年 12 月 8 日，深圳人工智能独角兽云企业天励飞技术股份有限公司（简称云天励飞）申请科创板 IPO 获证监会和上海证券交易所受理，2021 年 8 月 6 日迎来上会，2021 年 9 月 10 日提交注册，直至 2023 年 1 月 10 日才成功注册，2023 年 4 月 4 日正式公开发售股票成为上市公司，股票代码 688343，云天励飞从受理到成功上市用时两年半。根据 2022 年年度报告，云天励飞本次公开发行新股扣除发行费用后，募集资金净额为 358 353.77 万元。发行费用（不含增值税）合计 31 583.06 万元，占募集资金净额的 8.81%。其中，中信证券、中信建投证券、广发证券获得承销及保荐费 28 052.07 万元，占募集资金净额的 7.83%。

5.1.2 股权再融资

上市公司利用证券市场进行股权再融资是指 IPO 上市后的后续股权融资行为，是支持上市公司实现可持续发展的重要融资方式，也是证券市场实现资源配置功能的方式之一。上市公司进行股权再融资的方式有很多，如增发、配股、发行资产支持证券等。本节介绍增发和配股。

1. 增发

增发是指上市公司为了筹集权益资本而再次发行股票的行为。增发分为公开增发和非公开增发。

（1）公开增发。公开增发也称增发新股，是上市公司向二级市场中不特定对象增发股票募集资金的行为。不管是不是上市公司的股东都可以参与公开增发，并且已持有上市公司股票的投资者在申购时有一定的优先权。

A 股公开增发条件较为严格，要求上市公司最近 3 年现金分红的比例至少要达到年均可分配利润的 30%；最近三年盈利（科创板、创业板为最近两年盈利），二十四个月内曾公开发行证券的，不存在发行当年营业利润比上年下降 50% 以上的情形，且最近三个会计年度加权平均净资产收益率平均不低于 6%，净利润以扣除非经常性损益前后孰低者为计算依据；上市公司的盈利能力具有可持续性；业务和盈利来源相对稳定，不存在严重依赖于控股股东、实际控制人的情形；现有主营业务或投资方向能够可持续发展；高级管理人员和核心技术人员稳定，十二个月内未发生重大不利变化；不存在可能严重影响公司持续经营的担保、诉讼、仲裁或其他重大事项；十二个月内不存在违规对外提供担保的行为。公开增发的发行价格不低于公告招股说明书前 20 个交易日公司 A 股股票均价或前 1 个交易日股票均价等。

公开增发募资用途需符合国家产业政策；应当符合经国务院批准的国务院证券监督管理机构规定的条件，并报国务院证券监督管理机构核准。

（2）非公开增发。非公开增发也称为定向增发或定增，是上市公司向少数特定对象增发股票募集资金的行为；定向增发的对象一般包括：战略合作伙伴、基金机构、子公司、关联公司、业务合作伙伴等，但发行对象不得超过 35 人。中小投资人一般不参与定向增发。

A 股非公开增发条件较为宽松，没有业绩方面的要求，也无融资额的限制。非公开增发的特定发行对象不超过 35 名，发行价格应不低于定价基准日前 20 个交易日公司股票均价的 90%，或发行价格不低于发行期首日之前一个交易日公司股票平均价格。非公开增发发行的股份自发行结束之日起 12 个月内不得转让；控股股东、实际控制人及其控制的企业认购的股份，36 个月内不得转让。非公开增发不需要经过繁琐的审批程序，也不用漫长的等待，并且可以减少发行费用。

正因为定向增发受到的限制较小，长期以来上市公司偏好在 A 股市场较大规模定向增发募资。根据 Wind 数据库统计数据，2022 年 5 066 家 A 股上市公司中有 419 家上市公司实施了增发，募资总额是 7 388.3 亿元。其中，实施定向增发的上市公司是 355 家，公开增发的上市公司是 83 家，共有 19 家上市公司既实施了定向增发又实施了公开增发。其中宁德时代（300750.SZ）向 22 家机构投资者定向增发募资 450 亿元排名第一，发行股票约 1.1 亿股，发行价约为 410 元/股。

2. 配股

配股是上市公司根据公司发展需要，依照有关法律规定和相应的程序，向原股东按其持股比例、以低于市价的某一特定价格配售一定数量新发行股票的融资行为。配股是向公司的全体股东发行新的股票，只有作为公司的股东才享有认购权，可认购的股票数量多少由持有股票数量的多少来决定。

配股和增发股票都是上市公司的再融资行为，但二者也有以下区别。

（1）对象不同。增发与配股是上市公司为了融资而再次发行股票的行为。配股是上市公司以低于市价的价格，向持有股票的老股东配售一定数量的股票；增发是指向社会公众或特定群体增发股票，即新老股东都能参与增发。

（2）公司控制权不同。配股时原有股东可以通过参与配股来维持持股比例；原来享有控股权的股东不必担心自己的股权被稀释，以致丧失控股地位。增发会改变股权结构。

（3）融资规模不同。配股的要求为公司一次配股发行股份总数，原则上不超过前次发行并募足股份后股本总额的 30%。增发的要求为增发新股募集资金量不超过公司上年度末经审计的净资产值。

（4）资产负债率的要求不同。配股对资产负债率没有要求。增发则要求发行前最近一年及一期财务报表中的资产负债率不低于同行业上市公司的平均水平。

（5）定价标准不同。配股的定价需要结合二级市场的市盈率和股价等因素，还需要和保荐机构协商定价；然后再根据刊登公告后股票的交易情况，采用折扣法确定配股价格，最终价格还需要经过股东大会同意。

公开增发发行价格应不低于公告招股意向书前 20 个交易日公司股票均价或前 1 个交易日的均价。定向增发发行价格不能低于定价基准日前 20 个交易日公司股票均价的 90%。

另外，配股会发生除权，实施配股后股票价格会有所下调。增发股票不用除权，即增发后股票的价格不会下调。

根据 Wind 数据库统计数据，2022 年有 9 家 A 股上市公司进行配股融资，融资总额为 615.26 亿元。其中最受瞩目的是中信证券（600030.SH/06030.HK）进行了证券业最大规模配股募资；中信证券向全体 A 股和 H 股股东配股，每 10 股配 1.5 股，配股价格为 14.43 元人民币/股，募资 280 亿元，其中，向 A 股股东募资 230.65 亿元，向 H 股股东募资 49.35 亿元。资金用途：190 亿元用于发展资本中介业务、50 亿元用于增资子公司、30 亿元用于加强 IT 系统建设、10 亿元用于补充运营资金。承诺未来 3 年分红不低于净利润的 20%。

从融资总额、融资公司数量等可以看出，IPO 和定向增发仍然是 A 股市场最重要的两个融资方式。

5.1.3　混合性融资

上市公司发行优先股筹资、发行认股权证筹资和发行可转债融资通常称为混合性融资；发行优先股、认股权证和可转债融资取得的资本介于权益性资本和债务性资本之间，既不完全是权益性资本，又不完全是债务性资本。

1. 发行优先股

优先股是一种混合证券，有些方面与债券类似，另一些方面与股票相似，是介于债券和股票之间的、兼具普通股和债券双重特性的混合性有价证券。

（1）优先股特征。优先股是相对于普通股来说具有某种优先权的股票。

①具有一定优先权。相对于普通股股东而言，优先股股东的优先权主要体现在两个方面：一是优先分配股利，优先股股息分配优先于普通股红利分配；二是优先求偿剩余财产，当公司解散清算时，优先股股东对公司剩余财产的求偿权虽然在债权人之后，但优先于普通股股东，其求偿额为股票面值加累积未支付的优先股股息。

②无限期。优先股没有到期期限，发行优先股筹集的资金是公司可以永久性使用的资金。如果发行公司将来需要收回优先股，可以采取两种做法：一是发行可赎回优先股或可转换优先股；二是从证券市场按市价购回。

③收益确定。优先股股东每年应得的股利，是按优先股的面值乘以预先确定的股息率计算的，受公司财务状况和盈利水平的影响较少。

④无经营管理权。在一般情况下，优先股股东不能参加股东大会，没有选举权和被选举权，也不能对公司重大经营决策进行表决。只有涉及优先股股东权益问题时才有表决权，如讨论把一般优先股改为可转换优先股，或推迟优先股股息支付等问题时就有表决权。

（2）优先股种类。一些公司为了保障优先股股东的权益，对优先股附加了一些权益或条件，根据附属权益或条件的不同，优先股可作进一步分类。

①累积优先股和非累积优先股。累积优先股是指当年未支付的优先股股息可累积到以后年度补足付清的优先股。公司只有在付清历年拖欠的优先股股息后，才能支付普通股股利。非累积优先股是指本年度盈余仅用以支付当年优先股股息，往年欠付的优先股股息不予以累积补付的优先股。如果当年优先股股息未能分派或分派不足，优先股股东无权要求公司在以后年度予以补发。

②参加优先股与不参加优先股。参加优先股是指优先股股东在取得固定股息之外，还有权以特定方式与普通股股东一同参加额外盈余分配的优先股。按参加利润分配程度的不同，又可分为全部参加优先股和部分参加优先股。在普通股股东和优先股股东按相

同股利率分得股利后，优先股股东有权与普通股股东一起分享剩余利润，若优先股股东参加分配以一定额度为限，为部分参加优先股；若与普通股股东等额参加分配，为全部参加优先股。不参加优先股是指优先股股东只按预定的股息率分配股息，无论公司的盈利状况如何，均无权再参加分配。

③可转换优先股和不可转换优先股。可转换优先股是指按发行契约规定，优先股持有人可以在一定时期内按事先约定的比例将优先股转换为该公司的普通股。不可转换优先股是指不能转换为普通股的优先股。这种优先股只能获得固定股息报酬，不能获得转换收益。

④可赎回优先股和不可赎回优先股。可赎回优先股是指在发行条款中预先设有赎回条款，当赎回条件成熟时，公司有权按预定的价格和方式购回已发行的优先股。不可赎回优先股是指在发行条款中没有赋予发行公司赎回优先股的权利，公司无权收回的优先股。公司若要收回优先股，只能到证券市场按市价购回。

⑤股利可调整优先股和固定股利优先股。股利可调整优先股是指股息率可以随资本市场平均利率的变动而调整的优先股。固定股利优先股是指股息率不随资本市场平均利率变动而变动的优先股，较为常见。

（3）优先股筹资优点。

①无固定还本负担。利用优先股筹资，没有固定的到期日，不用偿付本金。实际上相当于得到一笔永续性借款，使公司既获得了稳定的资金，又不须承担还本义务，减少了财务风险。

②股利支付有一定的弹性。虽然优先股的股息率是预先确定的，一般情况下公司须支付固定的股息。但优先股股息的支付具有一定的灵活性，当公司无利润或利润不足时，可以暂时不支付，以后也不一定要补偿。

③提高公司举债能力。发行优先股所筹资金，与普通股一样是公司的权益资金。可以增强公司的资金实力和信誉，提高公司的举债能力。

④可使普通股股东获得财务杠杆收益。由于优先股股东按票面面值和固定的股息率取得股息，所以当公司的权益资金收益率高于优先股股息率时，发行优先股筹资，就可以提高普通股资金收益率，普通股股东因此获得财务杠杆收益。

⑤保持普通股股东的控制权。由于优先股股东没有表决权和参与公司经营决策权，发行优先股筹资对普通股股东的控制权没有任何影响。

（4）优先股筹资缺点。

①资金成本较高。优先股的股息率一般高于债券利息率，并且优先股股息是用税后利润支付的，不能抵税，增加了公司的所得税负担。

②形成固定的财务负担。一般情况下公司须尽力支付优先股股息，从而形成相对固定的财务负担。

③可能产生负财务杠杆作用。当公司的权益资金收益率低于优先股股息率时，发行优先股筹资，就会降低普通股收益率，普通股股东因此遭受负财务杠杆损失。

④优先股筹资的限制较多。发行优先股通常附有一些限制性条款，如规定公司留存盈余的标准和某些财务比率的水平，公司不能连续多年拖欠优先股股息，公司负债额度较高时需征求优先股股东的意见等。

（5）上市公司发行优先股的一般规定。根据中国证监会2015年5月21日颁布的《优先股试点管理办法》，上市公司可以发行优先股，非上市公众公司可以非公开发行优先股。其中，上市公司发行优先股的一般规定如下。

①上市公司应当与控股股东或实际控制人的人员、资产、财务分开，机构、业务独立。内部控制制度健全，能够有效保证公司运行效率、合法合规和财务报告的可靠性，内部控制的有效性应当不存在重大缺陷。

②上市公司发行优先股，最近三个会计年度实现的年均可分配利润应当不少于优先股一年的股息。最近三年现金分红情况应当符合公司章程及中国证监会的有关监管规定。

③上市公司报告期不存在重大会计违规事项。公开发行优先股，最近三年财务报表被注册会计师出具的审计报告应当为标准审计报告或带强调事项段的无保留意见的审计报告；非公开发行优先股，最近一年财务报表被注册会计师出具的审计报告为非标准审计报告的，所涉及事项对公司无重大不利影响或者在发行前重大不利影响已经消除。

目前我国A股市场上的上市公司很少发行优先股。近年来，只有国有商业银行和极少数上市公司发行过优先股。2023年4月19日，五矿资本（600390. SH）向8名特定对象定向发行交易代码为360044的优先股，简称五资优3，2023年5月15日起在上海证券交易所综合业务平台挂牌转让。优先股的每股面值100元，发行数量为5 000万股，募集资金50亿元。实际募集资金净额为人民币4 986 464 622. 64元，全部计入其他权益工具。优先股的初始票面股息率4. 5%，固定股息，不可回售但可以赎回，无权参与剩余利润分配，不可转换为普通股。

2. 发行认股权证

认股权证是指由股份公司发行的，允许持有者在一定时期内，以预定价格购买一定数量该公司普通股的选择权凭证。认股权证是一种认购股票的期权，是股票的衍生工具。持有者既不是公司的股东，也不是公司的债权人。认股权证可以随公司其他证券一起发行，也可以单独发行。

（1）基本特点。

①附在其他证券上发行。股份公司在发行债券、普通股及优先股等证券时附带发行认股权证。其中最普遍的发行方式是附在债券上发行，即发行附认股权证债券。

一般情况下，附认股权证债券的发行价格不会因此受到影响，但该债券的利息率低于普通债券。

附认股权证债券的发行方式具体还可分为两种：一种是发行后的债券与认股权证不可分割，不能作为两种独立的证券分开在证券市场上流通，这种附认股权证债券实质上就是可转换债券；另一种是发行后的债券与认股权证可分割，可作为两种独立的证券分开在证券市场上流通，发行后的债券仍是普通债券，认股权证则作为一种独立的证券，有其独立的价值和价格，目前国内市场上几乎所有的认股权证都是属于可分割的。

②无偿配送。股份公司在发行新股时，原普通股股东有优先认购权。这种优先认股权如果采用证券的形式来体现，就是认股权证。采用这种方式时，股份公司在公布配股方案后，于配股除权日将认股权证按比例无偿配送给原股东。

（2）认股权证合约要件。认股权证合约一般都包括认购期限、认购数量、认购价格及相关条款等基本内容。

①认购期限，是指认股权证的有效期限。在有效期内，认股权证持有人可以随时行使其认股权。也有个别公司规定某一时点为统一认购时间。我国规定认股权证自发行结束至少已满六个月起方可行权，行权期间为存续期限届满前的一段时间，或者是存续期限内的特定交易日。

②认购数量，是指每一张认股权证可以认购的普通股的股数。

③认购价格，是指认股权证持有人行使认股权购买普通股时的价格。

④保护条款，主要内容是在认股权证有效期内，如遇到公司送股、配股等引起公司股份变动的情况，认购价格应做相应调整。

（3）具体规定。我国《上市公司证券发行管理办法》规定，发行附认股权证债券的公司，除了具备发行普通股的条件外，还必须具备下列条件。

①公司最近一期末经审计的净资产不低于人民币15亿元。

②最近三个会计年度实现的年均可分配利润不少于公司债券一年的利息。

③最近三个会计年度经营活动产生的现金流量净额平均不少于公司债券一年的利息。

④本次发行后累计公司债券余额不超过最近一期末净资产额的40%，预计所附认股权全部行权后募集的资金总量不超过拟发行公司债券金额。

（4）认股权证价值。

①初始价值。认股权证初始价值是指认股权证发行时的价值。附息债券发行的认股权证的初始价值，理论上应等于投资人所放弃的债券利息收入的现值。

②理论价值。认股权证实质上是一种买入期权，在其有效期内是有价值的。其价值高低主要取决于所认购股票的市场价格、认购价格、认购数量、距认股权证到期日的时间长短等因素的影响。

当股票市价高于认购价格时，认股权证理论价值为正值；当股票市价小于等于认购价格时，认股权证理论价值为零，即认股权证的最低理论价值为零。

③市场价格。由于套利机制，认股权证的市场价格一般高于理论价值。认股权证的市场价格同时还受投资人对股票市场价格预期及市场供求关系的影响。此外，还要考虑认股权证的权利一旦行权，必然增加公司流通在外的股票数量，进而影响股票的市场价格和每股收益，反过来又会对认股权证本身的价值产生影响。

（5）认股权证筹资的优点。

①降低筹资成本。当认股权证附在债券上一起发行时，公司为附认股权证债券支付的利率低于普通公司债券，从而降低了筹资成本。

②增加筹资的灵活性。股份公司发行认股权证后，如果公司发展顺利，一方面公司股票价格会随之上升，促使认股权的行使；另一方面公司对资金的需求也会增加，认股权的行权正好为公司及时注入大量资金。反之，如果公司不景气，公司不会有新筹资需求，股价的低迷也会使认股权证持有者放弃行权。

（6）认股权证筹资的缺点。

①取得资金的时间不确定。对于行权期间较长的认股权证，由于认股权的行使不是强制的，认股权证持有者是否行使、何时行使该权利，公司无法预先确定。因此公司很难控制资金的取得时间，会给公司有效安排资金使用带来困难。在公司急需资金时，很可能会使公司处于虽有潜在的资金来源但无资金可用的尴尬之中。

②认购价格难以合理确定。认股权证融资能否取得成功，在很大程度上取决于其认购价格的合理性。认购价格定得太高，股票的市价一旦跌破认购价格，人们必然放弃认股权而导致新股发行失败；认购价格定得太低，虽然能保证新股的顺利发行，但又会大大稀释原股票的价值。

1992 年 6 月中国 A 股市场推出第一个权证——大飞乐的配股权证。在 1996 年 6 月底，证监会终止了权证交易；2005 年 8 月 22 日第一只股改权证宝钢权证上市，2005 年 11 月证券交易所允许证券公司无限创设权证。权证交易没有印花税成本、可以进行"T + 0"操作、涨跌幅不限于 10%，这都让投机者们趋之若鹜，大量权证在其价值为零的情况下，依然频繁出现暴涨暴跌，给市场造成了不小的轰动。2008 年 6 月累积创设 123 亿份的南航权证被券商全部注销。2009 年，沪深两市新上市的权证仅有长虹 CWB1 一只，2011 年 8 月 11 日长虹 CWB1 退市。随着其他权证逐个到期和清理，现在我国 A 股市场上再也没有权证。权证退出市场的原因是投机性过强，彻底变成炒作工具，投机过度毫无内在价值。

3. 发行可转换公司债券

可转换公司债券又称可转换债券、可转债，是一种可以在特定时间、按特定条件转换为普通股票的特殊债券。发行人承诺根据转换价格在一定时间内可将债券转换为公司普通股。可转换债券兼具债权和股权的特征，是含有转股权的债券。

（1）可转换公司债券的特点。可转换公司债券具有债权和股权的双重特性，具有以下三个特点。

①债权性：与其他债券一样，可转换债券也有规定的利率和期限，债券持有人可以选择持有债券到期，收取本息。

②股权性：可转换债券在转换成股票之前是纯粹的债券，但转换成股票之后，原债券持有人就由债权人变成了公司的股东，可参与公司的经营决策和红利分配，这也在一定程度上影响了公司的股本结构。

③可转换性：可转换性是可转换债券的重要标志，债券持有人可以按约定的条件将债券转换成股票。转股权是可转债投资人享有的、一般债券所没有的选择权。可转换债券在发行时就明确约定，债券持有人可按照发行时约定的价格将债券转换成公司的普通

股票。如果债券持有人不想转换，则可以继续持有债券，直到偿还期满时收取本金和利息，或者在流通市场出售变现。如果持有人看好发债公司股票增值潜力，在转股期限可以行使转换权，按照预定转换价格将债券转换成为股票，发债公司不得拒绝。正因为具有可转换性，可转换债券利率一般低于普通公司债券利率，企业发行可转换债券可以降低筹资成本。

可转换债券持有人还享有在一定条件下将债券回售给发行人的权利，发行人在一定条件下拥有强制赎回债券的权利。

（2）要素。可转换债券有若干要素，这些要素基本上决定了可转换债券的转换条件、转换价格、市场价格等总体特征。

①有效期限和转换期限。可转换债券的有效期限与一般债券相同，指债券从发行之日起至偿清本息之日止的存续期间。转换期限是指可转换债券转换为普通股票的起始日至结束日的期间。大多数情况下，发行人都规定一个特定的转换期限，在该期限内，允许可转换债券的持有人按转换比例或转换价格转换成发行人的股票。我国《上市公司证券发行管理办法》规定，可转换债券的期限最短为 1 年，最长为 6 年，自发行结束之日起 6 个月方可转换为公司股票。

②股票利率或股息率。可转换债券的票面利率（或可转换优先股票的股息率）是指可转换债券作为一种债券时的票面利率（或优先股股息率），发行人根据当前市场利率水平、公司债券资信等级和发行条款确定，一般低于相同条件的不可转换债券（或不可转换优先股票）。可转换债券应半年或 1 年付息 1 次，到期后 5 个工作日内应偿还未转股债券的本金及最后 1 期利息。

③转换比例或转换价格。转换比例是指一定面额可转换债券可转换成普通股票的股数。转换价格是指可转换债券转换为每股普通股份所支付的价格。

$$转换比例 = \frac{可转换债券面值}{转换价格}$$

$$转换价格 = \frac{可转换债券面值}{转换比例}$$

④赎回与回售。赎回是指发行人在发行一段时间后，可以提前赎回未到期的发行在外的可转换债券。赎回条款一般是当公司股票在一段时间内连续高于转换价格达到一定幅度时，公司可按照事先约定的赎回价格买回发行在外尚未转股的可转换债券。

回售是指公司股票在一段时间内连续低于转换价格达到某一幅度时，可转换债券持有人按事先约定的价格将所持可转换债券卖给发行人的行为。

⑤转换价格修正。转换价格修正是指发行公司在发行可转换债券后，由于公司的送股、配股、增发股票、分立、合并、拆细及其他原因导致发行人股份发生变动，引起公司股票名义价格下降时而对转换价格所做的必要调整。

（3）价格组成。可转换债券对投资人和发行公司都有较大的吸引力，它兼有债券和股票的优点。可转换债券的价格由两部分组成：一种是债券本金与利息按市场利率折算的现值；另一种是转换权的价值。转换权之所以有价值，是因为当股价上涨时，债权人可按原定转换比率转换成股票，从而获得股票增值收益。

（4）筹资的优缺点。

优点：①与普通债券相比，可转换债券使得公司能够以较低的利率取得资金，减少利息费用。②与普通股相比，可转换债券使得公司取得了以高于当前股价出售普通股的可能性。③有利于稳定股价。

缺点：①当公司股价上涨时，可转债持有人行权转股，公司只能以较低的固定价格换出股票，会降低公司的权益筹资额，同时公司原股东的权益将被稀释。②当公司股价下跌时，可转债持有人放弃行权，甚至要求回售可转债，这会增加公司的资金压力和损失。③发行可转债的融资成本高于普通债券的融资成本，因为含有转股权，股票的资本成本高于债券。

近年来，A 股市场可转债市场发展较快，相比于发行股票、优先股融资，发行可转债融资的最大优势是成本低、吸引力高、交易灵活、偿债压力低。以中矿资源（002738. SZ）为例，2020 年 7 月 7 日发行上市的 6 年期可转换公司债中矿转债（128111. SZ），发行价和面值都是 100 元/张，发行总额 8 亿元，利率是累进利率，2020 年 6 月 11 日开始计息，票面利率 0.5%，之后逐年递增到 0.7%、1.2%、1.8%、2.5%、3%。自 2020 年 12 月 17 日起可转换为公司普通股。中矿转债的初始转股价格 15.53 元/股，由于中矿资源股票价格下跌，2023 年 5 月 31 日转股价格调整为 10.63 元/股。截至 2023 年 8 月 16 日，中矿资源股票价格是 40.99 元/股，中矿转债的转股价值 385.607 元/张，市场价 461 元/张，转股溢价率是 19.55%。

根据 Wind 数据库统计数据，2022 年度 A 股市场有 145 家上市公司发行 145 只可转债，共募集资金 2 666.84 亿元。其中兴业银行（601166. SH）募集资金 500 亿元，排名第一。相较于 2021 年，发行可转债的上市公司数量上升了 19.83%，但是募集资金金额较 2021 年的 2 697.81 亿元下降了 1.15%。

5.1.4 私募股权融资

股权融资按照融资方式分类，主要分为公开市场融资和私募融资。公开市场融资是通过公开发行股票募集资金，包括首次公开发行股票 IPO 和股权再融资。但是对于刚刚创立或者陷于财务困境中的公司，以及大量的非上市公司而言，通过公开市场融资经常是可望而不可即的。特别是我国为数众多的中小企业融资渠道少，既没有向银行借款的能力，也没有足够的自有资金支撑企业发展，更不可能在证券市场上融资。这些公司的融资需求可以通过私募股权融资来解决。

私募股权融资是指公司以非公开方式向潜在投资人募集权益性资本的融资方式，相比于公开发行证券融资，私募股权融资具有融资渠道多、交易周期短、灵活度高、程序相对简单、门槛相对较低，避开了公开发行股票或债券需要的复杂程序、高成本和高门槛；不过在交易过程中需要附带考虑将来私募股权投资机构的退出机制。

1. 主要参与者

企业的发展阶段可以分为种子期、初创期、发展期、扩张期、成熟期和 Pre – IPO 期（上市前期）等不同阶段。私募股权市场的主要参与者会侧重于在企业的不同发展阶段参与到企业的股权交易中，我们一般也根据其从哪个阶段涉入企业股权交易中来给这些机构或投资人分类。

（1）天使投资人。天使投资人是为种子期或初创期公司提供资本的个人；与风险投资机构受托管理资金不同，天使投资人使用自有资金进行投资。他们之所以被称为天使投资人，原因是这些投资人给处于困难之中的创业者带来希望和帮助，是帮助初创企业渡过难关的天使，这个称谓表达出了创业者对这些天使投资人的崇敬和尊重。天使投资人投入资金金额一般较小且很多是一次性投入，不参与公司日常经营管理；对被投资企业的审查不太严格，更多的是基于投资人的主观判断甚至是喜好而决定，是一种个体或者小型商业行为。

（2）风险投资机构（简称风投、创投或 VC）。风险投资机构是为初创公司提供启动资本的有限合伙企业。他们通过设立风险投资基金来进行募资和投资。投资对象多为处于创业期的中小型企业，并且多为高新技术企业。投资方式一般为股权投资，通常占被投资企业 30% 左右股权，而不要求控股权，也不需要任何担保或抵押；投资金额较大，往往是几家风投机构一起投资；投资决策建立在高度专业化和程序化的基础之上，一般需要对被投资企业进行法律尽调、财务尽调、价值评估、模型预测等程序，审核较为严格。

与天使投资人最大的不同在于，风险投资机构一般会积极参与被投资企业的经营管理，提供增值服务，同时也对被投资企业以后各发展阶段的融资需求予以满足。风险投资是一种正规化、专业化、系统化的商业行为。

（3）私募股权投资机构（简称 PE）。私募股权投资是指向特定投资者以非公开方式筹资，再对非上市企业进行股权投资并提供经营管理服务，以期在被投资企业发育成熟后通过股权转让获利退出的一种利益共享、风险共担的投融资方式；其中负责资金筹资、托管、投资和投后管理的管理者称为私募股权投资机构。

私募股权市场上的资金来源广泛，主要包括高净值人群、大企业的财务公司、社保基金、战略投资者、养老基金、保险公司等。迄今为止，全球已有数千家私募股权投资机构，黑石、贝恩、高盛、美林、橡树资本、华平创投等机构是其中的佼佼者。

私募股权的投资特点如下。

①从资金募集、确定具体投资企业、投资方式、价格、投后管理、为企业经营管理提供增值服务到最后退出方式等基本上都是私下协商确定的，很少涉及公开市场的操作，一般无须披露交易细节。

②多采取权益型投资方式，很少涉及债权投资；PE 机构也因此对被投资企业的决策管理享有一定的表决权。在投资工具上，多采用普通股或者可转让优先股，以及可转债。

③一般投资于非上市公司，很少投资上市公司，不会涉及要约收购义务。投资期限较长，一般可达 3 至 5 年或更长，属于中长期投资。

④多采取有限合伙制，这种企业组织形式较为灵活并能避免双重征税。

⑤虽然退出渠道多样化，有 IPO、兼并收购、管理层回购、股权转让等，但是流动性差，没有现成的市场供非上市公司的股权迅速且直接地达成交易。

从形式上看，PE 和 VC 都是通过私募形式对非上市公司进行股权投资，然后通过 IPO、并购、管理层回购或股权转让等方式实现退出并获利的。但二者存在一些差异。具体包括：PE 侧重于投资企业的后期，而 VC 侧重于投资企业的前期。可以大致理解为 VC 的投资风险大于 PE。PE 投资范围较广，除了投资实业外，还可以投向基金、股票、其他有价证券等，且一般不受资金比例限制。VC 的大部分资金投向具有实业性质的初创型企业，一般不涉及有价证券投资。PE 的投资灵活性更大，可以投资企业的任何阶段，包括初创期到 Pre – IPO 期，而 VC 只涉足初创期，所以广义的 PE 很多时候包含 VC。

实际上随着市场的发展，VC 和 PE 的界限日益模糊，二者退出机制几乎相同，二者的交叉范围逐渐扩大；很多时候甚至不区分其差异，统称为 PE。

2. 如何引入私募股权投资

非上市公司如果能引入天使投资人、VC 或 PE 的投资，对公司将产生巨大影响，尤其是初创期的企业。公司获得的好处包括：缓解融资压力、获得较稳定的资本支持、能调整企业战略提高增长能力、提高管理能力和抵御风险的能力，可能给公司带来管理、技术、市场和其他需要的专业技能；帮助公司构建现代企业法人治理结构，为未来发展打下坚实基础等。

那么如何才能引入私募股权投资呢？非上市公司至少应具备以下条件。

（1）公司具有成长前景和潜力，业务模式有可复制性，产品和服务有较高门槛，竞争优势较强；所涉及的业务领域能够在 3~5 年形成大规模市场，并成为热点公司。公司拥有核心技术、服务或资源，业绩增长的动力主要来源于核心业务。公司的市场地位、影响力、市场占有率等在同类型公司中具备竞争力。

中国有近千万家企业，一般的小公司平均寿命不到 3 年；小公司从创业到成长、扩张、最终 IPO 上市，几乎就是小概率事件，绝大部分创业项目在头 3 年内死亡，只有部分小公司设立满 3 年后才慢慢爬出这个死亡之谷。因此，VC 和 PE 要求被投资公司必须具有成长前景和潜力。

（2）公司的核心团队成员具有较强的团队合作能力、创业精神和创新能力；尤其是公司的创始人、团队领袖具备优秀企业家的眼界和胸怀，有很强的学习能力、执行能力，拥有良好的教育背景、行业经验、从业经历；团队组合功能完善、职责明晰、激励到位且团队成员较稳定，有核心竞争力。

天使投资人不会去关注公司的收入、利润等财务指标，因为初创公司一般没有收入和利润，甚至都是亏损的。因此天使投资人在评估被投资公司的时候最主要的是看团队，尤其要看创始人的基本素质。

（3）公司没有法律、政策和税务瑕疵、历史清白干净、股权结构清晰；公司业务受到政策支持且财务状况良好，未来三年到五年左右相关财务指标能满足 IPO 上市要求。公司业务是从市场竞争中胜出的简单生意。

PE 机构重点关注的是被投资公司在未来两三年 IPO 上市的可能性。所有的 PE 都希望在众多投资项目中遇到千里马、投资独角兽、复制软银投资阿里巴巴时创下的 7 年获利 71 倍的神话。PE 机构希望能寻找到专注于主业的企业家。

（4）融资之前，公司必须清楚自身的经营状况、融资需求和目的、明确融资规模及股权比例等重要事项；确定好融资的具体时间节点，制定详细的融资计划；对自身的业务模式、管理流程、财务制度等进行彻底审视并进行必要的调整。

例如，绝大多数 PE 投资的单笔交易金额大于 2 000 万元，如果公司仅需要百万元的融资，其实并不需要寻求 PE 进行股权投资，此时进行个人借贷、引入天使投资人、银行贷款或民间借贷等会更合适。

（5）公司应该未雨绸缪，提前对 VC 或 PE 机构的投资范围、管理团队、投资风格、投资回报等进行全面评估；并根据自身的实际情况和融资需求，制定出合适的交易方案，全面考虑交易结构、估值定价、股权比例等问题。

例如，很多公司融资的时机不对，过于缺钱的样子吓跑了各个机构。不管是天使投资人还是 VC、PE，他们都是以盈利为目的，永远是锦上添花，而不可能是雪中送炭。很多公司在业绩尚可的时候从来没有想到通过私募股权融资，到亏损甚至濒临破产的时候才去接触私募股权投资机构，此时只会吓跑他们。

3. 步骤

（1）撰写商业计划书：全面展示企业的现状和未来发展潜力。

（2）选择合适的私募股权投资机构。

（3）私募机构进行尽职调查。

（4）双方谈判、签订协议，明确估值、定价、持股比例、投资方案等问题，明确双方的权利和义务，签署法律合同作为双方合作的基础。

（5）投后管理：VC 或 PE 机构会定期跟踪公司的经营动态，参与股东大会，定期或不定期对公司进行评估，提供经营管理建议或改进措施。

（6）退出投资：当公司 IPO 成功，天使投资人、VC 或 PE 机构都会及时变现退出投资。如果公司 IPO 遇到困难，他们会积极寻找其他退出渠道。

最后补充控股权的问题。在引入私募股权投资进行融资后，公司创始人及其团队是否应保持绝对的控股权，这个问题没有标准答案。一般情况下，公司在融资的过程中，为了保持绝对的控股权，可以采用分段融资的方式，将股权逐步摊薄，这样的融资方式，既容易成功又可以确保对企业的绝对控制权。

如果企业占据技术优势，在融资时就拥有了主动权，公司创始人及其团队不放弃绝对控股权，此时私募股权投资机构是可以接受的。但如果企业在技术或知识产权方面不具备任何优势，那么坚持绝对控股权并无益处。所以，公司进行融资时，既要抓住控股权，又要根据实际情况适当取舍。

5.2　债务性资本融资

债务性资本融资是指公司以负债方式借入并到期偿还本息的资金。债务性资本是指债权人为债务人提供的短期和长期资金，不包括应付账款、应付票据和其他应付款等商业信用负债。长期债务性资本融资方式主要包括长期借款、发行债券、发行融资券、融资租赁等。

债务性资本与权益性资本最主要的差别如下。

（1）债务性资本不是公司的所有者权益，因此，债权人通常没有表决权，无权参与公司的经营管理，他们用来保护自身利益的工具就是借款合约，合约中会设置限制性条款。

（2）公司给债权人支付的利息费用具有抵税功能，而公司支付给普通股和优先股的股利属于税后利润分配，不能抵税。

（3）一方面，债权人获得固定利息和本金，但不能分享公司投资于较高风险项目带来的超额收益，也不会分散公司的控制权，且融资成本一般比权益性资本融资成本低；另一方面，如果公司不履行还本付息的支付义务，债权人可以依据相应的法律程序向公司索取资产，这可能会导致公司破产清算。而公司获得的权益性资本是不会发生这种财务风险的。

5.2.1　长期借款融资

相比于上一节的公开发行股票融资，通过长期借款融资门槛低、成本低、交易方式较为简单直接；而且长期借款大多可分期还本付息，公司可以用借款投资项目后创造投资收益来分期偿还借款本息。所以，当公司需要数额大、期限长的资金，而又没有公开发行股票进行权益融资的条件和能力时，则可采用长期借款筹集资金。

1. 长期借款的分类

（1）按提供借款的机构划分。可分为政策性银行贷款、商业银行贷款和其他金融机构贷款。

政策性银行贷款是执行国家政策性贷款业务的银行（通称政策性银行）提供的贷款，通常为长期贷款。

商业银行贷款中的长期贷款一般具有以下特征：①期限长于 1 年；②借款合同含有对借款企业的具体限制条件；③有规定的借款利率；④主要实行分期偿还方式。

其他金融机构（如保险公司）的贷款一般较商业银行贷款的期限更长，要求的利率更高，对债务人的信用要求和担保的选择比较严格。

（2）按有无担保，分为信用贷款和担保贷款。信用贷款是以借款人的信誉发放的贷款，不需要提供担保。以借款人信用程度作为还款保证。信用贷款风险较大，一般要对借款人的经济效益、经营管理水平、发展前景等情况进行详细的考察，以降低风险。银行信用贷款通常要收取较高的利息，并附加一定的条件限制。

担保贷款是以第三人为借款人提供相应的担保为条件发放的贷款。担保可以是人的担保或物的担保。根据担保方式不同可分为保证贷款、抵押贷款和质押贷款。作为担保的抵押品主要是不动产、动产等实物资产；作为质押的权利主要是股票、债券、存款单、仓单等。抵押物和质押物都必须是能够变现的资产。

（3）按照借款用途，分为基本建设借款、技术改造借款和生产经营借款三类。

（4）按照偿还方式，分为定期一次性偿还的长期借款和分期偿还的长期借款。

（5）按照涉及货币种类，分为人民币长期借款和外币长期借款。

（6）按照来源的不同，分为从银行借入的长期借款和从其他金融机构借入的长期借款等。

2. 银行借款的程序

（1）提出借款申请。公司要向银行借入资金，必须向银行提出申请，填写包括借款金额、借款用途、偿还能力、还款方式等内容的《借款申请书》，并提供有关资料。

（2）银行进行审查。银行对企业的借款申请要从企业的信用等级、基本财务情况、投资项目的经济效益、偿债能力等多方面作必要的审查，以决定是否提供贷款。

（3）签订借款合同。借款合同是规定借款单位和银行双方的权利、义务和经济责任的法律文件。借款合同包括基本条款、保证条款、违约条款及其他附属条款等内容。

（4）取得借款。双方签订借款合同后，银行应如期发放款项。

（5）归还借款。公司应按借款合同规定按时足额归还借款本息。如因故不能按期归还，应在借款到期之前的 3~5 天，提出展期申请，由贷款银行审定是否给予展期。

3. 银行借款的信用条件

按照国际惯例，银行借款往往会附加一些信用条件，主要有授信额度、周转信用协定、补偿性余额。

（1）授信额度。借款人与银行在协议中规定的允许企业借款的最高限额。在批准的贷款限额内，企业可随时使用银行借款。但是，如果协议是非正式的，则银行并无必须按最高借款限额保证贷款的法律义务。当企业出现财务状况恶化的状况时可以拒绝继续提供贷款。

（2）周转信贷协定。银行从法律上承诺向企业提供不超过某一最高限额的贷款协定。在协定的有效期内，只要企业的借款总额未超过最高限额，银行必须满足企业任何时候提出的借款要求。企业签订周转信贷协定，通常要对贷款限额的未使用部分付给银行一笔承诺费。

【例 5 – 1】长江空调公司与银行商定的周转信贷额度为 2 000 万元，承诺费为 1%，公司年度内实际借款额为 1 200 万元。计算长江空调公司应向银行支付的承诺费。

解：应付承诺费 =（2 000 – 1 200）×1% = 8（万元）

（3）补偿性余额。补偿性余额是银行要求借款企业在银行中保留一定数额的存款余额，为借款额的 10% ~ 20%，其目的是降低银行贷款风险，但对借款企业来说，加重了利息负担。

【例 5 – 2】长江空调公司按年利率 4% 向银行借款 100 万元，补偿性余额比率是 10%。请计算该借款的实际借款利率。

解：实际借款利率 $= \dfrac{\text{名义利率}}{1 - \text{补偿性余额比率}} = \dfrac{4\%}{1 - 10\%} = 4.44\%$

（4）长期借款的成本。长期借款的成本主要包括利息和其他有关费用。长期借款的利息率通常高于短期借款。但信誉好或抵押品流动性强的借款企业也可以争取到利率较低的长期借款。长期借款利率有固定利率和浮动利率两种。浮动利率通常有最高限和最低限，并在借款合同中予以明确。

除了利息之外，银行还会向借款企业收取其他费用，如实行周转信贷协定所收取的承诺费、要求借款企业在银行中保持补偿余额所形成的间接费用等。

4. 长期借款的偿还方式

（1）定期支付利息、到期一次性偿还本金的方式。这是最一般、最有代表性的长期借款偿还方式。采用这种方式，对于借款企业来说，由于利息分期支付，支付利息的压力较小，但它会加大企业借款到期时的偿还本金压力。

（2）定期等额偿还方式。该偿还方式的优点是减轻了一次性偿还本金的压力，但是，可供借款企业使用的借款额会逐期减少，因此会提高企业使用借款的实际利率。

（3）平时逐期偿还小额本金和利息、期末偿还余下的大额部分的方式。该偿还方式综合了前面两种方式的优缺点。

（4）到期一次还本付息的方式。该偿还方式的优点是平时没有利息和本金的偿还，有利于借款企业合理安排资金的使用，改善平时的现金流转状况，但到期偿还本金和利息的压力较大。

企业应该根据自身的实际情况，合理选择借款的偿还方式。

5. 长期借款融资的优缺点

长期借款融资有以下优点。

（1）融资速度快。长期借款的借贷双方直接谈判签署契约，手续比发行股票、债券要简单得多，因此得到借款所花费的时间也就比较短。

（2）融资弹性较大。借款时企业与银行等金融部门直接交涉，有关条件可谈判确定，用款期间发生变动，也可与金融部门协商。因此，长期借款融资对借款企业来讲，具有较大的灵活性，这是发行股票、债券筹资所没有的。

（3）融资成本较低。长期借款利率一般低于债券利率，融资费用也较低。另外，与股票等权益融资方式相比，由于长期借款的利息属于可以在所得税前列支的费用，因而能给借款企业带来所得税的节省。

（4）具有杠杆作用。借款只需要支付固定的利息，当公司的净利润率高于借款利率时，长期借款能发挥财务杠杆作用，使公司股东获得更高的报酬。

虽然长期借款有上述许多优点，但也有不足之处，主要表现为以下几点。

（1）长期借款的限制性条件较多。公司从金融部门取得借款，要受到许多限制性条款的限制，且必须严格遵循，这可能会影响到企业日后的财务活动。

（2）融资风险较高。长期借款通常有固定的利息负担和固定的本金偿还期，如果公司经营困难现金流匮乏，到期不能还本付息，则面临较大财务风险。

（3）融资数量有限。长期借款一般不像公开发行股票、债券那样能够一次筹集到数额巨大的资金。

5.2.2　长期债券融资

债券是债务人依照法定程序发行的、约定在一定期限向债权人还本付息的有价证券。债券是债务凭证，反映发行者与购买者之间的债权、债务关系，也是世界各个国家、各地区政府、企业等筹资的重要手段之一。债券发行主体，既可以是国家、地方政府、金融机构，也可以是企业。债券的期限可长可短，长期债券期限在 10 年以上，短期债券期限一般在 1 年以内，中期债券的期限则介于二者之间。

我国区分企业债和公司债，企业债是由中央政府部门所属机构、国有独资企业或国有控股企业发行的债券，而公司债则是由股份有限公司或有限责任公司发行的债券。

1. 债券筹资的特点

（1）按期还本付息。发行债券所筹资金是负债，债务人必须履行到期还本并按规定支付利息的义务。因此，能否按投资项目的预期效果取得还本付息的资金，并保证履行还本付息的义务，将使筹资企业承受较大的风险。为此，筹资企业发行债券筹资时，必须首先考虑利用债券筹资方式所筹资金进行的投资项目未来收益的稳定性和成长性问题。

（2）可长期占用资金。发行债券所筹资金一般属于长期资金，可供企业使用时间一般都在一年以上。这为企业安排投资项目提供了有利的资金支持。

（3）筹资范围大。发行债券筹资的筹资对象十分广泛。它既可以向各类银行或非银行金融机构筹资，也可以向其他法人单位、个人筹资。因此，筹集资金比较容易。

（4）资金成本较低。债券的利率一般低于股票的股息率，并且债券利息可作为成本费用在税前列支，抵减了部分所得税。所以发行债券的资金成本低于股票。

（5）公开发行债券融资的门槛较高。公开发行债券应当向国务院授权的部门或者国务院证券监督管理机构申请。由于债券可以流通和交易，这使债券筹资比其他负债筹资方式具有较大的灵活性。

2. 债券的种类

债券按是否记名，可分为记名债券和无记名债券。

（1）记名债券。记名债券是在债券券面上载明债券持有人的姓名或者名称的债券。发行公司对记名债券上的记名人偿还本金，持券人凭印鉴支取利息。记名债券的转让，由记名债券上的记名人以背书方式或者法律、行政法规规定的其他方式转让，并由发行公司将受让人的姓名或者名称及住所记载于公司债券存根簿上。

（2）无记名债券。无记名债券是在债券券面上不记载债权人的姓名或名称的债券。无记名债券的转让，由债券持有人在依法设立的证券交易所将该债券交付给受让人后即发生转让的效力。

债券按有无特定的财产担保，可分为抵押债券和信用债券。

（1）抵押债券。抵押债券又称担保债券，是指发行公司有特定财产作为担保品发行的债券。按担保品的不同，抵押债券又可分为：① 一般抵押债券，即以公司的全部产业作为抵押品而发行的债券；②不动产抵押债券，即以公司的不动产作为抵押品而发行的债券；③动产抵押债券，即以公司的动产作为抵押品而发行的债券；④证券信托抵押债券，即以公司持有的股票、债券以及其他担保证书交付给信托公司作为抵押发行的债券。

（2）信用债券。信用债券又称无担保债券，是指发行公司没有抵押品作担保，完全凭信用发行的债券。信用债券通常只有信誉卓著的大公司才能发行。由于信用债券没有财产担保，在合约中一般规定有负抵押条款，即不准公司把财产抵押给其他债权人，以保证公司的财产完整无缺，保障债权的安全。

债券按能否转换为公司股票，可分为可转换债券和不可转换债券。

（1）可转换债券。可转换债券是根据发行公司债券募集办法的规定，债券持有人在一定时期内，可以按某一固定的价格或一定的比例将所持债券转换为一定数量的普通股的债券。发行可转换债券的公司，应规定转换办法。根据《中华人民共和国公司法》规定，发行可转换为股票的公司债券，发行方除具备发行公司债券的条件外，还应当符合股票发行的条件。

（2）不可转换债券，是指不可以转换为普通股的债券。

债券按利率是否固定，可分为固定利率债券和浮动利率债券。

（1）固定利率债券。固定利率债券是将利率明确记载于债券券面上，并按这一固定利率向债权人支付利息的债券。

（2）浮动利率债券。浮动利率债券是债券券面上不明确规定利率，发放利息时利率水平按某一标准（如政府债券利率、银行存款利率等）的变化而同方向调整的债券。发行浮动利率债券，通常是为了应付通货膨胀。

债券按照偿还方式，可分为一次到期债券和分期债券。

（1）一次到期债券。发行方在债券到期日一次性清偿全部债券本金的债券。

（2）分期债券。一次发行而分期或分批偿还的债券，即对同批债券的本金分次偿付。

债券按是否上市，可分为上市债券和非上市债券。

（1）上市债券。上市债券是可在证券交易所挂牌交易的债券。上市债券信用度高，变现速度快，对投资人吸引力大。但上市条件严格，而且要承担相应的上市费用。

（2）非上市债券。非上市债券是不在证券交易所挂牌交易的债券。

债券按能否提前偿还，可分为可提前偿还债券和不可提前偿还债券。

（1）可提前偿还债券，也称可赎回债券，是债券发行一段时间后，发行公司可在债券到期前按约定的价格将其收回的债券。可提前偿还债券有利于发行公司灵活调整资本结构。但发行公司必须在发行债券时对何时收回及偿还价格作出规定。并且，可提前偿还债券的偿还价格必须高于发行面额，以便对债券持有人予以补偿。

（2）不可提前偿还债券，又称为不可赎回债券，是指不能在债券到期之前提前偿还的债券。

债券还可以分为收益公司债券、附认股权债券、次级信用债券等。

（1）收益公司债券。收益公司债券是只有当发行公司获得盈利时才向持券人支付利息的债券。这种债券对发行公司而言，可避免固定的利息负担，但对投资人而言，则风险较大，因而其收益也相对较高。

（2）附认股权债券。附认股权债券是附带允许持有人按特定价格认购公司普通股股票权利的债券。这个特定价格即认股权行使价格。当股票市价超过认股权行使价格一定程度时，债券持有人行使认股权，不仅可获得债券利息收入，还可以获得股票市价超过认股权行使价格的资本利得。

发行附认股权债券，可降低债券利率，这一点与可转换债券类似。但与可转换债券不同的是，可转换债券在债券持有者行使转换权后，发行公司只是改变了资本结构，而没有新增资金来源；而附认股权债券持有者行使认股权后，发行公司除了获得原发行附认股权债券时已筹集到的资金外，还可以新增一笔权益资金。

（3）次级信用债券。次级信用债券又称附属信用债券，是指对发行公司资产的求偿权次于其他债务的债券。求偿权优先顺序为：一般债券 > 次级债券 > 优先股 > 普通股，求偿权优先级越高，其风险越低、期望收益也越低，反之亦然。次级信用债券偿还次序优于公司权益类证券，但低于公司一般债券。

3. 债券的发行

根据我国《公司债券发行与交易管理办法》规定，公开发行公司债券，必须符合下列条件。

（1）具备健全且运行良好的组织机构；具有合理的资产负债结构和正常的现金流量；最近三年平均可分配利润足以支付公司债券一年的利息。

（2）发行人最近三年无债务违约或者迟延支付本息的事实；最近三个会计年度实现的年均可分配利润不少于债券一年利息的 1.5 倍；净资产规模不少于 250 亿元；最近 36 个月内累计公开发行债券不少于 3 期，发行规模不少于 100 亿元。

（3）债券信用评级达到 AAA 级；公开发行公司债券，由证券交易所负责受理、审核，并报中国证监会注册。

存在下列情形之一的，不得公开发行公司债券。

（1）最近三十六个月内公司财务会计文件存在虚假记载，或公司存在其他重大违法行为。

（2）本次发行申请文件存在虚假记载、误导性陈述或者重大遗漏。

（3）对已发行的公司债券或者其他债务有违约或者迟延支付本息的事实，仍处于继续状态。

（4）严重损害投资人合法权益和社会公共利益的其他情形。

如果公司发行可转换为股票的公司债券，除具备发行公司债券的条件外，还应当符合股票发行的条件。

公司债券可以公开发行，也可以非公开发行，即有公募发行和私募发行两种发行方式。

（1）私募发行又称不公开发行或内部发行，是指面向少数特定的投资人发行的方式。私募发行有确定的投资人，发行手续简单，可以节省发行时间和费用。私募发行的不足之处是投资人数量有限，流通性较差，而且也不利于提高发行人的社会信誉。

（2）公募发行即由发行公司与承销机构签订承销合同，通过承销机构向社会发行公司债券。

承销机构一般是证券经营机构或投资银行。承销又有代销与包销两种方式。代销即由承销机构代为销售公司债券，在约定期限内未售出的公司债券将退还给发行公司，承销机构不承担发行风险。包销是由承销机构先购入发行公司拟发行的全部债券，然后再出售给社会上的认购者。如果承销机构在约定期限内未能将债券全部售出，则未售出债券由承销机构负责认购。

我国《公司债券发行与交易管理办法》等规定，发行公司债券应当由具有证券承销业务资格的证券公司承销。

4. 公司债券的发行价格

公司债券的发行价格是发行公司或其承销机构发行债券时所制定的价格，即投资人向发行公司或其承销机构认购债券时实际支付的价格。发行债券时，若市场利率与债券票面利率不一致，就要计算确定债券的发行价格。

$$债券的发行价格 = \frac{债券面值}{(1 + 市场利率)^n} + \sum_{t=1}^{n} \frac{债券年利息}{(1 + 市场利率)^t}$$

其中，n 为债券期限；t 为债券期限，即付息期数。

【例 5 - 3】长江空调公司发行面值为 1 000 元，期限为 10 年的债券，每年年末付息一次。债券发行时的市场利率为 4%，当债券票面利率为 2%、4% 和 6% 三种情况时，债券的发行价格分别是多少？

解：（1）票面利率为 6%，高于债券发行时的市场利率，该债券是溢价发行。

发行价格 = 1 000 × （P/F, 4%, 10）+ 60 × （P/A, 4%, 10）= 1 165.65（元）

（2）票面利率为 2%，低于债券发行时的市场利率，该债券是折价发行。

发行价格 = 1 000 × （P/F, 4%, 10） + 20 × （P/A, 4%, 10） = 837.82（元）

（3）票面利率为 4%，票面利率等于债券发行时的市场利率，该债券是平价发行。

发行价格 = 1 000 × （P/F, 4%, 10） + 40 × （P/A, 4%, 10） = 1 000（元）

市场利率一定时，债券的票面利率越高，债券的发行价格越高。反之，发行价越低。

5. 债券的信用评级

债券的信用评级是由专门的中介机构对债券发行企业的财务状况、资产质量、偿债能力等因素进行评估，以不同的级别表示债券的信用高低、风险大小。投资人根据评级结果选择债券进行投资。国际上最著名的债券评级机构是穆迪投资人服务公司（Moody's Investor Service）和标准普尔公司（Standard and Poor, S&P），它们对债券的评级见表 5 - 1。

表 5 - 1　　　　　　　　　　　　　　债券信用评级表

名　称	较高等级	高级	投机级	低级
标准普尔（S&P）	AAA　AA	A　BBB	BB　B	CCC CCC D
穆迪（Moody's）	Aaa　Aa	A　Baa	Ba　B	Caa　Ca　C D

标准普尔	穆迪	说明
AAA	Aaa	AAA 级和 Aaa 级是债券等级中的最高级别，表明债券具有极强的偿付本利的能力
AA	Aa	AA 级和 Aa 级债券有较强的本利偿付能力，它同最高等级债券一起构成债券的最高级别
A	A	A 级债券偿还本利能力强，但是它比较容易随环境和经济状况的变动而发生不利的变动
BBB	Baa	评为 BBB 级和 Baa 级的债券被看作是具有足够的能力偿还本金和利息，因为它一般都规定有充分的保护措施，因此比起高级别债券，不利的经济状况或环境变化更能削弱该级别债券的本利偿付能力。这类债券属于中级债务
BB B CCC CC	Ba B Caa Ca	一般认为该等级债券具有显著的投机性。BB 级和 Ba 级债券的投机度最低，CC 级和 Ca 级债券的投机度最高。尽管这种债券可能具有某种特质与保护性特点，然而最重要的是，它们带有更大的不确定性或者更有可能经历不利的情况
C	C	该等级归属从未支付利息的收益债券
D	D	无力清偿债务的债券被判定为 D 级债券，该种债券无法按时支付利息以及归还本金

资料来源：《标准普尔债券指南》《穆迪债券指南》。

标准普尔使用加、减号：A + 代表 A 级中的最高级别，A - 则代表 A 级中的最低级别。穆迪采用的是符号 1、2 或 3，其中 1 代表最高级别。

由表 5 - 1 可见，债券的最高等级是 AAA 级或 Aaa 级，D 级是债券等级中最低的级别，它表明发行公司无法履行偿还义务。

越来越多的公司利用低等级债券即"垃圾债券"筹资。"垃圾债券"是指被权威评级机构评为低于"投资等级"的债券（即信用评级低于标准普尔公司的 BB 级或穆迪公司的 Ba 级的债券），这类债券的风险较大，收益率较高。

如果中国的企业须向社会公开发行债券，按中国人民银行、中国证监会、银保监会等部门的有关规定，由其授权的指定资信评级机构进行信用评级。目前国内的信用评级行业的监管并没有形成一套系统完整的法律、没有专门的立法。且评级机构也还没有统一的准入标准，只是在评级公司具体做业务的时候，根据债券类型相应的债券准入监管机构的要求进行评级。比如，中国银行主要是对非金融企业债务融资工具有具体的评级规定，中国证监会对交易所上市的债券有具体评级规定，国家发展改革委对企业债又有具体的评级要求。

6. 偿还债券的方式

（1）偿债基金。偿债基金是债券发行人为保证所发各类债券的到期或不到期偿还而设置的专项基金。通常情况下，债券的偿还从发行者未来收益中支付，但为了保证债券到期或特殊情况下持有人要求提前支付，一些公司设置了专项偿债基金。公司偿债基金的形成主要有两种方式：一是按固定金额或已发债券的一定比例提取；二是按税后利润或销售收入的一定比例提取。有些偿债基金是根据有关法律规定在债券发行时必须设立的，有些公司把设立偿债基金作为其中一个发行条件载入债券发行契约，以增强所发债券的吸引力。

（2）分批偿还。分批偿还指债券本金分成若干批次分期偿还，其偿还形式可根据债券发行时规定的办法进行，或采用分批抽签、或按债券号码顺序的办法还本。

（3）到期偿还。到期偿还也叫满期偿还，是指按发行债券时规定的还本时间，在债券到期时一次全部偿还本金的偿债方式。

（4）回购债券。公开上市的债券，其市场价随市场利率的升降而波动。如果债券的市场价下跌到一定程度，发行债券的公司可从公开的市场上提前购回发行在外的债券予以注销，以减轻负债。

（5）借新债还旧债。公司可以发行新债券，偿还旧债券。既可以是直接交换新旧债券，即直接用新债券换回旧债券，也可以是用发行新债券募集的现金偿旧债券。

7. 发行长期债券筹资的优点

（1）资金成本较低。债券筹资资本成本低于普通股。债券的利息通常低于普通股的股息，而且利息费用可在税前收益中支付，起到抵减所得税的作用，而发行股票筹资向股东支付的股利属于非免税费用，没有节税的效用，因此债券的资本成本低于普通股的资本成本。但是，与长期借款等其他长期负债筹资方式相比，由于债券筹资的筹资费用较高，利率也较高，故而债券筹资的资金成本比长期借款等其他长期负债筹资方式的资金成本略高。

（2）可保障股东的控制权。债券筹资，其资金提供者是企业的债权人。作为债权人，只从企业获取固定的利息收入，他们是无权参与企业经营管理的。他们对企业的约束仅通过债券合同中的限制性契约条款来实现。因此，债券筹资，同其他负债筹资方式一样，不会分散企业的控制权。

（3）可获得财务杠杆收益。债券筹资可使股东获得财务杠杆收益。这是因为，债券利息是按固定的面值和利率计算的，利息支出的数额是固定的，债券持有人不参加企业盈利的分配，当企业的投资收益率高于债券利息率时，与长期借款一样，可产生财务杠杆作用，增加股东收益。

（4）便于调整资本结构。由于债券的种类很多，企业可以根据需要，通过发行不同种类的债券进行筹资，并以此形成企业灵活的资本结构。

8. 发行长期债券筹资的缺点

（1）增加企业的财务风险。债券有明确的到期日，且利息必须按期支付，当企业的财务状况较差时，易使企业陷于财务困境，甚至成为企业破产的"加速器"。

（2）限制条件较多。债权人为保障其债权的安全，一般都会在债券合同中订立保护性条款，即对债券发行企业的限制性契约条款。这些限制性契约条款对债券发行企业的限制有时较多也较苛刻。债券筹资的限制条件比其他长期负债筹资方式如长期借款、租赁等的限制条件更严格、更苛刻。这些限制性契约条款可能对企业财务的灵活性造成不良影响，从而在一定程度上限制了债券筹资这种方式的使用。

（3）所筹资金数量有限。由于债券筹资属于负债筹资方式，其筹资数量要受发行债券企业财务状况的约束。若企业的负债比率过高，企业就很难将债券发行出去。许多国家对发行债券筹资的额度也有规定。我国《公司法》规定，债券发行企业的累计债券总额不得超过公司净资产额的40%。

据同花顺 iFinD 数据统计，截至 2023 年 8 月 14 日，2023 年以来公司债发行规模达 2.34 万亿元，同比增长 23.34%，其中，私募公司债发行规模大幅增长。AA + 级以上主体发行规模达 1.81 万亿元，占比 77.67%，同比下降 5.26 个百分点；而 AA 级主体发行规模达 5 040.46 亿元，占比 21.57%，提升 5.14 个百分点。AA 级主体发行规模同比增长 61.91%。发行主体评级有所下降。

此外，私募债券违约增多。根据*ST 泛海（000046. SZ）的 2022 年年报，公司 4 笔私募债到期未兑付，构成实质性违约，逾期私募债分别为：15 泛海债、18 泛海 F3、19 泛海 F1 以及此前展期的 18 泛海 F1；2023 年 7 月 19 日，*ST 泛海（000046. SZ）公告称私募债 20 泛海 02（114784. SZ）违约。截至 2023 年 5 月 25 日，*ST 泛海有累计被执行人 25 条，累计被执行金额超 240 亿元，司法协助 38 条，开庭公告 75 条，股权冻结信息数量已超过 90 条。2023 年 5 月 24 日*ST 泛海被法院判决需向融创、民生信托支付债券本息合计超 37 亿元，而公司账面资金仅剩 14 亿。为了解决债务问题，*ST 泛海先后甩卖固定资产、持有的上市公司股权等资产；同时公司股票濒临退市。

5.2.3 租赁融资

租赁融资是指出租人以收取租金为条件，授予承租人在约定的期限内占有和使用财产权利的一种契约性行为。其行为实质是一种借贷属性，不过它直接涉及的是物而不是钱。

　　租赁的种类很多，按租赁的性质或目的，租赁通常可以分为经营租赁和融资租赁两大类。

1. 经营租赁

　　（1）经营租赁也称营业租赁，是一种最典型的租赁形式，通常是指出租人为承租人提供租赁设备，同时提供租赁设备的维修保养、原料及配件的供应和技术人员的培训等服务的一种租赁，故又称服务租赁。这种租赁的主要目的不是融通资金，而是在于提供或获取租赁资产的使用权以及出租人的专门技术服务。经营租赁通常是一种短期租赁。

　　经营租赁的基本特点是：①租赁期较短，通常只是租赁设备使用寿命的一小部分；②租赁合同一般包含解约条款，在合理限制条件范围内，承租人有权在租赁期内预先通知出租人后，解除租赁合同或要求更换租赁的资产；③设备的维修、保养由出租人负责；④租赁期满或合同终止以后，租赁的财产一般归还给出租者。

　　（2）经营租赁的优点是：①不必承担所有权上的风险。这类风险包括由于生产能力闲置或工艺技术陈旧而造成的损失。由于承租人只取得了租赁资产的使用权而没有取得该项资产的所有权，因而可避免这种风险。出租人虽然承担了资产所有权上的风险，但可以通过提高租金将风险分散给所有承租人。②可以获得周到的服务。由于出租人专营此道，故能向承租人提供维修和咨询等各种既经济又快捷的服务。③可以在短期内试用某项设备。通过经营租赁，承租人可在一个较短的时期内获得使用某项设备的权力，这就给承租人提供了一个了解该项设备各种技术性能相当好的机会，为企业购买该类设备，提供了决策信息。

2. 融资租赁

　　（1）融资租赁是指出租人按照承租人的要求融资购买设备，并在契约或合同规定的较长期限内提供给承租人使用的一种信用性租赁业务。这种租赁的目的是融通资金，即通过获取资产的使用价值来达到融资的目的。融资租赁是现代租赁的主要形式。

　　融资租赁的主要特点是：①出租的资产一般由承租人提出要求，出租人融通资本，购进承租人所需资产，然后再租给承租人使用；②租赁期较长，融资租赁的租期一般要超过租赁资产寿命的75%；③融资租赁禁止中途解约；④租约期满后，按事先约定的方法处理租赁资产，包括将设备作价转让给承租人、由出租人收回、延长租期、继续租赁等；⑤租赁资产的维修、保养等均由承租人负责。

　　（2）融资租赁的形式。①直接租赁。直接租赁是指承租人直接向出租人承租其所需的资产并向出租人交付租金。直接租赁的出租人可以是制造商、租赁公司或金融公司等。除制造商外，其他出租人都是向制造商或供应商购买租赁资产后，再出租给承租人。通常所指的融资租赁，不作特别说明时即为直接租赁。②售后租回。售后租回是指承租人根据协议将其资产卖给出租人，然后又将其租回使用并按期向出租人支付租金的一种租赁形式。在这种形式下，承租人可获得出售资产的资金，同时又获得资产的使用权。在这种租赁形式下，出售资产的企业可得到相当于资产售价的一笔资本，同时仍然可以使用资产，就如同企业贷款买进资产并以之作为贷款的抵押品一样，所以售后租回与抵押贷款非常相似。③杠杆租赁。杠杆租赁是国际上比较流行的一种融资租赁形式。它一般要涉及承租人、出租人和贷款人三方当事人。从承租人的角度看，这种租赁与其他融资租赁形式并无区别，同样是按租赁契约的规定，在租赁期内获取资产的使用权，并按其支付租金。但是，对出租人却不同，出租人只需拿出购买资产的部分资金（一般为20%~40%）作为自己的投资，而其余部分资金（一般为60%~80%）以该租赁资产为担保向贷款人借入。

因此，杠杆租赁的出租人既是出租人又是借款人（债务人），他同时拥有对租赁资产的所有权，既要收取租金又要偿付债务。如果出租人不能按期偿还债务，资产的所有权就要转移给资金的出借者（债权人）（一般情况下，这种贷款属于无追索权贷款，只能以租赁资产的残值作为抵押）。由于其租金收入一般大于借款成本支出，从而可获得财务杠杆利益，所以这种租赁被称为杠杆租赁（也称为借款租赁）。这种租赁一般适用于价值特别大、租赁期长的资本密集型设备的融资需要，如飞机、输油管道、卫星系统等。

（3）融资租赁的程序。不同的租赁业务，有不同的程序。融资租赁的程序较为复杂，通常包括以下几个步骤。

①选择租赁公司。企业决定采取租赁方式租赁某项设备时，首先应了解各租赁公司的经营范围、业务能力、资信情况、融资条件和租赁费用等资料。以便进行分析、比较，择优选择。

②办理租赁委托。企业选定租赁公司后，便可以向其提出申请，办理租赁委托。企业在办理租赁委托时，应提出对租赁资产的具体要求，同时向租赁公司提供企业的相关资料。

③签订租赁协议。不同融资租赁形式下，有关的租赁协议也不一样，融资租赁通常应包括两项协议：承租人与出租人之间的租赁协议；出租人按承租人的要求与制造商签订的购货协议。

④签订租赁合同。租赁合同是由承租人与出租人签订的、具有法律效力的重要文件。租赁合同的内容可分为一般条款和特殊条款两部分。

⑤办理验货与保险。承租人按购货协议收到租赁设备时，要进行验收，验收合格后签发交货及验收证书，并提交出租人，出租人据以向供货商（制造商）支付设备价款。同时，承租人还应向保险公司办理保险事宜。

⑥支付租金。承租人在租期内应按租赁合同的规定，向出租人支付租金。

合同期满处理设备。融资租赁合同期满时，承租人根据合同规定可以对租赁设备进行续租、退租或留购。

3. 租金的计算

在租赁筹资方式下，由于租金的数额和支付方式对承租人的未来财务状况有着直接的影响，因此，租金的计算是租赁筹资决策的重要依据。

（1）经营租赁租金的构成。经营租赁的租金一般由租赁资产购买成本、租赁期间利息、租赁资产维修费、业务及管理费、税金、保险费及陈旧风险补偿等构成。

（2）融资租赁租金的构成。融资租赁的租金一般由租赁设备的价款（购置成本）和租息两部分构成。其中，租赁设备的价款（购置成本）是构成租金的主要内容，它包括设备的买价、运杂费和途中保险费等。租息又可以分为出租人的融资成本、租赁手续费。融资成本是指出租人为购买租赁资产所筹资金的成本，即租赁公司为购置设备融资所应计的利息。租赁手续费包括出租人承办租赁设备的营业费用和一定的盈利。租赁手续费的高低一般无固定的标准，主要由租赁双方协商确定。

（3）影响租金的因素。影响经营租赁租金的因素主要有：①构成融资租赁租金的内容；②预计租赁设备的残值，指设备租赁期满时预计可变现的净值；③租赁期限。租赁期限的长短既影响租金总额，也影响每期租金的数额；④租金支付方式。租金的支付方式影响每期租金的数额，支付次数越多，每次支付额越小。

常用的支付方式有以下几种：①按支付间隔期，可以分为年付、半年付、季付和月付；②按在期初还是期末支付，可以分为先付租金和后付租金；③按每期支付数额，可以分为等额支付和不等额支付。在租赁实务中，采用期末等额支付租金的方式较为常见。

（4）租金的计算方法。租金的计算方法有很多种，通常有平均分摊法、等额年金法、附加率法、浮动利率法等。在融资租赁实务中，大多采用平均分摊法和等额年金法。

平均分摊法是指承租人将应付的租金（包括设备购置成本、利息费用和手续费用）在租赁期内平均计算的一种方法。这种方法计算较为简单，但没有充分考虑时间价值因素。其计算公式如下：

$$A = \frac{(P-S)+I+F}{N}$$

其中，A 为每次支付的租金；P 为租赁设备的购置成本；S 为租赁设备预计残值；I 为租赁期间的利息费用；F 为租赁期间的手续费用；N 为租赁期限。

【例 5-4】长江空调公司采用融资租赁方式从租赁公司租入一套设备，该设备的价值为 80 万元。租赁期为 5 年，预计租赁期满后设备的残值为 10 万元（归租赁公司所有）。年利率为 10%，租赁手续费率为设备价值的 2%。每年年末支付一次租金。假设不考虑其他税费，求该设备每年年末应支付的租金金额。

解：$A = \frac{(80-10)+[80\times(1+10\%)^5-80]+80\times2\%}{5} = 24.096(万元)$

等额年金法是指运用年金现值的计算原理计算每期应付租金的方法。在后付等额租金情况下，每期租金的计算可以根据普通年金现值的计算公式，推导出后付等额租金情况下每年年末支付租金额的计算公式，即：

$$A = \frac{P}{(P/A,i,n)}$$

其中，P 为租赁设备的现值；A 为每期应付的租金；i 为贴现率；n 为支付租金期数。

【例 5-5】长江空调公司采用融资租赁方式从租赁公司租入一套设备，该设备的价值为 80 万元。租赁期为 5 年，预计租赁期满后设备的残值为 10 万元（归长江空调公司所有）。年利率为 8%，每年年末支付一次租金。假设不考虑其他税费，求该设备每年年末应支付的租金金额。

解：$A = \dfrac{P}{(P/A,8\%,5)} = \dfrac{80}{3.993} \approx 20.035$（万元）

4. 租赁筹资的优点

（1）迅速获得所需资产。融资租赁是融资与融物相结合的筹资方式，租赁筹资往往比借款筹资取得资金之后再购置设备更迅速、更灵活；筹资与设备购买是同时进行的，从而可缩短设备的购进、安装时间，使企业尽快形成生产能力。

（2）维持企业的信用能力。当企业的负债比率较高、外部筹资困难时，采用租赁方式可使企业在资本不足的情况下，不用付出大量资本就能取得所需的资产。这样，既加强了企业未来的举债能力，又能维持企业现有的信用状况。

（3）租赁筹资的限制较少。企业采取发行股票、债券以及长期银行借款等筹资方式，往往都有相当多的条件和条款限制，相比之下，租赁筹资的限制要少一些，从而为企业筹资提供了更大的弹性空间。

（4）租赁能减少设备陈旧、过时的风险。①经营租赁期限较短，如果设备陈旧、过时，可以终止租赁协议，这种风险完全由出租人承担；②融资租赁的期限一般为资产使用年限的 75%，承租人不用承担整个期间设备的陈旧、过时风险；③多数租赁协议中都规定由出租人承担设备陈旧、过时的风险。

（5）降低财务风险、减少所得税支出。租金通常是在整个租赁期内分期支付，可以适当降低企业到期不能偿付债务的风险。有些筹资方式，如债券筹资、借款筹资等大多是到期一次偿还本金，这可能给企业带来巨大的财务风险。而租赁则把这种风险在整个租期内分摊，可适当降低到期不能偿付的风险。租金属于免税费用可以在所得税前扣除，从而减少企业的所得税支出。

5. 租赁筹资的缺点

（1）筹资成本高。筹资成本高是租赁筹资的主要缺点，租金总额占设备价值的比例一般要高于同期银行贷款的利率。在经济不景气、承租企业财务困难时，固定的租金会构成较为沉重的财务负担。

（2）丧失资产残值。租赁期满，若承租企业不能享有设备的残值，也可视为承租企业的一种机会损失。如若企业购买资产，就可享有资产残值。

（3）难于改良资产。由于租赁资产的所有权一般归出租人所有，因此承租人未经出租人同意，往往不得擅自对租赁资产加以改良，以满足企业生产经营的需要。

现实交易中，融资租赁不仅仅需要签订租赁合同，还需要第三方提供担保或保证。2023 年 8 月，江西纬科新材料科技有限公司与上海鼎源融资租赁有限公司签订《融资租赁合同》，租用上海鼎源部分生产设备，融资租赁金额为人民币 2 700 万元，租赁期限为 36 个月。在此基础上，为保证租赁合同能有效执行，江西纬科的母公司绿康生化（002868.SZ）提供不可撤销连带责任保证；保证范围涵盖江西纬科对承租人的全部债权，包括但不限于首付租金、租赁本金、租赁利息、保证金、手续费、违约金、赔偿金及其他合理费用。

思考与练习

1. 采用普通股筹资的优缺点是什么？

2. 采用优先股筹资的优缺点是什么？

3. 债券主要有哪几种？采用债券筹资的优缺点是什么？

4. 债券价格和债券面值的关系是什么？

5. 采用可转债筹资的优缺点是什么？

6. 采用私募股权融资和普通借款融资有什么联系和区别？

7. 长江空调公司正与银行协商一笔价值为 800 万元的一年期贷款，假设银行有下列 3 种贷款条件可以选择，公司应该选择哪个贷款条件？

（1）年利率等于 6.47% 的贷款，没有补偿性余额规定，利息费用在年底支付。

（2）年利率等于 5.5% 的贷款，补偿性余额为贷款额的 15%，利息费用在年底支付。

（3）年利率为 3.235%，利息费用在年底支付，但借款本金要每月平均偿还。

8. 长江空调公司原已发行在外的普通股共 500 万股，每股面值 1 元。20×9 年 1 月发行累积优先股 10 万股，每股面值 10 元，股息率 6%。20×0 年、20×1 年该公司由于经营效益不佳未分派股利。20×2 年、20×3 年经营业绩上升，分配的现金股利（包括优先股）分别为 28 万元和 30 万元。计算 20×2 年、20×3 年普通股股东和优先股股东应分得的每股股利。

9. 投资人准备从市场上购买 A、B、C 三只股票组成投资组合。已知 A、B、C 三只股票的 β 系数分别为 0.8、1.2、2。无风险收益率为 3%，市场股票的平均必要收益率为 9%。

（1）用资本资产定价模型分别计算这三种股票的预期收益率。

（2）假设该投资人准备长期持有 A 股票，A 股票去年的每股股利为 2 元，预计年股利增长率为 5%，当前每股股票市场价为 70 元，投资人的投资决策是否可行？

（3）若投资人按 5∶2∶3 的比例分别购买了 A、B、C 三种股票，计算该投资组合的 β 系数和预期收益率。

10. 长江空调公司在去年销售收入 60 500 万元，净利润 10 500 万元。公司拟申请 IPO 上市，已知行业市平均盈率是 30，行业平均股票市值/销售收入是 3；如果新股发行上市成功，长江空调公司将有 8 000 万股流通股。请估计长江空调公司 IPO 的价格。

第6章

资本成本、企业杠杆与资本结构

 学习目的与要求

通过对本章的学习，能够理解资本成本、企业杠杆和资本结构的定义、相关理论和估算方法；能够掌握债务资本成本和权益资本成本的计算，能熟练计算加权平均资本成本和边际资本成本，并运用加权平均资本成本和边际资本成本来进行具体决策分析；掌握并能熟练计算财务杠杆系数、经营杠杆系数和总杠杆系数；本章重点和难点是资本结构理论，尤其要了解 MM 理论的研究假设以及推导过程；将资本结构理论与企业实际相结合，分析影响企业资本结构的因素以及如何调整企业资本结构。

6.1　资本成本

6.1.1　资本成本的含义

资本成本是与资本项目相关的一个重要概念，与资本投资、长期资本融资有关。广义的资本成本是筹集和使用各类长、短期的资金所付出的代价，既源于权益筹资、长期债务筹资，又源于短期债务筹资；狭义的资本成本则指筹集和使用各类长期的资金所付出的代价，仅源于权益筹资、长期债务筹资。若无额外说明，本书通常采用狭义定义的资本成本。

资本成本概念在经济活动中有着多样的含义。若假定市场交易费用为零，资本成本是资本预算项目的必要报酬率，或者投资者依据目前状况愿意提供资金时的报酬率，或者指投资者要求的必要报酬率或最低报酬率。若假定市场交易费用不为零，资本成本就包含筹资过程中所产生的费用，此时资本成本是企业筹集和使用资本所需付出的代价。

企业资本成本具有动态的、全局的特征。第一，企业的资本成本并不等同于企业各种资金的历史成本，因为企业的资本成本会随市场利率的变动而发生改变。第二，企业的资本成本也不等同于现存业务的必要报酬率，因为企业的资本成本反映了企业所有现存资产的平均风险，现存业务的必要报酬率则是反映了现有具体项目的风险。

企业资本成本与企业价值关系密切。资本成本反映了企业从投资人和债权人获得资金使用权时，需要给予投资人和债权人的必要回报。当企业所获资金的收益率高于企业的平均资本成本时，企业未来现金流量的折现值之和高于企业现值，表明企业价值将上升，反之表明企业价值将下降。当企业权益资金的收益率高于投资者要求的必要报酬率时，权益未来现金流量的折现值之和高于权益现值，表明股权价值将上升，反之表明股权价值将下降。因此，资本成本是反映企业价值的一个重要指标。

6.1.2　资本成本的构成

在资本的所有权与资本的使用权分离时，资本的使用者须向资本的所有者支付费用，从而构成用资成本。例如，普通股的股利、优先股的股息、长期借款的利息、债券的利息等。资本的使用者在资金筹集过程中须支付各种费用，从而构成筹资费用。例如，股票、债券发行的手续费、印刷费、律师费、资产评估费、公证费、担保费、广告费等。

筹资费用一般在资金筹集时一次性发生，通常与筹资方式、资金规模等相关；用资成本一般在资金使用过程中发生，通常与用资时间、资金规模等相关。由于筹资费用支出减少了资本的筹集者实际到手的可用资金，因而实际的可用资金是筹资总额扣除筹资费用后得到的。相应地，在计算资金成本时应采用实际的可用资金代替筹资总额。若不考虑所得税等因素，所筹资金的资本成本可用下式来表示。

$$资本成本 = \frac{用资成本}{实际可用资金} = \frac{用资成本}{筹资总额 - 筹资费用}$$

6.1.3　资本成本的影响因素

1. 宏观环境因素

经济周期会影响用资者对于资金的需求、所有者对于资金的供给，进而影响整个资本市场的供需平衡状况以及相应的资金价格。若资金供大于求，必要报酬率或利率趋于下降，否则必要报酬率或利率趋于上升。货币政策决定了资金市场的供给数量，影响了通货膨胀的高低，从而作为购买力补偿体现到资金价格当中。若货币政策趋向宽松、通货膨胀率升高时，对投资者或债权人所获收益的购买力损失的补偿将增加，因而必要报酬率或利率趋于上升，反之，必要报酬率或利率趋于下降。金融市场的完善程度决定了信息环境、流动性的好坏，信息不对称程度越高、证券流动性越弱，为补偿股权投资者或债券持有者所承担的流动性风险，风险溢酬及相应资本成本也越高。此外证券市场波动程度也影响了资本成本的高低。税收制度使债务利息在税前扣除，从而减少企业所缴纳的所得税，进而降低企业实际承担的债务资本成本。

2. 产业特征状况

产业之间存在经营规模、资本结构、生产效率、景气周期、行业风险、产业政策等诸多方面的差异，从而对各个产业的企业资本成本产生不同的影响。例如，经营规模较大、固定资产较多的产业，由于企业的声誉相对较好、可抵押资产相对较多，因而信用较好、融资成本较低。产业处于景气周期时，相应对长期资金的需求增多，资本成本也相应升高。风险较大的行业，投资者提供资金所要求的必要报酬率也就越高。

3. 企业内部状况

企业的经营水平、业务风险、资本结构、现金流、治理制度等方面状况也会影响本企业的资本成本。企业的业务风险越大、竞争力越强、盈利能力越强，相应给予权益投资者的回报率越高；企业债务规模越小、现金流越稳定、违约风险越小，相应债权投资者所要求的利息率也越低。企业投资所需的资金规模也会影响筹资费用和用资成本的高低，一般来讲融资规模越大，相应筹资费用越多、用资成本也越高。

6.1.4 个别资本成本

个别资本成本是指各种长期资金的成本，包括长期借款成本、债券成本、优先股成本、普通股成本和留存收益成本，其中前两者是债务资本成本，后三者是权益资本成本。在计算时，通常将资本的筹资费用作为筹资金额的一项扣除，扣除筹资费用后的金额为实际筹资额或有效筹资额，因此一般而言个别资本成本率是指企业的用资费用与有效筹资额的比率。其基本的测算公式如下：

$$K = \frac{D}{P - F} = \frac{D}{P(1 - f)}$$

其中，K 为资本成本率；D 为资金使用成本；P 为筹资总额；F 为资金筹集成本；f 为筹资费用率，即资金筹集成本占筹资总额的比率。

以上资本成本计算公式是就一般情况而言的。采用不同筹资方式，由于影响资本成本的具体因素不同，其资本成本的计算方法也有区别。

6.1.5 债务资本成本

债务资本成本主要有长期借款成本和债券成本。债务资本的用资费用表现为借款或债券的利息费用。根据企业所得税法的规定，企业债务的利息允许从税前利润中扣除，从而可以抵免企业所得税。而权益资本用资费用，表现为股利或潜在收益，在缴纳所得税后列支。在计算资本成本时，就需要考虑所得税因素，以使债务资本成本与权益资本成本具有可比性。因此可见企业债务资本实际负担的利息小于名义利息，即：

企业实际负担的利息 = 名义利息 × （1 - 所得税税率）

1. 长期借款成本

长期借款需支付的借款利息和借款手续费是计算资本成本的基础，由于借款利息可在税前列入成本，这就抵减了企业的一部分所得税。长期借款资本成本的计算公式如下：

$$K_l = \frac{I_l(1 - T)}{L(1 - f_l)} = \frac{L \times i(1 - T)}{L(1 - f_l)} = \frac{i(1 - T)}{1 - f_l}$$

其中，K_l 为长期借款成本；I_l 为长期借款利息；T 为企业所得税税率；L 为长期借款本金；f_l 为长期借款筹资费率；i 为借款利率。

如果借款手续费较少，为了简化计算，上式中的 f_l 也可以忽略不计，则上式简化为：$K_l = i \times (1 - T)$。

【例 6 - 1】长江空调公司取得 5 年期的长期借款 200 万元，年利率 8%，手续费率 1%，每年付息一次，到期一次还本，企业所得税的税率为 25%。求该项借款的资本成本率。

解：$K_l = \dfrac{200 \times 8\% \times (1 - 25\%)}{200 \times (1 - 1\%)} = 6.06\%$

如不考虑筹资费用，则借款的资本成本率为：

$$K_l = 8\% \times (1 - 25\%) = 6\%$$

无论是否考虑筹资费用，由于假设了公司借款的利息支出可以税前扣除，导致借款的资本成本率低于名义利率。

2. 发行债券资本成本

债券成本的计算与长期借款成本的计算类似，其区别是：①筹资费用一般比较高，不可在计算资本成本时省略；②债券的发行价格与面值有时有差异，筹资额应按发行价格计算；③一般而言，债券的成本高于长期借款成本，因为债券利率水平通常高于长期借款，同时债券的发行费用较高。

（1）不考虑发行费用和税收的债务资本成本。一般可以用到期收益率法来估计债务资本成本，即根据债券估值公式，到期收益率是使得下式成立的收益率 R_d。

$$P_0 = \sum_{t=1}^{n} \frac{I}{(1 + R_d)^t} + \frac{B}{(1 + R_d)^n}$$

其中，P_0 为债券市价；I 为债券利息；B 为债券面值；R_d 为债券到期收益率。

【例 6 - 2】长江空调公司 8 年前发行了面值 1 000 元，期限 30 年的债券，票面利率 7%，每年付息到期还本，现在的市价是 900 元。求该债券的到期收益率。

解：$900 = \sum\limits_{t=1}^{22} \dfrac{1\ 000 \times 7\%}{(1 + R_d)^t} + \dfrac{1\ 000}{(1 + R_d)^{22}}$

用插值法求解，$R_d = 7.98\%$，即该债券的到期收益率等于 7.98%。

（2）考虑筹资费用的税前债务资本成本。在估计债券资本成本时考虑筹资费用，仍然用到期收益率法来估计债务资本成本，即根据债券估值公式，到期收益率是使得下式成立的收益率 R_d。

$$P_0(1 - F) = \sum_{t=1}^{n} \frac{I}{(1 + R_d)^t} + \frac{B}{(1 + R_d)^n}$$

其中，F 为筹资费用率，其余符号含义同上。

【例 6-3】长江空调公司折价发行了面值 1 000 元，期限 30 年的债券，票面利率 10%，发行价是 900 元，每年付息到期还本，筹资费率是债券发行价的 1%。求该债券的到期收益率。

解：$900 \times (1 - 1\%) = \sum_{t=1}^{30} \frac{1\,000 \times 10\%}{(1 + R_d)^t} + \frac{1\,000}{(1 + R_d)^{30}}$

用插值法求解，债券的到期收益率等于 10.11%。

（3）税后债务成本资本。由于利息可以在应税收入中扣除，即利息具有抵税作用，因此，负债的税后资本成本小于税前资本成本。如果债券是单利计息，则债券资本成本可按下列公式测算：

$$K_B = \frac{I_B(1 - T)}{B(1 - f_B)}$$

其中，K_B 为债券成本；I_B 为债券利息；T 为企业所得税税率；B 为债券筹资额，按发行价格确定；f_B 为债券筹资费率。

【例 6-4】长江空调公司拟发行面值 1 000 元、期限 5 年、票面利率 10% 的债券，发行费用为发行价格的 4%，企业所得税的税率是 25%。如果发行价格分别是 1 000 元、1 100 元、900 元，求该债券的资本成本。

解：$K_B = \dfrac{1\,000 \times 10\% \times (1 - 25\%)}{1\,000 \times (1 - 4\%)} = 7.81\%$

如按溢价 100 元发行，则其资本成本为：

$$K_B = \frac{1\,000 \times 10\% \times (1 - 25\%)}{1\,100 \times (1 - 4\%)} = 7.1\%$$

如按折价 100 元发行，则其资本成本为：

$$K_B = \frac{1\,000 \times 10\% \times (1 - 25\%)}{900 \times (1 - 4\%)} = 8.68\%$$

其他条件不变时，发行价格越低，债券的资本成本越高；反之，发行价格越高，债券的资本成本越低。

6.1.6 权益资本成本

权益资本又称自有资金，主要有普通股、优先股和留存收益三种形式。权益资本的成本包括：投资人的预期投资报酬和筹资费用。其计算有下列特点：一是权益资本的投资报酬即股利是以税后净利润支付的，不会减少企业应缴的所得税，即不可以抵税；二是权益资本投资报酬完全是由企业经营效益所决定，这使得权益资本成本具有较大的不确定性。

1. 普通股资本成本

企业发行普通股筹资，成本包括普通股筹资费用与用资费用。普通股用资费用的表现形式是各种股利，股利的支付主要取决于每股收益和股利政策，具有很大的不确定性。一般而言，普通股在收益分配和剩余财产分配上位于优先股之后，投资人投资于普通股风险大于优先股。因此，普通股资本成本大于优先股资本成本。按照资本成本实质上是投资必要报酬率的思路，普通股的资本成本就是普通股投资的必要报酬。普通股资本成本估计方法主要有以下几种，各有优缺点，其中资本资产定价模型使用最广泛。

（1）股利贴现模型。理论上，普通股价值可定义为预期未来股利现金流按股东要求的报酬率贴现后的现值。由于普通股没有到期日，故未来股利现金流是无限的。股利贴现模型的基本形式为：

$$P_0 = \sum_{t=1}^{\infty} \frac{D_t}{(1+K_s)^t}$$

其中，P_0 为当前普通股票市场价格；D_t 为预期第 t 年的股利；K_s 为普通股资本成本。运用上述模型测算普通股资本成本，因具体股利政策不同，主要有以下具体形式。

①零成长模型。如果股利固定不变，且持股人永久持股，则有：

$$K_s = \frac{D}{P_0}$$

如果是发行新的普通股，则应将筹资费用 f 考虑进来，则有：

$$K_s = \frac{D}{P_0(1-f)}$$

或：普通股资本成本 $= \dfrac{用资成本}{筹资总额 - 筹资费用} = \dfrac{普通股固定股利}{普通股筹资额 - 普通股筹资费用}$

【例 6-5】长江公司发行普通股 1 000 万股，筹资 8 000 万元，各类发行费用 500 万元，公司执行固定股利政策，每年每股支付股利 0.6 元。求该普通股的资本成本。

解：$Ks = \dfrac{1\,000 \times 0.6}{8\,000 - 500} = 8\%$

②固定增长模型。公司执行固定增长股利的政策，逐年发放的股利按相同的比例增长，此时应依据普通股定价的公式来推导相应的普通股必要报酬率。假设股利以固定的年增长率是 g，且增长率 g 小于投资人要求的报酬率 K_s，则有：

$$K_s = \frac{D_1}{P_0(1-f)} + g$$

【例 6-6】长江空调公司平价发行普通股 400 万股，每股 2 元，筹资费用率 5%，第一年末预计每股发放现金股利 0.16 元，以后每年增长 6%。求该普通股的资本成本。

解：$Ks = \dfrac{400 \times 0.16}{800 \times (1-5\%)} + 6\% = 14.42\%$

③非固定增长模型。此时直接使用股利贴现模型，使得公司未来股利的现值之和等于普通股股价时的贴现率，可采用插值法来计算贴现率 K_s。

（2）资本资产定价模型。普通股的资本成本可以用投资人对发行企业的风险程度与股票投资承担的平均风险水平来评价。根据资本资产定价模型，普通股的资本成本等于无风险收益率加上风险溢价。

$$K_s = R_f + \beta(R_m - R_f)$$

其中，R_f为无风险报酬率；β为股票的 β 系数；R_m为市场平均报酬率。

在这种方法中，K_s由两部分组成：R_f是无风险报酬率，一般采用国债利率，$\beta(R_m - R_f)$是对该种股票投资的风险补偿，其 β 和 R_m是由股票市场的数据统计得出的。

【例6-7】已知某股票的 β 值为1.5，市场平均报酬率6%，无风险报酬率为2%。求该股票的资本成本。

解：$K_s = 6\% + 1.5 \times (6\% - 2\%) = 12\%$

2. 优先股资本成本

优先股的股利支付率固定，本金不需要偿还。优先股的成本包括两部分：筹资费用与预定的股利。优先股同时具有债券和普通股的一些特征，优先股须定期按固定的股利支付率向持股人支付股利，但股利支付须在缴纳企业所得税后进行，不具有所得税的抵减作用。因此可以把优先股视为一种永续年金，利用永续年金现值计算公式计算优先股成本，其计算公式如下：

$$K_p = \frac{D}{P(1 - f_p)}$$

其中，K_p为优先股成本；D 为优先股年股利；P 为优先股筹资额；f_p为优先股筹资费率。

【例6-8】长江空调公司溢价发行优先股，面值是400万元，实际发行价格是450万元，筹资费用率为4%，预定年固定优先股股利支付率为10%。求该优先股的资本成本。

解：$K_p = \dfrac{400 \times 10\%}{450 \times (1 - 4\%)} = 9.26\%$

【例6-9】振华公司发行优先股500万股，筹资4 000万元，各类发行费用共300万元，各年发放优先股息固定为0.5元/股。求该优先股的资本成本。

解：$K_p = \dfrac{500 \times 0.5}{4\ 000 - 300} = 6.76\%$

企业破产时，优先股股东的求偿权位于债权人之后，优先股股东的风险大于债权人的风险，故优先股股利支付率一般高于债权人的利息率。另外，优先股股利从税后净利支付，没有抵税作用。因此，优先股的资本成本通常高于债务的资本成本。

3. 留存收益资本成本

留存收益是企业税后净利形成的，包括盈余公积和未分配利润。其所有权属于普通股股东，可以用于未来股利的发放，也可以将其资本化，作为扩大再生产的资金来源。

因此，留存收益也是一种筹资方式，其实质是普通股股东对企业的追加投资。从表面上看，企业使用留存收益好像不需要付出代价，但实际上，股东愿意将其留用于企业而不作为股利取出投资于他处，至少要求与普通股等价的报酬。因此留存收益的使用也有成本，不过是一种机会成本。

从企业筹资角度看，尽管留存收益来源于各期累积的净利润，而非直接来源于权益筹资，但是间接来源于权益筹资、仍然是权益价值的一部分。与普通股类似，股东对于这一部分权益仍然要求相应的必要报酬率，只不过留存收益的筹集并未产生或只产生很少的直接筹资费用。因此，在计算留存收益的资本成本时，可以参照普通股资本成本的计算方式，但不需要考虑筹资费用。留存收益成本可参照普通股资本成本计算，只是不需要考虑筹资费用。若股利按固定比率 g 递增，则留存收益资本成本 K_r 的计算公式为：

$$K_r = \frac{D_1}{P_0} + g$$

【例 6 - 10】长江空调公司溢价发行普通股，每股面值 10 元，发行价每股 12 元，筹资费率 4%，第一年末预计每股发放现金股利 0.1 元，以后每年增长 2%。同时公司留用利润 50 万元。请计算该留存收益的资本成本。

解：$Kr = \dfrac{10 \times 0.1}{12} + 2\% = 10.33\%$

6.1.7　加权平均资本成本

加权平均资本成本是筹资组合的各组成部分的加权平均成本。一般情况下，企业资本来自不同的筹资渠道、筹资方式，因而要评价企业整体的资本成本，就需要考察各个个别资本的成本及其占比。由于不同资本提供者所承担的风险不同，相应所要求的报酬率也不相同，因而需要依据不同资本权重及其要求的报酬率来计算加权平均资本成本，从而得到全部资本的平均资本成本。

$$加权平均资本成本 = \sum_{i=1}^{n} 个别资本成本_i \times 权重_i$$

其中，i 表示不同的个别资本。

如前所述，企业资本成本具有动态的、全局的特征。因此，在计算加权平均资本成本时，应考虑全部资本的动态变化。第一，若采用账面价值来计算各个个别资本的权重，尽管各个个别资本的账面价值数据容易取得、相对稳定，但可能与各个个别资本的市场价值差距较大，导致加权平均资本成本的计算结果脱离实际，从而对筹资活动或公司估值产生误导。第二，若采用市场价值来计算各个个别资本成本的权重，尽管所计算得到的权重和加权平均资本成本较为符合实际，但是市场价格的波动频率和幅度较大、较不稳定，难以准确选择。因而常常采用一段时间内的价格平均值作为计算市场价值的数据来源。

【例 6 - 11】长江空调公司长期资本总计 1 亿元，资本构成如下：长期借款 1 000 万元、资本成本 5%；长期债券 2 000 万元、资本成本 6%；优先股 2 000 万元、资本成本

8%；普通股 4 000 万元、资本成本 10%；留存收益 1 000 万元、资本成本 9%。计算加权平均资本成本。

解：计算资本构成各项目的权重。长期借款权重 $= \dfrac{1\ 000}{10\ 000} = 0.1$，长期债券权重 $= \dfrac{2\ 000}{10\ 000} = 0.2$，优先股权重 $= \dfrac{2\ 000}{10\ 000} = 0.2$，普通股权重 $= \dfrac{4\ 000}{10\ 000} = 0.4$，留存收益权重 $= \dfrac{1\ 000}{10\ 000} = 0.1$。

再计算加权平均资本成本：

加权平均资本成本 $= 0.1 \times 5\% + 0.2 \times 6\% + 0.2 \times 8\% + 0.4 \times 10\% + 0.1 \times 9\%$
$$= 8.2\%$$

加权平均资本成本是 8.2%，它是每 100 元新增资金使用权的成本；具体是由 0.5 元长期借款成本、1.2 元长期债券成本、1.6 元优先股成本、4 元普通股成本和 0.9 元留存收益成本组成。

6.1.8　边际资本成本

1. 含义

边际资本成本是每追加筹集一个单位的资本所需支付的成本增量。对于个别资本而言，当资本成本不随筹集规模而发生改变时，边际资本成本等于个别资本成本；当资本成本随筹资规模而发生改变时，边际资本成本不等于个别资本成本。对于多个资本来源的资本而言，若维持目标资本结构，当各个资本成本都不随筹资规模而发生改变时，边际资本成本等于加权平均资本成本；当各个资本成本随筹资规模而发生改变时，边际资本成本不等于加权平均资本成本。一般而言，随着筹资规模增大，个别资本成本会随之增加，因而边际资本成本也会随之增加。

2. 计算方式

假定企业维持目标资本结构不变，各类型资本的比例关系固定。个别筹资分界点是个别资本成本发生改变的筹资规模临界点；总筹资分界点是加权平均资本成本发生改变的筹资规模临界点。显然，一般来讲，当个别资本达到筹资规模的分界点时，由于个别资本成本改变会使得加权平均资本成本发生改变，因而也是总筹资分界点。

具体的计算步骤包括：①根据个别筹资分界点上的个别筹资规模，结合此个别资本在总资本中的比重（依据目标资本结构），来反向推算总筹资分界点上的筹资规模。依次类推，就可以找到所有的各个个别资本成本分界点所对应的总筹资分界点；②计算出在此总筹资分界点上追加一单位资本筹资时，依据目标资本结构得到的各个个别资本所需的追加筹资金额；③把各个个别资本所需的追加筹资金额乘以各自对应的个别资本成本，从而得到各个个别资本的成本增量；④把各个个别资本的成本增量相加后就得到总筹资追加一单位资本时的成本增量，即边际资本成本。

【例 6 - 12】长江空调公司的长期资本构成如下：长期借款 400 万元、长期债券 600 万元、普通股 1 000 万元，公司认为这个结构是最优的。由于公司将开拓新的市场、扩大生产规模，拟筹集新的资金。公司决定追加筹资后仍保持原资本结构。即长期借款占 20%，债券占 30%，普通股占 50%。且公司根据资本市场状况及自身条件测算的个别资本成本分界点见表 6 - 1。要求计算长江空调公司的边际资本成本。

表 6 - 1　　　　　　　　　　　　　个别资本筹资分界点

筹资方式	个别资本筹资分界点（万元）	个别资本成本（%）
长期借款	400 以下 400 ~ 800 800 以上	5 6 7
长期债券	600 以下 600 以上	7 8
普通股	1 000 以下 1 000 ~ 2 000 2 000 以上	10 11 12

解：（1）根据公司的个别资本的筹资分界点及目标资本结构，计算各种筹资方式的筹资总额分界点，其测算结果见表 6 - 2。以长期借款为例，筹资额分界点为 400 万元时所对应的总筹资额分界点为 2 000 万元，筹资额分界点为 800 万元时所对应的总筹资额分界点为 4 000 万元。综合来看，总筹资分界点共有 2 000 万元、4 000 万元两个点，因此在 2 000 万元以下、2 000 万 ~ 4 000 万元、4 000 万元以上三个总筹资范围内，资本成本稳定；在三个总筹资范围之间转换时，个别资本成本及加权平均资本成本将发生变化。

表 6 - 2　　　　　　　　　　　　　总筹资分界点

筹资方式	个别资本成本（%）	个别资本筹资分界点（万元）	目标资本结构（%）	总筹资分界点（万元）	总筹资范围（万元）
长期借款	5 6 7	400 以下 400 ~ 800 800 以上	20	400 ÷ 20% = 2 000 800 ÷ 20% = 4 000	2 000 以下 2 000 ~ 4 000 4 000 以上
长期债券	7 8	600 以下 600 以上	30	600 ÷ 30% = 2 000	2 000 以下 2 000 以上
普通股	10 11 12	1 000 以下 1 000 ~ 2 000 2 000 以上	50%	1 000 ÷ 50% = 2 000 2 000 ÷ 50% = 4 000	2 000 以下 2 000 ~ 4 000 4 000 以上

（2）计算边际资本成本。根据表 6 - 2 计算结果，可以得出下列三个筹资范围：2 000 万元以下；2 000 万 ~ 4 000 万元；4 000 万元以上。对这三个筹资范围分别测算其加权平

均资本成本，即可得到各种筹资范围的边际资本成本，见表6-3。

表6-3 边际加权平均资本成本

总筹资范围（万元）	资本种类	目标资本结构（%）	个别资本成本率（%）	边际个别资本成本（%）	边际加权平均资本成本
2 000 以下	长期借款 长期债券 普通股	20 30 50	5 7 10	1.0 2.1 5.0	8.1
2 000 ~ 4 000	长期借款 长期债券 普通股	20 30 50	6 8 11	1.2 2.4 5.5	9.1
4 000 以上	长期借款 长期债券 普通股	20 30 50	7 8 12	1.4 2.4 6.0	9.8

在表6-3中，以追加的总筹资范围在2 000万元以下为例，其中每1元的总筹资额中，长期借款、长期债券和普通股的筹资额分别为0.2元、0.3元和0.5元，乘以各自的个别资本成本5%、7%和10%，得到各自的边际个别资本成本，把各自的边际个别资本成本相加得到边际加权平均资本成本8.1%。

通过以上的计算可以了解在保持目标资本结构前提下各筹资范围组的新增筹资总额的边际资本成本，通过与投资项目的内含报酬率进行比较，可以进行投资与筹资相结合的决策。长江空调公司可以按照表6-3的计算结果进行追加筹资，尽量不要由一段范围突破到另一段范围。第一个筹资范围的边际资本成本是8.1%，第二个筹资范围的边际资本成本是9.1%，第三个筹资范围的边际资本成本是9.8%。

6.2 企业杠杆

所谓杠杆，就是指当存在一些固定量时，一个变量的变动会导致另一个变量更大程度的变动。一般情况下，企业生产运营中总是存在固定成本和固定财务费用，因此就存在杠杆效应。具体可以把企业杠杆分成经营杠杆、财务杠杆和总杠杆。企业的固定成本越大、负债越多，其经营杠杆、财务杠杆和总杠杆就越大，风险也就越大。

6.2.1 经营风险与经营杠杆

1. 成本和利息

（1）固定成本。在一定期间、一定业务规模下不随业务量变动而变动的成本。例如，固定资产折旧支出、各类管理费用支出等，在一定会计期间内保持相对稳定，不会随业务量而改变。但是固定成本会分摊到每一件产品，企业产品数量越大，相应每件产品分摊的固定成本就越少。

（2）变动成本。总的变动成本在短期内会随经营状况的变动而变动，例如，随业务量的变动而变动。变动成本包括生产产品所需支出的直接人工、直接材料等。但是，每一件产品都要耗费相似的变动成本，即单位产品的变动成本是不变的。

（3）利息。若企业不是完全股权融资，有一部分采用债务融资时，就会产生利息支出。利息支出与负债的规模和债务的利率相关。因此，利息与业务经营并不直接相关，而是与资本结构直接相关。

2. 利润

（1）边际利润。边际利润是从销售收入中扣减掉变动成本所得到的差额。假定单件产品的销售价格不变、变动成本不变，那么每增加一件产品所增加的边际利润相同。

$$边际利润 = 产品数量 \times （产品单价 - 变动成本）$$

（2）息税前利润。息税前利润是从销售收入中扣减掉变动成本和固定成本所得到的差额，也等于边际利润扣减掉固定成本所得到的差额。如下面公式所示，当产品数量恰好使得边际利润等于固定成本时，息税前利润为零；大于此产品数量，息税前利润为正，小于则息税前利润为负。

$$息税前利润 = 产品数量 \times （产品单价 - 变动成本） - 固定成本$$
$$= 边际利润 - 固定成本$$

（3）每股收益。当企业存在负债时，税前利润要扣除利息得到税前净利润，进而扣除所得税后得到净利润。净利润再除以普通股股本数即得到每股收益。

$$每股收益 = （边际利润 - 固定成本 - 利息） \times （1 - 所得税税率）/ 普通股股本数$$

3. 经营风险

经营风险是企业生产经营活动的固有风险，即由生产经营活动而产生的未来预期收益的不确定性或可能的波动程度。经营风险是企业投资活动的结果，其大小取决于企业经营活动的性质，与企业的资本结构（是否负债经营、发行优先股等）无关。具体而言，影响企业经营风险的因素主要有以下几种。

（1）产品需求。在其他因素不变的条件下，市场对企业产品的需求越不稳定，企业未来的经营收益就越不稳定，经营风险就越大；反之，市场对企业产品需求越稳定，企业经营风险就越小。

（2）产品销售价格。价格是影响销售收入的重要因素之一，如果产品销售价格变动不大，销售收入越稳定，企业经营风险就越小；反之，如果产品销售价格不稳定，销售收入就不稳定，企业经营风险就相对较大。

（3）产品成本的变化。产品成本是销售收入的抵减。成本不稳定，会导致利润的不稳定，除非企业有能力根据产品成本及时调整销售价格，否则经营风险就大；反之，经营风险就小。

（4）企业的应变和调整能力。企业面临的市场存在较大的不确定性，有些企业可根据市场的变化不断调整企业经营策略和产品结构，以适应市场的需要，保持企业经营收入和利润的稳定性，这些应变能力较强的企业，其经营风险就比较小；反之，有些企业应变市场和调整自身的能力比较差，其经营风险就比较大。

（5）固定成本的比重。在企业的全部成本中，固定成本所占的比重越大，当产销量发生变动时，单位产品分摊的固定成本变动越大，企业未来经营收益变动的可能就越大，经营风险也越大；反之，固定成本所占的比重越小，经营风险就越小。

4. 经营杠杆

在企业生产经营过程中，由于受到生产服务因素、市场供需因素、固定成本比例等影响，企业的产品销量、产品售价、采购成本、人力成本等产生波动，进而造成未来预期收益的波动，形成经营风险的基本来源。这些波动与固定支出和变动支出之间的比例关系有关，或者说与企业经营活动性质对支出结构的要求相关；但是与企业长期支出的资金来源结构无关，或者说与企业筹资活动对长期资本结构的决策无关。

在企业经营当中，由于存在固定成本，经营及市场因素波动程度会造成未来预期收益的更大波动程度。由此，经营风险被经营杠杆所放大。

（1）经营杠杆分析的基本假设。企业只有一种产品；产品单价、单位变动成本、固定成本总额都不变；产品单价大于单位变动成本；有统一的企业所得税税率。

产品价格用 p 表示；产品数量用 Q 表示；销售收入用 S 表示；固定成本总额用 F 表示；单位产品变动成本用 v 表示；总变动成本用 V 表示；普通股每股收益用 EPS 表示；普通股数量用 N 表示；优先股股息用 D_p 表示；企业所得税税率用 T 表示；债务利息用 I 表示；息税前利润用 $EBIT$ 表示；经营杠杆系数用 DOL 表示。

（2）经营杠杆系数推导过程。企业的产品单价、单位产品的变动成本、固定成本总额是固定量，进一步分析产品销量变动对经营成果——息税前利润变动的影响。此时，经营杠杆就是息税前利润变动程度与产品销量变动程度的比值。其中，$\Delta EBIT$ 表示息税前利润变动值，ΔQ 表示销量变动值。

$$经营杠杆系数 = \frac{息税前利润变动率}{销量变动率} = \frac{息税前利润变动率}{销售收入变动率}$$

$$DOL = \frac{\Delta EBIT/EBIT}{\Delta Q/Q} = \frac{\Delta EBIT/EBIT}{\Delta(pQ)/(pQ)} = \frac{\Delta EBIT/EBIT}{\Delta S/S}$$

为了便于计算和应用，假定企业的成本—销售量—利润保持线性关系，变动成本在销售收入中所占的比例不变，固定成本也保持稳定，经营杠杆系数便可通过销售量和成本来表示。

$$\Delta EBIT = \Delta(Q(p-v)-F) = (p-v)\Delta Q - \Delta F = (p-v)\Delta Q$$

$$\Delta EBIT = \Delta(S-V-F) = \Delta(S-V)$$

$$DOL_Q = \frac{\Delta EBIT/EBIT}{\Delta Q/Q} = \frac{(p-v)\Delta Q/[Q(p-v)-F]}{\Delta Q/Q} = \frac{(p-v)Q}{(p-v)Q-F}$$

$$DOL_S = \frac{\Delta EBIT/EBIT}{\Delta S/S} = \frac{\Delta EBIT/EBIT}{\Delta Q/Q} = \frac{(p-v)Q}{(p-v)Q - F} = \frac{S - V}{S - V - F}$$

当 $S - V - F > 0$，$DOL > 1$；当 $S - V - F$ 趋近于 0 时，DOL 趋向无穷大；当 $S - V - F <$ 0 时，$DOL < 0$。由此可见，在销量高于盈亏平衡点的正常情况下，由于存在固定成本，经营杠杆系数大于 1，这意味着息税前利润变动率要大于销量变动率，即产生了经营杠杆作用。

进一步分析可知，当价格较高、单位产品变动成本更低、销量更大、固定成本更低时，杠杆将减小、放大作用将减弱；反之，杠杆将增大、放大作用将增强，但是一旦销量低于盈亏平衡点则经营风险就会凸显。而且，经营杠杆系数将随着固定成本的变化呈同方向的变化，即在其他因素不变的条件下，固定成本越高，经营杠杆系数越大，企业的经营风险也就越大。如果固定成本为 0，经营杠杆系数将等于 1；而如果固定成本大于 0，则经营杠杆系数也将大于 1。

【例 6 – 13】长江空调公司生产一种产品，固定成本为 1 000 万元，变动成本率 50%，在三种市场状况下预期的销售额分别为 5 000 万元、3 000 万元、2 000 万元，经营杠杆系数的计算结果如表 6 – 4 所示。

表 6 – 4　　　　　　　　　　经营杠杆系数计算

项目	市场状况 1	市场状况 2	市场状况 3
销售额①	5 000 万元	3 000 万元	2 000 万元
变动成本率②	50%	50%	50%
变动成本额③ = ①×②	2 500 万元	1 500 万元	1 000 万元
边际贡献④ = ① – ③	2 500 万元	1 500 万元	1 000 万元
固定成本⑤	1 000 万元	1 000 万元	1 000 万元
息税前利润⑥ = ④ – ⑤	1 500 万元	500 万元	0
经营杠杆系数 DOL⑦ = ④/⑥	1.67	3.00	∞

在表 6 – 4 中，分别计算出各类市场状况下的边际贡献和息税前利润，再把两者相除后得到经营杠杆系数。可以看出，销售额越高，相应的经营杠杆系数越小、经营风险越小。反之，当销售额降低到 2 000 万元时，边际贡献等于固定成本，此时到达盈亏平衡点，经营杠杆系数是无穷，即经营风险极大。

所以，在固定成本不变的情况下，销售规模越大，经营杠杆系数越小，经营风险也就越小；反之，销售规模越小，经营杠杆系数越大，经营风险也就越大。

6.2.2　财务风险与财务杠杆

1. 财务风险

财务风险，也称融资风险，是指与企业筹资相关的风险，尤其是指企业利用债务资本而导致所有者收益发生大幅变动，甚至可能导致企业破产的风险，它是企业举债后而由所有者（一般指普通股股东）承担的附加风险。影响企业财务风险的因素很多，其中比较重要的有以下几种。

（1）资本供求关系。在其他因素不变的条件下，金融市场上资本供给越充裕，企业举借能力越强，财务风险就越小；反之，金融市场上资本供给越紧张，企业举借能力越弱，财务风险就越大。

（2）市场利率水平。筹资时市场利率越高，企业负担的利息费用越多，财务风险就越大；反之，筹资时市场利率越低，企业负担的利息费用则越少，财务风险也就越小。

（3）企业获利能力。由于企业能否按期还本付息，归根到底是要看企业的获利情况。因此，企业获利能力强时，企业偿债能力肯定也强，财务风险就小；反之，企业获利能力下降时，偿债能力也会随之下降，故而企业财务风险就会相对增大。

（4）资本结构。资本结构的变化对财务风险的影响最为直接，在其他因素不变的条件下，负债比例越高，企业财务风险越大；反之，负债比例越低，企业财务风险也就越小。

2. 财务杠杆

财务风险是企业债务筹资活动中，由于负债比率及利息率的影响，导致所有者收益变动随经营成果变动被放大，甚至出现经营困难无法支付债务利息、导致企业破产的风险。财务风险的大小不仅与资本中的债务比重、债务利率相关，还与企业盈利能力、筹资能力、市场资本供给等因素相关。一般来说，企业在经营过程中总会发生借入资金进行负债经营，不论利润多少，债务利息是固定不变的。于是，当息税前利润增大或减少时，每单位息税前利润所负担的债务利息就会相应的减少或增大，从而给企业所有者带来额外的收益或损失。这种债务对所有者收益的影响就是财务杠杆。财务杠杆效应产生的原因是当息税前利润增长时，债务利息不变，优先股股利不变，这就导致普通股每股收益比息税前利润增加得更快。财务风险的大小及其给企业带来杠杆利益的程度即财务杠杆程度。

（1）财务杠杆分析的基本假设。第一，当企业资本结构稳定、债务比率及利息率不变时，企业所负担的债务利息是固定的。第二，息税前利润、每股收益是变动的。利息用 I 表示；息税前利润用 $EBIT$ 表示；$\Delta EBIT$ 表示息税前利润变动值；每股收益用 EPS 表示；ΔEPS 表示每股收益变动值；所得税用 T 表示；普通股数量用 N 表示；财务杠杆用 DFL 表示。

（2）财务杠杆系数推导过程。企业的普通股数、所得税税率、债务利息是固定量，进一步分析息税前利润变动对股东收益——每股收益变动的影响。此时，财务杠杆就是每股收益变动程度与息税前利润变动程度的比值。即：

$$财务杠杆系数 = \frac{每股收益变动率}{息税前利润变动率}$$

$$DFL = \frac{\Delta EPS / EPS}{\Delta EBIT / EBIT}$$

假设企业没有优先股：

$$EPS = (EBIT - I) \times (1 - T)/N$$

$$\Delta EPS = \Delta EBIT \times (1 - T)/N$$

$$DFL = \frac{\Delta EBIT \times (1 - T)/N}{(EBIT - I) \times (1 - T)/N} \div \frac{\Delta EBIT}{EBIT} = \frac{EBIT}{EBIT - I}$$

假设企业有优先股：

$$EPS = [(EBIT - I) \times (1 - T) - D_p]/N$$

$$\Delta EPS = \Delta EBIT \times (1 - T)/N$$

$$DFL = \frac{\Delta EBIT \times (1 - T)/N}{[(EBIT - I) \times (1 - T) - D_p]/N} \div \frac{\Delta EBIT}{EBIT} = \frac{EBIT}{EBIT - I - D_p/(1 - T)}$$

当 $EBIT - I > 0$，$DFL > 1$；当 $EBIT - I$ 趋近于 0 时，DFL 趋向无穷大；当 $EBIT - I < 0$，$DFL < 0$。由此可见，在息税前利润高于债务利息的正常情况下，由于存在债务利息，财务杠杆大于 1，这意味着每股收益变动率要大于息税前利润变动率，即产生了财务杠杆作用。

进一步分析可知，当经营成果较好、债务比例较低、利息率较低时，财务杠杆将减小、放大作用将减弱；反之，财务杠杆将增大、放大作用将增强，但是当息税前利润低于债务利息时财务风险就会凸显。反之，要发挥财务杠杆的正效应，需要满足总资产息税前收益率（息税前利润除以总资产）大于利率，即负债增加时，净资产收益率要随之增长。

【例 6 - 14】A、B、C 三家公司不仅业务相同，而且息税前利润都是 1 000 万元，息税前利润的增长率都是 100%，即息税前利润（增长后）都是 2 000 万元，资本总额都是 4 000 万元，但是资本结构不相同，A 公司资产负债率是 75%，B 公司资产负债率是 50%，C 公司没有债务，资产负债率是 0。计算过程见表 6 - 5。

表 6 - 5　　　　　　　　　　　　每股收益计算

项目	A 公司	B 公司	C 公司
普通股数（面值 5 元）（1）	2 000 000	4 000 000	8 000 000
普通股（2）＝（1）×5（元）	10 000 000	20 000 000	40 000 000
债务（利率 10%）（3）（元）	30 000 000	20 000 000	0
资本总额（4）＝（2）＋（3）（元）	40 000 000	40 000 000	40 000 000
息税前利润（增长前）（5）（元）	10 000 000	10 000 000	10 000 000
债务利息（6）＝（3）×10%（元）	3 000 000	2 000 000	0
税前利润（7）＝（5）－（6）（元）	7 000 000	8 000 000	10 000 000
所得税（税率 20%）（8）＝（7）×20%（元）	1 400 000	1 600 000	2 000 000
税后净利润（9）＝（7）－（8）（元）	5 600 000	6 400 000	8 000 000
财务杠杆 DFL（10）＝（5）÷（7）	1.43	1.25	1
普通股每股收益（11）＝（9）÷（1）	2.8	1.6	1

项目	A 公司	B 公司	C 公司
息税前利润增量（12）（元）	10 000 000	10 000 000	10 000 000
息税前利润（增长后）（13）=（5）+（12）（元）	20 000 000	20 000 000	20 000 000
债务利息（14）=（6）（元）	3 000 000	2 000 000	0
税前利润（15）=（13）-（14）（元）	17 000 000	18 000 000	20 000 000
所得税（税率20%）（16）=（15）×20%（元）	3 400 000	3 600 000	4 000 000
税后利润（17）=（15）-（16）（元）	13 600 000	14 400 000	16 000 000
普通股每股收益（增长后）[①]（18）=（17）÷（1）	6.8	3.6	2
普通股每股收益（增长后）[②]（19）=（10）× 1 ×（11）+（11）	6.8	3.6	2

注：普通股每股收益（增长后）[①②]利用 $\Delta EPS = DFL \times (\frac{\Delta EBIT}{EBIT}) \times EPS$ 计算得到普通股每股收益增量，再加上已有的普通股每股收益，得到增长后的普通股每股收益。

从表 6-5 的计算结果可以得出以下结论。

（1）财务杠杆是 1 单位息税前利润变动率所引起的普通股每股收益变动率。当债务利息越高时，财务杠杆系数也越高，相应的普通股每股收益跟随息税前利润变动而变动的幅度越大。因此，当息税前利润变动时，普通股每股收益既可以通过计算税后利润再除以普通股数得到；也可以利用财务杠杆系数计算普通股每股收益的增量，再与原来的普通股每股收益相加，从而得到新的普通股每股收益。如表 6-5 中，A 公司的息税前利润增长 1 倍时，其普通股每股收益也增长 1.43 倍；乙公司的息税前利润增长 1 倍时，其普通股每股收益将增长 1.25 倍；而丙公司的息税前利润增长 1 倍时，其普通股每股收益将增长 1 倍。

（2）在资本总额、息税前利润相同的情况下，负债比率越高，财务杠杆系数越高，财务风险越大，但预期普通股每股收益也越高。比如，A 公司资产负债率是 75%，B 公司资产负债率是 50%，C 公司没有债务，A 公司资产负债率最高；对应的 A 公司财务杠杆系数也最高，财务风险最大，但普通股每股收益也最高。

（3）利用财务杠杆放大作用的前提是息税前利润的增加，否则当息税前利润下降时，普通股每股收益将在杠杆作用下快速减小；特别是当息税前利润下降到低于债务利息时，不仅起不到对普通股每股收益的放大作用，而且增加债务违约发生的可能性。可见，财务杠杆是把"双刃剑"。在息税前利润较高的情况下，财务杠杆的运用将会增加股东的财富；反之，在息税前利润较低的情况下，过高的财务杠杆也会侵蚀股东的财富。有人喜欢财务杠杆，是因为它具有一本万利的魔力；而有人厌恶财务杠杆，则是因为它会把企业推向破产的深渊。

但不管怎样，资产负债率是可以通过一些方法进行控制的。企业一般可以通过合理安排资本结构、适度负债，使财务杠杆利益抵消风险增大所带来的不利影响。同时，企业也可以通过增加销售额、降低产品单位变动成本、降低固定成本比重等进而提高息税前利润的方法以增加企业的财务风险承担能力，降低风险。

6.2.3　总风险与总杠杆

1. 总风险

企业总风险等于经营风险加上财务风险。经营风险与财务风险是相互独立的两个部分，这就是说，即使企业不存在财务杠杆，仍然要面临经营风险。总风险是经营风险与财务风险联合作用的结果。

对于使用财务杠杆的企业来说，财务杠杆放大了经营杠杆对每股收益变动性的影响。因此，对于经营比较稳定的企业，管理者可以考虑使用较大的财务杠杆，即承担一定的财务风险，从而使所有者收益有更大幅度的提高。

而对于本身经营风险就比较大的企业来说，采用很高的财务杠杆（即面临很大的财务风险）则是不明智的。因此，企业在经营中，必须注意防范和控制企业的经营风险，否则过高的经营风险必然会进一步增加企业的财务风险，使企业陷入危机。

2. 总杠杆

一般情况下，企业生产经营既存在固定资产折旧、各类期间费用等稳定的长期支出、又在筹资活动中引入债务资本并产生相应的利息支出，因此固定成本和利息支出将同时存在，从而同时形成经营杠杆和财务杠杆。两类杠杆叠加后所发挥的共同作用被称为总杠杆效应。如前分析可知，销量变动的程度通过经营杠杆影响息税前利润变动的程度，息税前利润变动的程度通过财务杠杆影响每股收益变动的程度，因此两类杠杆叠加将对销量变动的程度影响每股收益变动的程度起到放大作用。总杠杆用 DTL 表示。

$$总杠杆系数 = 经营杠杆 \times 财务杠杆 = \frac{息税前利润变动率}{销量变动率} \times \frac{每股收益变动率}{息税前利润变动率}$$

$$= \frac{每股收益变动率}{销量变动率}$$

$$DTL = DOL \times DFL = \frac{\Delta EBIT/EBIT}{\Delta Q/Q} \times \frac{\Delta EPS/EPS}{\Delta EBIT/EBIT} = \frac{\Delta EPS/EPS}{\Delta Q/Q}$$

假设企业没有优先股：

$$DTL = DOL \times DFL = \frac{S-V}{S-V-F} \times \frac{S-V-F}{S-V-F-I} = \frac{S-V}{S-V-F-I}$$

假设企业有优先股：

$$DTL = DOL \times DFL = \frac{S-V}{S-V-F} \times \frac{S-V-F}{S-V-F-I-D_p/(1-T)}$$

$$= \frac{S-V}{S-V-F-I-D_p/(1-T)}$$

当 $S-V-F-I>0$，$DTL>1$；当 $S-V-F-I$ 趋近于 0 时，DTL 趋向无穷大；当 $S-V-$

$F - I < 0$，$DFL < 0$。由此可见，在边际利润高于固定成本与债务利息之和的正常情况下，由于存在固定成本与债务利息，总杠杆大于1，这意味着每股收益变动率要大于销量变动率，即产生了经营与财务的总杠杆作用。进一步分析可知，当销售收入越高、总变动成本越低、固定成本越低、债务比例越低、债务利息率越低时，总杠杆将减小、放大作用将减弱；反之，总杠杆将增大、放大作用将增强，但是一旦边际利润低于固定成本与债务利息之和时，企业风险就会凸显。

【例6-15】 长江空调公司预计明年的销售收入可能是2 000万元、1 500万元或1 000万元；公司的变动成本率是40%，固定成本是300万元，债务规模是2 000万元、债务利率是10%，股本是100万股，每股1元；需要计算各市场状况下的经营杠杆、财务杠杆和总杠杆。计算结果见表6-6。

表6-6 长江空调公司杠杆计算明细

项目	市场状况1	市场状况2	市场状况3
销售收入（1）（万元）	2 000	1 500	1 000
变动成本（2）=（1）×40%（万元）	800	600	400
边际贡献（3）=（1）-（2）（万元）	1 200	900	600
固定成本（4）（万元）	300	300	300
息税前利润（5）=（3）-（4）（万元）	900	600	300
经营杠杆（6）=（3）÷（5）	1.33	1.5	2
债务（利率10%）（7）（万元）	2 000	2 000	2 000
利息（8）=（7）×10%（万元）	200	200	200
税前利润（9）=（5）-（8）（万元）	700	400	100
财务杠杆（10）=（5）÷（9）	1.29	1.50	3
所得税（20%）（11）=（9）×20%（万元）	140	80	20
税后利润（12）=（9）-（11）（万元）	560	320	80
普通股数量（13）（万股）	100	100	100
普通股每股收益（14）=（12）÷（13）	5.6	3.2	0.8
总杠杆（15）=（3）÷（9）	1.71	2.25	6

从表6-6可知，总杠杆系数既揭示了经营杠杆系数与财务杠杆系数的关系，又可以用来估计销售变动对普通股每股收益的影响程度，并借以衡量企业风险的大小。本例中，长江空调公司的总杠杆系数随着销售收入的降低而逐渐增大，当销售收入降低到1 000万元时，总杠杆系数达到最大值是6。这表明：当销售额增长1倍时，普通股每股收益将增长6倍；反之，当销售额降低1倍时，普通股每股收益将降低6倍。

总杠杆效应可以分两步将产销量的变动反映为普通股每股收益的变动，如图6-1所示。第一步，经营杠杆放大了销售变动对息税前利润的影响；第二步，财务杠杆将前一步导致的息税前利润变动对每股收益变动的影响进一步扩大。显然，总杠杆效应大于经营杠杆和财务杠杆的单独效应。而这两种杠杆又可以有多种不同的组合。因此，公司为了达到某一总杠杆系数，可以通过经营杠杆和财务杠杆的有效组合，以达到一个理想的风险水平。

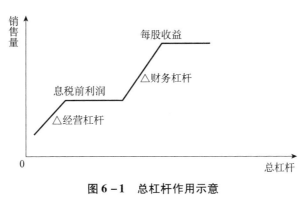

图 6 - 1 总杠杆作用示意

6.3 资本结构理论

资本结构是企业各类长期资金之间的比例关系。短期资金的比例结构、需求数量和筹集时机会随经营状况快速波动，而长期资金的比例结构、需求数量和筹集时机则相对较为稳定。短期资金的管理属于营运资金管理的范畴，长期资金的管理属于资本结构管理的范畴。

企业资本筹集的渠道和方式多样，各种渠道和方式所筹集的资金在用资时长、资金规模、用资成本、筹集费用、支付方式、节税作用等方面也不相同。企业如何依据筹资能力和用资需要，合理选择不同渠道和方式，达成各种来源资本的最优结构，对于企业降低筹资成本、提高用资收益、控制筹资风险、实现财务目标，具有十分重要的现实意义。对于资本结构的筹集决策，随财务目标的不同而不同，随评价因素的不同也不相同。

资本结构理论是研究如何优化资本结构、实现企业财务目标的理论，是财务管理理论的主要组成部分之一，从 20 世纪 50 年代以来经历了四个主要发展阶段，分别是古典资本结构理论阶段、现代资本结构理论阶段、新资本结构理论阶段、后资本结构理论阶段。在理论发展过程中，不断有新的经济学研究成果被运用到资本结构理论，不断有新的因素被纳入资本结构理论模型，资本结构理论模型由此得以不断发展完善。

6.3.1 古典资本结构理论阶段

1952 年，美国经济学家大卫·杜兰德（David Durand）在《企业债务和权益资金成本：趋势和计量问题》中提出了三种资本结构理论，分别是净收益理论（net income theory)、净营业收益理论（net operating income theory）、传统理论（traditional theory）。三种资本结构理论把企业资本类型简化为权益和负债两类，依据债务筹资增长时对权益资本成本和债务资本成本影响的不同假设，来分析筹资结构对投资价值的影响，分别得出三种不同的理论结论。

1. 净收益理论

净收益理论假定权益资本成本和负债资本成本一直固定不变、权益资本成本大于负债资本成本，由此判断全部为债务的资本结构能最小化加权平均资本成本，进而实现企业价值最大化目标的理论。其中，公司价值可由债务价值与股票价值相加得到。

依据上述假设，随着总资本中债务比例的增加，加权平均资本成本将线性下降，直到全部资本都是负债资本时，加权平均资本成本变得最小，如图 6-2 所示。此时，企业未来现金流量在使用最小的加权平均资本成本折现后，得到最大的企业价值。净收益理论表明加大利用成本较低的债务资本有助于降低加权平均资本成本、进而增加企业价值的原理。

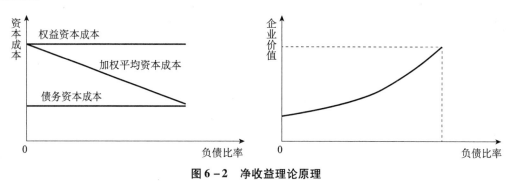

图 6-2 净收益理论原理

然而，一味增加债务资本、甚至达到 100% 债务资本并不符合现实状况。因为，随着债务资本的增多，企业偿付债务本息的压力加大、出现债务违约的风险增多，从而增加潜在投资者或者债权人所承担的资金风险，相应投资者所要求的权益必要报酬率和债权人所要求的债务利息率将随之增加。

2. 净营业收益理论

净营业收益理论假定在债务比重增加时，负债资本成本率一直固定不变、权益资本成本率随负债风险增加而增加且大于负债资本成本率，但是加权平均资本成本率维持不变。由此判断资本结构与企业价值无关的理论。其中，企业价值可由净营业收益除以加权平均资本成本率得到。

依据上述假设，随着总资本中债务比例的增加，由于债务资本成本低于权益资本成本，因而有使加权平均资本成本下降的作用；但是，由于权益投资者会随着债务风险的提高而要求更高的报酬率，从而有使得加权平均资本成本率上升的作用。两种方向相反的作用恰好相当，使得加权平均资本成本维持不变，如图 6-3 所示。以净营业收益除以加权平均资本成本后就得到不变的投资价值。

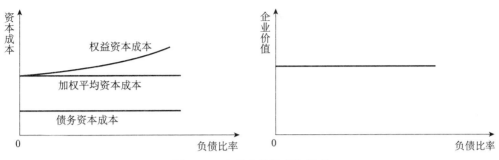

图 6 - 3　净营业收益理论原理

净营业收益理论考虑了企业负债增加时债务风险对投资者所要求报酬率的影响，但是其结论暗示并不存在最优的资本结构，因为加权平均资本成本始终维持不变。可见，净营业收益理论为讨论方便而对条件作了定义性的设定，在现实当中缺乏参照意义。

3. 传统理论

传统理论（也称折中理论）对前述净收益理论和净营业收益理论进行了调和，一方面假定债券里的总风险不变，另一方面假定如果能公正地资本化债券和股票，市场愿意为这个总风险支付多一些，即随着债务比例及相应风险增加，给予债权人更高的回报率或者给予公正的回报率。因此，债务比例提高时，权益资本成本和债务资本成本都会随之提高。

依据上述假设，随着总资本中债务比例的增加，不仅债务资本成本增加（但是前期增长缓慢），而且权益资本成本也会增加，从而产生向上推动加权平均资本成本的作用，如图 6 - 4 所示。首先，由于两者都不高且增速较慢，两者增加不足以抵消较低债务资本成本比例增加所带来的减少加权平均资本成本的作用，因此加权平均资本成本仍然持续下降；其次，随着权益资本成本率和债务资本成本率随债务比例增速加快，在一点上两者增加对加权平均资本成本的推高作用与债务资本成本比例增加对加权平均资本成本的降低作用相当，此时加权平均资本成本达到最低；最后，两个作用的大小关系反转，加权平均资本成本率持续上升。总体来看，加权平均资本成本率呈现一个"U"型。相应地，投资价值经历了先升后降的过程，呈现一个倒"U"型。

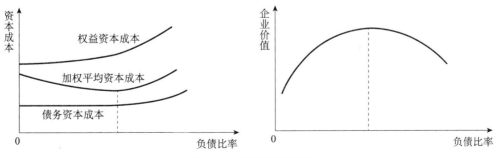

图 6 - 4　传统理论原理

传统理论认为，存在一个最优的负债比例使得加权平均资本成本最小、投资价值最大。因此适当的负债是有利的，但是负债过高则是不利的。

6.3.2 现代资本结构理论阶段

1. 无公司所得税下的 MM 定理

1958 年，莫迪利亚尼（Modigliani）和米勒（Miller）共同提出了著名的 MM 定理，认为在严格假设下企业价值与资本结构无关。其基本思想是，对于股票可以相互替代的、经营风险相同的同类企业，即使资本结构不同，但是由于存在市场套利行为，公司总价值都相等。

MM 定理的主要研究假设包括：①没有公司所得税和个人所得税；②证券交易没有成本；③破产没有成本；④公司经营风险决定公司风险等级，公司经营风险由息税前利润标准差来衡量；⑤投资者们对公司未来盈利和风险的预期一致；⑥仅有股票和债券两种融资工具；⑦所有债券都没有风险，所有债务利率相同；⑧公司年平均盈利额报酬不变，是零成长型公司；⑨公司的股利政策与公司价值无关，公司发行新债不影响已有债务市场价值。

在以上研究假设下，MM 定理得出如下两个主要命题。

命题 1：不论公司是否有债务资本，只要公司风险等级相同，公司总价值相等，为预期的息税前利润按相应风险等级的资本成本贴现的价值。即：

$$\text{无负债公司价值} = \text{有负债公司价值} = \frac{\text{预期息税前利润}}{\text{综合资本成本}} = \frac{\text{预期息税前利润}}{\text{无负债公司权益资本成本}}$$

命题 1 包含三个基本含义：第一，公司价值不受资本结构影响。第二，相同风险等级下，有负债公司的综合资本成本等于无负债公司的权益资本成本。第三，资本结构和公司综合资本成本无关，公司风险等级决定公司综合资本成本。

命题 2：有负债公司的权益资本成本等于无负债公司的权益资本成本加上风险溢价，风险溢价由债务比和无负债公司权益资本成本与债务资本成本之差来决定。数学公式表示如下。

$$\text{负债公司权益资本成本} = \text{无负债公司权益资本成本} + \text{风险溢价}$$

$$\text{风险溢价} = (\text{无负债公司权益资本成本} - \text{债务资本成本}) \times \frac{\text{负债公司债务价值}}{\text{负债公司权益价值}}$$

命题 2 包含两个基本含义：第一，有负债公司的权益资本成本随负债比例的提高而增加；风险溢价是财务风险的补偿。第二，随着负债的增加，便宜的债务资本所带来的好处恰好被权益资本成本上升所抵消，公司的价值不会随负债的增加而变化。

上述命题的简要论证过程：假定同一类公司的期望回报相同。对任一家 k 类公司 j，ρ_k 是每单位价格所要求的期望回报，$\overline{X_j}$ 为预期资产回报，D_j 为公司债务市价，S_j 为公司股票价值，V_j 为公司所有证券价值。由此可得 $V_j \equiv (S_j + D_j) = \overline{X_j}/\rho_k$，因此 $\overline{X_j}/(S_j + D_j) =$

$\overline{X_j}/V_j = \rho_k$ 为资本成本。

假定有两家公司的资产期望回报都是 X，公司 1 全部资本是普通股，公司 2 资本由普通股和债务组成。若命题 1 不成立，则有以下两种情况。

（1）当 $V_2 > V_1$。一个投资者有公司 2 的 s_2 价值股票，$s_2 = \alpha S_2$，α 为持股比例。Y_2 表示投资组合回报，$Y_2 = \alpha(X - rD_2)$。如果此投资者卖掉其持有的公司 2 的 αS_2 价值股票、借入债务 αD_2，买入公司 1 的价值 $s_1 = \alpha(S_2 + D_2)$ 股票（即购入此公司资产的价值），$s_1/S_1 = \alpha(S_2 + D_2)/S_1$ 比例的公司 1 股份。扣除支付个人债务利息 $r\alpha D_2$，回报 $Y_1 = \dfrac{\alpha(S_2 + D_2)}{S_1}X - r\alpha D_2 = \dfrac{\alpha V_2}{V_1}X - r\alpha D_2$。由于 $V_2 > V_1$，则 $Y_1 > Y_2$，投资者们会抛售公司 2 股票买入公司 1 股票，一方面压低 S_2，进而压低 V_2，另一方面抬升 S_1，进而抬升 V_1，直到 $V_2 = V_1$ 时，$Y_1 = Y_2$。

（2）当 $V_2 < V_1$。一个投资者最开始持有公司 1 的 s_1 价值股份，$s_1 = \alpha S_1$，回报 $Y_1 = \dfrac{s_1}{S_1}X = \alpha X$，此投资者把资产组合换成同样 s_1 价值的公司 2 的 s_2 价值股票和 d 价值债券。$s_2 = \dfrac{S_2}{V_2}s_1$，$d = \dfrac{D_2}{V_2}s_1$。

换掉资产后的回报有公司 2 股东总回报的 s_2/S_2 比例部分 $s_2/S_2 \times (X - rD_2)$ 和债券回报 rd。$Y_2 = \dfrac{s_2}{S_2}(X - rD_2) + rd = \dfrac{s_1}{V_2}(X - rD_2) + r\dfrac{D_2}{V_2}s_1 = \dfrac{s_1}{V_2}X = \alpha\dfrac{S_1}{V_2}X = \alpha\dfrac{V_1}{V_2}X$，$S_1 = V_1$。由于 $V_2 < V_1$，$Y_2 > Y_1$，公司 1 股票持有者卖掉股票换成公司 2 的资产组合 $(S_j/V_j, D_j/V_j)$，这样 V_2 上升、V_1 下降，直到 $V_2 = V_1$ 时，$Y_1 = Y_2$。

综上可知，套利行为均衡时 $V_2 = V_1$，即命题 1 成立，资本成本 $\overline{X_j}/V_j$ 不会因为杠杆而有不同（同一类企业 $\overline{X_j}/V_j = \rho_k$ 固定）。

2. 有公司所得税下的 MM 定理

1963 年，莫迪利亚尼和米勒修改了 MM 理论的一个基本假设，即有公司所得税，进而对有公司所得税下公司价值与资本结构关系提出了修正的结论，指出利息的节税作用使得公司价值随着负债比例增加而提高。

在修改后的研究假设下，MM 定理得出如下两个主要命题。

命题 1：在公司风险等级相同下，有负债公司的价值等于无负债公司的价值加上负债的节税价值。用数学公式表示如下：

有负债公司价值 = 无负债公司价值 + 负债的节税价值

负债的节税价值 = 公司所得税税率 × 债务价值

命题 1 意味着债务比例越高，所获得的利息节税作用也越高，相应公司的价值也越高，当债务资本占据几乎全部资本时公司价值最大。之所以得出如上结论，是因为有债务公司的权益资本成本加上风险溢价，而风险溢价由债务权益比和公司所得税的税率所决定。

命题2：有负债公司的权益资本成本等于无负债公司的权益资本成本加上风险溢价，风险溢价由公司债务权益比和公司所得税的税率决定。用数学公式表示如下：

$$负债公司权益资本成本 = 无负债公司权益资本成本 + 风险溢价$$

$$风险溢价 = \left(\begin{matrix} 无负债 \\ 公司权益资本成本 \end{matrix} - \begin{matrix} 债务资本 \\ 成本 \end{matrix} \right)(1 - 所得税税率) \times \frac{负债公司债务价值}{负债公司权益价值}$$

命题2意味着债务权益比越高，负债企业权益资本成本也越高，但是权益资本成本的增长速度会因为债务的节税效应而减慢。

第一，对于有负债企业，由于权益资本成本随债务的增加而上升，使得公司总价值不会因债务增加而上升。第二，随着负债的增加，便宜的负债所带来的好处恰好被股权资本成本上升所抵消，导致有负债公司的综合资本成本等于无负债企业的权益资本成本，因此公司的总价值不会随负债的增加而变化。

3. 米勒模型

1977年，米勒教授进一步把个人所得税因素纳入MM理论模型中来分析资本结构与企业价值之间的关系。他指出，在原有假设下若进一步考虑个人所得税，无负债企业的价值公式如下：

$$无负债企业价值 = \frac{息税前利润 \times (1 - 公司所得税) \times (1 - 股利得票个人所得税)}{无负债企业权益资本成本}$$

负债企业的价值公式如下：

$$\begin{matrix} 负债企业 \\ 价值 \end{matrix} = \begin{matrix} 无负债 \\ 企业价值 \end{matrix} + 债务 \times \left[1 - \frac{\left(1 - \begin{matrix} 公司 \\ 所得税 \end{matrix} \right) \times \left(1 - \begin{matrix} 股票利得 \\ 个人所得税 \end{matrix} \right)}{1 - 债务利息个人所得税} \right]$$

从米勒模型可知，若个人所得税为零，结果与有公司所得税下的MM定理一致；若公司所得税和个人所得税都为零，结果与无公司所得税下的MM定理一致。

MM理论对于理解资本结构与企业价值之间关系具有重要的理论意义，成功的数学模型、严密的论证过程具有较强的规范性。但是，由于过于严格的假设条件，理论结论与企业实践并不符合，例如，MM有税理论和米勒模型均得出企业应负债100%的结论。

4. 权衡理论

巴克斯特（Baxter）在1967年提出，企业融资成本曲线先上扬、后下降，过多负债不仅导致资本成本增加、也会导致破产成本增加从而抵消掉税盾的益处。罗比切克（Robicheck）、迈尔斯（Myers）、斯科特（Scott）先后提出并逐步完善了权衡理论，指出负债增加企业破产的风险，应平衡对待税盾收益和破产成本，找到两者边际值相等的平衡点。权衡理论进一步把MM理论当中被忽视的高负债下的破产成本或损失考虑进来，更符合企业实际。

权衡理论的基本思想如下。负债企业的价值受三个方面影响：第一是无负债企业的价值；第二是负债利息的节税价值；第三是破产成本。如下式所示：

负债企业价值 = 无负债企业价值 + 负债节税利益的价值 – 破产成本

随着债务增长，节税价值也在线性增长，在一定负债比例下，破产成本可以忽略；当达到一定负债比例后，破产成本开始增长，但还不能全部抵消节税价值的增长，因此负债企业价值增速会减缓；当达到一定的更高负债比例后，破产成本增长速度快于节税价值的增长，因此负债企业价值将开始下降，如图 6 – 5 所示。因此，负债企业价值将呈现倒"U"型结构。

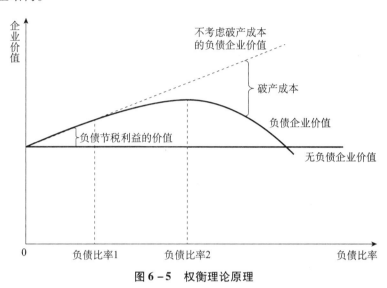

图 6 – 5　权衡理论原理

5. 优序融资理论

自 20 世纪 50 年代以来，在解释企业融资决策行为的动机及其所秉承的理论基础时，主要存在着两大理论：一是权衡理论；二是优序融资理论。

优序融资理论又称为啄序理论，是迈尔斯（Myers）和梅勒夫（Majluf）在 1984 年根据信号传递的原理推出。优序融资理论放宽 MM 理论完全信息的假定，假设条件是除信息不对称外市场是完全的；即以不对称信息理论为基础，并考虑交易成本的存在；研究结论认为，留存收益提供的内部资金不必承担发行成本，也避免了个人所得税，因此内部资金要优于外部资金；权益融资会传递企业经营的负面信息，而且外部融资要多支付各种成本；与权益融资相比，负债融资由于具有节税效应，成本低，又不会稀释企业的控制权，所以对外融资来说负债融资又优于权益融资。因而企业融资一般会遵循内源融资、债务融资、权益融资这样的先后顺序。

优序融资理论的主要结论如下。

（1）企业偏好于内部融资（假设信息不对称只是在内部融资中起作用）。

（2）股息具有"黏性"，所以企业会避免股息的突然变化，一般不用减少股息来为资本支出融资。换句话说，企业净现金流的变化一般体现了外部融资的变化。

（3）如果需要外部融资，企业将首先发行最安全的证券，也就是说，先债务后权益。

如果企业内部产生的现金流超过其投资需求，多余现金将用于偿还债务而不是回购股票。随着外部融资需求的增加，企业的融资工具选择顺序将是：从安全的债务到有风险的债务，比如，从有抵押的债券到可转换债券或优先股，股权融资是最后的选择。

（4）每个企业的资产负债率反映了对外部融资的累计需求。优序融资理论只考虑了信息不对称与逆向选择行为对融资顺序的影响，解释了企业筹资时对不同筹资方式选择的顺序偏好，但该理论并不能解释现实世界所有的资本结构规律。

6.3.3　新资本结构理论阶段

1. 代理成本理论

詹森（Jensen）和迈克林（Meckling）在 1976 年提出代理成本理论。他们认为股东与经理人、债权人与股东及经理人之间存在委托代理关系，由于他们目标各不相同，因而会产生代理成本，并且代理成本高低与资本结构关系密切。为使总的代理成本最小化，应选择最优的资本结构。在债权和债务委托代理关系方面，当公司债务比率增长时，债务违约风险会增加，由此债权人的监督成本随之增长，所要求的利率由此增长，债权人所承担的代理成本增加。但是与此同时，公司权益比率会下降，股东对经理人的监督压力会减轻，所要求的股利回报降低，股东所承担的代理成本降低。因此，应选择适度的债务比例，以降低总的代理成本、增加股东财富。

2. 信号传递理论

20 世纪 70 年代，美国三位经济学家指出了市场上广泛存在的信息不对称现象，占有信息优势的一方在交易中能获得更多剩余。信号传递理论就建立在信息不对称理论的基础之上，指出通过调整资本结构能够传递盈利和风险的积极或消极信号。占有信息优势的经理人应当合理选择资本结构，向市场传递积极的信号、避免传递消极的信号。

斯沃特·迈尔特教授所提出的信号传递理论认为，筹资顺序和资本结构会影响投资者对企业价值的预期，发行新股会对股市发出消极信号，发行新债不会对股市产生重大影响，回购股票对股市发出积极信号，提高负债比率也会对股市发出积极信号。因此，当公司股价被低估时，公司有动机耗费额外资源、澄清事实；当公司股价被高估时，公司不会提供附加信息来澄清事实。

因此市场参与者会出现如下行为：①只有当企业承担一项不能推迟且异常盈利的项目，或者管理者认为股价被高估时，才会发行新股；②公司发行新股会发出消极信号，投资者会抛售股票，导致股价下跌；③若没有巨大的净现金流或需要外部资金的投资项目时，企业会更多地将留存收益用于生产性资金、提高股本比重，降低负债比率，以储备债务筹资能力。由此可知，管理者先用内部资金，其次举借债务，最后发行新股。

6.4　资本结构决策

6.4.1　资本结构决策的影响因素

1. 企业目标

一般情况下，当企业追求短期收益增长的目标，就更可能提高债务比率，增加股东收益；当企业追求长期稳定发展，就会控制债务比率增长、增加权益筹资，特别是内部筹资。

2. 企业股东和经营者偏好

当股东比较分散时，经营者实施内部控制时，经营者的风险偏好对资本结构有较大影响，如果经营者具有风险偏好时，就会扩大债务筹资、增加债务比率；反之则会减少债务筹资、降低债务比率。当股份比较集中、存在大股东时，大股东会多利用债务筹资及优先股筹资、控制普通股筹资规模。

3. 企业风险

当企业长期经营支出和长期债务支出较多时，经营杠杆和财务杠杆的放大作用就会凸显，更容易出现严重的经营问题和财务问题，应对长期经营支出和长期债务支出加以谨慎控制，防止企业陷入经营亏损和债务违约的境地。

4. 企业财务状况

当企业盈利能力较强、负债比率较低、可抵押资产较多、可变现资产较多时，财务风险的承受能力较强、债务融资成本较低，适于增加负债比率、利息支出，以得到债务资本成本较低及债务利息节税的好处。反之，财务风险的承受能力较弱、债务融资成本较高，适于发行普通股来筹资，以控制债务比重、降低违约风险。

5. 融资环境

当贷款银行和信用评级机构对企业的信用水平评价较高，认为企业债务承受能力较强时，企业获得长期借款、发行企业债券的难度较小、成本较低，这有利于企业增加债务筹资水平。当金融市场发育程度较好、融资机制完善时，流动性较好、交易费用较低，企业应增加流动负债比重，否则应增加长期负债及权益筹资比重。

6. 利率和税率

当债务利率越高时，相应债务资本成本越高、企业债务负担越重、债务违约风险加大，相对于其他融资方式而言没有优势，企业会倾向于减少债务融资比率。当所得税税率越高时，相应债务利息所产生的节税作用就越明显，实际债务资本成本就越低、企业债务负担越轻，相对于其他融资方式就越有优势，企业会倾向于增加债务融资比率。

6.4.2 资本结构决策分析

资本结构决策应依据企业财务目标来进行，最优资本结构应最有利于企业财务目标的实现。例如，以企业价值最大化为财务目标时，应选择加权平均资本成本最低的资本结构，或者直接选择企业价值较大的筹资方案；以每股收益最大为财务目标时，应选择使每股收益较大的筹资方案。

1. 比较资本成本法

比较资本成本法是依据资本成本大小来选择筹资方案的方法。首先，拟订若干个备选的筹资方案；其次，计算各个备选筹资方案的资本成本；最后，从中选出资本成本最低的筹资方案。

比较资本成本法容易理解、方便计算，但是当备选的筹资方案选择不恰当或数量较少时，有可能遗漏掉最优的筹资方案。因此，筹资规模较小、资本结构较简单的企业会采用比较资本成本法。

（1）初次筹资的资本结构决策。对于新设企业，应对全部资本的筹集来源和结构进行安排，从多个候选方案中选择总的加权平均资本成本最低的方案。

【例6-16】长江空调公司现在处于初创期，拟筹资1亿元，现有3个候选的筹资方案，见表6-7。请计算3个筹资方案的加权平均资本成本，并选择最优的筹资方案。假定所得税税率为20%。

表6-7　　　　　各类筹资方案的资本构成和资本成本

筹资方式	筹资方案1		筹资方案2		筹资方案3	
	金额（万元）	资本成本（%）	金额（万元）	资本成本（%）	金额（万元）	资本成本（%）
长期借款	1 000	5	1 500	5.5	2 000	6
长期债券	3 000	8	2 000	7.5	1 000	6.5
优先股	2 000	9	1 500	8.5	1 000	8.5
普通股	4 000	9.5	5 000	10	6 000	10.5
合计	10 000		10 000		10 000	

解：分别计算三个筹资方案中长期借款、长期债券、优先股、普通股各自占总资本的比例。再乘以对应的个别资本成本，得到加权平均资本成本，见表6-8。显然筹资方案1的加权平均资本成本最低，因此应选择筹资方案1。

表 6 - 8　　　　　　　　　　　　　加权平均资本成本　　　　　　　　　　　　单位:%

筹资方式	筹资方案 1		筹资方案 2		筹资方案 3	
	权重	成本	权重	成本	权重	成本
长期借款	10	5	15	5.5	20	6
长期债券	30	8	20	7.5	10	6.5
优先股	20	9	15	8.5	10	8.5
普通股	40	9.5	50	10	60	10.5
加权平均资本成本	7.92		8.14		8.63	

（2）追加筹资的资本结构决策。对于需要扩大经营规模或投资新项目的企业，需要在现有资本基础上追加新的筹资。第一，由于筹资环境、筹资条件发生变化，新的追加筹资方案的各类个别资本成本相比现有资本的个别资本成本可能发生变化。第二，新的筹资方案下各类筹资方式可能影响已有资本的个别资本成本。如果仅第一种情况发生，分别计算三个追加筹资方案各自的边际加权平均资本成本，比较选择最低的追加筹资方案；如果第一、二种情况同时发生，需要综合考虑原有资本和追加资本的加权平均资本成本，比较选择最低的追加筹资方案。

【例 6 - 17】接【例 6 - 16】，长江空调公司在完成初次筹资后，又要扩大生产规模、增加产品生产能力，拟追加筹资 2 000 万元，现在有三个追加筹资方案可供选择。请为公司进行追加筹资方案决策。

方案 1：全部发行新的债券，由于债务增多、风险加大，新债券的资本成本为 9%，并且已有普通股资本成本上升到 11%。

方案 2：全部发行新的普通股，由于债务减少、风险减小，追加筹集和现有的普通股资本成本下降为 9.2%。

方案 3：发行新的债券 1 000 万元、资本成本 8%，发行新的普通股 1 000 万元、资本成本 9.5%，原有资本的个别资本成本不变。

解：由于追加筹资方案对现有资本的个别资本成本产生影响，因此应综合考虑原有资本和追加筹资资本，汇总后计算加权平均资本成本，结算结果见表 6 - 9。追加筹资方案 3 的加权平均资本成本最低，因此应选择筹资方案 3。

表 6 - 9　　　　　　　各类追加筹资方案下的资本构成和资本成本

项目	追加筹资方案 1			追加筹资方案 2			追加筹资方案 3		
	金额（万元）	权重	成本（%）	金额（万元）	权重	成本（%）	金额（万元）	权重	成本（%）
现有长期借款	1 000	1/12	5	1 000	1/12	5	1 000	1/12	5
现有长期债券	3 000	1/4	8	3 000	1/4	8	3 000	1/4	8
现有优先股	2 000	1/6	9	2 000	1/6	9	2 000	1/6	9

项目	追加筹资方案 1			追加筹资方案 2			追加筹资方案 3		
	金额 (万元)	权重	成本 (%)	金额 (万元)	权重	成本 (%)	金额 (万元)	权重	成本 (%)
现有普通股	4 000	1/3	11	4 000	1/3	9.2	4 000	1/3	9.5
追加筹集长期债券	2 000	1/6	9				1 000	1/12	8
追加筹集普通股				2 000	1/6	9.2	1 000	1/12	9.5
资本合计	12 000	1		12 000			12 000		
加权平均资本成本			8.3			8.03			7.93

2. 比较公司价值法

比较公司价值法是依据不同债务筹资规模下的权益价值与债务价值之和的大小，即以公司价值来选择使公司价值最大的债务筹资方案，并且以不同债务筹资方案下的加权平均资本成本来检验选择结果，因为一般来讲加权平均资本成本越低、公司价值越大，两者具有内在一致性。

（1）测算公司价值。公司价值的测算具有多种不同的基础与方法，较为合理并且常用的是认为公司价值等于其长期债务和股票的贴现价值之和。即：

公司价值 = 长期债务的贴现价值 + 公司股票的贴现价值

用符号表示：

$$V = D + S$$

其中，为简化测算起见，设债务（含长期借款和长期债券）的现值等于其面值（或本金），股票的现值则按其未来净利润贴现测算，测算公式为：

$$S = \frac{(EBIT - I) \times (1 - T)}{K_S}$$

上述测算公式假定公司的长期资本是由长期债务和普通股组成。如果公司的股票有普通股和优先股之分，则上列公式可改写成：

$$S = \frac{(EBIT - I) \times (1 - T) - D_P}{K_S}$$

（2）测算公司资本成本。在公司价值测算的基础上，如果公司的全部长期资本由长期债务和普通股组成，则公司的全部资本成本，即加权平均资本成本 K_W 可按下列公式测算：

$$K_W = K_D \times \frac{D}{V} \times (1 - T) + K_S \times \frac{S}{V}$$

其中，K_D 为税前的长期债务资本成本（按债务年利率计）；K_S 为权益资本成本；D/V 为债务资本价值占全部资本价值的比重；S/V 为权益资本价值占全部资本价值的比重。

在上列测算公式中，为了考虑公司筹资风险的影响，普通股的权益资本成本可运用资本资产定价模型来测算，即：

$$K_S = R_F + \beta \times (K_M - R_F)$$

其中，R_F 为无风险报酬率；K_M 为所有股票的市场报酬率；β 为公司股票的贝塔系数。

（3）测算公司最优资本结构。运用上述原理测算公司的总价值和加权平均资本成本，并以公司价值最大化为标准比较确定公司的最优资本结构。由于测算原理和过程不易理解、计算复杂，因此更适合筹资规模较大的上市公司采用。

【例6-18】长江空调公司全部资本均为普通股权益，股票账面价值2 000万元。公司认为目前资本结构不合理，拟举债购回部分股票予以调整。公司预计年息税前利润为500万元，适用所得税税率为25%。经咨询调查，目前的长期债务利率和权益资本的成本情况详见表6-10。要求计算不同债务规模下的公司价值，并判断最优资本结构。

表6-10　　　　　不同债务规模下的债务利率和权益资本成本的测算表

D（万元）	K_D（%）	β	R_F（%）	K_M（%）	K_S（%）
0	—	1.20	10	14	14.8
200	10	1.25	10	14	15.0
400	10	1.30	10	14	15.2
600	12	1.50	10	14	16.0
800	14	1.80	10	14	17.2
1 000	16	2.10	10	14	18.4

在表6-10中，当$D=200$万元，$\beta=1.25$，$R_F=10\%$，$K_M=14\%$时，则：
$K_S=10\%+1.25\times(14\%-10\%)=15\%$，其余同理计算。

根据表6-10的资料，运用前述原理与公式即可测算出不同债务规模下的公司价值和加权平均资本成本（详见表6-11），并据以判断最优资本结构。

在表6-11中，当$D=200$万元，$K_D=10\%$，$K_S=15.0\%$，且$EBIT=500$万元时，则：

$$S=\frac{(500-200\times10\%)\times(1-25\%)}{15\%}=2\ 400（万元）$$

$$V=D+S=200+2\ 400=2\ 600（万元）$$

$$K_W=10\%\times(1-25\%)\times\frac{200}{2\ 600}+15\%\times\frac{2\ 400}{2\ 600}=14.42\%$$

其余同理计算。

表6-11　　　　　不同债务规模下的公司价值和加权平均资本成本

D（万元）	S（万元）	V（万元）	K_D（%）	K_S（%）	K_W（%）
0	2 264	2 264	—	14.8	14.80
200	2 400	2 600	10	15.0	14.42
400	2 270	2 670	10	15.2	14.05
600	2 006	2 606	12	16.0	14.39
800	1 692	2 492	14	17.2	15.05
1 000	1 238	2 238	16	18.4	15.69

从表 6 - 11 中可以看出，在没有债务的情况下，公司的价值就是其原有股票的价值，即 $V = S = 2\,264$ 万元。当公司尝试利用债务资本部分地替换股票资本时，公司的价值开始上升，同时加权平均资本成本开始下降。当债务资本达到 400 万元时，公司价值达到最大，为 2 670 万元，同时加权平均资本成本降至最低，为 14.05%。而当债务资本超过 400 万元后，继续增加负债，公司的价值则转而开始下降，加权平均资本成本也同时上升。因此，可以判断长江空调公司债务资本为 400 万元时的资本结构就是其最佳的资本结构。

3. 每股收益无差别点法

资本结构是否合理，可以通过分析每股收益的变化来衡量。一般而言，凡是能够提高每股收益的资本结构就是合理的；反之，就是不合理的。然而，每股收益的变化，不仅受到资本结构的影响，还受到销售水平的影响。要处理好这两者之间的关系，则必须运用每股收益分析法。每股收益分析法是利用每股收益的无差别点来进行。

所谓每股收益无差别点，是指普通股每股收益不受筹资方式影响的销售水平。在每股收益无差别点上，无论是采用债务筹资，还是采用权益筹资，每股收益都是相等的。假设公司存在优先股，则每年支付优先股股利为 D_P。具体计算步骤如下。

由之前的内容可知，每股收益 EPS 的计算公式是：

$$EPS = \frac{(S - V - F - I) \times (1 - T) - D_p}{N} = \frac{(EBIT - I) \times (1 - T) - D_p}{N}$$

第一步，计算每股收益无差别点。用下标 1 和 2 分别表示债务筹资方案和权益筹资方案，令两种筹资方案下的每股收益相等，此时使每股收益相等的息税前利润即为每股收益无差别点，即下式的 $\overline{EBIT}$。

$$EPS_1 = EPS_2$$

$$\frac{(\overline{EBIT} - I_1) \times (1 - T) - D_{p1}}{N_1} = \frac{(\overline{EBIT} - I_2) \times (1 - T) - D_{p2}}{N_2}$$

第二步，若预期息税前利润大于 $\overline{EBIT}$，增加债务筹资比增加股权筹资的每股收益更高，增加债务筹资更有利；反之，若预期息税前利润小于 $\overline{EBIT}$，增加股权筹资比增加债务筹资的每股收益更高，增加股权筹资更有利；若预期息税前利润等于 $\overline{EBIT}$，增加股权筹资与增加债务筹资的每股收益相同，两种筹资方案都是最优。

每股收益无差别点法容易理解、测算简单、依据明确。但是每股收益并不能反映不同筹资方案下财务风险的不同，因为即使每股收益相同、不同财务风险下的股票价格和企业价值也不会相同。每股收益无差别点法适合于筹资规模不大、资本结构不复杂的企业使用。

【例 6 - 19】长江空调公司目前的长期资本是 2 000 万元，其中长期债务 800 万元、利息率 10%，普通股 1 200 万元，股本数是 100 万股，预期息税前利润为 200 万元。由于开发新产品需要，公司预计将追加筹集资金 960 万元，预期新产品投产后，会增加息税前利润 100 万元。现在有 A、B 两个追加筹资的方案可供选择：A 方案：全部发行普通股，

每股价值不变，发行 80 万股募集资金 960 万元；B 方案：全部发行企业债券，利息率
10%。假设企业所得税税率为 20%，请判断哪个筹资方案更优。

解：根据上述资料，计算结果见表 6 - 12。

表 6 - 12　　　　　　　　　　　**两个方案增资后的每股收益**　　　　　　　　　　单位：元

项目	A 方案	B 方案
预期息税前利润	3 000 000	3 000 000
减：债务利息	800 000	1 760 000
税前利润	2 200 000	1 240 000
减：所得税	440 000	248 000
税后利润	1 760 000	992 000
普通股股数	1 800 000	1 000 000
普通股每股收益	0.98	0.99

但表 6 - 12 中所反映的仅是息税前利润为 300 万元时的情形。对于公司来说，可能更
为重要的是要了解究竟息税前利润为多少时发行普通股筹资有利，息税前利润又为多少
时发行债券筹资有利，而这需要借助于每股收益无差别点来判断。

将公司相关资料代入前述计算公式进行测算，可得：

$$\frac{(\overline{EBIT} - 800\,000) \times (1 - 20\%) - 0}{1\,800\,000} = \frac{(\overline{EBIT} - 1\,760\,000) \times (1 - 20\%) - 0}{1\,000\,000}$$

解得普通股每股收益无差别时的息税前利润：$\overline{EBIT} = 296$（万元）

此时，普通股每股收益为：

$$EPS_1 = EPS_2$$

$$\frac{(3\,860\,000 - 800\,000) \times (1 - 20\%) - 0}{1\,800\,000} = \frac{(3\,860\,000 - 1\,760\,000) \times (1 - 20\%) - 0}{1\,000\,000}$$

解得：$EPS = 0.96$（元）

上述 $\overline{EBIT} = 296$ 万元的意义在于：当预期息税前利润大于 296 万元时，增加债务筹
资要比增发普通股有利；当预期息税前利润小于 296 万元时，增加债务则不利，应当考虑
增加权益资本；而当预期息税前利润正好等于 296 万元时，无论采用哪一种方式都是可行
的。本例中，长江空调公司预期息税前利润为 300 万元，故以采用增加债务筹资的方式较
为有利，这与表 6 - 12 的计算结果是一致的，B 方案是增加债务筹资，此时每股收益为
0.99 元，高于 A 方案的每股收益。

利用表 6 - 12 的资料，可以绘制每股收益无差别分析图，如图 6 - 6 所示。以 EPS 为
纵轴、以 EBIT 为横轴；债务筹资利息高，与横轴截距较大；权益筹资利息低，与横轴截
距较小。债务筹资的普通股数较少，直线的斜率较大；权益筹资普通股数多，直线的斜
率较小。

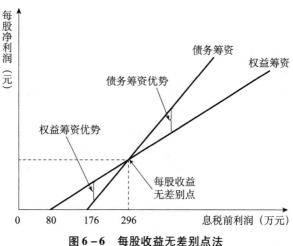

图6-6 每股收益无差别点法

思考与练习

1. 什么是资本结构？如何选择使企业价值最大化的资本结构？

2. 什么是经营杠杆、财务杠杆和总杠杆？它们之间是什么关系？

3. 含公司税的 MM 定理命题1和命题2分别是什么？

4. 什么是代理成本？

5. 资本成本与资本结构是什么关系？

6. 资本成本在企业决策中有何作用？受哪些因素的影响？

7. 五达公司下年度拟生产单位售价为12元的甲产品，现有两个生产方案可供选择：A方案的单位变动成本为6.72元，固定成本为67.5万元；B方案的单位变动成本为8.25元，固定成本为40万元。公司资产总额为225万元，资产负债率为40%，负债利率为10%。预计年销售量为20万件，公司正处在免税期。计算两个方案的经营杠杆系数、财务杠杆系数和总杠杆系数，并预测当销售量下降25%时，两个方案的息税前利润各下降多少，并对比两个方案的总风险。

8. 众诚实业公司发行在外普通股100万股（面值为1元/股），已发行有年利率为10%的债券400万元。公司计划为新的投资项目融资500万元，预计新项目投产后公司每年息税前利润将增加至200万元。经过调查研究，公司财务部门提出了两个方案以备选择：按12%的年利率发行债券（方案1）；按每股20元的价格溢价发行新股（方案2）。若公司适用所得税税率为25%，发行各种证券均无筹资费用。计算两个方案的普通股EPS、财务杠杆系数；并判断两个方案的优劣。

9. 湘水股份公司目前的资本结构为：总资本1 000万元，其中，债务400万元，年平均利率为10%；普通股600万元（面值为10元/股）。目前市场无风险利率为3%，市场平均收益率为13%，公司股票的β系数为1.6。假定公司年息税前利润为240万元，企业所得税税率为25%。（1）计算现有条件下公司的市场总价值和加权平均资本成本；

（2）如公司计划追加筹资 400 万元，有两个备选方案：平价发行债券 400 万元，年利率为 12%；发行普通股 400 万元，每股面值 10 元，试计算两种筹资方案的每股收益无差别点，并作决策。

10. 华星公司目前拥有长期资本 8 500 万元，结构为：长期负债 1 000 万元，普通股股本 7 500 万元。公司准备追加筹资 1 500 万元，现有三个筹资方案备选：发行普通股、债券和优先股，详细资料如下表所示。

三个筹资方案比较　　　　单位：万元

资本来源	目前资本结构		追加筹资后的资本结构					
			发行普通股		发行长期债券		发行优先股	
	金额	比例	金额	比例	金额	比例	金额	比例
长期负债	1 000	0.12	1 000	0.10	2 500	0.25	1 000	0.10
优先股	—	—	—	—	—	—	1 500	0.15
普通股	7 500	0.88	9 000	0.90	7 500	0.75	7 500	0.75
资本总额	8 500	1.00	10 000	1.00	10 000	1.00	10 000	1.00
年利息额	90		90		270		90	
年优先股股利	—		—		—		150	
普通股股数	1 000 万股		1 300 万股		1 000 万股		1 000 万股	

假设息税前利润为 1 600 万元，企业所得税税率为 25%。请用每股收益无差别法分析，并决定公司应选择哪种筹资方案，同时分析在什么样的息税前利润水平下应采取什么样的方式筹资。

第**7**章

投资项目管理

 学习目的与要求

通过对本章的学习，掌握项目现金流预测方法、能计算并画出项目的净现金流。理解并掌握独立项目和互斥项目的评价方法，具体包括净现值法、获利指数法、内含报酬率、投资回收期法以及会计收益率法等；掌握投资项目的决策评价指标的应用方法，并能作出项目投资决策；理解投资项目的概念、类型及投资项目决策的程序。本章重点是净现值法。

7.1 项目现金流量预测

在进行投资项目决策时，首要环节就是估计投资项目的预算现金流量。所谓现金流量是指投资项目在其计算期内因资金循环而引起的现金流入和现金流出增加的数量。凡是由于投资项目而增加的现金收入或节约的现金支出都称为现金流入；一定时期内现金流入量减去现金流出量的差额为现金净流量。这里的"现金"概念是广义的，包括各种货币资金及与投资项目有关的非货币资产的变现价值。

现金流量包括现金流入量，现金流出量和现金净流量三个具体概念。

7.1.1 现金流入量

现金流入量是指投资项目实施后在项目计算期内所引起的企业现金收入的增加额，简称现金流入。具体包括以下项目。

1. 营业收入

营业收入是指项目投产后每年实现的全部营业收入。为简化核算，假定正常经营年

度内，每期发生的赊销额与回收的应收账款大致相等。营业收入是经营期主要的现金流入量项目。

2. 固定资产的余值

固定资产的余值是指投资项目的固定资产在终结报废清理时的残值收入，或中途转让时的变价收入。

3. 回收垫支的流动资金

回收垫支的流动资金是指投资项目在项目计算期结束时，收回原来投放在各种流动资产上的营运资金。

固定资产的余值和回收垫支的流动资金统称为回收额。

4. 其他现金流入量

其他现金流入量是指以上三项指标以外的现金流入项目。

7.1.2　现金流出量

现金流出量是指投资项目实施后在项目计算期内所引起的企业现金流出的增加额，简称现金流出。具体包括以下项目。

1. 建设投资

（1）固定资产投资，包括固定资产的购置成本或建造成本，运输成本安装成本等。

（2）无形资产投资。

建设投资是建设期发生的主要现金流出量。

2. 垫支的流动资金

垫支的流动资金是指投资项目建成投产后为开展正常经营活动而投放在流动资产（存货、应收账款等）上的营运资金。

建设投资与垫支的流动资金合称为项目的原始总投资。

3. 付现成本（或经营成本）

付现成本是指在经营期内为满足正常生产经营而需用现金支付的成本。它是生产经营期内最主要的现金流出量。

$$付现成本 = 变动成本 + 付现的固定成本$$
$$= 总成本 - 折旧额（及摊销额）$$

4. 所得税额

所得税额是指投资项目建成投产后，因应纳税所得额增加而增加的企业所得税。

5. 其他现金流出量

其他现金流出量是指不包括在以上内容中的现金流出项目。

7.1.3 现金净流量

现金净流量是指投资项目在项目计算期内现金流入量和现金流出量的净额，由于投资项目的计算期超过一年，且资金在不同的时间具有不同的价值，所以本章所述的现金净流量是以年为单位的，并且在本节中暂不考虑所得税。

现金净流量的计算公式为：

$$现金净流量（NCF）=年现金流入量-年现金流出量$$

当流入量大于流出量时，净流量为正值；反之，净流量为负值。

7.1.4 项目计算期

项目计算期是指投资项目从投资建设开始到最终清理结束的全部时间，用 n 表示。

项目计算期通常以年为单位，第 0 年称为建设起点，若建设期不足半年，可假定建设期为零；项目计算期最后一年第 n 年称为终结点，可假定项目最终报废或清理均发生在终结点，但更新改造项目除外。

项目计算期包括建设期和生产经营期，从项目投产日到终结点的时间间隔称为生产经营期，也叫寿命期，由此可得：

$$项目计算期（n）=建设期+经营期$$

所以，现金净流量可分为建设期的现金净流量和经营期的现金净流量。

1. 建设期现金净流量的计算

$$现金净流量=-该年投资额$$

由于在建设期没有现金流入量，所以建设期的现金净流量总为负值。其次，建设期现金净流量还取决于投资额的投入方式是一次投入还是分次投入，若投资额是在建设期一次全部投入的，上述公式中的该年投资额即为原始总投资。

2. 经营期营业现金净流量的计算

经营期营业现金净流量是指投资项目投产后，在经营期内由于生产经营活动而产生的现金净流量。

$$
\begin{aligned}
现金净流量 &= 营业收入-付现成本\\
&= 营业收入-（总成本-折旧额）\\
&= 利润+折旧额
\end{aligned}
$$

如有无形资产摊销额，则：

$$付现成本=总成本-折旧额及摊销额$$

3. 经营期终结现金净流量的计算

经营期终结现金净流量是指投资项目在项目计算期结束时所发生的现金净流量。

$$现金净流量 = 营业现金净流量 + 回收额$$

7.1.5　确定现金流量时应考虑的问题

由于投资项目现金流量的确定是一项很复杂的工作，为了便于确定现金流量的具体内容，简化现金流量的计算过程，本章特作以下假设。

1. 全投资假设

即假设在确定项目的现金流量时，只考虑全部投资的资金运行情况，不论是自有资金还是借入资金等形式的现金流量，都将其视为自有资金。

2. 建设期投入全部资金假设

即项目的原始总投资不论是一次投入还是分次投入，均假设它们是在建设期内投入的。

3. 项目投资的经营期与折旧年限一致假设

即假设项目主要固定资产的折旧年限或使用年限与其经营期相同。

4. 时点指标假设

即现金流量的具体内容所涉及的价值指标，不论是时点指标还是时期指标，均假设按照年初或年末的时点处理。其中，建设投资在建设期内有关年度的年初发生；垫支的流动资金在建设期的最后一年末即经营期的第一年初发生；经营期内各年的营业收入、付现成本、折旧（摊销等）、利润、所得税等项目的确认均在年末发生；项目最终报废或清理（中途出售项目除外），回收流动资金均发生在经营期最后一年末。

5. 确定性假设

即假设与项目现金流量估算有关的价格、产销量、成本水平、所得税税率等因素均为已知常数。

6. 现金流量的估算

在确定投资项目的现金流量时，应遵循的基本原则是：只有增量现金流量才是与投资项目相关的现金流量。所谓增量现金流量，是指由于接受或放弃某个投资项目所引起的现金变动部分。由于采纳某个投资方案引起的现金流入增加额，才是该方案的现金流入；同理，某个投资方案引起的现金流出增加额，才是该方案的现金流出。为了正确计算投资项目的增量现金流量，要注意以下几个问题：

（1）沉没成本。沉没成本是过去发生的支出，而不是新增成本。这一成本是由于过去的决策所引起的，对企业当前的投资决策不产生任何影响。沉没成本并不因接受或摒弃某个项目的决策而改变，不属于净增现金流量，进行投资决策时应该忽略沉没成本。

【例 7－1】长江空调公司今年正在计算建设一条空调生产线的净现值。公司去年已经向咨询公司支付了 10 万元作为实施市场测试分析的报酬。这项支出与公司管理层正面临的投资决策是否有关？

答案是无关。这 10 万元是不可收回的，是沉没成本，或"泼出去的水"。一旦公司的某项费用发生了，这项费用或成本就与将来的任一决策无关。公司在进行投资决策时要考虑的是当前的投资项目是否有利可图，而不是过去已花掉了多少钱。

（2）机会成本。在投资决策中，从多种方案中选择最优方案而放弃其他次优方案时，丧失的其他次优方案可能取得的收益就是本项目的机会成本。机会成本不是通常意义上的成本，也不是实际发生的支出或费用，而是一种潜在的丧失其他投资机会的收益，离开被放弃的投资机会就无从计量。

机会成本与投资项目选择的多样性、资源稀缺性有关，当存在多种投资机会，而可供使用的资源又是有限的时候，机会成本一定存在，有时候甚至机会成本金额较大。考虑了机会成本后，可能会使得某些看上去有利可图的投资项目变得毫无吸引力甚至亏本。

在投资决策过程中考虑机会成本，有利于全面分析评价所面临的各个投资机会，以便选择最有利的投资项目。

【例 7-2】假设长江空调公司在长沙有一个仓库可用于存放空调，公司希望能将这些空调卖给长沙的消费者。仓库的成本是否应该包括把空调推向市场的成本？答案是应该的。仓库的使用并不是免费的，它存在机会成本。这项成本相当于假如取消将空调推向市场的计划，并把仓库用于他处，如以年租金 2 万元的价格出租给他人，公司能够获得的这个租金就成为决定存放并销售空调的机会成本。

（3）侵蚀效应。一个新增项目建成后，该项目会对公司的其他部门和产品产生负效应，这些负效应所引起的现金流量变化应计入项目现金流量。负效应可以被分为侵蚀效应和协同效应，侵蚀效应产生于新项目减少了公司原有产品的销量和现金流时；协同效应产生于新项目同时增加了公司原有项目的销量和现金流时。

【例 7-3】假设长江空调公司正计划投资一条新的生产线，生产的新款立式柜机定频空调，是不是所有的这种新款立式柜机定频空调的销售额和利润都是净增量呢？

答案是否定的。因为这些现金流量的一部分是从长江空调公司的其他产品线上转移而来的，这就是侵蚀效应，在计算净现值时必须将其考虑进去。假如不考虑侵蚀效应，长江空调公司可能会错误地计算出新款立式柜机定频空调的净现值，比如说 1 000 万元。如果能辨认出一半的顾客是从变频空调那儿转移过来的，并且因此损失的变频空调的销售额的净现值为负 800 万元，年末将得出真实的净现值为 200 万元。

（4）对净营运资本的影响。一个新项目投产后，对存货和应收账款等流动资产的需求随之增加，同时应付账款等流动负债也会增加，即在投资项目的早期因业务扩张营运资本会增加；项目结束时，所有的营运资本假定为完全收回，即项目周期结束的时候能够完全补偿营运资本，换句话说，最后所有的存货都售清、所有的应收应付款项都结清。这些与项目相关的新增净营运资金应计入项目现金流量。

（5）收入和现金流量。当评价一个项目时，我们对项目产生的增量现金流量进行贴现计算净现值，而不是对利润进行贴现。当从整体评价一个公司时，我们对股利而不是收入进行贴现，因为股利是投资人收到的现金流量，但是会计则强调收入和利润。虽然我们最感兴趣的是增量现金流量而不是收入，但仍然需要计算收入以确定应缴纳的企业所得税。

【例 7 - 4】假如长江空调公司 2023 年初以 800 万元购买一个办公场地，则 800 万元是当天发生的现金流出。如果按直线折旧法 20 年计算，从会计利润的角度，年折旧额是 40 万元，即会计账户记录的年折旧费即支出是 40 万元，因此当期利润只减少了 40 万元，剩余的 760 万元在以后的 19 年里计提。从本例不难看出，收入与现金流量二者之间差异巨大。

（6）利息费用。在讨论投资项目决策时，一般忽略利息费用。这或许会令人疑惑不解，毕竟许多项目的资金来源都或多或少地源于负债融资，同时投资项目本身购置的资产，特别是机器设备很可能增加了公司的负债融资能力。但是，公司通常在项目中只根据权益融资的假设计算项目的现金流量；对负债融资的任何调整都反映在贴现率中，而不涉及现金流量。因此在本章中，一般假设不存在负债融资或者不涉及利息费用。

（7）名义利率或实际利率、名义现金流量或实际现金流量。利率有名义利率或实际利率，同样地，现金流量也有名义现金流量或实际现金流量。那应该如何来表示利率和现金流量呢？答案是需要保持现金流量和贴现率之间的一致性，即名义现金流量应以名义利率来贴现；实际现金流量应以实际利率来贴现。一般用的是名义现金流量，因为计算更简单。

7.2 独立项目的评价方法

可以将投资项目分成两类：独立项目和互斥项目。独立项目就是对其作出接受或者放弃的投资决策都不会受其他投资项目决策的影响。如果在一系列备选投资项目中，各投资项目具有排他性，选择了其中一个项目就不能选择其他项目，把这组投资项目称为互斥项目。

独立项目的例子：假设长江空调公司打算在长沙市繁华地段开设专卖店。这个项目是否被采纳都不会受到公司在其他省市开设专卖店的投资决策的影响，它们是互相独立的。由于长沙市人口超千万且夏季炎热，与公司在其他省市的空调专卖店的经营互不干扰。

互斥项目的例子：假设长江空调公司有一块土地，可以建一个空调生产厂，也可以建一座办公大楼，但由于土地面积有限，两者不可兼得，则这两个投资项目就是互斥项目。

为了客观、科学地分析评价各种投资项目是否可行，一般使用不同的指标，从不同的侧面或角度反映投资项目的状况。本节介绍独立项目的评价方法,下一节介绍互斥项目的评价方法。

7.2.1 净现值法

在进行投资项目评价时,应该优先考虑使用净现值法。净现值是指特定投资项目未来现金流入与未来现金流出的现值之间的差额。它是评价项目是否可行的最重要的指标,按照净现值法,所有未来现金流入和流出都要用资本成本折算现值,然后用流入现金流的现值减去流出现金流的现值得出净现值。

1. 基本原则

在项目评价中,如果净现值为正数,则贴现后的收益大于支出,表明投资报酬率大于资本成本,该项目可以增加股东财富,项目可行。

如果净现值等于零,则贴现后的收益等于支出,表明投资报酬率等于资本成本,该项目不改变股东财富,可选择采纳或不采纳该项目。

如果净现值为负数,则贴现后的收益小于支出,表明投资报酬率小于资本成本,该项目会减少股东财富,项目不可行。所以,净现值大于或等于零是项目可行的必要条件。

2. 净现值 NPV 的计算公式

$$NPV = \sum_{t=0}^{n} \frac{NCF_t}{(1+i)^t} - \sum_{t=0}^{n} \frac{C_t}{(1+i)^t}$$

其中,n 为项目年限;NCF_t 为第 t 年的净现金流量;C_t 为第 t 年的初始投资额;i 为预定的贴现率。

也可以表示为:

$$NPV = \sum_{t=0}^{n} \frac{CFAT_t}{(1+i)^t}$$

其中,$CFAT_t$ 为第 t 年的现金净流量。

【例 7 - 5】长江空调公司计划投资一条新产品生产线,需投资 1 500 万元购建固定资产,购建固定资产的建设期一年,正式投产时需垫支流动资金 100 万元,项目投产后,每年可生产产品 1 万台,每件售价 1 000 元,为生产产品而支付的付现成本预计为 490 元/件。项目建成后,经济寿命为 5 年,残值率为 5%,企业所得税税率为 25%,假设贴现率是 10% 或 12%。试测算项目各年的全部投资现金流量和净现值,并作出两种贴现率情况下的投资决策。

解:先测算投资项目在投产到寿命终值的净现金流,再计算净现值。

(1) 项目的投资总额。

1 500 + 100 = 1 600(万元)

其中:固定资产投资 1 500 万元,流动资金垫支 100 万元。

（2）项目经营期的净现金流量测算。

年折旧额 $= 1\ 500\ （1 - 5\%）/5 = 285$（万元）；年销售收入 $= 1\ 000 \times 10\ 000 = 1\ 000$（万元）

年付现成本 $= 490 \times 10\ 000 = 490$（万元）；税前利润 $= 1\ 000 - 490 - 285 = 225$（万元）

所得税 $= 225 \times 25\% = 56.25$（万元）；税后利润 $= 225 - 56.25 = 168.75$（万元）

经营期净现金流量 $= 168.75 + 285 = 453.75$（万元）

第 5 年末回收固定资产残值和垫支的流动资金：

$NCF_0 = -1\ 500$（万元），$NCF_1 = -100$（万元）

第 2 年到第 5 年净现金流都相等，$NCF_{2 \sim 5} = 168.75 + 285 = 453.75$（万元）

$NCF_6 = 453.75 + 100 + 1\ 500 \times 5\% = 628.75$（万元）

（3）此项目的现金流量预测见表 7 – 1。

表 7 – 1　　　　　　　　　长江空调公司投资项目现金流量预测　　　　　　　　　单位：万元

项目	第 0 年	第 1 年	第 2 年	第 3 年	第 4 年	第 5 年	第 6 年
固定资产投资	1 500						
垫支流动资金		100					
营业收入			1 000	1 000	1 000	1 000	1 000
付现成本			490	490	490	490	490
折旧			285	285	285	285	285
税前利润			225	225	225	225	225
所得税（25%）			56.25	56.25	56.25	56.25	56.25
税后利润			168.75	168.75	168.75	168.75	168.75
税后利润加折旧			453.75	453.75	453.75	453.75	453.75
回收流动资金							100
回收残值							75
净现金流量	– 1 500	– 100	453.75	453.75	453.75	453.75	628.75
累计净现流量	– 1 500	– 1 600	– 1 146.25	– 692.5	– 238.75	215	843.75

（4）贴现率为 10%，则净现值为 71.57 万元，大于零：项目可行。

$$\frac{453.75}{1.1^2} + \frac{453.75}{1.1^3} + \frac{453.75}{1.1^4} + \frac{453.75}{1.1^5} + \frac{628.75}{1.1^6} - \frac{100}{1.1} - 1\ 500 = 71.57（万元）$$

（5）贴现率为 12%，则净现值为负 40.21 万元，小于零：项目不可行。

$$\frac{453.75}{1.12^2} + \frac{453.75}{1.12^3} + \frac{453.75}{1.12^4} + \frac{453.75}{1.12^5} + \frac{628.75}{1.12^6} - \frac{100}{1.12} - 1\ 500 = -40.21（万元）$$

这样，我们便得出一条最基本的投资法则：接受净现值为正的项目是符合股东利益的。

3. 净现值法的优缺点

优点：①综合考虑了资金时间价值，净现值是一个贴现的绝对值指标，能较合理地反映投资项目的真正经济价值；②考虑了项目计算期的全部现金净流量；体现了流动性与收益性的统一；③考虑了投资风险性，因为贴现率的大小与风险大小有关，风险越大，贴现率就越高。

同时，净现值法的缺点也是明显的，即无法直接反映投资项目的实际投资收益率水平；当项目投资额不同或周期不同时，难以确定最优的投资项目。比较不同投资额项目之间的投资效率时，可以采用获利指数法。

7.2.2 获利指数法

获利指数 PI 又称现值指数，是项目按一定贴现率计算的各年现金净流量的现值合计与初始投资额现值之比，现值指数表示 1 元初始投资取得的现值毛收益。它是一个相对数，反映投资效率，消除了投资额的差异。

1. 获利指数 PI 的计算公式

$$PI = \sum_{t=0}^{n} \frac{NCF_t}{(1+i)^t} / \sum_{t=0}^{n} \frac{C_t}{(1+i)^t}$$

其中，PI 为获利指数，式中其他符号的含义同上。

【例 7-6】长江空调公司预计投资某项目，初始投资为 30 万元，经济寿命 6 年，项目第一年和第二年的现金净流量均为 8 万元，第三年和第四年的现金净流量均为 9 万元，第五年的现金净流量为 10 万元，第六年的现金净流量为 5 万元。要求计算贴现率分别为 16% 和 18% 时，投资项目的净现值和获利指数。

解：（1）贴现率等于 16% 时。

$$NPV = \frac{80\,000}{1+16\%} + \frac{80\,000}{(1+16\%)^2} + \frac{90\,000}{(1+16\%)^3} + \frac{90\,000}{(1+16\%)^4} + \frac{100\,000}{(1+16\%)^5} +$$

$$\frac{50\,000}{(1+16\%)^6} - 300\,000$$

$$= 303\,917.35 - 300\,000$$

$$= 3\,917.35(元)$$

$PI = 303\,917.35/300\,000 = 1.01$，项目可行。

（2）贴现率等于 18% 时。

$$NPV = \frac{80\,000}{1+18\%} + \frac{80\,000}{(1+18\%)^2} + \frac{90\,000}{(1+18\%)^3} + \frac{90\,000}{(1+18\%)^4} + \frac{100\,000}{(1+18\%)^5} +$$

$$\frac{50\,000}{(1+18\%)^6} - 300\,000$$

$$= 288\,688.64 - 300\,000$$

$$= -11\,311.36(元)$$

$PI = 288\,688.64/300\,000 = 0.96$，项目不可行。

根据【例 7-5】的数据可以求出长江空调公司投资项目的获利指数，当贴现率为

10%时，*NPV* 等于 71.57 万元，*PI* 等于 1.04，净现值大于零同时获利指数大于 1，项目可行。当贴现率为 12%时，*NPV* 等于负 40.21 万元，*PI* 等于 0.97，净现值小于零同时获利指数小于 1，项目不可行。可以看出，给定相同贴现率时，获利指数法与净现值法得出一样的结论。

在独立项目评价中，获利指数大于 1，表明项目的报酬率高于贴现率，存在额外收益；获利指数等于 1，表明项目的报酬率等于贴现率，收益只能抵补资本成本；获利指数小于 1，表明项目的报酬率小于贴现率，收益不能抵补资本成本。所以，对于单一方案的项目来说，获利指数大于或等于 1 是项目可行的必要条件。当有多个投资项目可供选择时，应采用获利指数大于 1 中的最大者。

2. 获利指数法的优缺点

获利指数法的优点：获利指数是未来现金净流量现值与所需投资额现值之比，是一个相对数指标，反映了投资效率。所以，用获利指数来评价独立投资方案，可以对原始投资额现值不同的独立投资方案进行比较和评价。

获利指数法的缺点：没有考虑项目周期的问题，不能用于寿命期不同的独立方案决策。即获利指数虽然消除了投资额的差异，但没有消除项目周期的差异；可以用内含报酬率法弥补这一缺点。

7.2.3 内含报酬率法

内含报酬率也称内部收益率，简称 *IRR*，它具有净现值的一部分特征，经常被用来代替净现值。内含报酬率就是那个令项目净现值为 0 的贴现率，用 *IRR* 这一个数值就能概括出项目的关键特性；*IRR* 本身不受市场利率的影响，完全取决于项目自身的现金流量，反映了项目内在的、固有的特性，是项目的真实收益率，也是项目所能承受的最高资本成本。

1. 内含报酬率 *IRR* 的计算公式

$$\sum_{t=0}^{n} \frac{NCF_t}{(1+IRR)^t} - \sum_{t=0}^{n} \frac{C_t}{(1+IRR)^t} = 0$$

其中，*IRR* 为内含报酬率，式中其他符号的含义同上。

净现值法虽然考虑了时间价值，但是计算净现值是根据给定的贴现率求出净现值。净现值可以说明投资项目的收益率高于或低于资本成本，但没有揭示项目本身的收益率是多少。计算内含报酬率，令净现值等于零，然后求贴现率，这就是项目本身的收益率。

2. 内含报酬率的计算步骤

（1）试算：先假定一个贴现率，并以此贴现率计算出净现值。若净现值大于零，则应提高贴现率；若净现值小于零，则降低贴现率；反复试算，直至找到一个贴现率 i_1，其对应的 NPV_1 大于零，另一个贴现率 i_2，其对应的 NPV_2 小于零，且 $i_2 - i_1 \leqslant 2\%$；如图 7 - 1 所示。

（2）插值求解：由于 $i_2 - i_1 \leqslant 2\%$，净现值曲线在 i_1 到 i_2 段的曲率变化不太大，近似直线，因而根据相似三角形对应边成比例定理有：

$$\frac{i_2 - i_1}{NPV_1 + |NPV_2|} = \frac{IRR - i_1}{NPV_1}$$

得：

$$IRR = i_1 + \frac{NPV_1}{NPV_1 + |NPV_2|}(i_2 - i_1)$$

以【例 7 - 6】的数据，计算项目的内含报酬率。

解：当 $i_1 = 16\%$ $NPV_1 = 3\,917.35$（元）

当 $i_2 = 18\%$ $NPV_2 = -11\,311.36$（元）

则 $IRR = 16\% + \dfrac{3\,917.35}{3\,917.35 + 11\,311.36} \times (18\% - 16\%) = 16.51\%$

即项目的内含报酬率为 16.51%。

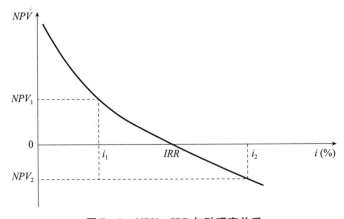

图 7 - 1   NPV、IRR 与贴现率关系

【例 7 - 7】长江空调公司准备投资甲项目，初始投资为 30 000 元，经济寿命 6 年，项目每年的现金净流量见表 7 - 2 第二列。要求计算甲项目的内含报酬率。

解：第一步，按 16% 的贴现率进行测算，净现值为 2 855.8 元。

第二步，把贴现率提高到 18% 进行测算，净现值为 1 090.6 元，仍为正数。

第三步，再把贴现率提高到 20% 重新测算，净现值为 -526.5 元，是负数，说明该项目的内含报酬率在 18% ~ 20% 之间。计算过程见表 7 - 2，再用插值法计算项目内含报酬率。

$$IRR = 18\% + \frac{1\,090.6}{1\,090.6 + 526.5} \times (20\% - 18\%) = 19.35\%$$

可以根据长江空调公司的资本成本对此项目进行取舍，如果公司的资本成本低于

19. 35%，那么接受甲项目，反之则应放弃甲项目。

表 7 - 2 　　　　　　　　　　甲项目的现金净流量和净现值计算　　　　　　　　　　单位：元

年份	现金净流量（NCF）	贴现率 = 16%		贴现率 = 18%		贴现率 = 20%	
		现值系数	现值	现值系数	现值	现值系数	现值
0	(30 000)	1	(30 000)	1	(30 000)	1	(30 000)
1	8 000	0.8621	6 896.8	0.8475	6 780	0.8333	6 666.4
2	8 000	0.7432	5 945.6	0.7182	5 745.6	0.6944	5 555.2
3	9 000	0.6407	5 766.3	0.6086	5 477.4	0.5787	5 208.3
4	9 000	0.5523	4 970.7	0.5158	4 642.2	0.4823	4 340.7
5	10 000	0.4762	4 762	0.4371	4 371	0.4019	4 019
6	11 000	0.4104	4 514.4	0.3704	4 074.4	0.3349	3 683.9
净现值	—	—	2 855.8	—	1 090.6	—	(526.5)

3. 内含报酬率的判定法则

判定法则可以概括为：若内含报酬率大于贴现率，项目可以接受；若内含报酬率小于贴现率，项目不能接受。其次，贴现率小于内含报酬率时，净现值为正；贴现率大于内含报酬率时，净现值为负。这样，如果我们在贴现率小于内含报酬率时接受某一个项目，我们也就接受了一个净现值为正值的项目。在这一点上，内含报酬率与净现值是一致的。

这似乎就意味着，只要计算出内含报酬率，我们就可以对项目进行排序。比如，一个内含报酬率为 20% 的项目一定优于内含报酬率为 15% 的项目。但事实上并没有这么简单，如果项目的现金流量比较复杂且多次变号，内含报酬率法存在的问题就会凸显出来。

【例 7 - 8】天山煤矿公司拟投资某露天煤炭开采项目，预测第一阶段初始投资 1 000 万元，耗时 1 年进行勘探和建设；第二阶段进入正常开采运营，可以持续 3 年获得高额回报，估计年净现金流量是 800 万元、1 000 万元、1 300 万元；第三阶段为符合环境保护规定，即第 4 年需要补充投入 2 200 万元弥补前期开采可能导致的不良后果，项目才可以结束运营。

在这个例子中，就存在多重收益率问题，煤炭开采项目的现金流量为（−1 000 万元，800 万元，1 000 万元，1 300 万元，−2 200 万元），即项目的现金流量改号两次，因此有两个贴现率可以使得净现值为零，我们称之为非常规现金流量。将这个项目的贴现率和净现值画图，如图 7 - 2 所示。

此时如果采用内含报酬率法，从图 7 - 2 中，我们应该取哪个内含报酬率呢？当贴现率等于 6.6% 时，净现值为零；同时当贴现率等于 36.6% 时，净现值也等于零。而贴现率小于 36.6%，大于 6.6% 时，净现值大于零；其他情况净现值均为负数。假设公司设定的最低投资收益率是 10%，那么以 6.6% 这个内含报酬率来判定，项目不可行。那么以 36.6% 这个内含报酬率来判定，项目可行。如果用净现值法，当贴现率为 10% 时，净现值大于零，项目可行。也就是说，在多重收益率的情况下，不能简单地使用内含报酬

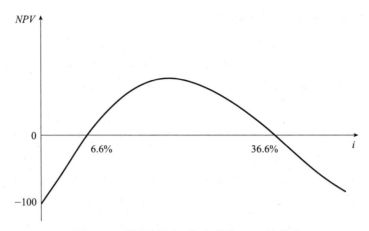

图 7 - 2   项目贴现率 i 与净现值 NPV 的关系

率法。

出现多重收益率的原因在于,初始投资以后既发生了现金流入又发生了现金流出;非常规现金流量的多次改号造成了多重收益率。根据代数理论,若现金流改号 N 次,那么就可能会有最多达 N 个正的内含报酬率。当项目的现金流量只有一次改号时,不会出现多重收益率的问题。而实际经济中,投资项目的现金流量不可避免地会发生多次改号。

4. 内含报酬率法的优缺点

优点:内含报酬率是个动态相对量指标,它既考虑了资金时间价值,又能从动态的角度直接反映投资项目的实际报酬率,且不受贴现率高低的影响,比较客观。

缺点:①内含报酬率中包含一个不现实的假设,假定投资每期收回的款项都可以再投资,而且再投资的收益率与内含报酬率一致。②内含报酬率高的项目不一定是企业的最佳目标;内含报酬率高的项目风险也高,如果选取了内含报酬率高的项目意味着企业选择了高风险项目。③如果一个投资项目的现金流量是交错型的,则这个投资项目可能有几个内含报酬率,此时很难进行选择。④内含报酬率的计算过程比较复杂。

7.2.4　三种方法之间的关系

净现值 NPV, 现值指数 PI 和内含报酬率 IRR 三者之间存在以下数量关系(i 为给定的贴现率),即:

当 $NPV > 0$ 时,$PI > 1$,$IRR > i$。

当 $NPV = 0$ 时,$PI = 1$,$IRR = i$。

当 $NPV < 0$ 时,$PI < 1$,$IRR < i$。

三个指标的计算结果都受到建设期和经营期的长短、投资规模、投资方式,以及各年现金净流量的影响。不同的是净现值为绝对数指标,现值指数和内含报酬率是相对数指标;计算净现值和现值指数所依据的贴现率都是事先给定的,而内含报酬率的计算本身与给定的贴现率无关，但应用内含报酬率法的决策标准是将所测算的内含报酬率与给定的贴现率进行对比，当 $IRR \geq i$ 时该方案是可行的。

净现值法，现值指数法和内含报酬率法，三种方法是逐步放松假设的过程，净现值法需要预设一个贴现率，计算项目在指定贴现率下的净现值，但不同投资规模的项目无法直接比较；现值指数法则是在净现值法的基础上，消除投资规模的影响，在给定贴现率下，计算投资项目净现值流入量与流出量的比值，使得不同投资规模的项目具有可比性；内含报酬率法更进一步，不需要预设贴现率，而是求出项目净现值为零时的贴现率，即项目本身的内含报酬率。三种方法互相关联，广泛应用于投资项目可行性评估。特别注意，不管是哪种情况，净现值法都是一致的。换言之，净现值法总是正确的。相比之下，内含报酬率法只能在某种条件下使用。

7.2.5　回收期法

1. 静态投资回收期法

项目的静态投资回收期是指投资引起的现金流入累积到与投资额相等时所需的时间。投资回收期越短，方案越有利。

（1）原始投资一次支出，每年现金净流量相等时。

$$投资回收期 = \frac{原始投资额}{每年现金净流量} + 建设期$$

【例 7 – 9】长江空调公司投资 A 项目，初始投资额 100 万元，预计第 1 年到第 6 年每年现金净流量为 25 万元，求 A 项目的投资回收期。

解：投资回收期 = 100/25 = 4（年）

即公司在 4 年内就可以收回投资。假设长江空调公司认为项目投资回收期应该是 2 年，所有回收期等于或小于 2 年的项目都可行，那么该项目不可行。

（2）如果现金净流量每年不相等，或原始投资额是分几期投入的，则投资回收期是使得累计现金流量等于原始投资额的时间。需计算逐年累计的现金净流量，然后用插值法计算出投资回收期。

根据【例 7 – 5】和表 7 – 1 最后两行的数据，可得表 7 – 3。

表 7 – 3　　　　　　　　　　　　长江空调公司投资回收期预测　　　　　　　　　　　　单位：万元

项目	第 0 年	第 1 年	第 2 年	第 3 年	第 4 年	第 5 年	第 6 年
净现金流量	– 1 500	– 100	453.75	453.75	453.75	453.75	628.75
累计净现流量	– 1 500	– 1 600	– 1 146.25	– 692.5	– 238.75	215	843.75

投资回收期：4 + 238.75/453.75 = 4.53（年）

即公司在 4.53 年内就可以收回投资。4.53 年就是项目的回收期。假设长江空调公司认为项目投资回收期应该是 5 年，所有回收期等于或小于 5 年的项目都可行，那么该项目可行。

【例 7 – 10】某投资项目投资总额为 100 万元，建设期为 2 年，投产后第 1 年至第 8 年每年现金净流量为 25 万元，第 9 年、第 10 年每年现金净流量均为 20 万元。要求计算项目的投资回收期。

解：投资回收期 $= 2 + \dfrac{100}{25} = 6$（年）

这意味着该项目在 6 年内就可以收回投资。假设投资方认为回收期应小于 5 年，则该项目不可行。

从以上三个例题可以看出，静态投资回收期法没有涉及贴现，而且选择项目的依据目标回收期是比较主观的选择，并没有一个类似净现值法那样可以参考市场利率选择贴现率的客观依据。

（3）静态投资回收期法的优缺点。静态投资回收期法的优点是计算简单、明了、容易掌握和理解，决策过程简便，可以大致体现项目的流动性和风险；同时，便于管理控制。如果是净现值法，必须得经过比较长的时间才可以判断出某个投资决策是否正确。但利用静态回收期法，也许两年就可以作出判断。现实经济中，那些缺乏现金的中小公司，利用静态回收期法还是比较合适的，毕竟资金的快速回笼有利于这类公司的扩大再投资。

静态投资回收期法的缺点包括：忽视了时间价值，把不同期间的现金流量看成是价值相等的；没有体现项目的整体盈利情况，没有考虑回收期满后的现金流量；静态回收期法的决策依据非常主观，选择目标回收期并没有相应的参照标准，因此导致很大程度的主观决策。

总之，静态回收期法有较大局限性，容易导致投资主体接受短期项目，或优先考虑急功近利的短期项目而放弃长期项目。但事实上有战略意义的长期项目往往早期收益较低，而中后期收益较高。因此，一般只适用于方案的初选，或者数量多且投资金额小的项目。对那些关系重大的投资项目，如是否要购买大型设备、建造厂房或并购公司时，回收期法就很少被采用。

2. 动态投资回收期法

由于静态回收期法存在许多不足，尤其是忽视资金的时间价值，因此可以采用一种变通方法。即先对各期现金流进行贴现，再计算回收期，称为动态回收期法。项目的动态投资回收期是指项目经营期现金流量现值累积到足以抵偿投资现值的时间。动态投资回收期指标在项目评价中应与企业期望的投资回收期或行业标准进行对比，考察项目资金回收速度，动态投资回收期指标仅作参考，不是主要评价指标。

（1）动态回收期计算公式。

$$\sum_{t=0}^{P_t} \frac{NCF_t}{(1+i)^t} - \sum_{t=0}^{P_t} \frac{C_t}{(1+i)^t} = 0$$

其中，i 为预定的贴现率；p_t 为项目回收年限。

【例 7 – 11】仍以表 7 – 2 的数据为例，当 $i = 16\%$ 时，现金净流量和累计现金流等数据见表 7 - 4，要求计算该项目的动态投资回收期。

表 7 - 4		项目现金净流量和累计净流量		单位：元
年份	现金净流量 （NCF）	贴现率 = 16%		
		现值系数	现值	累计净现金流现值
0	（30 000）	1	- 30 000	- 30 000
1	8 000	0.8621	6 896.8	- 23 103.2
2	8 000	0.7432	5 945.6	- 17 157.6
3	9 000	0.6407	5 766.3	- 11 391.3
4	9 000	0.5523	4 970.7	- 6 420.6
5	10 000	0.4762	4 762	- 1 658.6
6	11 000	0.4104	4 514.4	2 855.8
净现值			2 855.8	

解：当 $t = 5$ 年时，$\displaystyle\sum_{t=0}^{5} \frac{NCF_t}{(1 + 16\%)^t} - \sum_{t=0}^{5} \frac{C_t}{(1 + 16\%)^t} = -1\,658.6 < 0$

当 $t = 6$ 年时，$\displaystyle\sum_{t=0}^{6} \frac{NCF_t}{(1 + 16\%)^t} - \sum_{t=0}^{6} \frac{C_t}{(1 + 16\%)^t} = 2\,855.8 > 0$

由此，5 年 $< P_t < 6$ 年

动态投资回收期 $P_t = 5 + 1\,658.6 / (2\,855.8 + 1\,658.6) = 5.37$（年）

（2）动态投资回收期法的优缺点。

优点：动态投资回收期是项目从投资开始起，到累计贴现现金流量等于 0 时所需的时间。动态投资回收期法弥补了静态投资回收期没有考虑资金时间价值这一缺点，克服了静态投资回收期法的缺陷，因而优于静态投资回收期法，使其更符合实际情况。

缺点：仍然具有主观性，同样忽略了回收期以后的净现金流量。既然已经计算出贴现后的现金流量，倒不如加总所有的贴现现金流量，利用净现值进行决策，而静态回收期计算上的简便或便于管理控制的好处都已经变得微不足道。动态回收期法有些类似于净现值法，但它只是回收期法与净现值法二者之间并不明智的折中方法。且当未来年份的净现金流量为负数时，动态投资回收期可能变得无效，甚至作出错误的决策。因此，动态投资回收期法计算投资回收期限并非是一个完善的指标。通常只宜用于辅助评价。

在一系列的方案中，如果接受某一方案不会影响其他方案的采纳，没有资金限制的情况下，投资人可以在净现值法、现值指数和内含报酬率法中选择其中一个或多个方法进行投资决策。

常用的评价指标有净现值、现值指数和内含报酬率，如果评价指标同时满足以下条件：$NPV \geq 0$，$PI \geq 1$，$IRR \geq i$，则项目具有可行性；反之，则不具备可行性。而静态的投资回收期与动态投资回收期可作为辅助指标评价投资项目，但需注意，当辅助指标与主要指标的评价结论发生矛盾时，应当以主要指标的结论为准。

【例 7 - 12】如果长江空调公司有 3 个独立项目可供选择，资金不受限制，各项目具

体资料见表 7-5，若公司要求的收益率为 10%，13 年回本，应选择哪些方案？

表 7-5　　　　　　　　　　　　　投资额、年净现金流和经济寿命

独立项目	投资（元）	年净现金流（元）	经济寿命（年）	残值（元）
A	40 000	6 000	20	0
B	100 000	14 000	20	0
C	200 000	22 000	20	0

根据表 7-5 的数据及贴现率（10%）计算得表 7-6。

表 7-6　　　　　　　　　　　　　　　　*NPV、IRR* 和 *PI*

独立项目	NPV（元）	IRR（%）	PI	静态投资回收期（年）	动态投资回收期（年）
A	11 081.60	13.54	1.28	6.67	11.14
B	19 190.40	12.63	1.19	7.14	12.26
C	-12 700.80	8.89	0.94	9.09	16.86

由表 7-6 可知，$NPV_C < 0$，$IRR_C < 10\%$，$PI_C < 1$，动态投资回收期超过目标年限，C 项目不可行，其余两个项目 A、B 都是净现值大于零，内含报酬率大于 10%，现值指数大于 1，动态投资回收期低于 13 年，都是可行的项目。资金不受限制时，公司可对 A、B 项目同时进行投资。

7.2.6　会计收益率法

会计收益率又叫投资利润率，是指项目扣除所得税和折旧之后的项目平均净利润与整个项目期限内的平均投资额的比率。

1. 会计收益率计算公式

$$会计收益率 = \frac{年平均净利润}{年平均投资额} \times 100\%$$

决策者将项目的会计收益率与企业目前的利润率或期望收益率对比，如果项目的会计收益率大于公司的最低期望收益率，则可以考虑接受该项目，否则该项目不可行。

【例 7-13】长江空调公司有甲、乙两个投资项目，投资总额均为 10 万元，全部用于购置新的设备，折旧采用直线法，使用期均为 5 年，无残值，其他有关资料见表 7-7。假设公司要求的最低会计收益率是 20%，要求：计算甲、乙两项目的会计收益率并作出投资决策。

表 7-7　　　　　　　　　　　甲、乙项目的净利润和现金净流量　　　　　　　　　单位：元

项目计算期	甲项目		乙项目	
	净利润	现金净流量（NCF）	净利润	现金净流量（NCF）
0	—	(100 000)	—	(100 000)

续表

项目计算期	甲项目		乙项目	
	净利润	现金净流量（NCF）	净利润	现金净流量（NCF）
1	15 000	35 000	10 000	30 000
2	15 000	35 000	14 000	34 000
3	15 000	35 000	18 000	38 000
4	15 000	35 000	22 000	42 000
5	15 000	35 000	26 000	46 000
合计	75 000	175 000	90 000	190 000

解：甲项目会计收益率 = 15 000/100 000 = 15%

乙项目会计收益率 = （90 000/5）/100 000 = 18%

计算过程不涉及现金净流量，只用到净利润和投资额；由于公司要求的最低会计收益率是 20%，因此甲、乙两个投资项目都不达标，不可行。

2. 会计收益率法的优缺点

优点：简单方便、概念容易理解；而且直接使用财务报表的净利润数据，数据很容易取得；考虑了整个项目寿命期的全部净利润；会计收益率法和回收期法一样，常被用来替代净现值法，很重要的原因是计算过程简便，并且数据也容易从会计账目上获得。

缺点：会计收益率法最大的缺陷在于，抛开客观且合理的现金流数据，使用会计核算的净利润和账面投资额来决定是否进行投资。而且没有考虑资金的时间价值，忽视了净利润的时间分布对项目实际价值的影响。类似回收期法的缺点，需要主观地选择一个具体的参照回收期一样，会计收益率法也未能提出如何才能确定一个合理的目标会计收益率。这个目标会计收益率也许应该参考市场利率，但会计收益率法毕竟不同于净现值法，这样的选择显然不妥。

7.3 互斥项目的评价方法

互斥项目评价时遇到的最常见的问题是规模问题，这会导致净现值法与内含报酬率法得到互相矛盾的结果。

假设现在有两个互相排斥的投资机会供长江空调公司选择。投资机会 1：现在投资 10 万元，明年获得 15 万元。投资机会 2：现在投资 100 万元，明年获得 110 万元。只能选择其中的一个投资机会，并且每个投资机会都不能重复选择。

投资机会 1：$NPV = 5$，$IRR = 50\%$；

投资机会2：$NPV = 10$，$IRR = 10\%$；

如果依据净现值法，应该选净现值最大的投资机会，即选择投资机会2。但如果依据内含报酬率法，应该选择内含报酬率最高的投资机会，即选择投资机会1。

根据上一节的内容可知，应该选择净现值最大的投资机会。但为什么不选择内含报酬率更高的投资机会呢？使用内含报酬率作为互斥项目的决策依据时，存在一个重大缺陷即内含报酬率忽略了项目的规模。投资机会1的内含报酬率相对比较高，但投资规模太小。换句话说，投资机会1的高收益率掩盖了其获取收益这一绝对值偏低的不足，这种情况下使用内含报酬率法会产生误导。

面对互斥项目，仅评价哪个项目可以接受是不够的，它们很可能都是净现值为正，我们需要知道哪一个更好。如果一个项目的所有评价指标，包括净现值、现值指数、内含报酬率法和投资回收期，都比另一个项目的指标好，那么选择时没有困扰。但现实情况可能是这些评价指标常常出现矛盾，尤其是净现值指标和内含报酬率指标出现矛盾时，该如何选择？

评价指标出现矛盾的原因主要有两种：一是投资额不同，即投资规模不同；二是项目寿命长短不同。具体分为以下几种情况：①互斥项目寿命相同，投资额相同；②互斥项目寿命相同，投资额不相同；③互斥项目寿命不相同，投资额不相同；下面将一一举例讲解。

7.3.1 互斥项目寿命相同，投资额相同

互斥项目的寿命相同，投资额相同，可采用净现值法或内含报酬率法

【例7-14】长江公司现有资金100万元可用于固定资产投资，有A、B、C、D四个互相排斥的备选项目可供选择，这四个项目的投资总额均为100万元，项目计算期都为6年，贴现率为10%，净现值和内含报酬率列示如下。

要求：为公司确定哪一个投资项目为最优项目。

$NPV_A = 8.13$（万元）　　　　$IRR_A = 13.3\%$

$NPV_B = 12.25$（万元）　　　　$IRR_B = 16.87\%$

$NPV_C = -2.12$（万元）　　　　$IRR_C = 8.96\%$

$NPV_D = 10.36$（万元）　　　　$IRR_D = 15.02\%$

解：因为C项目净现值为-2.12万元，小于零，内含报酬率为8.96%，小于贴现率10%，应舍去。其余的A、B、D三个备选项目的净现值均大于零，且内含报酬平均大于贴现率10%。所以A、B、D三个项目均符合项目可行的必要条件。

而且$NPV_B > NPV_D > NPV_A$，$IRR_B > IRR_D > IRR_A$。得出B项目最优，D项目为其次，最差为A项目；所以公司应采用B项目。

7.3.2　互斥项目寿命相同，投资额不相同

互斥项目的寿命相同，投资额不相同，可采用差额法。所谓差额法，是指在计算两个投资总额不同项目的差量现金净流量（记作 $\triangle NCF$）的基础上，计算出差额净现值（记作 $\triangle NPV$）或差额内含报酬率（记作 $\triangle IRR$），并据以判断项目孰优孰劣的方法。

在此方法下，一般以投资额大的项目减投资额小的项目，当 $\triangle NPV \geqslant 0$ 或 $\triangle IRR \geqslant i$ 时，投资额大的项目较优；反之，则投资额小的项目为劣。

差额净现值 $\triangle NPV$ 或差额内含报酬率 $\triangle IRR$ 的计算过程和计算技巧同净现值 NPV 或内含报酬率 IRR 完全一样，只是所依据的是 $\triangle NCF$。

【例 7 – 15】长江公司有甲、乙两个投资项目可供选择，甲项目的投资额为 100 万元，每年现金净流量均为 30 万元，可使用 5 年；乙项目的投资额为 70 万元，每年现金净流量分别为 10 万元、15 万元、20 万元、25 万元、30 万元，使用年限也为 5 年。甲、乙两方案建设期均为 0 年，且为互斥项目，贴现率为 10%。要求：对甲、乙项目作出选择。

解：因为两个项目寿命相同，但投资额不相等，所以可采用差额法来评判。

$\triangle NCF_0 = -1\,000\,000 - (-700\,000) = -300\,000$（元）

$\triangle NCF_1 = 300\,000 - 100\,000 = 200\,000$（元）

$\triangle NCF_2 = 300\,000 - 150\,000 = 150\,000$（元）

$\triangle NCF_3 = 300\,000 - 200\,000 = 100\,000$（元）

$\triangle NCF_4 = 300\,000 - 250\,000 = 50\,000$（元）

$\triangle NCF_5 = 300\,000 - 300\,000 = 0$

$\triangle NPV_{甲-乙} = 200\,000 \times (P/F, 10\%, 1) + 150\,000 \times (P/F, 10\%, 2) + 100\,000 \times (P/F, 10\%, 3) + 50\,000 \times (P/F, 10\%, 4) - 300\,000 = 115\,067$（元）

用 $i = 28\%$ 测算 $\triangle NPV = 14\,113$（元）。

再用 $i = 32\%$ 测算 $\triangle NPV = -2\,449$（元）。

用插值法计算 $\triangle IRR$：

$$\triangle IRR = 28\% + \frac{14\,113}{14\,113 - (-2\,449)} \times (32\% - 28\%) = 31.41\%$$

计算表明，差额净现值为 115 067 元大于零，差额内含报酬率为 31.41%，大于贴现率 10%，应选择甲项目。

7.3.3　互斥项目寿命不相同，投资额不相同

互斥项目的寿命不相同，投资额也不相同，此时如果简单地运用净现值法则就意味着应该选择成本具有较小现值的投资项目。然而，这可能会造成错误的结果。例如，成本较低的机器设备其重置时间更早，此时可以采用年回收额法。

所谓年回收额法，是指通过比较所有投资项目的年等额净现值指标的大小来选择最优方案的方法。年等额净现值最大的项目为优。

年回收额法的计算步骤如下。

（1）计算各项目的净现值 NPV。

（2）计算各项目的年等额净现值，若贴现率为 i，项目计算期为 n，则：

$$年等额净现值 A = \frac{净现值}{年金现值系数} = \frac{NPV}{(P/A, i, n)}$$

【例 7-16】长江公司有两个互斥的投资项目，其现金净流量见表 7-8。要求：如果公司期望达到的最低报酬率为 12%，请作出投资决策。

表 7-8　　　　　　　　　　　甲、乙项目相关数据　　　　　　　　　　　单位：元

项目计算期	甲		乙	
	净利润	现金净流量	净利润	现金净流量
0		(200 000)		(120 000)
1	20 000	120 000	16 000	56 000
2	32 000	132 000	16 000	56 000
3			16 000	56 000

解：（1）计算甲、乙项目各自的 NPV。

$NPV_{甲}$ = 120 000 × （P/F, 12%, 1）+ 132 000 × （P/F, 12%, 2）- 200 000
　　　= 12 378.4（元）

$NPV_{乙}$ = 56 000 × （P/A, 12%, 3）- 120 000 = 14 500.8（元）

（2）计算甲、乙项目的年等额净现值。

甲项目年等额净现值 = 12 378.4/（P/A, 12%, 2）= 7 324.06（元）

乙项目年等额净现值 = 14 500.8/（P/A, 12%, 3）= 6 037.47（元）

（3）作出决策。因为甲项目年等额净现值 > 乙项目年等额净现值，所以应选择甲项目。

根据上述计算结果可知，虽然乙项目的净现值大于甲项目的净现值，但乙项目的项目计算期为 3 年，而甲项目仅为 2 年，所以乙项目的净现值高并不能说明该项目优。因此需通过年回收额法计算年等额净现值得出结论，甲项目的年等额净现值高于乙项目，即甲项目为最优项目。

7.3.4　资本限额决策

投资人在进行项目决策时往往会遇到资本限制，无法为全部盈利项目筹资，此时需要考虑有限的资本如何分配给那些项目，即在一组独立项目中有多个可行的项目，但在资本有限的条件下，选择哪些项目才能使总投资效益最大呢？

在资本限额条件下，评选投资项目可以采用互斥组合法、内含报酬率排序法。

1. 互斥组合法

互斥组合法是在资金限量条件下，对独立项目进行互斥组合，按组合投资收益率、净现值等指标，计算各互斥组合的经济效益，选取经济效益最大的一组作为资金分配对象。

【例 7 – 17】长江空调公司现有资金 20 万元，有六个投资项目可供选择，其现金流量见表 7 – 9，应选择哪几个项目？($i = 10\%$)

表 7 – 9 项目投资额、*IRR* 和 *NPV*

项目	投资额（元）	寿命（年）	年收益（元）	残值	*IRR*（%）	*NPV*（元）
A	10 000	6	2 432	0	12	543
B	20 000	5	5 687	0	13	1 559
C	35 000	8	9 122	0	20	13 666
D	50 000	10	11 126	0	18	18 369
E	60 000	8	12 934	0	14	9 003
F	75 000	7	17 405	0	16	9 728

净现值法的计算步骤如下。

（1）计算各项目的净现值，排除不可行项目。

（2）根据资金限制条件，对独立项目进行互斥组合。

（3）计算互斥组合的净现值或总体收益净现值，最大者为优。

解：根据表 7 – 9 的数据得表 7 – 10，应选择 ABCDF 五个项目进行投资。

表 7 – 10 项目投资额和净现值 单位：元

互斥组合	投资	净现值
ABCDE	175 000	43 140
ABCDF	**190 000**	**43 865**
ADEF	200 000	37 643
ABCEF	195 000	34 499

组合投资收益率的计算步骤如下。

（1）计算各项目的内含报酬率。

（2）用加权算术平均的方法计算项目组合的组合投资收益率，组合的剩余资金按基准收益率计算。

（3）选取组合收益率最大者为优。

$$组合投资的收益率 = \frac{\sum 各项目投资额 \times 项目内部收益率 + 剩余资金 \times 基准收益率}{资金总数}$$

如【例 7 – 17】中，假设基准收益率是 10%，则 ABCDE 组合的组合投资收益率为：

$$Y_{ABCDE} = (10\ 000 \times 12\% + 20\ 000 \times 13\% + 35\ 000 \times 20\% + 60\ 000 \times 14\% + 50\ 000 \times 18\% +$$
$$25\ 000 \times 10\%)\ /200\ 000 = 15.35\%$$

同理可得其他组合的组合投资收益率见表 7 - 11，根据表 7 - 11 的数据，应选择 ABCDF 五个项目进行投资。

表 7 - 11   组合投资收益率

互斥组合	投资（元）	组合投资收益率（%）
ABCDE	175 000	15.35
ABCDF	**190 000**	**16.40**
ADEF	200 000	15.60
ABCEF	195 000	15.55

2. 内含报酬率排序法

（1）计算各项目的内含报酬率，排除不可行项目。

（2）将剩余项目按内含报酬率大小排序。

（3）按资金限制条件对项目进行选择。

在表 7 - 8 中，六个项目内含报酬率均大于 10%，因而均可行，将它们按内含报酬率排序后作图，如图 7 - 3 所示。

分析：决策者按内含报酬率大小选择组合 C + D + F 项目在投资限额内，再加入 E 项目超支，此时决策者可考虑 C + D + F 再选择 B 和 A，因而项目组合 ABCDF 为最优。

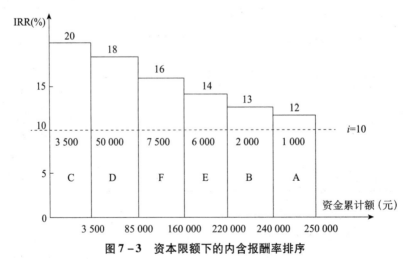

图 7 - 3   资本限额下的内含报酬率排序

7.3.5   比较费用投资决策

有时候会碰到这样一些项目，如污水处理、空气净化等，企业可以选择不同的投资方案或设备，以达到预期的效果。由于这些项目的收益是无法用价值衡量的，因此，在进行方案比选时，应采用费用比较法，常用的方法有费用现值法、费用年值法、最小公倍寿命法。费用现值法和费用年值法也可用于现金流入相同的投资项目的比较。

1. 费用现值法

费用现值又称全寿命周期成本，是将项目的现金流出按一定的贴现率计算到期初的总和。采用费用现值对互斥项目进行比较，以费用现值较小为优。费用现值法适合于寿命周期相同的项目间比较。

【例 7 – 18】 长江公司需购置一台设备，现有两种设备都满足要求，A 设备购置价格为 20 万元，平均每年维护费为 1 万元，可使用 5 年；B 设备购置价格为 15 万元，平均每年维护费用为 1.8 万元，该公司的资本成本率为 10%，试问应购置哪款设备？（假定维护费用年末支付）

解：$PC_A = 200\,000 + 10\,000 \times (P/A, 10\%, 5) = 237\,907$（元）

$PC_B = 150\,000 + 18\,000 \times (P/A, 10\%, 5) = 218\,234$（元）

由于 $PC_B < PC_A$，因而应选 B 设备。

2. 费用年值法

费用年值是把投资额按一定贴现率折算为年金后与年运行费用相加得到的。采用费用年值法对互斥项目进行比较以费用年值较小为优，费用年值法既适合项目寿命周期相同的项目，也适合项目寿命周期不相同的项目进行比较。

【例 7 – 19】 长江公司为处理本企业废水，有两个项目可选择。A 项目期初投资 150 万，每年净化成本 20 万元，可使用 10 年。B 项目期初投资 200 万，每年净化成本 18 万元，可使用 20 年，项目的资本成本率为 10%，要选择哪个项目？

解：$AC_A = 20 + 150 \div (P/A, 10\%, 10) = 44.41$（万元）

$AC_B = 18 + 200 \div (P/A, 10\%, 20) = 41.49$（万元）

由于 $AC_B < AC_A$，因而应选 B 项目进行投资。

3. 最小公倍寿命法

上述【例 7 – 19】中两个项目的寿命周期不同，也可采用最小公倍寿命法比选。具体步骤如下。

（1）计算两个项目的最小公倍寿命；由【例 7 – 19】可知 A、B 两个项目的最小公倍寿命为 20 年。

（2）在最小公倍寿命内对项目进行重复投资（假定设备购置价格及运行成本不变）。

A 项目重复投资后的现金流量如图 7 – 4 所示。

B 项目本身的寿命为 20 年，其现金流量如图 7 – 5 所示。

（3）计算投资后的项目费用现值并进行比较。

$PC_{A'} = 150 + 150 \times (P/F, 10\%, 10) + 20 \times (P/A, 10\%, 20) = 378.1$（万元）

$PC_{B'} = 200 + 18 \times (P/A, 10\%, 20) = 353.24$（万元）

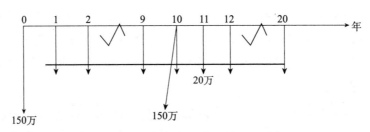

图 7 - 4　A 项目最小公倍法重复投资现金流量

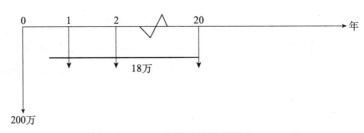

图 7 - 5　B 项目最小公倍法重复投资现金流量

由于 $PC_B < PC_A$，因而选 B 项目进行投资。

并不是所有的公司都使用涉及现金流量贴现的投资评估方法。有些公司采用回收期法，也有些公司使用平均会计收益率法。多数的研究表明，大公司最经常使用的资本预算方法是内含报酬率法、净现值法，或者是将二者结合起来使用；回收期法则很少被作为首选的决策方法，但在辅助方法中却是使用率最高的。

那些有可能精确预测现金流量的公司往往倾向于使用净现值法。例如，在石油类企业，预测的现金流量就具有很高的可信度。相反，要预测电影公司的现金流量就十分困难，不可能预测一部影片将来的票房收入，正因为如此，电影公司往往很少考虑使用净现值法。

7.4　项目风险分析

由于长期投资项目决策涉及的时间较长，成本和收益会随着瞬息万变的市场发生变化，从而导致预测结果在一定程度上存在不准确性，对于项目客观存在的风险，我们必须对它进行专门的研究。

7.4.1　风险调整现金流量

1. 肯定当量法

在投资决策中，由于各年现金流量的不确定性，因而要对它进行调整。预先用一个系数把有风险的现金流量调整为无风险的现金流量，再用无风险利率去计算不同方案的净现值，然后用净现值法的规则判断投资机会是否可取的一种方法。

这个系数称为肯定当量系数，也称为约当系数，是指把不肯定的 1 元现金流量折算成肯定现金流量的系数。即为确定的现金净流量与不确定的现金净流量期望值之间的比值，一般用 d 表示。计算公式为：

$$NPV = \sum_{t=0}^{n} \frac{d_t \times E_t}{(1+i)^t} - \sum_{t=0}^{n} \frac{C_t}{(1+i)^t}$$

$$d_t = \frac{肯定的现金净流量}{不肯定的现金净流量期望值}$$

其中，d_t 为第 t 年现金净流量的肯定当量系数；E_t 为第 t 年的有风险的现金净流量期望值；i 为无风险利率；C_t 为第 t 年的投资额。

肯定当量系数的取值根据现金流量的风险大小确定，取值标准如下。

现金流量确定：$d=1$

风险小：$0.8 \leq d < 1$

风险一般：$0.4 \leq d < 0.8$

风险很大时：$0 < d < 0.4$

在风险调整时，根据各年现金流量风险的大小，选取不同的肯定当量系数把各年不确定的现金流量折算为大约确定的现金流量，然后利用无风险贴现率评价风险投资项目的决策分析方法叫肯定当量法。

【例 7 – 20】假定长江空调公司拟进行一项项目投资，其各年预计的现金流量和肯定当量系数见表 7 – 12，无风险利率为 10%，试判断项目的可行性。

表 7 – 12　　　　　　　　　　　　　项目现金流量和约当系数

项目	第 0 年	第 1 年	第 2 年	第 3 年	第 4 年	第 5 年
NCF（万元）	– 100	40	40	30	30	20
d_t	1	0.9	0.8	0.8	0.7	0.6

解：调整前：

$$NPV = -100 + \frac{40}{1+10\%} + \frac{40}{(1+10\%)^2} + \frac{30}{(1+10\%)^3} + \frac{30}{(1+10\%)^4} + \frac{20}{(1+10\%)^5}$$

$$= 24.87 > 0$$

调整后：

$$NPV' = -100 + \frac{40 \times 0.9}{1+10\%} + \frac{40 \times 0.8}{(1+10\%)^2} + \frac{30 \times 0.8}{(1+10\%)^3} + \frac{30 \times 0.7}{(1+10\%)^4} + \frac{20 \times 0.6}{(1+10\%)^5}$$

$$= -1 < 0$$

由上述计算可以看出，按风险程度对现金流量进行调整，项目的净现值为负，不能进行投资。

但在实际中，肯定当量系数往往是在估计风险程度的基础上凭借经验确定的，所以又可以说它是一个经验系数。投资项目风险大小通过标准差来表示，某项目收益的标准差越小，说明风险越小，将其不肯定的现金净流量换算为肯定的现金净流量的数额就相对较大；反之，则换算为肯定的现金净流量的数额就相对较小。显然，标准差越小，其相对应的肯定当量系数则越大；标准差越大，其相对应的肯定当量系数越小。标准差与肯定当量系数的经验关系见表 7 – 13。

表 7 – 13   **标准差系数与肯定当量系数**

标准差系数 q	肯定当量系数 d_t
$0 \leqslant q \leqslant 0.07$	1
$0.07 < q \leqslant 0.15$	0.9
$0.15 < q \leqslant 0.23$	0.8
$0.23 < q \leqslant 0.32$	0.7
$0.32 < q \leqslant 0.42$	0.6
$0.42 < q \leqslant 0.54$	0.5

2. 敏感性分析法

在投资项目决策中，由于现金流量的不确定性会使项目存在风险，该现金流量变动一定幅度时，净现值会变动一定比率，我们把净现值随现金流量变动而变动的程度称为敏感性。敏感性分析法就是通过研究净现值对现金流量的敏感性而作出投资决策的一种方法。

【例 7 – 21】 某项目的现金流量见表 7 – 14，若现金流量分别下降 10%、20% 时，试计算出净现值，并判断项目是否可行。

表 7 – 14   **某项目的现金流量**（$i = 10\%$）

项目	第 0 年	第 1 年	第 2 年	第 3 年	第 4 年	第 5 年
NCF_t（万元）	– 100	40	40	30	30	20

解：

（1）根据现金流量表可求得：

$$NPV = -100 + \frac{40}{1 + 10\%} + \frac{40}{(1 + 10\%)^2} + \frac{30}{(1 + 10\%)^3} + \frac{30}{(1 + 10\%)^4} + \frac{20}{(1 + 10\%)^5}$$

$$= 24.87 > 0$$

（2）假定现金流量将下降 10%，则：

$$NPV' = -100 + \frac{40 \times 0.9}{1 + 10\%} + \frac{40 \times 0.9}{(1 + 10\%)^2} + \frac{30 \times 0.9}{(1 + 10\%)^3} + \frac{30 \times 0.9}{(1 + 10\%)^4} + \frac{20 \times 0.9}{(1 + 10\%)^5}$$

$$= 12.38 > 0$$

$$NPV \text{下降比例} = \frac{24.87 - 12.38}{24.87} \approx 50.2\%$$

（3）假定现金流量下降20%，则同理可计算出：

$$NPV'' = -100 + \frac{40 \times 0.8}{1+10\%} + \frac{40 \times 0.8}{(1+10\%)^2} + \frac{30 \times 0.8}{(1+10\%)^3} + \frac{30 \times 0.8}{(1+10\%)^4} + \frac{20 \times 0.8}{(1+10\%)^5}$$

$$= -0.104 < 0$$

由上述计算可知：若净现金流量下降10%，则净现值下降50.2%；当净现金流量下降20%时，项目的净现值小于0，项目将变得不可行。

7.4.2 概率法

概率法是在多因素敏感性分析的基础上发展起来的，假设各参数是服从某种分布的相互独立的随机变量，则以投资项目经济效益作为参数的函数必然也是一个随机变量。在进行概率分析时，先对参数（如各年的净现金流入量等）作出概率估计，并以此为基础计算经济效益期望值、累计概率、标准差及离差系数等反映项目的风险程度。

$$\overline{NCF_t} = \sum_{t=1}^{n} NCF_{ti} \times P_{ti}$$

$$\overline{NPV} = \sum_{t=1}^{n} \overline{NCF_t} \times (P/F, i, t)$$

其中，NCF_{ti}为第 t 年 i 种情况的净现金流量；P_{ti}为第 t 年 i 种情况发生的概率；$\overline{NCF_t}$为第 t 年的期望净现金流量；$\overline{NPV}$为项目的期望净现值。

【例7－22】某项目一次性投资 9 000 万元，如果效益好每年可获利 5 000 万元，概率为70%；若效益不好每年可获利 3 000 万元，概率为30%；收入期限为 3 年，资本成本率为20%，试判断项目的可行性。

解：$\overline{NCF_t} = 3\,000 \times 0.3 + 5\,000 \times 0.7 = 4\,400$（万元）

$\overline{NPV} = 4\,400 \times (P/A, 20\%, 3) - 9\,000 = 266 > 0$

（1）从净现值指标 $\overline{NPV} > 0$ 分析，项目可行。

（2）应当从概率分布角度作进一步分析，见表 7－15。

表 7－15		××项目期望值及概率计算表			单位：万元
第 0 年	第 1 年	第 2 年	第 3 年	期望值	概率
-9 000	5 000 (0.7)	5 000 (0.7)	5 000 (0.7)	632	0.343
			3 000 (0.3)	375	0.147
		3 000 (0.3)	5 000 (0.7)	144	0.147
			3 000 (0.3)	-1 014	0.063
	3 000 (0.3)	5 000 (0.7)	5 000 (0.7)	-134	0.147
			3 000 (0.3)	-1 292	0.063
		3 000 (0.3)	5 000 (0.7)	-1 523	0.063
			3 000 (0.3)	-2 681	0.027

由表 7 - 15 可以看出，净现值大于零的概率是 63.7% （0.343 + 0.147 + 0.147 = 0.637），而净现值小于零的概率是 36.3%，因此，可以考虑选择此项目。

7.4.3 管理期权

在进行投资决策时，最容易考虑到的是投资效果，即每年所能获得的现金流量，然而投资环境并不是一成不变的。在项目实施过程中，企业可以根据实际情况对以前的决策作出相应的更改，这种权力被称为管理期权。

由于管理期权的存在，项目的投资价值提高了，此时，投资项目的价值 = 项目原价值 + 管理期权的价值。

在投资过程中，管理期权的内涵相当丰富，包括改变投资规模选择权、延期选择权、放弃选择权、改变经营方向选择权等多种形式，无论是哪一种选择权，都是通过控制未来不利因素的发展，从而增加项目的价值，不确定性越大，管理期权的价值越大。下面以改变经营方向选择权为例进行说明。

【例 7 - 23】长江空调公司拟投资 250 万元引进设备生产新产品，经济寿命预计 10 年，如果财务状况好，年营业现金流量 50 万元，概率为 70%；如果财务状况不好，年营业现金流量为 40 万元，概率为 30%。若财务状况不好，一年后长江空调公司可考虑追加 20 万元投资转产，转产后，从第 2 年到第 10 年每年可获得营业现金流量 45 万元，资本成本为 10%。请分析项目可行性。

解：（1）在没有改变经营方向选择权的情况下。

$NPV = -250 + (50 \times 70\% + 40 \times 30\%) \times (P/A, 10\%, 10) = 38.8$（万元）

（2）设置了经营方向选择权的情况下。

$NPV = -250 + 50 \times 70\% \times (P/A, 10\%, 10) + [(40-20) \times (P/A, 10\%, 1) + 45 \times (P/A, 10\%, 9)/1.1] \times 30\% = 41.19$（万元）

由此可见，在设置了经营方向选择权后，项目的投资价值增加了 2.39（即 41.19 - 38.8）万元。

（3）进一步分析，在市场条件差时，不设置经营方向选择权。

$NPV_{差} = -250 + 40 \times (P/A, 10\%, 10) = -4.22$（万元）

在市场条件差时，设置经营方向选择权。

$NPV_{差} = -250 + (40-20) \times (P/A, 10\%, 1) + 45 \times (P/A, 10\%, 9)/1.1$
$= 3.78$（万元）

由此可见，在设置了经营方向选择权后，项目的投资价值增加了 8（即 3.78 + 4.22）万元。

也就是说，即使在市场条件差的情况下，由于改变经营方向选择权的存在，使项目由亏损变为盈利，无论市场情况如何变化，项目均可行，而且项目风险降低了。

7.4.4 风险调整贴现率法

风险调整贴现率是更为实际、更为常用的风险处理方法，这种方法的基本思路是对高风险的项目，应采用较高的贴现率计算净现值。从机会成本角度考虑，在项目评价时，决策者会参考行业基准收益率或较典型的类似项目的收益率作为项目的贴现率。然而，当企业的资本结构与行业平均资本结构有显著不同时，应根据企业资本结构进行相应调整。具体地要通过对企业系统风险 β 值的调整来实现，调整步骤如下：

（1）根据行业基准收益率测算出行业的 β 值。

根据资本资产定价模型：$K = R_f + \beta (R_m - R_f)$

推导得出：$\beta = (K - R_f) / (R_m - R_f)$

（2）加载目标企业财务杠杆。

即根据企业的资本结构调整 β 值，计算公式如下：

$$\beta_{权益} = \beta_{资产} [1 + (1 - 所得税税率) \times (负债/权益)]$$

（3）根据企业的 $\beta_{权益}$ 计算股东要求的报酬率。

$$K_{权益} = R_f + \beta_{权益} (R_m - R_f)$$

其中，K 是必要报酬率；R_f 是无风险报酬率；R_m 是市场必要报酬率；$K_{权益}$ 是股东要求的报酬率。

【例 7 - 24】长江空调公司的负债/权益比率为 6/4，无风险报酬率为 5%，市场平均必要报酬率为 10%，公司预期收益率为 12%，所得税税率 25%，求项目的贴现率。

解：（1）计算行业 β 值。

$\beta_{资产} = (12\% - 5\%) / (10\% - 5\%) = 1.4$

（2）加载目标企业财务杠杆。

$\beta_{权益} = 1.4 \times [1 + (1 - 25\%) \times 6/4] = 2.975$

（3）计算股东要求的报酬率。

$K_{权益} = 5\% + 2.975 \times (10\% - 5\%) = 19.875\%$

由于项目负债而使得项目风险增加，股东要求的报酬率也增加，根据净现值与贴现率的关系，贴现率增大，净现值会降低甚至为负数。

风险调整贴现率法是通过调整净现值公式中的贴现率来考虑风险因素，但是风险调整贴现率法将资金时间价值与风险价值混在了一起。

🔗 思考与练习

1. 回收期法的优点与其存在的问题有哪些？

2. 如何计算项目的内含报酬率？

3. 分析独立项目与互斥项目的不同之处。

4. 为什么要优先选择净现值法？

5. 内含报酬率法运用于独立项目或互斥项目都有可能遇到的问题有哪些？

6. 如何计算项目的现值指数？对于独立项目、互斥项目，应当如何运用现值指数法进行投资决策？

7. 在决定净增现金流量时的难题是什么？沉没成本、机会成本和关联效应具体指什么？

8. 为什么在用净现值分析方法贴现现金流量时，使用现金流量而不用收入或利润？

9. 长江公司拟扩大规模投产新的生产线，进行为期一年的调研，共花费了 20 万元调研费；今年公司拟引进价值 200 万元的先进生产系统，提高生产效率。如果购入该系统，额外需花费 2 万元运输费及 3.5 万元安装费。该系统的预期寿命为 5 年，在这 5 年中，预期因增添此系统而增加的税前及未扣除折旧的利润为每年 80 万元。此外，估计由于质量提高而带来销售增长，使该公司的库存量也随之上升 20 万元，应付账款上升 5 万元。假设公司资本成本为 10%，所得税税率为 25%，公司采用直线法计提折旧，该系统 5 年后没有残值。

（1）计算该投资项目的各年的现金净流量。

（2）计算该投资项目的净现值，并进行财务可行性评价。

10. 长江公司拟开发一款新产品，假定该产品行销期估计为 5 年，5 年后停产。有关资料如下：购入机器设备 10 万元；投产需垫支流动资金 5 万元；每年的销售收入 8 万元；每年的材料、人工等付现成本 5 万元；前 4 年每年的设备维修费 2 000 元；5 年后设备的残值 1 万元。假定该项新产品的投资报酬率为 10%，不考虑所得税。

（1）计算项目各年的现金净流量；

（2）计算该项目的内含报酬率；

（3）用内含报酬率指标对该项新产品开发方案是否可行作出评价。

11. 长江公司计划投资新建一套生产线，该投资项目需要初始投资 150 万元，计划 2 年建设完工，而且预计在建设期的第 1 年末和第 2 年末分别需投入流动资金 50 万元。预计经营期为 8 年，每年可使公司增加销售量 3 万件，每件单价 100 元，每件付现成本 60 元。设备采用直线法计提折旧，生产线到期报废时有 8% 的净残值。企业所得税税率为 25%，资本成本为 12%。要求：计算该投资项目的净现值并评价该投资项目是否可行。

12. 长江公司正在评估是否应购置某生产设备。购置该生产设备需 100 万元，预计使用年限为 5 年，采用直线法计提折旧，到期无残值。购入设备后可使公司每年产品销售量增加 18 万件，产品单价为 20 元/件，变动成本为 12 元/件。增加的年固定成本（不包括折旧）为 75 万元，所得税税率为 25%，投资者要求的必要收益率为 12%。

（1）计算购置该设备的现金净流量和净现值。

（2）当销售量减少 1 000 件时，计算净现值相对于销售量变化的敏感程度。

第 **8** 章

营运资本管理

通过对本章的学习，能够了解营运资本的概念、具体内容、特点、原则和方法；掌握现金持有目的和最佳现金持有量的计算方法，熟悉现金日常管理；掌握应收账款、存货、应付账款、短期借款和短期融资券管理的目标、特点、成本、内容和方法；重点要掌握企业的信用政策和存货管理模型即经济订货量模型。

营运资本管理所要解决的问题：①维持公司正常运营应持有多少流动资产，包括现金、有价证券、应收账款、存货等的最佳持有量是多少。②如何筹措流动资金，通过哪些融资渠道筹措多少流动资金。

8.1 营运资本管理概述

营运资本是指流动资产减去流动负债的余额。营运资本管理包括流动资产管理和流动负债管理。

8.1.1 流动资产

流动资产是指可以在 1 年或超过 1 年的 1 个营业周期内变现或运用的资产，具体包括现金、短期金融资产、应收账款、存货、预付账款等。

流动资产的特点包括：周转速度快、占用时间短、变现能力强但收益率较低。因此，公司应在流动性与收益性之间权衡并合理确定流动资产金额。

流动资产可以按不同的标准进行分类，一般有以下分类。

（1）按照形态不同分为：现金、短期金融资产、应收账款、存货、预付账款等。

（2）按照生产经营过程中所处环境不同分为：①处于生产领域的流动资产，如原材料、辅助材料、低值易耗品、在产品、半成品等；②处于流通领域的流动资产，如产成品、库存商品、现金等；③处于生息领域的流动资产，如定期存款、短期金融资产、应收票据等。

（3）按照表现形式不同分为：①货币形态流动资产，如现金、短期金融资产、应收账款、预付账款、应收票据等；②实物形态流动资产，如原材料、在产品、产成品、库存商品等。

（4）按照流动性不同分为：①速动资产是指在很短时间内可以变现的流动资产，如货币资金、短期金融资产和各种应收款项；②非速动资产包括存货、待摊费用、预付款、一年内到期的非流动资产以及其他流动资产。

8.1.2 流动负债

流动负债是指在 1 年或超过 1 年的 1 个营业周期内必须偿还的债务，也称短期负债。流动负债的特点包括：成本低、偿还期限短、风险大。

流动负债可以按不同的标准进行分类，一般有以下分类。

（1）按照应付金额是否确定分为：应付金额确定的流动负债（如短期借款、应付票据、应付账款等）和应付金额不确定的流动负债（如应交税费、产品质量保证金等）。

（2）按照负债的形成情况分为：自然性流动负债（如应付职工薪酬、应交税费等）和人为性流动负债（如短期借款）。

（3）按照负债是否有利息分为：有息流动负债（如短期借款、应付票据）和无息流动负债（如应付账款、应付职工薪酬、应付税金等）。

流动资产按流动性（以公允价格转换成现金的难易程度）、流动负债按还款时间先后列示于资产负债表。

8.1.3 营运资本管理的特点和原则

1. 营运资本管理的特点

（1）资金来源广泛且灵活多样。与筹集长期资金相比，筹集营运资本的方式较为灵活多样，既有内部渠道，又有外部渠道。

（2）营运资本的周转速度快，时间期限短。公司的流动资产和流动负债一般都在 1 年或 1 个营业周期内变现或偿还，通常流动资产的资金来源可以通过流动负债筹集资金来解决。

（3）营运资本的数量波动较为明显。流动资产的金额会随着公司内外部条件变化而变化，尤其是产品具有季节性特征的公司更是如此，相应的流动负债的金额也会发生变化。

（4）营运资本的实物形态具有变动快、易变现的特点。公司营运资本的实务形态是经常变化的，以制造业为例，一般是从现金、原材料、在产品、产成品、库存商品、应收账款、现金的顺序快速转换，合理配置营运资本，加速资金周转，可以提高公司效率。

2. 营运资本管理的原则

（1）分析公司生产经营和财务状况，合理确定营运资本的需要数量。

（2）在保证生产经营需要的前提下，节约使用资金。

（3）加速营运资本的周转，提高资金的利用效率。

（4）合理安排流动资产与流动负债的比例关系，保障公司有足够的短期偿债能力。

8.1.4 营运资本管理策略

公司必须建立一个框架来评估营运资本管理中的风险和收益，包括流动资产投资策略和流动负债融资策略。确定在经营管理过程中，公司需要多少营运资本，如何筹集资金。

1. 流动资产投资策略

由于销售量、成本、生产周期、原材料补给、订货到交货时常、客服沟通能力、付款和收款等方面存在不确定性，使得流动资产的投资决策非常重要，不同的行业和不同的公司，流动资产具体金额和占销售额的比重差异巨大。公司应选择与其业务需要和管理风格相符合的流动资产投资策略。

一般把流动资产投资策略分为三类：宽松型、适中型和紧缩型，如图 8-1 所示。

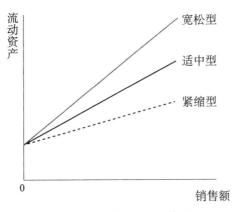

图 8-1　流动资产投资策略

（1）宽松型：持有较多流动资产，风险和收益都较低。在宽松型流动资产投资策略中，公司通常会维持较高水平的流动资产，流动资产与销售收入比率较高，具体包括持有较多的现金、实施宽松的信用政策使得应收账款较多、存货数量较多。公司短期偿债能力较强，风险较小，但是持有较多的流动资产可能会导致资产收益率下降。

（2）适中型：持有适量流动资产，风险和收益平衡；适中型流动资产投资策略介于宽松型和紧缩型二者之间。

（3）紧缩型：持有少量流动资产，风险和收益都较大。在紧缩型流动资产投资策略中，公司通常会维持较低水平的流动资产，流动资产与销售收入比率较低，具体包括持有较少的现金、实施严格的信用政策使得应收账款较少、利用零存货管理压低原材料和存货的数量。紧缩型流动资产投资策略可能伴随着较大的风险，这些风险可能源于严格信用政策降低销售收入、零库存管理难以应对突发状况，或缺乏现金及时偿还到期债务等。因此，公司短期偿债能力较差，风险较大，但是持有较少的流动资产可能会提高资产收益率。

2. 流动资产的融资策略

公司对流动资产的需求，一般会随着产品销售量的变化而变化，如生产销售空调的公司，夏季会迎来销售旺季，流动资产的需求在旺季会更大，可能是淡季的几倍。在公司经营状况平稳的情况下，流动资产的最低需求具有一定的刚性和稳定性，可以将其界定为流动资产的永久性水平；当销售数量出现季节性变化时，流动资产会在永久性水平的基础上波动。因此，可以把流动资产分成两部分：永久性部分和波动性部分。检验各项流动资产与销售收入之间的关系，可以较为准确地估计流动资产的永久性部分和波动性部分的具体金额，以此为依据制定对应的融资策略。

流动资产的永久性部分相对稳定，是一种长期的资金需求，需要通过长期负债或权益资本融资来解决；流动性资产的波动性部分则灵活多变，比较经济适用的方法是通过低成本的流动负债来解决。如何进行永久性和波动性流动资产的融资决策，决定了一个公司营运资本管理的策略。一般营运资本融资策略可分为三类：保守型融资策略、激进型融资策略和期限匹配型融资策略。

（1）保守型融资策略。在保守型融资策略中，公司通过长期融资（长期负债、权益资本等）获得的长期资金支持非流动资产、永久性流动资产和一部分波动性流动资产，即不但用长期资金来满足购置固定资产和流动资产的需求，而且还用长期资金来满足因为季节性或者循环性波动而产生的部分或全部临时性流动资产的资金需求，流动负债融资仅用于支持剩余的波动性流动资产。此时，最小限度地使用流动负债，公司的流动比率较大，短期偿债能力较强，风险较小。但是，因为使用成本更高的长期资本，所以整体融资成本高于其他两种策略。

（2）激进型融资策略。在激进型融资策略中，公司用长期资金支持所有固定资产投资，仅对一部分永久性流动资产使用长期资金，剩下的永久性流动资产和波动性流动资产全部通过流动负债融资解决。此时，公司大量依赖流动负债融资。虽然流动负债的融资成本低于长期资金的融资成本，但过多地使用流动负债融资，会导致公司流动比率较低、流动性风险较大、短期偿债能力下降。如果出现销售下滑、存货变现困难等不利状况，可能导致无法偿还到期债务，引发流动性风险。

（3）期限匹配型融资策略。期限匹配型融资策略中，固定资产和永久性流动资产用长期融资的方式来筹措资金，波动性流动资产由流动负债融资方式来筹集资金；风险和收益适中，资产使用周期和负债的到期日期限相互匹配。

表 8-1 是格力电器（000651.SZ）合并资产负债表中流动资产和流动负债的数据，从中可以计算出公司的流动资产和负债各项目占比、流动比率、营运资本、流动资产占营业收入比重等，以这些数据可以分析格力电器的营运资本管理情况。

表 8-1　　　　　格力电器合并资产负债表（流动资产、流动负债部分）

项目	2022 年 12 月 31 日（元）	占比（%）	2021 年 12 月 31 日（元）	占比（%）
流动资产：				
货币资金	157 484 332 251.39	61.72	116 939 298 776.87	51.78
交易性金融资产	3 867 203 363.52	1.52		
衍生金融资产			198 773 198.65	0.09
应收票据	6 818 428.95	0.0027		
应收账款	14 824 742 623.40	5.81	13 840 898 802.76	6.13
应收款项融资	28 427 310 345.20	11.14	25 612 056 693.07	11.34
预付款项	2 344 668 845.48	0.92	4 591 886 517.34	2.03
其他应收款	804 277 958.80	0.32	334 161 870.18	0.15
存货	38 314 176 763.90	15.02	42 765 598 328.01	18.94
合同资产	1 047 739 817.94	0.41	1 151 228 472.63	0.51
一年内到期的非流动资产	3 314 191 633.19	1.30	11 033 571 932.60	4.89
其他流动资产	4 704 576 940.64	1.84	9 382 177 587.07	4.15
流动资产合计	255 140 038 972.46	100	225 849 652 179.18	100
流动负债：		占比		占比
短期借款	52 895 851 287.92	24.45	27 617 920 548.11	14.01
拆入资金			300 021 500.00	0.15
衍生金融负债	184 811 894.98	0.09		
卖出回购金融资产款			746 564 041.09	0.38
吸收存款及同业存放	219 111 069.61	0.10	182 681 905.74	0.09
应付票据	38 609 900 819.74	17.84	40 743 984 514.42	20.67
应付账款	32 856 071 488.87	15.18	35 875 090 911.05	18.20
合同负债	14 972 336 715.45	6.92	15 505 499 178.75	7.87
应付职工薪酬	3 897 862 091.84	1.80	3 466 630 401.73	1.76
应交税费	3 819 424 639.48	1.77	2 230 471 191.49	1.13
其他应付款	10 912 406 666.89	5.04	6 763 119 937.14	3.43
一年内到期的非流动负债	255 342 537.57	0.12	1 255 294 034.84	0.64
其他流动负债	57 748 817 603.24	26.69	62 414 107 264.20	31.67

续表

项目	2022 年 12 月 31 日（元）	占比（%）	2021 年 12 月 31 日（元）	占比（%）
流动负债合计	216 371 936 815.59	100	197 101 385 428.56	100
营运资本	38 768 102 156.87		28 748 266 750.62	
流动资产/营业收入		134.18		119.09
流动比率		118		115

资料来源：格力电器（000651.SZ）2022 年年报。

2022 年格力电器的流动资产主要是货币资金、存货、应收款项融资和应收账款，分别占流动资产的 61.72%、15.02%、11.14%、5.81%。与流动资产相对的是流动负债，从表 8-1 可以看出，公司利用了多种短期负债融资，包括：其他流动负债、短期借款、应付票据、应付账款和合同负债，分别占流动负债的 26.69%、24.45%、17.84%、15.18%、6.92%。格力电器 2022 年的营运资本相比于 2021 年有大幅度增加，增长率是 134.85%。流动资产占营业收入的比重上升，从 2021 年的 119.09% 上升到 2022 年的 134.18%；流动比率也从 2021 年的 1.15 上升到 2022 年的 1.18；公司经营较为稳健，流动资产投资策略属于宽松型，营运资本管理属于保守型融资策略。

8.2 现金管理

经济意义上的现金包括库存现金、银行存款、未存入银行的支票以及可以随时用于支付的其他存款。然而，在财务管理中，短期有价证券也包括在现金这一概念中，被视为现金等价物，包括：短期国债、大额可转让存单、商业本票、银行承兑汇票、货币市场基金等期限短、流动性强、易于转换为已知金额现金、价值变动风险很小的投资。资产负债表中的货币资金项目通常包括现金和现金等价物，本节所指的现金包括了现金和现金等价物。

1. 持有现金的动机

公司持有现金的动机有三个：交易性需求、预防性需要、投机性需要。

（1）交易性需求是指公司未来满足日常的、正常性的商业活动需要持有一定的现金。日常现金支出包括支付工资、偿还债务、交纳税款和派发股利等。而现金的收入则来源于公司经营过程中的销售商品、出售资产、融资活动等。现金的流入和现金的流出并不是完全同步的，持有一定数额的现金满足交易性需求是很有必要的。

（2）预防性需要是指公司持有现金，以便应付意外突发事件对现金的需求。公司预测的现金持有额通常是指正常生产经营情况下的现金需求额，但有许多意外事件会影响公司现金的收入和支出，如自然灾害、生产事故、突发偶然事件等，都会使公司的现金收支出现不平衡。公司持有一定量的现金，可更好地应付这些意外事件的发生。这些当作安全存量持有的现金，称为预防性余额。所需要现金的多少取决于三个因素：现金收支预测的可靠程度、公司短期融资的能力、公司承担现金短缺风险的能力。

（3）投机性需要是指公司持有现金，可以抓住突然出现的获利机会。例如，当预期有价证券的价格要上升时，公司就可抓住获利机会，利用闲置资金进行短期投资活动，从中获取短期投资收益；当公司需要现金时可将有价证券变现成现金。

2. 持有现金的成本

（1）机会成本。公司因持有一定的现金而丧失的投资收益（再投资收益）即机会成本。通常是按照公司资本成本或有价证券投资收益率计算机会成本。现金持有额越大，机会成本越高。公司为生产经营的需要，持有一定量的现金，付出相应的机会成本代价是必要的，但现金持有量过多，机会成本大幅度上升；因此，要权衡机会成本和收益，确定最佳现金持有量。

假定长江空调公司的资本成本为 12%，年均持有现金 50 万元，则长江空调公司持有现金的机会成本为 6 万元。

（2）转换成本。转换成本也称交易成本，是指用现金购入有价证券以及转让有价证券换取现金时付出的交易费用，即现金同有价证券之间相互转换的成本，如委托买卖佣金、委托手续费、证券过户费、印花税、实物交割手续费等。

（3）短缺成本。现金短缺成本是指公司的现金持有量不足，又无法及时通过有价证券变现或及时通过借贷加以补充而给造成的损失。主要包括三个方面的损失：丧失购买能力造成的损失、信用损失和失去折扣优惠的损失、丧失偿债能力的损失。

（4）管理成本。公司持有现金，会发生管理成本，如相关人员的工资、安全保护费用、购置保险柜等设备的成本等。注意，因为管理成本数额比较固定，因此一般认为它是一种固定成本，与现金持有量之间没有明显的比率关系。

当然，为了确定目标现金余额，公司就必须对持有现金的收益和成本进行权衡，并根据公司的经营管理模式和现金管理特点，选择适当的模型来确定最佳现金持有量。一般有四种模式可供选择，具体是：成本分析模式、存货模式、现金周转模式和随机模型。

8.2.1　成本分析模式

成本分析模式是通过分析企业持有现金的成本，寻找持有成本最低的现金持有量。企业持有现金将发生机会成本、转换成本和短缺成本。上述三项成本之和最小的现金持有量，就是最佳现金持有量。

最佳现金持有量的具体计算，可以先分别算出各种方案的机会成本、转换成本、短缺成本之和，然后从中选出成本之和最低的，相应的现金持有量就是最佳现金持有量。

【例 8-1】长江空调公司有三种现金持有量方案，它们各自的机会成本、转换成本和短缺成本如表 8-2 所示。

表 8 – 2   现金持有方案

项目	方案甲	方案乙	方案丙
现金持有量（元）	40 000	50 000	60 000
资本成本（%）	14	14	14
机会成本（元）	5 600	7 000	8 400
转换成本（元）	3 000	3 000	3 000
短缺成本（元）	4 000	2 500	1 000
总成本（元）	12 600	12 500	12 400

从表 8 – 2 中可以看出，随着现金持有量的增加，机会成本在上升，但短缺成本在下降。丙方案的总成本最低，也就是说当持有 6 万元现金时，总成本最低。所以，长江空调公司的最佳现金持有量是 6 万元。

8.2.2 存货模式

威廉·鲍摩尔（William Baumol，1952）认为，现金可以看作企业生产经营过程中的一种特殊存货，并将机会成本与转换成本结合在一起，提出了现金管理的存货模式，该模式又称鲍摩尔模型。

1. 研究假设

（1）公司的现金流入量和流出量都是稳定且可以预测的。

（2）在预测期内，公司的现金需求量是一定的。

（3）公司不能发生现金短缺，如果发生短缺立即可以出售有价证券补充现金，并且有价证券的利率或收益率以及交易费用是已知的。

利用存货模式确定最佳现金持有量，是在现金的机会成本与转换成本之间进行权衡。由于现金是否会发生短缺、短缺多少、各种短缺情形发生时可能的损失如何等都存在很大的不确定性并且不易计量，因此，存货模式不考虑短缺成本，只考虑机会成本和转换成本。持有现金的机会成本与转换成本之和最低时的现金持有量，即为最佳现金持有量，如图 8 – 2 所示。

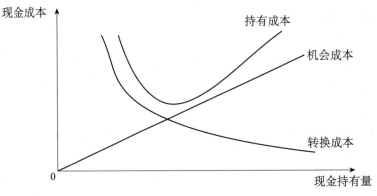

图 8 – 2　存货模式的最佳现金持有量

2. 推导过程

图 8 – 2 中，持有成本是条凹形曲线，为了求得总持有成本最低时的现金持有量，可以用下列方法计算。

设公司在一定时期内现金总需求量为 A，最佳现金持有量为 Q，则平均现金持有量为 $Q/2$，有价证券利率或收益率为 R，每次取得现金的转换成本为 F，则有：

$$现金总成本（TC）= 机会成本 + 转换成本$$
$$机会成本 = Q/2 \times R$$
$$转换成本 = A/Q \times F$$
$$现金总成本（TC）= Q/2 \times R + A/Q \times F$$

最佳现金持有量也就是总成本最低的现金持有量，当 $TC = Q/2 \times R + A/Q \times F$ 时，TC 作为 Q 的函数，对 TC 求一阶导数并令其为零，即 $Q^2 = 2AF/R$。

可推导出最佳现金持有量的公式为：$Q^* = \sqrt{\dfrac{2AF}{R}}$。

此时，最低持有成本：$TC^* = \sqrt{2AFR}$。

有价证券转换次数：$N = A/Q^*$。

或者，从图 8 – 2 中可以看出，当现金持有量是最佳现金持有量时，机会成本等于转换成本，即 $Q/2 \times R = A/Q \times F$，解得 $Q^* = \sqrt{\dfrac{2AF}{R}}$。

【例 8 – 2】长江空调公司预计全年的现金需要量为 150 000 元，有价证券每次变现的交易费用为 300 元，有价证券的年利率为 10%。计算其最佳现金持有量、有价证券的变现次数以及最低持有成本。

解：最佳现金持有量 $Q = \sqrt{\dfrac{2 \times 150\ 000 \times 300}{10\%}} = 30\ 000$（元）

最低持有成本 $TC = \sqrt{2 \times 150\ 000 \times 300 \times 10\%} = 3\ 000$（元）

有价证券的变现次数 $= 150\ 000/30\ 000 = 5$（次）

3. 存货模式的局限性

存货模式是建立在能够预测现金流量的基础上的，存在一定的局限性，主要体现在：

（1）假设计划期内只有现金流出，没有现金流入。事实上，绝大多数公司在每一个工作日内都会发生现金流入和现金流出。

（2）没有考虑安全现金库存，没有考虑现金短缺成本。在实际工作中，现金流量很难准确预测，因此，计算的结果可以作为判断最佳现金持有量的基本标准，再根据历史经验，适当调整。

8.2.3　现金周转模式

现金周转期模式是从现金周转的角度出发，根据现金的周转速度来确定最佳现金余额。利用这一模式确定最佳现金余额，包括以下三个步骤。

1. 计算现金周转期

现金周转期是指企业从购买材料支付现金到销售商品收回现金的时间。

现金周转期 = 应收账款周转期 - 应付账款周转期 + 存货周转期

应收账款周转期是指从应收账款形成到收回现金所需的时间。应付账款周转期是指从购买材料形成应付账款开始到以现金偿还应付账款为止所需要的时间。存货周转期是指从以现金购买材料款开始直到销售产品为止所需要的时间。

2. 计算现金周转率

现金周转率是指一年中现金的周转次数。

现金周转率 = 日历天数（360 天）÷ 现金周转期

3. 计算最佳现金持有量

最佳现金持有量 = 年现金需求总额 ÷ 现金周转率

8.2.4 随机模型

默顿·米勒和丹尼尔·奥尔在 1966 年创建了能在现金流入量和现金流出量每日随机波动情况下确定目标现金余额的模型（The Miller-Orr Model），又称最佳现金余额模型或随机模型。

1. 研究假设

（1）日净现金流量（现金流入量减去现金流出量）服从正态分布。

（2）每日的净现金流量可以等于其期望值，也可以高于或低于其期望值。假设净现金流量的期望值为零。

2. 基本原理

随机模型是在现金需求难以预知的情况下估计现金持有量的方法。公司可以根据历史经验和需求，预算出一个现金持有量的控制范围，制定出现金持有量的上限和下限，争取将现金持有量控制在这个范围之内。

制定一个现金控制区域，定出上限与下限，即现金持有量的最高点与最低点。当余额达到上限时将现金转换为有价证券，降至下限时将有价证券换成现金。

3. 推导过程

设 H 为上限，L 为下限，Z 为目标控制线。公司的现金余额在上、下限间随机波动，在现金余额处于 H 和 L 之间时，不会发生现金交易。当现金余额升至 H 时，则企业购入 $H - Z$ 单位的有价证券，此时，现金余额降至 Z。同样地，当现金余额降至 L 时，企业就

需售出 $Z-L$ 单位有价证券,使现金余额回升到 Z。这两种情况都是使现金余额回到 Z,其中,下限 L 的设置是根据公司对现金短缺风险的愿意承受程度而确定的,如图 8 – 3 所示。

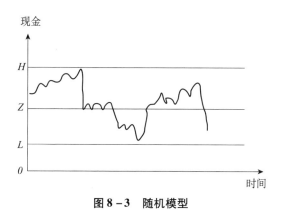

图 8 – 3 随机模型

目标现金余额 Z 线的确定,可按现金总成本最低,即持有现金的机会成本和转换成本之和最低的原理,并结合现金余额可能波动的幅度考虑。推导出最佳现金持有量的计算公式是:

$$Z = \sqrt[3]{\frac{3F\sigma^2}{4R}} + L, H = 3Z - 2L, 平均现金余额 = (4Z - L)/3$$

其中,Z 为最佳现金余额;H 为现金持有量的上限;L 为现金持有量的下限;F 为转换成本;σ 为日现金净流量的标准差;R 为日证券收益率。

米勒—奥尔模型更加明确了现金管理的关键。首先,该模型说明最佳现金余额与转换成本正相关,而与机会成本负相关。这一发现与鲍摩尔模型的结论是基本一致的。其次,最佳现金余额及平均现金余额都与现金流量这一变量正相关。这就意味着,现金流量更具不确定性的公式应保持更大数额的平均现金余额。

4. 米勒—奥尔模型的运用

要运用米勒—奥尔模型,管理者必须先完成以下四项工作。

(1)设置现金余额的控制下限,该下限与管理者确定的最低安全边际有关。

(2)估计日净现金流量的标准差。

(3)确定利率。

(4)估计转换有价证券的交易成本。

【例 8 – 3】 长江空调公司用随机模型进行现金管理,已知现金最低持有量是 15 万元,最佳现金余额是 80 万元,如果公司现在有现金 220 万元,求此时应投资有价证券的金额。

解:现金持有量的上限:$H = 3Z - 2L = 240 - 30 = 210$(万元)

应投资有价证券的金额 $= 210 - 80 +$(220 –210) $= 140$(万元)

8.2.5 现金日常管理

1. 现金收支两条线

收支两条线可以对公司范围内的现金进行集中管理，减少现金持有成本，加速资金周转，提高资金使用效率；同时，公司以实施收支两条线为切入点，通过高效的价值化管理来提高效益。公司各部门或分支机构设置收入和支出两个账户，收入账户由公司内部资金管理部门统一管理，支出账户里的资料只能根据既定程序由收入账户划拨，所有支出必须从支出账户里支付，必须严禁坐支现金。

2. 加速现金收款

这主要是指缩短应收账款的时间。应收账款可以扩大公司的销售规模，增加销售收入，但也会增加公司的资金占用。所以，公司在利用应收账款吸引顾客的同时，应尽量缩短收款时间，并在这两者之间找到适当的平衡点，并实施妥善的收账策略。

3. 力争现金流量同步

尽量使公司的现金流入与现金流出发生的时间趋于一致，从而使公司持有的、用于日常交易性需求的现金降到最低水平。

4. 使用现金浮游量

现金浮游量是指公司账户上现金余额与银行账户上企业现金余额之间的差额。形成现金浮游量的主要原因是未达账项。从公司开出支票，收票人收到支票并到期存入银行，至银行将款项划出企业账户，中间需要一段时间。在这段时间里，尽管公司已开出了支票，却仍可动用在活期存款账户上的这笔资金。不过公司在使用现金浮游量时，一定要控制好使用时间，否则会发生银行存款的透支。

5. 推迟应付款的支付

这主要是指公司在不影响自己信誉的前提下，尽可能地推迟应付款的支付期，充分运用供货方所提供的优惠。如遇公司急需现金，甚至可以放弃供货方的折扣优惠，在信用期的最后一天支付款项。当然，这要权衡折扣优惠与急需现金之间的利弊得失而定。

8.3 应收账款管理

公司采取赊销、分期付款等销售方式，即向其他公司提供商业信用，以及向消费者提供消费信用，这样可以扩大销售规模、增加利润，同时会产生应收账款，造成资本成本上升、坏账损失增加等；随着竞争加剧，公司的应收账款管理已经成为流动资产管理的重要领域，如何在收益和风险之间进行权衡，准确衡量信用风险和成本、合理制定信用政策、及时收回应收账款，最大限度地提高资产效率，是应收账款管理的重点和难点。应收账款包括应收销货款、其他应收款、应收票据等。

国家统计局数据显示，2022 年上半年，中国工业各行业流动资产总计 77.41 万亿元，其占总资产比重约为 52.08%；负债 84.58 万亿元，资产负债率约为 56.89%；应收账款 20.19 万亿元，应收账款占流动资产比重为 26.08%。其中有 9 个行业应收账款占流动资产比重超 30%，非金属矿物制品业应收账款占流动资产比重最高是 36.56%。

8.3.1　应收账款的成本

公司通过赊销形成应收账款可以扩大产品销路，增加销售额，进而增加收益，但另一方面又增加了经营风险和信用成本。应收账款的成本主要有以下几种。

1. 机会成本

机会成本是指公司将资金投放于应收账款而丧失的其他投资收益。应收账款要占用公司的资金，这些资金如果不投放在应收账款上，便可用于其他投资而获得收益，如投资于有价证券会有价差收入，投资于生产经营会有经营利润。这一成本的大小通常与公司维持赊销业务所需要资金数量、资金成本或有价证券利率有关。其计算公式为：

$$应收账款平均资金占用额 = \frac{年赊销额 \times 变动成本率}{应收账款周转率}$$

$$应收账款周转率 = \frac{360}{平均收账期}$$

$$应收账款机会成本 = 应收账款平均资金占用额 \times 资本成本$$

2. 管理成本

应收账款发生后，公司要对其进行管理并发生相应的费用，主要包括对客户的信用调查费用、收集各种信息的费用、账簿记录费用、收账费用和其他费用。

3. 坏账成本

应收账款因故不能收回而发生的损失即坏账成本。坏账成本意味着公司蒙受了一定的经济损失，应收账款金额越大、拖欠越久，坏账损失就越大。为避免坏账成本一次性入账可能给公司利润稳定性带来不利影响，公司应定期做应收账款减值测试并按一定比例提取坏账准备。

【例 8 - 4】长江空调公司预测的年度赊销额为 540 万元，应收账款周转天数为 60 天，变动成本率为 38%，资本成本为 9%。求应收账款机会成本。

解：应收账款周转率 = 360 ÷ 60 = 6（次）

应收账款平均余额 = 540 ÷ 6 = 90（万元）

应收账款平均资金占用额 = 90 × 38% = 34.2（万元）

应收账款的机会成本 $=34.2 \times 9\% = 3.078$ （万元）

8.3.2 信用政策

应收账款信用政策是指公司为了对应收账款进行规划与控制而确定的行动准则。主要包括信用标准、信用条件和收账政策。信用政策分析决策的基本原则是将实施信用政策或改变信用政策所引起的利润增加和成本增加进行比较，从中挑选出能够使公司利润增加的最佳信用政策。

1. 信用标准

信用标准是指公司向客户提供信用所要求的最低要求。它规定了公司应向什么样的客户提供信用。如果客户达不到公司的信用标准，便不能享受公司提供的信用。公司的信用标准如果定得过高，仅给优质客户提供信用，会导致应收账款减少，降低机会成本和坏账损失，将会失去一部分信誉稍差客户的销售收入，以及所带来的销售利润；倘若公司信用标准定得较低，允许的坏账损失率高，虽然可以扩大销售量，增加销售收入和销售利润，但同时也相应地增加了坏账损失和机会成本。这就需要公司权衡得失，较为精准地对不同客户提供相应的信用标准。

公司对某一客户的信用风险进行评估和分析时，可以借鉴 5C 评估法和信用评分法。

（1）5C 评估法。5C 评估法是指评估客户信用品质的五个方面：品质、能力、资本、抵押和条件。

品质（character）指客户的信誉，即履行其偿债义务的可能性。该因素在信用评估中最重要，被认为是评价客户信用品质的首要因素。因为每一笔信用交易中都隐含着客户对企业的付款承诺。

能力（capacity）指客户的偿债能力。它可以根据客户的资产负债表来分析其短期偿债能力后进行评价。

资本（capital）指客户的资金实力和财务状况。通常是通过对客户的负债比率、流动比率、速动比率以及已获利息倍数等财务比率的分析来判断。

抵押（collateral）指客户拒付款项或无力支付款项时能被用作抵押的资产。企业在不了解客户品质的情况下，可以凭客户提供的抵押品给予其商业信用。

条件（conditions）指可能影响客户付款能力的经济环境。例如，万一出现经济不景气，会对客户的付款产生什么影响，客户会如何做等。

信用标准上述五个方面的信息来源主要有：公司以前与客户交往的经验积累，从信用资信机构咨询，查阅客户的财务报表等。

（2）信用评分法。信用评分法是一种从数量分析的角度来评价客户信用的一种方法。采用此方法时，要先对一系列财务比率和信用情况指标进行评分，然后进行加权平均，得出客户的综合信用分数，并以此进行信用评估。其计算公式是：

$$S = W_1X_1 + W_2X_2 + W_3X_3 + \cdots + W_nX_n$$

其中，S 为信用分值；X_i 为第 i 种财务指标或信用品质评分；W_i 是事先拟定的对第 i 种财务指标或协议品质评分的权重。

一般而言，信用评分在 80 分以上的，说明客户的信用状况良好；分数在 60~80 分的，说明客户的信用状况一般；分数在 60 分以下的，说明客户的信用状况较差。

【例 8-5】长江空调公司的 A 客户信用评分表如表 8-3 所示。请问 A 客户信用如何？

表 8-3 A 客户信用评分表

项目	财务指标和信用品质	评分 X_i	权重 W_i	加权平均数 W_nX_n
流动比率	1.9	95	0.2	19
资产负债率（%）	60	90	0.1	9
净资产收益率（%）	9	80	0.1	8
信用评估等级	AA	85	0.25	21.25
付款历史	尚好	75	0.25	18.75
预计未来情况	尚好	75	0.05	3.75
其他因素	尚好	75	0.05	3.75
合计			1	83.5

在表 8-3 中，财务指标数据来源于财务报表，相对比较客观；信用品质数据来源于收集的资料如信用评级报告并分析确定，有较大主观判断；评分和权重也有一定的主观性；从计算结果可以看出 A 客户信用状况良好。

2. 信用条件

信用条件是指公司要求客户支付应收账款的条件，包括信用期限、折扣期限和现金折扣。

（1）信用期限。信用期限是指公司允许客户从购货到支付货款的时间限定。公司产品销售量与信用期间存在着一定的依存关系。通常延长信用期限，可以在一定程度上增大销售量，从而增加毛利。但不适当地延长信用期限，就会给公司带来不良后果：一是使平均收账期延长，应收账款占用的资金相应增加，引起机会成本的增加；二是增加坏账损失。因此，公司必须权衡延长信用期限所引起的利弊得失，以便作出正确的决策。

一般地，公司设置信用期限时，应具体考虑三个因素：①客户不会付款的概率。客户如果处于高风险行业，公司应提高信用条件。②金额大小。如果金额较小，信用期限则可相对短一些，小金额应收账款的管理费用较高，而且，小客户的重要性也低一些。③商品是否易保存。如果商品价值低而且不能长时间保存，公司应执行比较严格的信用条件。

（2）折扣期限。折扣期限是指公司为客户规定的可享受现金折扣的付款时间。客户超过规定的折扣期限付款就不能享受公司给予的现金折扣。

（3）现金折扣。现金折扣是指客户在折扣期限内付款时，公司给予的一定比例的折扣优惠，实际上是商品价格的扣减。向客户提供这种价格上的优惠，主要目的是吸引客户为享受优惠而提前付款，从而缩短公司的平均收账期。

信用条件常用"2/10，N/30"这样的符号形式表示，意思是购货方可以在30天内付款，如果购货方能在10天内付款，则可给予2%的折扣。信用条件中30天即为信用期限，10天为折扣期限，2%为折扣率。向客户提供优惠的信用条件能增加公司的销售收入，降低机会成本和坏账损失，但会相应地增加现金折扣成本。公司给予客户怎样的信用条件应根据具体情况进行分析权衡。

3. 收账政策

收账政策是指公司对客户违反信用条件拖欠应收账款所采取的收账策略。公司对拖欠的应收账款，无论采用何种方式进行催收，都需要付出一定的代价，即收账费用。如通信费、派专人收款的差旅费和法律诉讼费等。通常，公司为了扩大销售、增强竞争力，往往对客户的逾期未付款项规定一个允许的拖欠期限，超过规定的期限，公司就将进行各种形式的催收。如果公司制定的收款政策过宽，会导致逾期未付款项的客户拖延时间更长，对公司不利；收账政策过严，催收过急，又可能伤害无意拖欠的客户，影响公司未来的销售和利润。

一般而言，公司加强收账管理，可以减少坏账损失，及早收回货款，减少应收账款占用资金，但却会增加收账费用。因此，制定收账政策就是要在增加收账费用与减少坏账损失、减少应收账款上的资金占用之间进行权衡，若前者小于后者，则说明制定的收账政策是可取的。

8.3.3 信用政策分析和决策

对符合不同信用标准的客户，公司应给予相应的信用条件，再随着公司经营状况、竞争程度、市场环境等变化，对信用条件中的某些规定作出调整。同时，公司应比较信用政策变动前后的收益和成本，遵循边际收益大于边际成本的原则，从中选择最佳的信用政策。

【例8-6】长江空调公司产品售价为10元/件，单位变动成本为7元/件，资金成本为10%，目前信用政策和拟采用的两个新信用政策的资料见表8-4，请问公司应选择哪个新政策（假设不考虑相关税费）？

表8-4　　　　　　　　　　　　　　新信用政策

项目	目前政策	新政策A	新政策B
信用政策	N/30	N/60	2/10，N/60
销售数量（万件）	12	15	15
平均收账期	30天	60天	30天（50%享受折扣）
应收账款周转率	12次	6次	12次
坏账损失	1%	2%	1%

解：根据表 8 - 4 的资料计算可得：

目前政策：边际利润 = 120 000 ×（10 - 7）= 360 000（元）

机会成本 = 1 200 000 ÷ 12 × 10% × 7/10 = 7 000（元）

坏账损失 = 1 200 000 × 1% = 12 000（元）

信用成本 = 7 000 + 12 000 = 19 000（元）

新政策 A：边际利润 = 150 000 ×（10 - 7）= 450 000（元）

机会成本 = 1 500 000 ÷ 6 × 10% × 7/10 = 17 500（元）

坏账损失 = 1 500 000 × 2% = 30 000（元）

信用成本 = 17 500 + 30 000 = 47 500（元）

新政策 A 带来的净利润增加额 =（450 000 - 360 000）-（47 500 - 19 000）

= 61 500（元）

新政策 B：边际利润 = 150 000 ×（10 - 7）= 450 000（元）

机会成本 = 1 500 000 ÷ 12 × 10% × 7/10 = 8 750（元）

坏账损失 = 1 500 000 × 1% = 15 000（元）

折扣费用 = 1 500 000 × 50% × 2% = 15 000（元）

信用成本 = 8 750 + 15 000 + 15 000 = 38 750（元）

新政策 B 带来的净利润增加额 =（450 000 - 360 000）-（38 750 - 19 000）= 70 250（元）

根据以上计算可知，长江空调公司应选择新政策 B，因为新政策 B 带来更高的净利润。

【例 8 - 7】长江空调公司应收账款、原有的收账政策和拟改变的收账政策见表 8 - 5。

表 8 - 5　　　　　　　　　　现行收账政策和拟改变的收账政策

项　目	现行收账政策	拟改变的收账政策
年收账费用（万元）	6	10
平均收账期（天）	60	30
坏账损失占赊销额（%）	3	2
赊销额（万元）	480	480
变动成本率（%）	60	60

假设资本成本为 10%，根据表 8 - 5 中的资料，两种方案的收账总成本可计算如表 8 - 6 所示。请问公司是否应该改变收账政策？

表 8 - 6　　　　　　　　　　收账总成本

项目	现行收账政策	拟改变的收账政策
赊销额（万元）	540	540
应收账款周转次数（次）	360/60 = 6	360/30 = 12
应收账款平均余额（万元）	540/6 = 90	540/12 = 45
应收账款平均资金占用额（万元）	90 × 60% = 54	45 × 60% = 27

续表

项目	现行收账政策	拟改变的收账政策
应收账款机会成本（万元）	$54 \times 10\% = 5.4$	$27 \times 10\% = 2.7$
坏账损失（万元）	$540 \times 3\% = 16.2$	$540 \times 2\% = 10.8$
年收账费用（万元）	6	10
合计（万元）	27.6	23.5

表 8 - 6 的计算结果表明，拟改变的收账政策发生的收账成本是 23.5 万元，低于现行的收账政策的收账成本，因此改变收账政策是较为适宜的。

影响公司信用标准、信用条件及收账政策的因素很多，有些是可控因素，有些是不可控因素，如赊销额、赊销期限、收账期限、现金折扣、坏账损失、过剩生产能力、管理成本、变动成本率、机会成本等。而且每个客户拖欠或拒付货款的原因不尽相同，通过法律程序诉讼客户收回货款是最后的办法。这些都使得信用政策的制定更为复杂，一般情况下，理想的信用政策就是公司采取或松或紧的信用政策时所带来的收益最大的政策。

截至 2022 年末，A 股 5 040 家上市公司应收账款总计约 7.5 万亿元。其中，108 家上市公司应收账款超 100 亿元，7 家上市公司应收账款金额超千亿元（其中，6 家来自建筑装饰行业，1 家来自房地产行业）。这 108 家上市公司主要集中在建筑装饰、电力设备和公用事业三大行业，其中建筑装饰行业企业数量最多，共 20 家。此外，从应收账款占营业收入的比重来看，286 家上市公司应收账款占营业收入的比重超 80%，其中 167 家上市公司应收账款占营业收入的比重超 100%。

8.3.4　应收账款日常管理

应收账款的日常管理分为加强应收账款收回的监督和坏账损失的管理两部分。

1. 加强应收账款收回的监督

应收账款发生后，公司应采取各种措施，尽量争取按期收回款项。因此，公司除了按月编制客户往来清单，以掌握各客户对欠款的清偿情况外，还应定期进行检查分析，通常采用的方法是账龄分析法。

账龄分析法是通过编制账龄分析表来显示应收账款账龄长短的方法。

【例 8 - 8】长江空调公司采用账龄分析法，编制账龄分析见表 8 - 7。

表 8 - 7　　　　　　　　　　　应收账款账龄分析表

应收账款账龄	客户数量（家）	金额（万元）	金额比率（%）
信用期内	200	80	40

续表

应收账款账龄	客户数量（家）	金额（万元）	金额比率（%）
超过信用期 1 ~ 20 天	100	40	20
超过信用期 21 ~ 40 天	50	20	10
超过信用期 41 ~ 60 天	30	20	10
超过信用期 61 ~ 80 天	20	20	10
超过信用期 81 ~ 100 天	15	10	5
超过信用期 100 天以上	5	10	5
合 计	420	200	100

长江空调公司应对表 8 - 7 进行分析，了解情况并及时催款，可以通过信函催款、电话催款、上门催收、通过律师发律师函甚至直接起诉客户等方式维护公司合法权益。

（1）尚在信用期内的应收账款。表 8 - 7 中有 80 万元应收账款处在信用期内，占全部应收账款的 40%。这些款项未到偿付期，欠款是正常的；但到期后能否收回，需要及时的监督和催款。

（2）已经超过了信用期，超过时间长短的款项各占多少，有多少欠款会因拖欠时间太久而可能成为坏账。表 8 - 7 显示，120 万元的应收款已超过了信用期，占全部应收账款的 60%。不过，其中拖欠时间较短的（20 天内）有 40 万元，占全部应收账款的 20%，这部分欠款收回的可能性很大；拖欠时间较长的（21 ~ 100 天）有 70 万元，占全部应收账款的 35%，这部分欠款的回收有一定难度；拖欠时间很长的（100 天以上）有 10 万元，占全部应收账款的 5%，这分部欠款有可能成为坏账。

对不同拖欠时间的欠款，公司应采取不同的收账方法，制定出经济、可行的收账政策；对可能发生的坏账损失，则应提前作出准备，充分估计这一因素对损益的影响。

2. 坏账损失的管理

（1）做好悬账、呆账的清算工作。悬账是指公司与客户因业务纠纷而引起结算过程中断，从而暂时无法收回的账款。悬账一般是因客户拒付款而引起的，呆账是指公司长期逾期未清的账款。悬账和呆账拖延越久，常常会转变为坏账。因此，公司应加强悬账与呆账的清算工作，尽快予以解决，以避免可能发生的损失。

（2）坏账损失的确认与处理。首先，根据财务制度规定，确认坏账损失；其次，对坏账损失进行会计处理，通常采用按提取月坏账准备金的办法。公司可以根据具体情况采用应收账款发生额百分比法，或应收账款余额百分比法提取，发生坏账损失时，再冲减坏账准备金，至年末应按应收账款余额的 3‰ ~ 5‰清算，计入当期的管理费用。而且公司年末应收账款的坏账准备金不得超过其余额的 5‰。

8.4 存货管理

存货是指公司在生产经营过程中为销售或耗用而储备的物资，包括各种原材料、燃料、包装物、低值易耗品、在产品、外购商品、半成品、产成品等。与应收账款一样，存货是公司非常重要的一项资产，如格力电器 2022 年存货占流动资产比例是 15%。而且公司的经营周期是由存货周期和应收账款周期组成的，应收账款的信用政策与存货管理密切相关，二者要相互协调，以确保取得存货、实现销售、收回货款整个过程顺利进行。因此，加强存货管理，使存货保持在最佳水平是公司财务管理的一项重要内容。

8.4.1 存货的特点和成本

1. 存货的特点

（1）存货是有形资产。

（2）存货具有较强的流动性。在公司生产经营过程中，存货经常处于不断销售、耗用、购买、重置中，具有较快的变现能力和明显的流动性。

（3）存货具有时效性和发生潜在损失的可能性。在正常的经营活动下，存货能够规律地转换为现金或其他资产，但长期不能耗用的存货就有可能变为积压物资，只能降价销售或报废处理，从而造成损失。

（4）不同类型的名称可能会引起误解，一家公司的原材料可能是另一家公司的产成品。不同类型的存货在流动性方面存在巨大差异，产成品的流动性高于在产品、半成品的流动性，且产成品的流动性取决于产品的性质。如大宗商品或相对标准化的原材料，可以很容易转化为现金。而在产品、半成品的流动性相对较差，几乎只有报废的残值。

2. 存货的成本

（1）采购成本。采购成本主要由买价、运杂费等构成，它一般与采购数量成正比。降低采购成本的主要措施是选择物美价廉的材料物资和就近采购，节约运杂费等。

$$采购成本 = 年存货需要量（D）\times 存货单价（U）$$

（2）订货成本。订货成本是指为订货而发生的各种成本，包括采购人员工资、采购部门的一般经费（如办公费、水电费、折旧费等）和采购业务费（如差旅费、通信费等）。订货成本可分为两部分：订货成本中有一部分与订货次数无关，如常设采购机构的基本开支，各期金额比较稳定，为固定订货成本，用 F_1 表示；另一部分与订货次数有关，随订货次数的变动而正比例变动，如采购业务费，称为变动订货成本。每次订货的变动成本用 K 表示；订货次数等于存货年需要量 D 与每次进货量 Q 之商。订货成本的计算公式为：

$$订货成本 = 变动订货成本 + 固定订货成本$$

$$订货成本 = \frac{D}{Q} \times K + F_1$$

（3）储存成本。储存成本是指为保持存货而发生的成本，包括存货占有用资金所应计的利息、仓储费用、保险费用、存货破损变质费等，通常用 TC_c 来表示。储存成本也分为两部分：总额稳定，与储存数量和储存时间无关的成本，如仓库折旧费、仓库职工的固定工资等，称为固定储存成本，用 F_2 表示；总额大小取决于存货数量和储存时间的成本，如存货占用资金的应付利息、存货的保险费、破损变质费等，称为变动储存成本，年平均储存成本常用 K_c 来表示。储存成本的计算公式为：

$$储存成本 = 变动储存成本 + 固定储存成本$$

$$TC_c = \frac{Q}{2} \times K_c + F_2$$

（4）缺货成本。缺货成本是指由于存货供应中断而造成的损失，包括材料供应中断造成的停工损失、产成品缺货造成的延迟发货损失和丧失销售机会使企业信誉遭受的损失。缺货成本用 TC_S 表示。

如果以 TC 来表示储存存货的总成本，总成本的计算公式为：

$$TC = DU + \frac{D}{Q} \times K + F_1 + \frac{Q}{2} \times K_c + F_2 + TC_S$$

存货管理的最优化目标，是找到使得总成本 TC 最小的最佳存货持有量。公司保持一定量的存货是很有必要的，但存货量过多，不仅会增加资金成本，失去利用这些资金在其他方面获取收益的机会，而且会增加包括仓储费、保险费、维护费、管理人员工资在内的各项开支；相反，如果存货过少，正常生产经营活动又难以顺利进行，不仅会使生产受阻、销售受阻，而且有可能影响公司的信誉。因此，存货管理的目标就是以最低的成本提供维持生产经营活动所需的存货。

存货管理决策涉及四个方面的内容：决定进货项目、选择供应单位、决定进货时间和决定进货批量。决定进货项目和选择供应单位是销售部门、采购部门和生产部门的职责。财务部门的职责是决定进货时间和决定进货批量。按照存货管理的目标，需要通过合理的进货批量和进货时间，使存货的总成本最低。

一般有三种常用存货管理方法：经济订货量模型、ABC 分类控制法和 JIT 供应系统。公司根据自身存货管理特征选用合适方法进行存货管理。

8.4.2 经济订货量模型

1. 经济订货批量模型

经济订货批量又称为经济订货量或经济批量。在订货成本和持有成本一定的情况下，计算出存货成本最低时的采购批量、最佳进货时间。

一般情况下，采购批量越小，采购次数越多，订货成本就越高，而储存成本就越低；反之，采购批量越大，采购次数越少，订货成本就越低，而储存成本就越高。

经济订货量模型假设：存货的单价不变，年需量和日耗用量稳定且能预测；能及时补货，存货供应充足，从订货到货物到达所间隔的时间是固定不变的，而且每批货物均一次全部到达；暂不考虑数量折扣的情况；现金充足，不会因现金短缺而影响进货，没有缺货的情况。

此时，存货总成本的公式可简化为：采购成本 + 订货成本 + 储存成本。

$$TC = DU + \frac{D}{Q} \times K + F_1 + \frac{Q}{2} \times K_c + F_2$$

当 D、U、K、F_1、F_2、K_c 都为常数时，TC 的大小取决于 Q。

为了求出 TC 的极小值，用一阶导数求解可得经济订货批量 Q^*。

$$Q^* = \sqrt{\frac{2KD}{K_c}}$$

这一公式称为经济订货量模型，求出的每次订货量，可使 TC 达到最小值。

这个模型还可以推导出以下计算公式。

（1）每年最佳订货次数。

$$N^* = \frac{D}{Q^*} = \frac{D}{\sqrt{\frac{2KD}{K_c}}} = \sqrt{\frac{DK_c}{2K}}$$

（2）存货总成本。

$$TC_{(Q^*)} = K \times \frac{D}{\sqrt{\frac{2KD}{K_c}}} + K_c \times \frac{\sqrt{\frac{2KD}{K_c}}}{2} = \sqrt{2KDK_c}$$

（3）最佳订货周期（进货间隔日数）。

$$t^* = \frac{1}{N} = \frac{1}{\sqrt{\frac{DK_c}{2K}}}$$

（4）经济订货批量占有资金。

$$I^* = \frac{Q^*}{2} \times U$$

【例 8 - 9】长江空调公司预计全年将耗用 A 材料 18 万千克，单次订货成本为 250 元，年平均储存成本为 0.1 元/千克，A 材料采购价是 10 元/千克。求经济订货批量、采购次数和总成本。

解：A 材料的经济订货批量：$Q^* = \sqrt{\frac{2 \times 180\,000 \times 250}{0.1}} = 30\,000$（千克）

A 材料年最佳采购次数：$N^* = 180\,000/30\,000 = 6$（次）

A 材料最低总成本：$TC(Q^*) = \sqrt{2 \times 180\,000 \times 250 \times 0.1} = 3\,000$（元）

以上计算结果也可用列表法求得，见表 8 – 8。

表 8 – 8		储存成本、订货成本和总成本					
订货批量（万千克）①	1	2	3	6	9	18
平均存量（万千克）② = ①/2	0.5	1	1.5	3	4.5	9
储存成本（元）③ = ② × 0.1	500	1 000	1 500	3 000	4 500	9 000
订货次数（次）④ = 18/①	18	9	6	3	2	1
订货成本（元）⑤ = ④ × 250	4 500	2 250	1 500	750	500	250
总成本（元）⑥ = ⑤ + ③	5 000	3 250	**3 000**	3 750	5 000	9 250

从表 8 – 8 中可以看出，当订货批量为 3 万千克时，年总成本最低为 3 000 元，与用公式计算的结果相同。进一步分析可以看出，当订货批量的订货成本等于储存成本时，存货总成本最低，即在经济订货批量下，订货成本等于储存成本。

2. 有数量折扣的经济订货量模型

在上述模型中，假定价格不随批量而变动。在实务中，许多企业在销售时都有批量折扣，对大批量采购在价格上往往给予一定的优惠。在这种情况下，除了考虑订货成本和储存成本外，还需考虑采购成本。

分析步骤如下：

（1）计算无数量折扣下的经济订货量及其总成本。

（2）计算以享受数量折扣的下限作为订货量时的总成本。

（3）比较上述各种订货量下的总成本，低者为优。

【例 8 – 10】 长江空调公司预计全年将耗用 A 材料 18 万千克，单次订货成本为 250 元，年平均储存成本为 0.1 元/千克，A 材料采购价是 10 元/千克。供应商规定：每次购买数量达到 6 万千克时，可给予 1% 的折扣。求经济订货批量、采购次数和总成本。

解：先求出没有折扣时的经济订货批量和成本，再对比接受折扣时的订货批量和成本，以确定是否接受供应商的优惠条件，注意此时的总成本要加入年采购数量乘以单价，因为此时单次采购数量是否达到供应商规定会影响是否享受折扣。

（1）没有数量折扣时的经济订货量。

$$Q^* = \sqrt{\frac{2 \times 180\,000 \times 250}{0.1}} = 30\,000（千克）$$

（2）不接受数量折扣时的总成本 = 年订货成本 + 年储存成本 + 年采购成本。

$$总成本 = \frac{180\,000}{30\,000} \times 250 + \frac{30\,000}{2} \times 0.1 + 180\,000 \times 10 = 1\,803\,000（元）$$

（3）接受折扣时（即订货批量为 6 万千克）的总成本。

$$总成本 = \frac{180\,000}{60\,000} \times 250 + \frac{60\,000}{2} \times 0.1 + 180\,000 \times 10 \times (1 - 1\%) = 1\,785\,750（元）$$

比较两种情况下的总成本可知，订货量为 6 万千克时总成本最低，应接受供应商给出的优惠条件。

3. 订货点的确定

通过制定经济订货量，就使得存货管理建立在经济合理的基础上。但公司生产销售是连续的，存货在不断减少，所以必须确定在什么时候订货最适宜，也就是要确定所谓的"订货点"。如果订货过早，会增加存货的储存量，造成积压并占用资金；如果订货过迟，将会使存货储备减少，一旦供货不及时，就会影响公司正常运营；所以确定经济订货点是存货管理决策的重要方面。

影响订货点的主要因素除上述经济订货量之外，还有以下几个因素。

（1）正常消耗量。即正常生产过程中预计每天材料的正常消耗量。

（2）订货提前期。从公司提出订货到收到货物的时间间隔。

（3）安全储备量。公司为了预防临时用量增大而多储备的存货量。

其计算公式为：

$$安全储备量 = （预计每日最大消耗 - 平均每日正常消耗量）\times 提前期$$

$$订货点 = （平均每日正常消耗量 \times 提前期）+ 安全储备量$$

【例 8-11】长江空调公司 A 材料的年需要量为 18 万千克，经济订货量为 3 万千克，提前期为 8 天，平均每日正常消耗量为 500 千克，预计每天最大消耗量为 700 千克。求 A 材料的订货点。

解：安全储备量 =（700-500）×8 = 1 600（千克）

订货点 =（700×8）+ 1 600 = 7 200（千克）

也就是说，当 A 材料库存量为 7 200 千克时，就要立即申请订货。

8.4.3 ABC 分类管理法

ABC 分类管理法指的是将种类繁多的存货按品种、占用资金、重要程度、使用率、价值大小等标准分成三大类，分别是特别重要的存货（A 类）、一般重要的存货（B 类）和不重要的存货（C 类）三个等级，然后针对不同等级分别进行管理与控制。

ABC 分类管理法的优点是明显的，这种方法把"重要的少数"与"不重要的多数"区别开来，使公司存货管理部门将工作重点放在管理重要的少数存货上，既加强了管理，又节约了成本。采用 ABC 分类管理法，既能突出存货控制重点，又能兼顾全面，提高控制的效率。

1. 存货分类

A 类存货：品种、数量占全部存货的 10% 左右，资金占全部金额的 70% 左右。对 A 类存货应实行重点控制，科学地确定该类存货的经济订货量。通常每月要检查一次 A 类存货的最近使用率、库存情况以及运送时间，对存货的收、发、存应有详细记录。

B 类存货：品种、数量占全部存货的 20% 左右，资金占全部金额的 20% 左右。B 类存货品种、价值均不大，可采用中等储备、普通管理的方法，大约每隔三个月检查调整一次。

C 类存货：品种、数量占全部存货的 70% 左右，资金占全部金额的 10% 左右。对 C 类存货的控制方法应力求简便易行。一般每年调整检查一次。

2. 管理方法

（1）A 类存货。

①按照需求，小批量、多批次地采购入库，最好能做到准时制管理，能够提高资金周转率，能够使库存保持最优的有效期，能够降低仓储管理费用，能够及时获得降价的收益。当然，季节储备和涨价前的储备也是不可避免的。

②按照订单，小批量、多批次地进货或发货，最好能做到准时出库，避免物品长时间储存在生产线或客户手中，造成积压损耗，造成虚假需求和超限额库存，不利于均衡生产和经营。

③每天都要进行盘点和检查，随时监控需求的动态变化，分析预测哪些是日常需求，哪些是临时集中需求，使库存与各种需求相适应。

④科学设置最低定额、安全库存和订货点报警点，防止缺货的发生；了解大客户的库存情况，在需要的时候临时调剂；监控供应商的在途物资品种数量到货时间；与供应商和用户共同研究替代品，尽可能降低单价；制定应急预案，补救措施。

（2）B、C 类存货。

①对 B 类物品进行次重点管理。每周要进行盘点和检查。对于 B 类存货的控制不必像 A 类那样严格，但也不宜过于放松。一般是按大类来确定订购数量和储备金额，根据不同情况，灵活选用存货控制方法。

②C 类存货品种数量多但资金占用量少，故对其的控制可粗略一点。通常的做法是，采用定量订货控制法集中采购，并适当增大储备定额、保险储备量和每一次的订货批量，相应减少订货次数。在实际工作中，可采用"双堆法"或"红线法"进行管理或粗略控制，相应减少订货次数。

ABC 分类管理法的逻辑是把更多的精力放在 A 类物品上，实施更加严格的库存管控，而对于 B 和 C 类物品，可以用稍许宽松的方法进行管理。换句话说，就是要把好钢用在刀刃上。

3. 应用步骤

ABC 分类管理法的实施，需要公司各部门的协调与配合，并且建立在库存品各种数据完整、准确的基础之上。其主要操作步骤如下。

①收集数据。在对存货进行分类之前，首先要收集有关存货的年需求量、单价以及重要程度信息。这些信息可以从公司的车间、采购部、财务部、仓库管理部门获得；

②处理数据。利用收集到的年需求量、单价，计算出各种库存品的年耗用金额；

③编制 ABC 分析表。把各种库存品按照年耗用金额从大到小的顺序排列，并计算累计百分比；

④确定分类。按照 ABC 分类法的基本原理，对库存品进行分类。一般来说，各种库存品所占实际比例，由企业根据需要确定，并没有统一的数值；

⑤绘制 ABC 分析图。把库存品的分类情况在曲线图上表示出来。对于价值功效高的 A 类存货进行有针对性的重点管理，提高效率降低成本。

虽然 ABC 分类管理法有很多的优点，但是也存在缺点，如没有考虑某些存货对公司生产经营的重要性，甚至被划为 C 类的存货可能对公司的生产活动有着至关重要的影响，这些物资的重要性可能不体现在资金占用上，而是体现在如果缺货会造成公司停产或严重影响正常生产，危及生产安全，导致市场物资短缺、缺货后不易补充等。为了弥补这个缺陷，需要在 ABC 分类管理法的基础上根据公司具体情况进行重要性分析，将存货按重要性进行分类。两种方法相结合可以更准确地对存货进行分类管理。

8.4.4 JIT 系统

JIT 是 just in time 的缩写，即准时生产，也译为实时生产系统，于 1953 年由日本丰田公司的副总裁大野耐一提出。

1. 基本理念

JIT 的理念简单来说，就是"只在需要的时候，按需要的量，生产所需的产品"，是一种追求废品量最低、零存货的生产系统。JIT 认为原材料、半成品和产成品应处于采购、生产、销售等一个或几个经营环节中，均是处于周转的状态，而不是以仓库储存的形式存在。JIT 的核心是通过减少存货、缩短工时、提高效率。

零库存是一个特殊的概念应视为存货管理的哲理，它并不是贮存的存货数量真实为零，而是经过施行特定的存货管理策略，减少无效作业与浪费，如精确预测需求、缩短加工周期、保质保量、与供给商紧密连接等，达到库存量最小化。零库存是一种思想，并不是一个衡量规范，特别不是一个对任何类型库存都适用的规范。

JIT 认为存货是生产系统设计不合理、生产过程不协调、生产操作不良的证明。零库存的模式，不仅盘活了流动资金，更降低了存货管理成本，避免了滞销积压风险。JIT 是目前公认的优秀生产模式。

2. 实施方法

JIT 的施行方法可以归纳为环环相扣，一个环节的工作完成后，立即进入下一个环节，其间没有等待、积压、停滞。实施和运转 JIT 的先决条件是：每一个部门和工序之间的要求都必须清晰传递，要求不明、指令不清，则将让整条流水线阻塞。

在制造业工厂中，生产一件产品所需的工序少则几十道，多则数百道，涉及的员工动辄上万人，要完成如此程度的默契配合，是需要精神和物质支撑的。更普遍的情况是，公司生产的各个流程工序间常常存在"各自为政"的情况，每个加工流程只顾闷头做自己的工作，做完便推给下一个流程，而下一流程是否能够及时消化这些零件，则不在其考虑范围内，因此，往往容易出现过量生产或生产不足的情况，对设备、人员、原料都造成了一定程度上的浪费。

建立一个 JIT 系统需要一个很长的时期，它需要企业文化和管理方式发生巨大的变革。实施 JIT 系统要考虑以下几个步骤。

（1）进行准备工作。实施 JIT 系统第一步就是要进行人员培训。公司高级管理人员对 JIT 系统的支持是实施 JIT 的首要条件，因此，必须首先让企业的高层人员深刻理解和领会 JIT 思想的实质，明确各自的职责。其次就是对工人进行培训和激励，使所有人员都参与 JIT 系统的建设。

（2）实行全面质量管理。全面质量管理是与 JIT 系统紧密联系的。JIT 系统的各个环节，需要在全面质量管理的思想指导下，才能协调一致。也只有在全面质量管理的作用下，才能在每一个环节上把好质量关，使之尽力实现零缺陷，进而实现零库存。

（3）对现行系统进行分析。在实施 JIT 系统之前，首先要对现行的制造系统进行仔细分析和解剖，找出现行系统存在的缺陷与不足，明确改进目标。

（4）工艺和产品设计。运行 JIT 要求企业的生产工艺流程具有很强的柔性。目前一些高科技的企业成功地把 JIT 与柔性制造系统（FMS）结合在一起，产生了巨大的经济效益。JIT 要求尽可能地采用标准件以降低 JIT 生产系统的复杂性。

（5）使供应商成为 JIT 系统的一部分。供应商能否及时向企业提供优质的材料是 JIT 系统运行的条件。把企业 JIT 系统与供应商的 JIT 系统联结在一起，使供应商成为企业 JIT 系统的一部分，将有利于保证物料供应的及时性和可靠性。

（6）不断改善。JIT 生产系统是一个生产过程，是一个需要不断改进完善的过程。理想 JIT 系统的最高目标是零机器调整时间、零库存、零缺陷、零设备故障，而这些目标的实现是以公司各项工作不断改进和完善为前提的，因而 JIT 是一个永不停止的过程。

8.5　流动负债管理

流动负债也叫短期负债，是指将在 1 年（含 1 年）或者超过 1 年的一个营业周期内偿还的债务，包括短期借款、应付票据、应付账款、预收账款、应付工资、应付福利费、应付股利、应交税金、其他暂收应付款项、预提费用和一年内到期的长期借款等。流动负债是公司筹集短期资金的主要方式。一般将流动负债与流动资产进行比较，反映其短期偿债能力。

1. 流动负债的分类

（1）按流动负债的形成情况分类，流动负债可以分为自然性短期负债和临时性短期负债。

自然性短期负债是指公司正常生产经营过程中产生的、由于结算程序的原因自然形成的短期负债，如应付账款、应付票据、应付职工薪酬等。临时性负债是指为了满足临时性流动资金需要所发生的负债，如零售类的公司在节假日前为满足销售需要，超量购入货物而举借的短期银行借款。

（2）按照清偿手段分类，流动负债可以分为货币性流动负债和非货币性流动负债。

货币性流动负债是指需要以货币资金清偿的流动负债，一般包括：短期借款、应付票据、应交税费以及非货币性职工薪酬以外的应付职工薪酬等。

非货币性流动负债是指不需要以货币资金清偿的流动负债，一般包括：预收账款以及其他应付款中不需要以货币资金清偿的债务。

（3）按照清偿金额是否确定分类，流动负债可以分为：金额确定的流动负债、金额视经营情况而定的流动负债和金额视或有事项是否成立而定的流动负债。

金额确定的流动负债，是指债权人、偿还日期和需要偿付的金额确定的流动负债，如：短期借款、应付票据、预收账款以及已取得结算凭证的应付账款等。

金额视经营情况而定的流动负债，是指债权人、偿还日期等确定，但其负债金额需要根据公司实际经营过程中的销售额或营业额的实际情况确定，如：应付股利、应交税费等。

金额视或有事项是否成立而定的流动负债，是指债权人和偿还日期不确定、偿还金额需要根据情况估计的流动负债，如未决诉讼中的或有负债、担保事项产生的或有负债等。

（4）按照形式的方式不同分类，流动负债可以分为：筹资活动形成的、经营活动形成的、收益分配活动形成的流动负债。

筹资活动形成的流动负债，是指公司向金融机构借入资金形成的流动负债，如：短期借款及应付利息等。

经营活动形成的流动负债，是指公司在日常生产经营活动中形成的流动负债，如：应付账款、应付票据、预收账款、应交税费、应付职工薪酬等。

收益分配活动形成的流动负债，是指公司在对净利润进行分配过程中形成的流动负债，如：应付股利等。

（5）按照产生的原因分类

流动负债按照产生的原因可以分为借贷形成的流动负债、结算过程中产生的流动负债、经营过程中产生的流动负债和利润分配产生的流动负债。

2. 流动负债的特点

（1）融资速度快，容易取得。进行短期债务筹资时，一般所需时间较短，程序较为简单，可以快速获得资金。

（2）灵活性强，富有弹性。进行短期债务筹资时，公司与债权人直接商定筹资的数额、时间、利率等；在用款期间，公司如有特殊情况，也可与债权人进行协商，变更相关条款。因此，短期债务筹资具有较大的灵活性和弹性。

（3）成本低。短期债务筹资成本普遍较低，如短期借款成本低于长期筹资方式下的资本成本；大多数应付账款等自然筹资方式，都属于免费筹资方式，从而可以不考虑筹资成本。

（4）风险大。短期债务的利率波动较大且时间较短，因此在金额较大的情况下，如果公司资金调度不灵，就有可能出现无力按期偿付本金和利息的情况，带来巨大财务风险。

8.5.1　商业信用

商业信用是指商品交易中由于延期付款或延期交货（预收货款）所形成的借贷关系，是公司之间的一种直接信用行为。商业信用几乎是所有公司都会采取的一种短期融资方式。商业信用的具体形式通常有应付账款、应付票据和预收账款。例如，赊销时，买方在购货时不需立即支付货款，卖方为了扩大销售，同意买方推迟一定时期再付款或分期付款。在此期间，卖方给予买方信用，买方可以临时性占用卖方资金。交易形成了卖方的应收账款、买方的应付账款。

1. 应付账款筹资

对于持续正常经营的公司而言，应付账款筹资是一种持续性的商业信用筹资形式，利用延期付款条件在短期内使用资金的一种筹资行为。在这种方式下，买卖双方发生商品交易，购货方收到商品后不立即支付货款，也不出具借据，而是形成"欠账"，延迟一定时期后才付款。这种关系完全由买方的信用来维持。对于卖方来说，可以利用这种方式促销商品；而对于购货方来说，延期付款则等同于从卖方借用资金购进商品，以满足短期资金周转的需要。

按卖方给出的商业信用条件分类，可以分为免费信用、有代价信用和展期信用。免费信用是指购货方在规定的折扣期内享受折扣而获得的信用；有代价信用是指购货方放弃折扣而获得的信用（即选择按发票全额付款，放弃的折扣而付出的代价）；展期信用是指购货方超过规定的信用期推迟付款而强制获得的信用。

（1）现金折扣。卖方给出的商业信用是有代价的信用时，此时是要考虑放弃现金折扣的成本的，再与公司资本成本对比，作出是否放弃现金折扣的决策。

【例 8 - 12】长江空调公司是鲁伯特公司的最大客户，鲁伯特公司给出优惠赊销条件"1/15，N/60"，长江空调公司赊购了 800 万元的原材料，公司资本成本是 10%，请问长江空调公司是否应该接受该现金折扣在 15 天内付款。

解：如果长江空调公司在 15 天内付款，则可获得最长为 15 天的免费资金占用期，并可取得现金折扣 8 万元（800×1%），免费占用资金的金额为 792 万元。

如果长江空调公司放弃这笔折扣，在第 60 天付款，付款总额为 800 万元。公司推迟付款 45 天，需多支付 8 万元。这种情况可以看作一笔为期 45 天、金额为 792 万元的借款，利息为 8 万元，求借款的实际利率。

45 天借款的实际利率 = 8 ÷ 792 × 100% = 1.01%

利息通常以年为时间单位表示，因此，必须把 45 天的利率折算为 360 天的利率。假设按单利计算，则实际年利率为：

实际年利率 = 1.01% × （360 ÷ 45） = 8.08%

是否放弃现金折扣，通常应与公司资本成本相比较。

①如果放弃现金折扣承担的利率大于公司的资本成本，则在折扣期付款，接受现金折扣；反之，不接受现金折扣，因为此时公司可通过其他渠道获取成本较低的资金，来支付这笔应收货款。

②如果公司因缺乏资金而欲展延付款期，则需在降低放弃现金折扣成本与展延付款带来的损失之间作出选择。

③如果面对两家以上提供不同信用条件的卖方，应通过衡量放弃现金折扣成本的大小，选择信用成本最小（或所获利益最大）的一家。

在【例 8-12】中，长江空调公司的资本成本 10%，高于放弃现金折扣承担的实际利率 8.08%，所以长江空调公司应该放弃现金折扣。

可以用公式来计算放弃现金折扣的实际利率（或机会成本），计算公式如下：

$$放弃现金折扣的实际利率 = \frac{折扣率}{1 - 折扣率} \times \frac{360}{信用期限 - 折扣期限}$$

根据【例 8-12】中的资料，长江空调公司放弃现金折扣的实际利率为：

$$放弃现金折扣的实际利率 = \frac{1\%}{1 - 1\%} \times \frac{360}{60 - 15} = 8.08\%$$

计算结果表明，放弃现金折扣的实际利率是 8.08%，低于长江空调公司资本成本 10%，也即，长江空调公司利用商业信用占用供应商货款成本更低，所以应该放弃该现金折扣，尽量延长资金占用时间。

注意，虽然延期付款可降低成本，但由此会带来一定的风险或潜在的筹资成本和代价，主要包括以下几个方面。第一，信用损失。如果公司过度延期支付其应付账款，或严重违约，公司的信用等级就将下降。不良的信用等级会影响公司与其他供应商和金融机构的关系。第二，利息罚金。有些供应商可能会向延期付款的客户收取一定的利息罚金；有些供应商则将逾期应付账款转为应付票据或本票，这两者都是付款义务的正式凭证，一旦破产，应付票据或本票对供应商更为有利。第三，停止供货。拖欠货款会使供应商停止或推迟送货，这不但会因停工待料而丧失生产或销售机会，也会失去公司原有的客户。第四，法律追索。供应商可利用法律手段保护自身利益。

当然，供应商有可能同意偶尔的延期支付，特别是在季节性供求或者市场竞争严酷的情况下，只要在合理时间内如数支付，供应商也可以原谅与容忍。但延期支付有可能成为供应商提价的理由。

（2）利用应付账款筹资主要优点。

①易于取得。应付账款是公司间的一种自然信用方式，不需要办理任何手续，取得非常容易。

②可选择性大。公司一旦取得这种信用贷款后，可以选择在折扣期内付款、信用期内付款或与供应商协商展期付款，所以选择性比较大。

③资金成本低。很多应付账款是不需要支付任何成本的，即使是有现金折扣条件下，如果在折扣期内付款，也不需花费任何代价，所以这种筹资方式的资金成本非常低。

（3）利用应付账款筹资主要缺点。

①期限短。应付账款的期限都比较短，公司不可能长期使用。

②筹资数额有限。应付账款虽然是企业间的一种持续的自然信用方式，但筹资数额非常有限。

③财务风险大。因应付账款的偿还期限短，公司需要准备充足的货币资金用来偿债，一旦货币资金不足，只能以资产偿还，或申请破产保护，所以财务风险高。

2. 应付票据筹资

广义的票据一般是指由出票人签发，无条件约定自己或要求他人支付一定金额，可流通转让的有价证券，持有人具有一定权利的凭证，如汇票、本票、支票、提单、存单、股票、债券等。

狭义的票据仅指以支付金钱为目的的有价证券，即出票人根据票据法签发的，由自己无条件支付确定金额或委托他人无条件支付确定金额给收款人或持票人的有价证券。在我国，狭义票据一般是汇票（银行汇票和商业汇票）、支票（现金支票、转账支票）及本票（银行本票、个人本票）的统称。

本节所指的应付票据筹资，主要指公司之间进行延期付款商品交易时以书面形式开具的，载明债务人有义务按规定期限向债权人无条件支付一定金额的凭证，它是以票据来取代无任何凭证的信用方式，具体包括商业承兑汇票和银行承兑汇票。

（1）票据分类。按不同的分类方式和标准，票据可分为不同的类别，主要包括以下几种。

①按票据出票人不同，可以分为银行汇票和商业汇票。

②承兑汇票是最常见的商业汇票，按票据承兑人身份，可以分为商业承兑汇票、银行承兑汇票。

③按票据是否带息，可以分为带息票据和不带息票据。带息应付票据的利息率通常低于其他筹资方式的利率，如低于短期借款利率，且不用保持相应的补偿性余额和支付各种手续费等。

④按票据的时间长短，可以分为短期票据和长期票据。

（2）票据的背书、保证和贴现。

①背书。票据的流通就是以背书方式转移票据权利。背书是票据持有人在票据背面批注签章，将票据权利授予给他人的行为。背书包括两个内容，即在票据后面背书和将

已背书的票据交付给被背书人。背书行为可以分为转让背书和非转让背书，一般在无特别说明时，背书都指转让背书。因转让背书行为，背书人对票据的债务承担连带的责任，被背书人接替背书人成为新的持票人，取得票据债权。

②保证。保证行为是票据保证人发生保证债务的行为，即票据债务人以外的第三人担保票据债务履行的行为。票据的债务人包括出票人、背书人和承兑人，都可成为被保证的对象，保证使保证人与被保证人之间产生票据法律关系。保证人的责任以被保证人的责任为限，因此被保证人不同，保证人的责任也不同。

③贴现。贴现是收款人将未到期的商业承兑汇票或银行承兑汇票背书后转让给银行，银行按票面金额扣去自贴现日至汇票到期日的利息，将剩余金额支付给持票人。由于银行承兑汇票的信用等级较高，一般商业银行均提供的贴现业务，主要贴现对象就是指银行承兑汇票。银行承兑汇票的持票人可持未到期的银行承兑汇票向银行申请贴现，提前收取票款。银行在扣除一定的贴息后，向持票人支付一定金额的资金。

（3）票据贴现利息。贴现和转贴现的期限一律从其贴现之日起到汇票到期日止。实际支付贴现金额按票面金额扣除贴现息后计算。

票据贴现实际上是持票人把未到期的汇票转让给银行，贴付一定利息以取得银行借款的行为。因此，它是商业信用发展的产物，实为一种银行信用。应付票据贴现息及应付贴现票款的计算方法如下：

$$贴现利息 = 票据到期值 \times 贴现利率 \times 贴现天数 / 360$$
$$实际贴现票款金额 = 票面金额 - 贴现利息$$

【例 8 – 13】长江空调公司从欣欣公司购进材料一批，价款 500 万元，双方商定 6 个月后付款，采用银行承兑汇票结算。长江空调公司于 3 月 10 日开出银行承兑汇票，汇票到期日为 9 月 10 日。如欣欣公司急需资金，于 4 月 10 日办理贴现，贴现利率 5%。试计算欣欣公司收到的贴现票款。

解：贴现利息 $= 500 \times 5\% \times 150 \div 360 = 10.42$（万元）

欣欣公司实际收到的贴现票款金额 $= 500 - 10.42 = 489.58$（万元）

实际操作中，贴现天数可能还需考虑节假日，金额会精确到分，年利率折算成日利率时一年一般按 360 天计算。

（4）利用应付票据筹资主要优缺点。筹资成本低，可以降低公司资本成本；流程简单，可以提高公司的融资效率，改善财务状况，提高公司的信用等级。但是，票据的期限较短，不超过 180 天，因此公司在短期内需要把资金还清，公司如果无法按时归还贷款，将面临重大的法律风险。

3. 预收账款筹资

预收账款是卖方正式在交付货物之前向买方预先收取部分或全部货款的信用形式，相当于卖方向买方预先借用资金然后用货物来抵偿，预收账款是下游企业提供给上游企业的商业信用。

某些行业容易产生预收款，如房地产开发、保险行业、软件科技行业和高端白酒行业等；但在制造业中，如果某个公司有大量预收账款，往往意味着这个公司处于强势主导地位、产品供不应求、行业地位高、竞争力强，同时，下游企业对这个公司有较强的信心。预收账款不仅是下游议价能力的体现，也是收入的先行指标，预收账款大幅增加的公司，营业收入大概率也会增加。

另外，公司在生产经营活动过程中还会由于非商品交易而产生一些自然融资，包括应付工资、应付税金、应付股利、其他未交未付款和预提费用等。这些自然融资与应付账款不同之处在于，它们大多是由于法律法规和结算制度等规定形成的，大多数是免费的，大多能使公司受益在前、费用支付在后，但是支付期限具有强制性。

4. 利用商业信用筹资的优缺点

（1）方便及时。因为商业信用与商业活动同时进行，购买方可以自动地取得商业信用，即自动形成购买方的资金来源，属于一种自然性筹资。

（2）限制条件少。商业信用无须经过谈判或协商即可获得，销售方很少提出其他授予信用的附加条件。而其他许多短期筹资方式，为确保货款的安全性，都必须就货款条件作正式的商议，如要求签发票据，以资产作抵押或提出某种付款条件等。

（3）弹性大。商业信用有较大的筹资弹性。购货增加，商业信用也随之增加，所取得的资金也增加；反之，购货减少，商业信用也减少，所取得的资金也减少。购货方可以根据自身对资金的需要来决定商业信用的取舍，其资金筹措额可以随时调整。

（4）可以得到免费的筹资。一般情况下，公司利用商业信用筹资不会产生筹资费用。但是，商业信用的期限一般较短，而且金额较小，很难成为公司的主要融资方式。

8.5.2 短期借款

短期借款是指公司向银行和其他非银行金融机构借入的期限在一年以内的借款。按照国际惯例，短期借款按有无担保分为信用借款（无担保借款）和抵押借款（担保借款）。

1. 信用借款

信用借款是指不需要抵押品的借款。信用借款只适应于信誉好、规模大的公司，满足其应收账款和存货占用资金的需要。银行对公司进行风险、收益分析后，决定是否向公司贷款，并拟定具体的贷款条件。这些条件主要有以下几种。

（1）信用额度。信用额度是银行和公司之间商定的，在未来一段时间内银行向公司提供无担保贷款的最高限额。公司在商定的信用额度内可随时向银行申请借款，但银行并不承担必须提供全部信用额度贷款的义务，如果公司信誉恶化，公司也可能得不到信用额度内的贷款。此时，银行不会承担法律责任。

信用额度的期限通常为一年，信用额度的数量一般是银行对公司信用状况详细调查后确定。这种借款的最大优点是为公司提供了较大的筹资弹性，只要不超过限额，借款和还款都比较灵活。

（2）周转信贷协定。周转信贷协定也称限额循环周转证，是银行具有法律义务地承诺提供不超过某一最高限额的贷款协定。它是另一种形式的信用额度，即由银行和公司共同确定借款的最高限额，在协议的有效期内，只要公司的借款总额未超过最高限额，银行必须满足公司任何时候提出的借款要求。公司签订周转信用协议，通常要就贷款限额未使用的部分付给银行一笔承诺费。这是因为尚未使用的信用额度仍属稀缺资源，尤其是那种有法律约束力的信用额度协议。承诺费一般按信用额度总额中尚未使用部分的一定百分比计算。

如果周转信用额度为 100 万元，借款人年度内使用了 60 万元，余额为 40 万元，借款人该年度内应向银行支付承诺费，假设承诺费率为 0.5%，则借款人在该年度内享有周转信贷协议所付出的代价为 2 000 元。周转信贷协议不仅可以满足企业的季节性资本需要，还可以满足一般流动资本需要。

（3）补偿性余额。补偿性余额是指银行要求借款方在银行中保持按贷款限额或实际借款额的一定百分比（通常为 10% ~ 20%）计算的最低存款余额。银行的这种要求主要是为了降低银行贷款风险，提高贷款的有效利率，以补偿银行可能遭受的损失。但是，对借款方来说，补偿性余额则提高了借款的实际利率，加重了公司的利息负担。

存在补偿性余额的借款实际利率 = 名义利率/（1 - 补偿性余额）

（4）利率。通常商业贷款的票面（名义）利率是通过借贷双方协商确定的。在某些情况下，利率也会随货币市场的状况而变动。

（5）逐笔贷款。逐笔贷款是指根据某种短期需要向银行取得的借款。对于这类贷款，银行要逐笔审核贷款申请，并测算和确定贷款的相应条件和信用保证。

【例 8 - 14】长江空调公司按 5% 的利率向银行借款 100 万元，期限一年，银行要求维持贷款限额 15% 的补偿性余额，求该项借款的实际利率。

解：借款实际利率 $= \dfrac{6\%}{1 - 15\%} = 7.06\%$

2. 抵押贷款

抵押贷款是指公司以提供担保品为条件向银行取得的借款。银行在发放贷款时，为降低贷款风险，通常要求那些信用不好、财务状况较差的借款方必须有担保品作抵押。担保品价值的大小通常取决于借款方的信用状况和担保品的变现能力。如果公司不能履行偿还义务，银行可以出售担保品，以其变现价值抵偿借款。如果担保品变现价值超过借款本金和应付利息，多余部分应退还借款方；如果担保品变现价值低于借款本金和应付利息，差额部分则为无担保借款。所以，这也是银行在发放贷款时往往不按担保品的估价（或市价）足额贷款的根本原因（一般为抵押品价值的 30% ~ 90%，这一比例的高低，取决于抵押品的变现能力和银行对风险的偏好）。

在短期抵押借款中，用作担保品的资产通常是应收账款、应收票据和存贷等易于变现的流动资产。所以，抵押借款又有应收账款抵押借款和存贷抵押借款等之分。公司也可用股票、债券、第三者担保等方式作为抵押，取得短期借款。

3. 短期借款利率

短期借款的成本包括银行借款利息、手续费、抵押借款时抵押品的评估确认费用等。其中银行借款利息是短期借款成本的最主要的部分。

银行借款利率会因借款方的类型、借款额及时间的不同而有所不同，通常有以下几种。

（1）优惠利率。优惠利率是指银行给实力雄厚、财务状况好、信誉佳的公司发放贷款时收取的名义利率，是银行向公司贷款所收取的最低利率。银行向这类公司贷款风险小，因此所要求的利率也较低。

（2）浮动优惠利率。这是一种随其他短期利率的变动而浮动的优惠利率，即随市场条件的变化而随时调整、变化的优惠利率。

（3）非优惠利率。非优惠利率是指银行贷款给一般公司时收取的高于优惠利率的利率，通常是在优惠利率基础上加一定的百分比。非优惠利率与优惠利率之间的差距大小由借款方的信誉、借款方与银行的往来关系、银行对风险的偏好及当时的资金市场状况所决定。

此外，当公司采取抵押借款方式时，银行借款的成本一般要高于信用借款的成本。这是因为银行除收取利息之外，还要收取高于信用借款的手续费和其他费用。

4. 短期借款利息支付方式

（1）收款法。收款法是指在借款到期时向银行支付利息的方法，也叫作"利随本清法"。采用这种方法，借款的名义利率（即约定利率）等于其实际利率。

（2）贴现法。贴现法是指银行向公司发放借款时，先从本金中扣除利息部分，借款到期后债务人再偿还全部本金的一种计息方法。采用这种方法，公司可以利用的实际资金额度只有本金扣除利息后的差额部分，因此，借款的实际利率高于名义利率。

【例 8 - 15】长江空调公司从银行取得短期借款 200 万元，期限是六个月，名义利率 5%，利息 5 万元，按照贴现法付息，实际可动用资金是 195 万元。求该短期借款的实际利率。

$$实际利率 = \frac{利息}{贷款金额 - 利息} = \frac{5 \times 2}{200 - 5 \times 2} = 5.26\%$$

或

$$实际利率 = \frac{名义利率}{1 - 名义利率} = \frac{5\%}{1 - 5\%} = 5.26\%$$

（3）加息法。加息法是指银行发放分期等额偿还贷款时所采用的利息收取方法。在分期等额偿还贷款的情况下，银行要把根据名义利率计算的利息加到贷款本金上，计算出贷款的本息和，要求公司在贷款期内分期偿还本息之和的金额。由于贷款分期均衡偿还，借款方实际上只平均使用了贷款本金的半数，却支付了全额利息。这样，贷款的实际利率就高于名义利率大约 1 倍。

【例 8 - 16】长江空调公司借入年利率为 8% 的短期借款 200 万元，分 12 个月等额偿还本息。求该项借款的实际利率。

解：实际利率 = 200 × 8% / （200 ÷ 2） = 16%

如果借款的期限较短时，可以不考虑时间价值，此时等额偿还本息，意味着实际占用资金只是借款金额的一半，所以实际利率是名义利率的两倍。

5. 短期借款筹资的优缺点

优点：①筹资弹性大，便于灵活安排资金，自由控制余额，短期借款在规定时间内可以根据自己的资金使用需求进行期限和额度的自由搭配，还款压力小，借款归还后，还可以继续循环使用；②所需时间短、筹资效率高，用款方式灵活，可以解决短期内急需资金周转的需要；③因是短期借款的周期不长，即使资本成本较高，但正常情况下，借款利息金额依然可以承受。

缺点：①借款数量有限、期限短、筹资风险大，如果公司资金周转不畅，可能无力偿还短期借款本金利息，甚至可能破产；②与其他短期筹资方式相比，短期借款的成本较高，尤其是在补偿性余额和附加条款等情况下，实际利率通常较高。

8.5.3 短期融资券

短期融资券是指具有法人资格的企业，依照规定的条件和程序在银行间债券市场发行和交易并约定在一定期限内还本付息的有价证券；短期融资券的期限一般小于 1 年，是无担保短期本票。

1. 短期融资券的分类

（1）按发行方式分类，可将短期融资券分为经纪人代销的融资券和直接销售的融资券。

（2）按发行人的不同分类，可将短期融资券分为金融企业的融资券和非金融企业的融资券。

（3）按融资券的发行和流通范围分类，可将短期融资券分为国内融资券和国际融资券。

2. 短期融资券的发行程序

（1）公司作出发行短期融资券的决策。

（2）办理发行短期融资券的信用评级。

（3）向有关审批机构提出发行申请。

（4）审批机关对企业提出的申请进行审查和批准。

（5）正式发行短期融资券，取得资金。

3. 相关风险

（1）信用风险。由于公司治理结构不规范，违规成本低，与公司财务状况紧密相连的风险提示处于空白状态。部分公司为了达到低成本融资的目的，对披露的财务数据、经营业绩进行一定的修饰，隐藏了一定的信用风险。如果现有制度安排中隐藏的信用风险得不到及时发现和披露，一旦市场扩容，或经济环境变化，都会使信用风险迅速扩大。少数公司违约的信用风险有可能通过市场传导为系统风险，甚至影响到整个金融体系的稳定。

（2）滚动发行机制隐含"短债长用"的投资风险。按现行规定，人民银行对公司发行融资券实行余额管理，监管部门只需控制融资券待偿余额不超过公司净资产的 40% 即可。这就使部分公司有可能绕过中长期企业债的限制，通过滚动发行短期融资券进行长期融资。由于监管缺失，难以避免公司将通过短期债融入的资金用作长期投资。任何中长期投资项目都面临市场、技术、产品等方面的风险，随着短期融资券发行规模的扩大，其隐含的投资风险将不断加大。

（3）短期融资券风险可能向银行转移。这主要体现在三个方面：一是隐性担保的潜在风险。短期融资券是无担保信用债券，不少公司将银行授信额度作为提高偿债能力的条件，主承销银行出于自身利益，心甘情愿地提供隐性担保。一旦出现违约风险，公司的信用风险就可能向银行转移和积聚。二是银行自销、自买短期融资券，容易产生泡沫，造成短期融资券异常"火爆"的假象。一旦个别公司出现兑付风险，必然引发投资者对相同信用等级短期融资券产生怀疑，可能引发大范围抛售，金融机构持有的短期融资券价值将迅速下降。如果银行将短期融资券作为流动性的重要工具，必然导致银行体系流动性风险的爆发。三是银行竞相承销短期融资券，互相挖客户，容易产生道德风险和违规风险。

（4）信用评级不成熟，道德风险加大。突出表现在评级缺乏时效，使短期融资券发行时的评级出现终身化倾向；评级手段落后，大多采用长期债券的评级方法，没有短期债券的特性；评级标准不统一；监管主体缺位，至今没有明确评级机构的监管部门，有关法律法规不健全。

4. 发行条件

（1）发行人为非金融企业，发行企业均应经过在中国境内工商注册且具备债券评级能力的评级机构的信用评级，并将评级结果向银行间债券市场公示。

（2）发行和交易的对象是银行间债券市场的机构投资者，不向社会公众发行和交易。

（3）融资券的发行由符合条件的金融机构承销，企业不得自行销售融资券，发行融资券募集的资金用于本企业的生产经营。

（4）对企业发行融资券实行余额管理，待偿还融资券余额不超过企业净资产的 40%。

（5）融资券采用实名记账方式在中央国债登记结算有限责任公司（以下简称中央结算公司）登记托管，中央结算公司负责提供有关服务。2013 年 5 月之后，融资券的登记托管机构改为上海清算交易所。

（6）融资券在债权债务登记日的次一工作日，即可以在全国银行间债券市场的机构投资人之间的流通转让。

　　近年来，短期融资券市场非常活跃，截至 2023 年 7 月 31 日，中国内地债券市场的存量余额为 1 490 520.14 亿元。其中，短期融资券存量是 2 926 只，存量余额为 25 189.37 亿元；2023 年 7 月发行短期融资券融资 3 492.13 亿元，偿还 4 542.66 亿元，净融资额为 −1 050.53 亿元。

　　2023 年 6 月 14 日，中国船舶（600150.SH）在银行间市场发行 2023 年第一期超短期融资券，规模 50 亿元，期限 180 天，票面利率 2%。本次发行由光大银行作为牵头主承销商和簿记管理人，中信银行作为联席主承销商；资金用途是全部用于偿还金融机构借款；募集的资金将有助于公司优化资本结构、降低融资成本。

🔗 思考与练习

　　1. 在决定销售条件时应考虑哪些因素？

　　2. 什么是信用分析？"信用的 5 Cs"是什么？

　　3. 什么是持有现金的交易动机，它是如何影响企业持有现金的？

　　4. 长江公司的原料购买和产品销售均采用商业信用方式，其应收账款的平均收款期为 120 天，应付账款的平均付款期为 40 天，从原料购买到产成品销售的期限平均为 100 天。要求：计算长江公司的现金周转期、现金周转率；若长江公司现金年度需求总量为 250 万元，求最佳现金持有量。

　　5. 长江公司大量使用某种外购零部件，零部件单价为 100 元/件，每次订货的变动成本为 20 元，订货的固定成本较小，可以忽略不计。该零部件的全年需求量为 3 600 件，每年按 360 天算，公司的资金成本为 10%，除资金成本外，不考虑其他储存成本。要求：计算甲公司外购零部件的经济订货量、与批量有关的总成本、外购零部件的全年总成本。

　　6. 长江公司有下列三个资金持有方案，各方案的相关成本资料见下表。要求：计算公司的最佳现金持有量。

各方案有关成本明细表

项目	甲	乙	丙
现金持有量（元）	20 000	30 000	40 000
管理成本（元）	2 000	2 000	2 000
有价证券利率（%）	8	8	8
短缺成本（元）	9 600	7 300	6 700

　　7. 甲公司生产的产品生产需要某种材料，年需求量为 720 吨（一年按 360 天计算）。供应商根据甲公司的指令发货，运输费由甲公司承担。材料价格为 3 300 元/吨，运费 20 元/吨，每次订货需要支付固定运费 100 元。材料在甲公司指令发出当天即可送达，但每日最大送货量为 10 吨。材料单位储存成本为 200 元/年。要求：计算经济订货量和总成本。

　　8. 长江公司每月平均现金需要量为 20 万元，有价证券的月利率为 1%，假定公司现金管理相关总成本控制目标为 800 元，一年按 360 天计算，且公司采用存货模型确定最佳现金持有量。要求：计算有价证券的每次转换成本、每月最佳现金持有量、最佳有价证券交易间隔期。

9. 长江公司预计年度赊销收入净额为 1 000 万元，原来的信用条件是："$N/60$"，变动成本率为 60%，资本成本为 10%，平均收账期为 90 天，估计坏账损失率为 3%，发生收账费用 12 万元。为了加速应收账款的收回，公司打算推出新的信用条件，即："2/10，1/20，$N/60$"，估计约有 40% 的客户将利用 2% 的折扣，10% 的客户将利用 1% 的折扣，预计坏账损失率降为 2%，收账费用降为 10 万元。请问长江公司是否应采用新的信用条件。

第 **9** 章

期 权

学习目的与要求

通过对本章的学习，能够理解期权的基本交易机制，包括期权的定义、类型、合约要素、市场参与者、交易规则和交易特征；能够计算期权的价值，并理解期权定价的机制，在此基础上进一步理解期权交易策略的综合运用，以及如何利用期权进行套期保值和投机套利。本章重点是从期权视角表述公司，包括从认购期权和认沽期权来表述公司。

期权是全球最活跃的衍生工具之一，广泛应用于风险管理、资产配置和产品创新等领域，期权是公认便捷、高效的风险管理工具，其巨大价值已在全世界范围内得到广泛认同。期权与期货一起，被视为全球衍生工具市场的两大基石。期权合约的标的资产可以是股票、股票指数、商品、货币、期货合约等。

随着金融市场的快速发展，期权不仅仅是金融衍生工具，更重要的是公司投资、融资和经营管理等决策过程中都包含着期权问题，甚至所有的证券都具有期权特征，可以解释为看涨期权和看跌期权的组合。期权定价理论为众多财务管理具体领域带来新的注解和解读，也使得很多财务管理问题得到清晰的解答。

本章主要以上证 50ETF 期权合约为例，讲解期权的交易机制、定价、价值、实物期权以及期权交易理念如何运用到公司财务管理中。

9.1 期权交易机制

期权也称选择权，是指买方支付给卖方费用后，买方拥有在将来某一时间按照期权合约规定的价格，买入或卖出一定数量标的资产的权利。

期权买方和卖方的权利义务是不对等的；期权卖方收取费用后，负有按照约定价格卖出或买入一定数量标的资产的义务；期权买方可以行使权利也可以放弃权利，卖方只有相应的义务，没有权利。

9.1.1 期权的类型

1. 按权利分为认购期权（也称看涨期权、买权）和认沽期权（也称看跌期权、卖权）

认购期权是指期权的买方向期权的卖方支付一定数额的权利金后，即拥有在期权合约的有效期内，按事先约定的价格向期权卖方买入一定数量的期权合约规定的标的资产的权利，但不负有必须买进的义务。而期权卖方有义务在期权规定的有效期内，应期权买方的要求，以期权合约事先规定的价格卖出期权合约规定的标的资产。

认沽期权是指期权的买方向期权的卖方支付一定数额的权利金后，即拥有在期权合约的有效期内，按事先约定的价格向期权卖方卖出一定数量的期权合约规定的标的资产的权利，但不负有必须卖出的义务。而期权卖方有义务在期权规定的有效期内，应期权买方的要求，以期权合约事先规定的价格买入期权合约规定的标的资产。

期权分为认购期权和认沽期权，这是期权最基本的分类。同时，期权合约交易均涉及买卖双方，因此期权交易存在四种情形：买入认购期权、卖出认购期权、买入认沽期权和卖出认沽期权，如表 9-1 所示。

表 9-1　　　　　　　　　　　　　　期权交易类型

期权合约	买方	卖方
认购期权	买入认购期权	卖出认购期权
认沽期权	买入认沽期权	卖出认沽期权

如果预计标的资产（如股票）的价格会上升，那么可以买入认购期权或卖出认沽期权；反之，如果预计标的资产（如股票）的价格会下降，那么可以买入认沽期权或卖出认购期权。

2. 按行权时间分为美式期权、欧式期权和百慕大期权

美式期权是指买方在期权合约规定的有效期内任何时候都可以行使权利的期权，如玉米期权、白糖期权等是美式期权。美式期权类似于月饼券、优惠券，只要在到期日前都可以兑现使用。

欧式期权是指在期权合约规定的到期日方可行使权利，期权的买方在合约到期日之前不能行使权利，过了期限，合约则自动作废。例如，沪深 300 股指期权、50ETF 期权等是欧式期权。欧式期权类似于电影票、机票，只能到了指定的时间日期才能兑现使用。

百慕大期权是一种可以在到期日前所规定的一系列时间行权的期权，百慕大期权可以被视为美式期权与欧式期权的混合体。

3. 按合约标的划分，分为现货期权和期货期权

现货期权是以现货为标的资产的期权，如股票期权、股票指数期权、利率期权、商品期权与外汇期权都属于现货期权。一般所说的期权通常是指现货期权。

期货期权是以期货作为标的资产的交易，包括商品期货期权和金融期货期权，如指数期货期权、利率期货期权、外汇期货期权都属于期货期权。

4. 按行权价与市场价的关系，分为实值期权、虚值期权和平值期权

实值期权是认购期权（认沽期权）的行权价格低于（高于）标的资产价格，买方立即执行就可获利的期权。

虚值期权，又称价外期权，是指认购期权（认沽期权）的行权价格高于（低于）标的资产价格，买方放弃行权的期权，即虚值期权不具有内涵价值。

平值期权是认购期权（认沽期权）的行权价格等于或近似等于标的资产价格，买方立即行权不赢不亏的期权。

9.1.2 期权合约的要素

1. 标的资产

标的资产是期权合约的买方，行权时要交割的资产，是期权合约对应的标的物。期权的标的资产包括：股票、股票价格指数、外汇、利率、债券、基金、商品和期货合约等。理论上，期权的标的资产可以是任意变量，但交易所中最常见的期权合约标的资产是股票和债券。

2. 合约类型

期权合约类型一般分为：认购期权（买权）或认沽期权（卖权）。

认购期权：买入认购期权，标的资产上涨，期权价格上涨，买方行权，即买方有权利以行权价买入标的资产。

认沽期权：买入认沽期权，标的资产下跌，期权价格上涨，买方行权，即买方有权利以行权价卖出标的资产。

3. 行权价格

行权价格也称为执行价格、敲定价格、履约价格，是合约中规定的期权买方行权时的交易价格，即事先约定的价格。该价格确定后，在期权到期日，无论标的资产的市场价格上涨或下跌到什么水平，只要期权买方要求执行期权，期权卖方都必须以此价格履行交易。

对于认购期权，期权买方有权利以行权价格从期权卖方买入标的资产。对于认沽期权，期权买方有权利以行权价格卖出标的资产给期权卖方。

4. 权利金

权利金，也称期权费，是期权的买卖价格，即期权合约价格。权利金的具体金额取决于行权价格、到期时间以及整个期权市场的交易情况。期权买方将权利金支付给卖方，

以此获得期权合约所赋予的权利。权利金即为期权的买方为获得期权而付给卖方的费用。

在期权合约里，标的资产、行权价格、行权日期等都是事先约定的、固定的，只有权利金是变化的。在场内期权交易中，权利金是唯一的变量，其他的期权合约要素全部已经标准化；权利金这个变量决定了期权交易双方的盈亏。

5. 履约保证金

在期权交易中，买方向卖方支付一笔权利金，买方获得了权利但没有义务，因此，除权利金外，买方不需要交纳履约保证金。

对卖方来说，获得了买方的权利金，只有义务没有权利，因此，场内交易时，期权卖方需要向期权交易所交纳履约保证金，保证在买方执行期权的时候有能力履约，并每日维持足额的保证金作为其履行期权合约的财力担保。注意，只有期权卖方需要交履约保证金。

6. 合约单位

合约单位是1张期权合约对应的标的资产数量。不同标的资产的期权，每1张期权合约对应的数量和金额不同。

例如，上证50ETF期权，合约单位是1万份上证50交易型开放式指数证券投资基金即50ETF。沪深300ETF期权，合约单位是1万份嘉实沪深300ETF基金即300ETF。

7. 到期日

到期日，是合约有效期截止的日期，也是期权买方可行使权利的最后日期。合约到期后期权合约自动失效，期权买方不再享有权利，期权卖方不再承担义务。

8. 交割方式

交割方式，期权交割方式分为现金交割和实物交割两类。例如，上证50ETF期权是实物交割。

上述期权合约的要素实例详见表9-2。

表9-2　　　　　　　　　　　　　上证50ETF期权合约基本条款

合约标的	上证50交易型开放式指数证券投资基金（"50ETF"）
合约类型	认购期权和认沽期权
合约单位	10 000份
合约到期月份	当月、下月及随后两个季月
行权价格	9个（1个平值合约、4个虚值合约、4个实值合约）
行权价格间距	3元或以下为0.05元，3元至5元（含）为0.1元，5元至10元（含）为0.25元，10元至20元（含）为0.5元，20元至50元（含）为1元，50元至100元（含）为2.5元，100元以上为5元
行权方式	到期日行权（欧式）

交割方式	实物交割（业务规则另有规定的除外）
到期日	到期月份的第四个星期三（遇法定节假日顺延）
行权日	同合约到期日，行权指令提交时间为9：15～9：25，9：30～11：30，13：00～15：30
交收日	行权日次一交易日
交易时间	9：15～9：25，9：30～11：30（9：15～9：25为开盘集合竞价时间）
	13：00～15：00（14：57～15：00为收盘集合竞价时间）
最小报价单位	0.0001元
申报单位	1张或其整数倍
涨跌幅限制	认购期权最大涨幅＝max｛合约标的前收盘价×0.5%，min［（2×合约标的前收盘价－行权价格），合约标的前收盘价］×10%｝
	认购期权最大跌幅＝合约标的前收盘价×10%
	认沽期权最大涨幅＝max｛行权价格×0.5%，min［（2×行权价格－合约标的前收盘价），合约标的前收盘价］×10%｝
	认沽期权最大跌幅＝合约标的前收盘价×10%
开仓保证金最低标准	认购期权义务仓开仓保证金＝［合约前结算价＋max（12%×合约标的前收盘价－认购期权虚值，7%×合约标的前收盘价）］×合约单位
	认沽期权义务仓开仓保证金＝min［合约前结算价＋max（12%×合约标的前收盘价－认沽期权虚值，7%×行权价格），行权价格］×合约单位
维持保证金最低标准	认购期权义务仓维持保证金＝［合约结算价＋max（12%×合约标的的收盘价－认购期权虚值，7%×合约标的的收盘价）］×合约单位
	认沽期权义务仓维持保证金＝min［合约结算价 ＋max（12%×合标的收盘价－认沽期权虚值，7%×行权价格），行权价格］×合约单位

资料来源：上海证券交易所官网。

9.1.3 期权市场参与者

1. 交易所

期权交易没有特定场所，可以在期货交易所内交易，也可以在专门的期权交易所内交易，还可以在证券交易所交易与股票有关的期权。场外期权交易不需要交易所。

目前，世界上最大的期权交易所是芝加哥期权交易所，成立于1973年4月26日，是由芝加哥期货交易所的会员组建。在此之前，期权在美国只是少数交易商之间进行场外买卖。芝加哥期权交易所成立后，进行统一化和标准化的期权合约买卖，期权合约的有关条款，包括合约量、到期日、敲定价等都逐渐标准化。

2015年2月9日，上证50ETF期权于上海证券交易所上市，是中国国内首只场内期权品种。这不仅宣告了中国期权时代的到来，也意味着中国已拥有全套主流金融衍生工具。2017 年 3 月 31 日，豆粕期权作为中国首只期货期权在大连商品交易所上市。2017 年 4 月 19 日，白糖期权在郑州商品交易所上市。2019 年 12 月 23 日，沪深 300ETF 期权在深圳证券交易所上市。2022 年 7 月 22 日，中证 1 000 股指期权在中国金融期货交易所上市。2022 年 12 月 19 日，上证 50 股指期权在中国金融期货交易所上市。

2. 结算所

结算所的基本职能包括：登记结算每份合约；每个交易日结束后，计算结算价格，根据结算价格核算当日每笔交易双方的盈亏水平，并在交易者各自账户上进行调整；对每位会员在一定时间内所拥有的最多合约数量作出规定；如果超过限额，结算所将通过提高保证金水平来加以限制。

3. 经纪商

期权经纪商是指依法设立的以自己的名义代理客户进行交易并收取一定手续费的中介组织，主要职能为：①根据客户指令买卖期权合约、办理结算和交割手续；②对客户账户进行管理，控制客户交易风险；③为客户提供期权市场信息、交易咨询等。目前，上证 50ETF 期权和沪深 300ETF 期权交易的经纪商主要是证券公司和期货公司，统称为期权经营机构，没有设立单独的期权经纪公司。

4. 自营商

自营商是经过注册并用自己的账户进行交易的场内交易员。期权经营机构开展期权自营及经纪业务，应当分别开设相应的交易单元，自营与经纪业务的交易单元不得联通或者混用。

5. 投资人

在证券公司开设期权账户，通过期权经营机构参与场内交易的期权投资人。

9.1.4　交易规则

1. 保证金——期权卖方才需要缴纳期权保证金

在期权交易中，买方不需要交纳保证金。期权卖方需要向交易所交纳保证金，保证在买方执行期权的时候履行期权合约。期权交易实行保证金制度，保证金用于结算和担保期权合约履行，包括结算准备金和交易保证金。交易保证金又分为开仓保证金和维持保证金。

2. 逐日盯市制度

交易所对每笔卖出开仓申报实时计算相应的开仓保证金额度，并根据结算参与人的保证金日间余额数据，对卖出开仓申报进行校验。每个交易日按照期权合约结算价以及投资者未平仓空头合约数量计算维持保证金，保证收取的维持保证金能够覆盖次一个交易日的价格波动风险。

3. 开仓

期权交易比其他金融工具的交易复杂，期权开仓包括买入开仓、买入平仓、卖出开仓、卖出平仓、备兑开仓以及备兑平仓等。

买入开仓：买入认购期权或认沽期权，形成权利仓。

买入平仓：投资人持有义务仓，买入期权，了结合约或减少义务仓数量。

卖出开仓：卖出认购期权或认沽期权，形成义务仓。

卖出平仓：投资人持有权利仓，卖出期权，了结合约或减少权利仓数量。

备兑开仓：投资人在拥有标的资产的基础上，卖出相应的认购期权，形成义务仓。

备兑平仓：投资人持有备兑义务仓，买入期权，了结合约或减少义务仓数量。

4. 结束交易

期权结束交易的方式有以下四种。

（1）对冲平仓。期权对冲平仓是一种针对期权持仓者的交易制度，即将已经持有的期权仓位进行反向操作的行为。买卖双方都可以通过对冲的方式平仓。

（2）买方行权。期权买方可以决定在合约规定期间内是否行权。如果期权买方决定行权，即以特定价格买入或者卖出相应数量的合约标的资产，期权卖方应当按照期权合约的规定履行相应义务。

（3）强制平仓。每个交易日清算后，投资者保证金不足或者备兑证券不足且未能在规定时间内补足或自行平仓的，交易所可以实施强制平仓。

（4）到期自动失效。期权合约到期日，如果期权是虚值期权，买方就不会行使期权，买方最多损失所交的权利金，期权合约到期自动失效。

5. 交割

期权的交割方式分为现金交割和实物交割两类。现金交割是指对到期未平仓的期权合约，以现金支付的方式来完成合约，并用交割结算价来计算交割盈亏。期权实物交割，是指对到期未平仓的期权合约，期权卖方将标的物以行权价格交割给期权买方。

6. 熔断

熔断也叫自动停盘机制，是指当标的物价格波动幅度达到规定的熔断点时，交易所为控制风险采取的暂停交易措施。

上海证券交易所规定上证50ETF股指期权合约在连续竞价交易期间，合约盘中交易价格较最近参考价格上涨、下跌达到或者超过50%，且价格涨跌绝对值达到或者超过该合约最小报价单位5倍的，该合约进入3分钟的集合竞价交易阶段。集合竞价交易结束后，合约继续进行连续竞价交易。

7. 结算

结算是指根据交易结果和交易所有关规定对会员、投资人的交易保证金、盈亏、手续费及其他有关款项进行计算、划拨的业务活动。

9.1.5 期权交易的特征

1. 权利义务不对称

期权卖方必须缴纳保证金作为履约担保，而期权买方只需要支付给卖方权利金，其最大风险也仅限于已经支付的权利金，无须缴纳保证金；同时，期权买方有放弃权，这使得期权交易双方权利义务不对称；对买方而言期权是一种有限责任工具。

期权买方支付权利金后，有执行和不执行的权利而非义务；期权卖方收到权利金，无论市场情况如何不利，一旦买方提出行权，则卖方负有履行期权合约规定之义务而无权利。

2. 盈利和亏损不对称

与股票、期货等投资工具相比，期权从根本上改变以往各类交易的盈亏所具有的对称特征，是所有金融衍生工具中最富创造性的一种交易工具。

期货、股票交易中，随着价格的变化，买卖双方理论上都面临着无限的盈利或亏损。期权交易则完全不同，期权买方的潜在盈利是不确定的，但亏损却是有限的；相反，期权卖方的盈利是有限的，潜在的亏损却是不确定的。

3. 风险和收益不对称

期权交易的潜在收益与风险具有明显的非对称性。对于期权买方来说，所承受的最大亏损就是购买期权支付的期权费，最大的风险是损失全部期权费，而可能实现的收益从理论上分析是无限大的；对于期权卖方来说，所能实现的最大收益就是收到的期权费，而所承担的最大亏损却有可能是无限大，即风险可能是无限大，收益却有上限。

4. 损益是非线性的折线

期权交易者的损益并不随标的物市场价格的变化呈线性变化，其到期损益图是折线而不是一条直线，在行权价格的位置发生转折，形成独特的非线性损益结构。正是期权的非线性的损益结构，才使期权在风险管理、组合投资方面具有了明显的优势。通过不同期权、期权与其他投资工具的组合，投资者可以构造出不同风险收益状况的投资组合。

5. 合约多样化

期权合约不但有月份的差异，还有执行价格、买权与卖权的差异。随着标的资产价格的波动，交易所可以挂出新的执行价格的期权合约，因此期权合约的数量较多。

6. 交易策略多样化

期权交易中，无论是处于牛市、熊市或盘整期，均可以为投资者提供交易的机会。期权的交易策略既可以基于标的资产价格的变动方向，也可以基于标的资产价格波动率进行交易。

7. 标的多样化

期权既可以用基础金融工具为标的构造合约，还可以以期货合约为标的，即构造出期货期权合约，期权可以在衍生工具的基础上再构造出新的衍生工具。因此，期权既可以用来为现货保值，也可以为期货业务进行保值。理论上期权可以以任意变量为标的。通过买入期权，为现货或期货进行保值，不会面临追加保证金的风险。通过卖出期权，可以降低持仓成本或增加收益，非常灵活多变。期权常常被称为金融工具领域的核武器。

下面分别从期权的买方和卖方的角度用公式体现认购期权和认沽期权的盈利或亏损。

（1）认购期权。因为期权的买方可以选择在到期日是否行权，以认购期权为例，可以推断：

$$到期日认购期权买方的现金流 = \max\ [\,0，到期日的现货价格 - 行权价格\,]$$

考虑买方获得期权时预先所付出的期权费，则买方的盈利公式为：

$$到期日认购期权买方的盈利 = \max\ [\,0，到期日的现货价格 - 行权价格\,]$$
$$- 期权费的终值$$

认购期权卖方的现金流和盈利正好与买方相反，即：

$$到期日认购期权卖方的现金流 = -\max\ [\,0，到期日的现货价格 - 行权价格\,]$$
$$到期日认购期权卖方的盈利 = -\max\ [\,0，到期日的现货价格 - 行权价格\,]$$
$$+ 期权费的终值$$

因为行权价是固定的，到期日的现货价格越高，对认购期权买方越有利，如果到期日的现货价格低于行权价格，买方就会选择放弃行权，损失就是预先所付出的期权费。因此，从理论上来看，对期权的买方来说，所得到的盈利可能是无限大的，但损失却有限，最大损失是期权费；但对卖方来说却正好相反，所得到的盈利有一个最高限额，但损失可能是无限大的，双方的盈利和亏损是不对称的。

（2）认沽期权。

$$到期日认沽期权买方的现金流 = \max\ [\,0，行权价格 - 到期日的现货价格\,]$$
$$到期日认沽期权买方的盈利 = \max\ [\,0，行权价格 - 到期日的现货价格\,]$$
$$- 期权费的终值$$

认沽期权卖方的现金流和盈利正好与买方相反，即：

$$到期日认沽期权卖方的现金流 = -\max\ [\,0，行权价格 - 到期日的现货价格\,]$$
$$到期日认沽期权卖方的盈利 = -\max\ [\,0，行权价格 - 到期日的现货价格\,]$$
$$+ 期权费的终值$$

　　显然，到期日的现货价格越低，对认沽期权买方越有利，到期日的现货价格越高，对认沽期权买方越不利。如果到期日的现货价格高于行权价格，买方就会选择放弃行权，损失是有限的，最大损失是期权费，而最大盈利为现货价格减少到零为限。但对卖方来说却正好相反，所得到的盈利有一个最高限额，但损失可能是行权价减期权费，双方的盈利和亏损是不对称的。

　　可用图 9 - 1、图 9 - 2 来表示期权买卖双方的盈亏曲线。横轴表示现货价格，纵轴表示盈利，a 表示期权费。

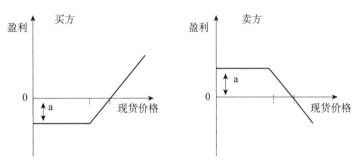

图 9 - 1　认购期权买方与卖方的盈亏

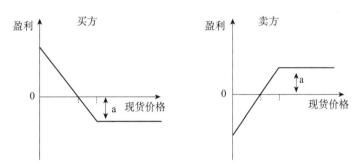

图 9 - 2　认沽期权买方与卖方的盈亏

9.2　期权定价

9.2.1　期权价值

期权价值主要由内涵价值、时间价值两部分组成。

1. 期权内涵价值

内涵价值指立即履行合约时可获取的总利润。根据市场价与行权价的关系可以分为实值期权、虚值期权和平值期权。

对于认购期权的多头（买方），实值、平价和虚值是指下面三种情形。

实值期权：标的资产市价＞行权价。

平值期权：标的资产市价＝行权价。

虚值期权：标的资产市价＜行权价。

对于认沽期权的多头（买方），实值、平价和虚值是指下面三种情形。

实值期权：标的资产市价＜行权价。

平值期权：标的资产市价＝行权价。

虚值期权：标的资产市价＞行权价。

严格地说，上述的行权价指的是其现值，如对于认购期权的多头来说只有当标的资产市价大于行权价的现值时，才表明期权是实值的。如果期权买方执行了实值期权，就能得到正的现金流，因此，期权实值程度越深，其内涵价值越高，期权费也越高。

2. 期权时间价值

期权具有一种时间价值，到期时间越长，期权的价值增加的可能性就越大。超出内涵价值的这部分价值就称为时间价值。随着到期日的临近，期权的时间价值会降低，并且随着到期日的临近，时间价值的丧失越多。

由于期权的买方有选择是否履约的权利，因此，期权的内涵价值和时间价值可以用下述公式来表达。

$$认购期权的内涵价值 = max（标的资产的现行价格 - 行权价，0）$$
$$认购期权的时间价值 = 认购期权的价格 - 内涵价值$$
$$认沽期权的内涵价值 = max（行权价 - 标的资产的现行价格，0）$$
$$认沽期权的时间价值 = 认沽期权的价格 - 内涵价值$$

平值期权和虚值期权的内涵价值为零，但仍然可以交易期权的时间价值。一般而言，平值期权的时间价值较高，实值和虚值期权的时间价值较低。

9.2.2 期权定价

1. 影响期权价值的主要因素

影响期权价值的主要因素包括：期权到期时间、标的资产的现行价格与行权价、波动率、无风险利率、标的资产分红等。单个因素变化对期权价格的影响较为简单，然而，实际情况往往是多个变量同时发生变化，在它们的联合作用下，期权价值的变化变得十分复杂。

（1）期权到期时间。到期时间从多个方面对期权价值造成影响。首先，到期日越长，标的资产发生波动的可能性越大，认购期权和认沽期权都可能从中获得更大的盈利（当然也可能会向相反的方向波动，但不同方向的波动所造成的盈利和亏损是不对称的）。同时，更长的到期时间意味着期权执行时有更大的可能处于实值状态，这对美式期权的影响更大。另外，期权到期时间内标的资产如股票可能会发放的股利，这会降低认购期权的价值，而增加认沽期权的价值，到期时间越长，股利发放的次数可能更多，影响越大。

（2）标的资产的现行价格与行权价。如果标的资产现行价格相对于行权价更高，期权就处于实值状态。因此，随着现行价格的上升，认购期权的价格将上升，认沽期权的价格将下降；行权价越高，认购期权的价格将下降，认沽期权的价格将上升。

（3）波动率。期权价值将随标的资产价格波动率的增加而增大。波动率越大，在到期日资产的价格可能位于一个更大的范围，因为认购期权多头只有有限的下行风险，在有限的下行风险的同时，资产价格走高的可能性也更大，这就增加了认购期权的价值。认沽期权多头可以从资产价格的下降中获利，当资产价格上升时，其损失是有限的，因此，标的资产价格波动率的增加也会加大认沽期权的价值。

（4）无风险利率。无风险利率上升，使从期权获得的未来收益的现值减少，从而减少期权的价值。无风险利率的上升，也会使资产价格的增长率上升，这会增加认购期权的价值，但会使认沽期权在到期日更可能处于虚值状态，从而减少了认沽期权的价值。

（5）标的资产分红。对于股票期权来说，股利的发放会因为除权降低股票的价格，从而减少认购期权的价值，但对认沽期权会造成相反方向的影响。

2. Black–Scholes 期权定价模型

期权定价是所有金融应用领域最复杂的问题之一，早期的研究人员试图用净现值法评估期权价值，但是期权的风险比标的资产如股票的风险大很多，却又无法确切地知道这个风险具体是多大，无法确定一个合理的贴现率，导致无法为期权定价。

费舍尔·布莱克（Fisher Black）和米隆·斯克尔斯（Myron Scholes）攻克了这个难题，他们指出：借款购买股票的融资策略的风险等于看涨期权的风险。那么，若股票价格已经知道，就能将看涨期权的价格确定为能使其收益等于借款购买股票的收益。第一个完整的期权定价模型由费舍尔·布莱克和米隆·斯克尔斯创立并于1973年公之于世，简称B–S模型。B–S模型把财务管理理论推向了一个崭新的高度，它使任何人在给定若干参数下能计算期权的价值。

B–S模型发表的时间和芝加哥期权交易所正式挂牌交易标准化期权合约几乎是同时。B–S模型为包括股票、债券、货币、商品在内的新兴金融衍生工具市场的各种以市场价格变动定价的金融衍生工具的合理定价奠定了基础。

B–S期权定价模型的基本假设如下。

（1）股票价格服从"几何布朗运动"随机过程，这一随机过程使得金融资产价格服从恒定期望收益率 μ 和波动率 σ 的对数正态分布。

（2）在期权有效期内，无风险利率和金融资产收益变量是恒定的。

（3）市场无摩擦，即不存在税收和交易成本。

（4）金融资产在期权有效期内无红利及其他所得（该假设后被放弃）。

（5）交易是连续的，所有证券都是无限可分的，如一股股票可分成任意小的部分。

（6）不存在无风险套利机会，股票不分红。

（7）期权是欧式期权。

通过假设股票价格的对数过程并构造出包含期权和标的资产的对冲组合，Black 和 Scholes 得到了以下欧式认购期权定价的精确公式。该公式的吸引力在于有四个参数是可测定的：标的资产的现行价格 S、行权价格 L、无风险利率 r 和距到期日的时间 T。只有一个参数 σ 必须估计——标的资产价格波动率。

认购期权的价格 C 是本书最复杂的公式，具体如下：

$$C = S \times N(D_1) - L \times e^{-\gamma T} \times N(D_2)$$

其中：

$$D_1 = \frac{\ln(S/L) + (r + \sigma^2/2)T}{\sigma\sqrt{T}}$$

$$D_2 = D_1 - \sigma \times \sqrt{T}$$

其中，C 为认购期权价格；L 为行权价格；S 为标的资产价格；T 为期权有效期；r 为 T 时期的连续复利无风险利率；σ 为标的资产价格波动率；$N(\cdot)$ 为正态分布变量的累积概率分布函数。

在此应当说明两点：第一，该模型中无风险利率必须是连续复利形式。一个简单的或不连续的无风险利率（设为 r_0）一般是一年复利一次，而 r 要求利率连续复利。r_0 必须转化为 r 方能代入上式计算。两者换算关系为：$r = \ln(1 + r_0)$ 或 $r_0 = e^r - 1$。例如 $r_0 = 0.06$，则 $r = \ln(1 + 0.06) = 0.0583$，即 100 以 5.83% 的连续复利第二年将获得 106，该结果与直接用 $r_0 = 0.06$ 计算的结果一致。第二，期权有效期 T 是期权有效天数与 365 的比值。如果期权有效期为 100 天，则 $T = 100/365 = 0.274$。

3. B - S 模型应用实例

【例 9 - 1】假设市场上某股票现价 S 是 164 元，无风险连续复利利率 γ 是 0.0521，市场方差 σ^2 为 0.0841，执行价格 L 是 165 元，有效期 T 为 0.0959，求以该股票为标的的认购期权合约的理论价格。

解：计算步骤如下。

（1）求 D_1。

$D_1 = [\ln(164/165) + (0.0521 + 0.0841/2) \times 0.0959] / (0.0841 \times 0.0959)^{0.5}$
$\quad = 0.0328$

（2）求 D_2。

$D_2 = 0.0328 - 0.29 \times 0.0959^{0.5} = -0.057$

（3）$N(0.0328) = 0.513$，$N(-0.057) = 0.477$。

（4）求 C。

$C = 164 \times 0.513 - 165 \times e^{-0.0521 \times 0.0959} \times 0.477 = 5.819$

因此，该认购期权的理论价格是 5.819 元。如果该期权实际价格是 5.8，那么这意味着该期权合约价格低于理论价格，被低估了，在没有交易成本的条件下，购买该认购期权有利可图。

9.3　期权视角表述公司

9.3.1　认购期权表述公司

1. 从股东的角度

从股东的角度，买入公司股票，可以被看作是持有公司的认购期权。假设长江空调公司负债 900 万元，当公司的现金流入量小于 900 万元时，股东无任何现金流，此时公司所有的现金流都流向债权人。当公司的现金流入量大于 900 万元后，股东开始获得现金流，公司每多流入 1 元现金，股东都获得相应现金流。如图 9 - 3（a）所示，该图看起来类似前面分析过的认购期权的图形。

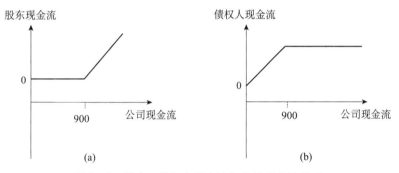

图 9 - 3　股东、债权人现金流与公司现金流关系

股东买入公司股票，可以被看作是持有长江空调公司的认购期权，标的资产是公司总资产，即可将股东视为拥有公司的人，股东拥有执行价格为 900 万元的关于该公司的认购期权。

当公司的现金流量大于 900 万元时，股东将选择执行这个认购期权。换言之，他们将从债权人手中以 900 万元价格买下长江空调公司。股东的净现金流量是公司的现金流量与他们的 900 万元执行价格之差。若公司经营很成功，这个价差理论上可以是无穷；若公司经营出现亏损，公司的现金流量小于 900 万元，股东将不会执行他们的认购期权，而是离开、抛弃公司，这时债权人收到公司全部的现金流量。

2. 从债权人的角度

假设长江空调公司负债 900 万元，当公司的现金流小于 900 万元时，债权人将得到公司全部的现金流量。当公司现金流大于 900 万元时，债权人也只能收到 900 万元，即他们只有得到利息和本金的权利，如图 9 - 3（b）所示。

相对于股东拥有关于长江空调公司的认购期权这种观点，债权人拥有两种权利：

①他们拥有长江空调公司（注意，此时公司现金流小于 900 万元）；②他们按 900 万元的执行价格卖出了关于长江空调公司的认购期权。

当公司现金流少于 900 万元时股东离开公司。此时，债权人接管公司，进行清算。然而，当公司现金流大于 900 万元时，股东执行他们的认购期权，他们花 900 万元将公司从债权人那里买走。

9.3.2 认沽期权表述公司

1. 从股东的角度

依然根据前面设定的情况，假设长江空调公司负债 900 万元。从股东的角度，股东有三种权利：①他们拥有长江空调公司。②他们欠债权人利息和本金共计 900 万元；若此债务是无风险的，则这两种权利将能完全描述股东的情形；然而，因为有违约的可能性，所以股东还存在第三种权利。③股东以 900 万元为执行价格买入了的关于该公司的认沽期权，债权人是认沽期权的卖方。

当公司的现金流少于 900 万元时，因为该认沽期权的执行价格是 900 万元，所以它是实值期权，股东行权即将长江空调公司卖给债权人。正常情况下，认沽期权的持有人在资产售出时得到执行价格，然而，股东已经欠了债权人 900 万元。因而，当股东把公司交付给债权人时，900 万元债务直接注销，即股东以放弃对公司的所有权来换取债务注销，所以，当公司的现金流少于 900 万元时，股东将一无所获。

当公司的现金流量大于 900 万元时，此时认沽期权是虚值期权，股东不会执行期权。因而，股东继续拥有公司的所有权，但应支付给债权人 900 万元。

2. 从债权人的角度

债权人有两种权利：①债权人拥有 900 万元债权；②债权人以 900 万元的执行价格将关于该公司的认沽期权出售给股东。

当公司的现金流量小于 900 万元时，如上面所提到的，股东将执行认沽期权。这意味着债权人有义务支付给股东 900 万元，由于公司欠他们 900 万元，双方的义务相互抵消。因而，在这种情况下债权人直接获得长江空调公司，进行清算。

当公司的现金流大于 900 万元时，此认沽期权是虚值期权，股东将不执行认沽期权，因而，债权人仅收到 900 万元本息。

从期权的视角解读公司，也可以解释为什么在现实经济环境中，很多公司会选择高风险高收益项目。因为，当高风险项目导致公司亏损时，股东承担的风险的有限的，极端情况股东可以放弃股权，把公司留给债权人；反之，当高风险项目导致公司盈利时，股东承担的风险依然是有限的，但收益可能是无限的。

本质上，认购期权的价值随着标的资产变异性的增大而增加，可以把股票视为一种看涨期权，公司资产的变异性增大使股票的价值增加，若高风险项目被公司接受，则股票的价值将上升。债券的价值可被看作股票价值和公司的认购期权价值之差，因为认购期权的价值随着标的资产的风险增大而增加，所以，当公司增加它的风险时债券的价值应当减少，即当高风险项目被接受时债权人的利益受损。

9.4　期权交易策略

期权具有两大作用：套期保值和投机。相比于股票，期权是一种更为复杂也更为灵活的投资工具。期权有四种基本头寸——认购期权多头、认购期权空头、认沽期权多头和认沽期权空头，再加上标的资产的多头和空头，构成了期权基本交易策略的六种基本策略。而每种期权交易策略包括不同行权价、不同到期日的多个期权合约，所以期权交易策略非常多，本书只列示了部分常见的基本交易策略，投资人应根据投资目的选择具体的期权交易策略。

1. 买入认购期权

买入认购期权是期权推出以来最流行的一种交易策略。在学习更复杂的看涨和看跌策略之前，投资人应该先透彻理解关于买入和持有认购期权的基础知识。

（1）行情判断：看涨或强烈看涨。

（2）目的与优势：这一策略对于投资人的吸引力在于它投入的资金量较小，以及做多认购期权所获得的杠杆。投资人主要的动机是获得标的资产价格上涨所带来的回报。一般来讲，认购期权"价外"的程度越高，该策略的看涨程度越高，因为标的资产需要更大的涨幅才能让期权达到盈亏平衡点。

2. 买入认沽期权

买入认沽期权是投资人希望从标的资产价格下跌中获利的理想工具。在了解更复杂的看跌策略之前，投资人应该先彻底理解买入和持有认沽期权的基础知识。

（1）行情判断：看跌或强烈看跌。

（2）目的与优势：买入认沽期权而不持有标的资产是一种纯粹方向性的看空投机策略。投资人买入认沽期权的主要目的是从标的资产的价格下跌中获利。买入认沽期权可以作为卖空标的资产的替代，但潜在的风险较小，投入资本少，期权交易给投资人提供较大的杠杆。一般来讲，期权"价外"的程度越高，该策略的看空性就越强，因为标的资产价格需要下跌更大幅度才能让期权达到盈亏平衡点。

3. 配对认沽期权

购买一份认沽期权，同时购买同等数量标的资产的方法来建立一个配对认沽期权合约，这是一种对冲策略，即在现货市场和期权市场同时进行交易。

（1）行情判断：看涨标的资产，想要获得长期持有标的资产的利益，但又需要规避价格波动风险。

（2）目的与优势：买入认沽期权同时买入标的资产是一种方向性的看涨策略。投资人主要的动机是保护所持有的标的资产免遭价格下跌的影响。相当于给标的资产买了一份保险，这份保险的成本就是购买认沽期权支付的期权费。

4. 无备兑卖出认购期权

可以将卖出认购期权分为两大类：第一类是不持有标的资产而只卖出认购期权，称为无备兑卖出认购期权策略；第二类是持有标的资产的同时卖出认购期权，称为备兑卖出认购期权策略。无备兑卖出认购期权收取期权费，成为或有负债的持有人，风险非常高，不推荐进行这种极端的操作。标的资产的价格可以无限上涨，而作为认购期权卖方，有义务以行权价格将标的资产卖给对手方，因此，当标的资产的价格大幅上涨时，此策略的卖方面临着巨大的风险。

（1）行情判断：对后市不看涨，且下跌成分居多。

（2）目的与优势：无备兑卖出认购期权策略会使用深度虚值期权。虚值期权合约在快到期时，大概率就会归零，买方不会行权，此时期权卖方可以赚到期权费。

5. 备兑卖出认购期权

投资人持有标的资产的同时卖出认购期权，称为备兑卖出认购期权策略。如投资人在卖出认购期权的同一时间买入标的资产，此时投资人持有的资产对卖出认购期权所产生的义务构成完全的抵押或担保，这是一种非常基础且被广泛使用的策略，充分利用了期权的灵活性特征。

（1）行情判断：对标的资产中性或看涨。

（2）目的与优势：备兑卖出认购期权这种策略可以在任何市况中采用，但最经常使用的情况是投资人依然看好标的资产、预期期权到期之前市场可能进入小幅震荡行情。投资人希望产生额外的收入，或者对标的资产价值的下跌提供有限的保护（仅限于卖出认购期权获得的期权费）。

6. 卖出现金担保认沽期权

根据认沽期权合约的条款，在期权被执行的时候，期权的卖家有义务以认沽期权所设定的执行价格买入对应的标的资产。投资人卖出认沽期权是愿意期权被执行并买入标的资产，同时获得卖出认沽期权的期权费。因此，认沽期权的卖家需要有足够的现金（或其他被认可的抵押品），如果期权被行权，可以完成标的资产的买入，履行期权卖方的义务。

（1）行情判断：中性或略微看涨标的资产。

（2）目的与优势：采用这种策略有两种主要意图，或者是想以低于当前市价买入标的资产，或者是希望期权到期变成"价外"、价值归零，从而保有出售期权所获得的期权费。只有当投资人愿意持有标的资产，才可以考虑卖出现金担保认沽期权，因为期权到期前，任何时间都有被执行的可能性。另外，如果期权被执行，认沽期权所卖出的数量应该与期权卖家有能力购买的标的资产份额相一致。

7. 牛市认购期权价差

牛市认购期权价差是买入某一标的股票的认购期权，同时卖出同一标的股票、同一到期月份、执行价更高的认购期权。这种价差有时候被广义地归为垂直价差。垂直价差是指同一标的股票同一到期时间但不同执行价格的期权价差，可以通过认购和认沽期权来构成，可以基于看涨策略也可以基于看跌策略。牛市认购期权价差与任何其他价差一样，可以作为一个单位在一笔交易中执行，而不必分开进行买入期权和卖出期权操作。

（1）行情判断：温和看涨标的资产。

（2）目的与优势：投资人通常在温和看涨的市场中采用牛市认购期权价差策略，希望能够从标的资产价格的小幅上涨中获利。如果投资人对标的资产强烈看涨，那么直接买简单的认购期权通常可以获得更大利润。

8. 熊市认沽期权价差

熊市认沽期权价差策略是买入某一个标的资产的认沽期权，同时卖出一份同一标的资产、同一到期月份、执行价格更低的认沽期权。

（1）行情判断：温和看跌标的资产。

（2）目的与优势：投资人通常在温和看跌的市场中采用熊市认沽期权价差策略，希望能够从标的资产价格的小幅下跌中获利。如果投资人对标的资产强烈看跌，那么直接买简单的认沽期权通常可以获得更大利润。

9.5 实物期权

9.5.1 实物期权的特征

实物期权是指以期权概念定义的现实选择权，是与金融期权相对应的概念。金融期权是处理金融市场上交易的金融资产的金融衍生工具，而实物期权是处理一些具有不确定性投资结果的非金融资产的一种投资决策工具。因此，实物期权是相对金融期权来说的，它与金融期权相似但并非相同。

与金融期权相比，实物期权具有以下四个特性。

（1）非交易性。实物期权与金融期权本质的区别在于非交易性。不仅作为实物期权标的物的实物资产一般不存在交易市场，而且实物期权本身也不大可能进行市场交易。

（2）非独占性。许多实物期权不具备所有权的独占性，即它可能被多个竞争者共同拥有，因而是可以共享的。对于共享实物期权来说，其价值不仅取决于影响期权价值的一般参数，而且还与竞争者可能的策略选择有关系。

（3）先占性。先占性是由非独占性所导致的，它是指抢先执行实物期权可获得的先发制人的效应，结果表现为取得战略主动权和实现实物期权的最大价值。

（4）复合性。在大多数情况下，各种实物期权存在着一定的相关性，这种相关性不仅表现在同一项目内部各子项目之间的前后相关，而且表现在多个投资项目之间的相互关联。实物期权也是关于价值评估和战略性决策的重要思想方法，是战略决策和金融分析相结合的框架模型。

9.5.2　实物期权分类

（1）延迟投资期权，也称等待期权。公司拥有推迟投资的权利，可以根据市场的情况决定何时启动项目，这种选择权可以减少项目失败的风险，被称为延期投资期权。

（2）扩张期权。当市场价格波动比较大、产品供应结构不明朗、市场不成熟时，公司通常会先投入少量资金试探市场情况，这种为了进一步获取市场信息而获得的选择机会被称为扩张期权。

（3）收缩期权。公司在面临市场实际环境比预期相差较远的状况下，拥有缩减或撤出原有投资的权利，这样可以减少损失，这种期权相当于美式看跌期权。

（4）转换期权。在项目的实施过程中，公司可以根据外部环境的变化进行投入要素或产品的转换，如根据市场需求，房地产开发商的产成品可以在工业、商业、写字楼、住宅用途之间进行转换。显然这为公司的项目营运提供了机动性，为公司适应市场或竞争环境变化提供有力工具。

（5）增长期权。公司接受某一个项目时，可能不仅仅从项目本身的盈亏效益考虑，更多的可能考虑项目对企业战略、未来发展潜力、品牌渗透、销售渠道扩张等具有的重大影响。

（6）放弃期权。如果项目的收益不足以弥补投入的成本或市场条件变坏，则公司有权放弃对项目的继续投资，并可能收回成本。

思考与练习

1. 认购期权和认沽期权的价格是如何与标的股票的到期日价格联系起来的？
2. 列出影响期权价值的各因素。
3. 为什么标的股票的变异性会影响期权的价值？
4. B－S 期权定价模型的公式是什么？
5. 如何用认购期权和认沽期权表述公司？
6. 美式期权与欧式期权有什么区别？
7. 李先生持有长江空调公司股票的认沽期权，执行价格是 40 元，而长江空调公司的股票正以每股 35 元出售。若该期权以 4 元出售，李先生的最佳策略是什么？

8. 某欧式认沽期权合约，标的资产是天恒公司股票，期权费 5 元，执行价格为 100 元，期限是 1 年，如果 1 年后天恒公司股票的市场价格为 120 元。要求：计算该期权交易双方的净损益。

9. 某公司股票的欧式认购期权和认沽期权执行价格均为 55 元，期限 1 年，目前该股票的价格是 44 元，期权费为 5 元。在到期日该股票的价格是 30 元。要求：计算同时买入 1 份的认沽期权与 1 份认购期权组合的到期日净损益。

第 **10** 章

股利政策

 学习目的与要求

通过对本章的学习，能够掌握股利分配程序、股利种类、股利发放程序；了解股利分配管理的基本概念、原则和理论；理解股票分割、股票回购和股票股利的区别和联系；理解股利无关论和股利相关论直接的差别和联系以及主要内容；了解股利政策的模式，具体包括剩余股利政策、固定增长股利政策、固定股利支付率政策和低正常股利加额外股利政策。重点理解不同股利政策对公司价值的影响。

通常公司向股东的任何直接分配都被看作是股利的一部分。最常见的股利形式是现金股利。上市公司通常一年发放一次常规现金股利，发放现金股利将减少公司资产负债表上的现金和留存收益；另外一种常见的股利形式是股票股利，股票股利对于公司来说，没有现金流出，因此，它不是真正意义的股利，而只是增加流通在外的股票数量，同时降低股票的每股价值。

是否发放股利的决策权掌握在公司董事会的手中。股利只发放给在某一天登记在册的股东。如果公司宣布了股利，这就会成为公司一项不可撤销的负债。

10.1 股利分配程序

股份有限公司分配股利必须遵循法定的程序，首先由董事会提出股利分配预案，然后提交股东大会表决，股东大会表决通过后才能进行分配。股东大会决议通过股利分配预案后，要向股东宣布发放股利的方案，明确股利分配的年度、分配的范围、形式、现金股利的金额、股票股利的数量、股权登记日、除息日和发放日。

1. 宣告日

股东大会决议通过并由董事会宣告发放股利的日期。

2. 登记日

股权登记日是有权领取本期股利的股东资格登记截止日期。只有在股权登记日这一天登记在册的股东才有资格领取本期股利，而在这一天没有登记在册，即使是在股利发放日之前买入股票的股东，也无权领取本次分配的股利。

3. 除息日

除息日是股权登记日的下一个工作日，又称为除权日或除权除息日，是指从股价中除去股利的日期。投资人只有在除息日之前购买股票，才能领取本次股利，在除息日当天或以后购买该公司股票的股东，不再参与该公司此次分配股利。

4. 发放日

股利发放日即股利支付日，是公司将股利正式发放给股东的日期，通常比股权登记日滞后一段时间，以使公司有充分时间准备支付股利的支票、办理款项过户手续等。上市公司可通过证券登记结算系统将股利直接划入股东在证券公司开立的资金账户。一般情况下，现金股利发放日与除权除息日是同一日，也即当日现金可以到账；但如果上市公司在多个股票市场上市，发放日会滞后除权除息日 15 日左右。

【例 10 - 1】2023 年 8 月 2 日，格力电器（000651. SZ）公布 2022 年年度权益分派方案。拟以股本总额 5 613 841 613 股为基数，向全体股东每 10 股派发现金股利 10 元（含税），不送红股，不以公积金转增股本，共计派发现金股利 5 613 841 613 元，剩余未分配利润结转至以后年度分配。

本次权益分派宣告日为 2023 年 8 月 2 日，股权登记日为 2023 年 8 月 8 日，除权除息日为 2023 年 8 月 9 日，现金红利发放日为 2023 年 8 月 9 日。本次分红派息对象为：截至 2023 年 8 月 8 日下午深圳证券交易所收市后，在中国证券登记结算有限责任公司深圳分公司登记在册的公司全体股东。

10.2　股利的种类

股份有限公司分配股利的形式一般有四种：现金股利、股票股利、财产股利和负债股利。我国有关法律规定，股份有限公司只能采用现金股利和股票股利两种形式。

10.2.1　现金股利

现金股利也称现金红利或股息，是以现金形式从公司净利润中分配给股东的股利，它是股利支付最常见的方式。公司选择发放现金股利除了要有足够的留存收益外，还要有足够的现金，而现金充足与否往往会成为公司发放现金股利的主要制约因素。由于现金股利是从公司实现的净利润中支付给股东的，支付现金股利会减少公司的留用利润，因此，发放现金股利并不会增加股东的财富总额。

【例 10 - 2】2023 年 3 月 31 日，贵州茅台（600519. SH）公告拟向全体股东每 10 股派发现金红利 259.11 元（含税），股权登记日为 2023 年 6 月 29 日，除权除息日是 2023 年 6 月 30 日。截至 2022 年 12 月 31 日，公司总股本为 125 619.78 万股，以此计算合计拟派发现金红利 32 549 341 195.80 元（含税）。贵州茅台自 2001 年上市以来已经累计分红 24 次，累计分红金额为 2 086.53 亿元，是中国股票市场现金分红金额最多、分红融资比最高的上市公司。

10.2.2 股票股利

股票股利是公司以股票形式从公司净利润中分配给股东的股利，我国通常称其为红股。发放股票股利对公司来说，并没有现金流出，也不会导致公司的财产减少，而只是将公司的未分配利润转化为股本和资本公积。分配股票股利不会增加现金流出，不改变公司股东权益总额，但是会扩大股本增加流通在外的股票数量，同时降低股票的每股价值。如果以后继续维持原有的现金股利水平，势必会增加未来年度的现金股利支付总金额。

股票股利是指以本公司的股票作为股利分配给股东。支付股票股利既是利润分配的过程，同时又是股票发行的过程。因此，股票股利分配既要满足利润分配的条件，同时又要满足股票发行的条件。作为股利分配过程，尽管公司发放股票股利时并不需要拿出相应的税后利润支付给股东，但支付股票股利必须将相应金额从其他权益账户转入股本金，因此，发放股票股利必须拥有相应的可分配利润。

股票股利对公司来说，并没有现金流出，也不会导致公司的财产减少，它不改变公司股东权益总额，但会改变股东权益的构成。可见，发放股票股利，不会对公司股东权益总额产生影响，但会引起资金在各股东权益项目间的再分配。而股票股利派发前后每一位股东的持股比例也不会发生变化。发放股票股利虽不直接增加股东的财富，也不增加公司的价值，但对股东和公司都有特殊意义。

【例 10 - 3】2023 年 5 月 26 日，海天味业（603288. SH）公告利润分配方案：向全体股东每股派发现金红利 0.70 元（含税），每股派送红股 0.2 股，共计派发现金红利 3 243 683 650.9 元，派送红股 926 766 757 股，本次分配后总股本为 5 560 600 544 股。股权登记日是 2023 年 5 月 31 日，除权除息日是 2023 年 6 月 1 日。2014 年上市至今，海天味业每年现金分红占上市公司的净利润比例均在 50% 以上，最高达到 65%，已经累计分红 224 亿元，是上市当年募投资金的 12 倍。同时，海天味业也从上市之初的 500 亿元市值，成长为现在近 2 700 亿元市值的蓝筹股，是中国调味品龙头公司。

10.2.3 财产股利

财产股利是以现金以外的其他资产支付的股利,主要是以公司持有的有价证券如债券、股票等,作为股利支付给股东。发放时,公司按成本记账并已缴纳有关税款。财产股利以证券为发放物时,应将有关证券的账面价值调整为市场价值,并按市场价值计算每股股利。有的公司也以自己的产品作为股利发放物,但它一般不受股东欢迎。因为,股东投资入股的根本目的是获取现金股利,而非获取实物股利。这种方式不适用于上市公司,只适用于股东人数较少的非上市公司。

【例 10 - 4】腾讯控股(00700.HK)自 2004 年在香港联交所上市以来,曾经多次通过实物分配、股份回购以及包括现金分红等方式回报股东。

2021 年 12 月 23 日,腾讯控股公告,按合资格股东持有每 21 股腾讯控股股份获发 1 股京东集团 A 类普通股的基准,以实物分派的方式宣派由腾讯控股通过 Huang River 间接持有的约 4.6 亿股京东集团 A 类普通股。实物分派将以 Huang River 直接向合资格股东转让其持有的京东集团股份进行。分配后,腾讯控股在京东集团的持股比例约为 2.3%,不再为京东集团第一大股东。

2022 年 11 月 16 日,腾讯控股公告,以实物分派的方式,分派持有的 9.58 亿股美团 B 类股票,作为特别中期股息分派,分派比例为 10∶1。待分派的 9.58 亿股美团 B 类普通股相当于腾讯控股持有的约 90.9% 美团 B 类普通股,大约占美团已发行股份 61.89 亿股(截至 11 月 24 日)的 15.5%。以 2023 年 3 月 24 日美团收盘价每股 140.2 港元,对应总市值约为 1 343 亿港元。

10.2.4 负债股利

负债股利是以负债方式支付的股利,通过建立债务关系来承诺给股东的股利发放。通常以公司的应付票据支付给股东,有时也以发放公司债券的方式支付股利。负债股利是公司面临现金不足但又要顾全信誉而采用的一种股利分配方式,它一般以应付票据形式发放给股东。负债股利是在公司财务状况不佳的情况下采用的,它会给公司的股票价格产生负面影响。所以,采用这种股利支付方式时一定要谨慎,现实中负债股利罕见。

财产股利和负债股利实际上是现金股利的替代方式,但中国境内的上市公司只能分派现金股利和股票股利,不允许分配财产股利和负债股利。中国股票市场上,上市公司常见的股利包括:派现、送红股、转增(资本公积转增股本)、派现加送红股、派现加转增、送红股加转增、派现加送红股加转增。

【例 10 - 5】2023 年 9 月 11 日,新三板上市调味品企业高更科技(870909)发布 2023 年半年度权益分派实施公告,以公司现有总股本 31 100 000 股为基数,向全体股东每 10 股送红股 3 股,每 10 股转增 2 股(其中以股票发行溢价形成的资本公积金每 10 股转增 2 股，不需要纳税），每 10 股派 1 元人民币现金。分红前本公司总股本为 31 100 000 股，分红后总股本增至 46 650 000 股。本次权益分派共计派送红股 9 330 000 股，转增 6 220 000 股，派发现金红利 3 110 000 元。高更科技此次股利分配方案，是派现加送红股加转增。

10.3　股利分配理论

股利分配作为公司利润分配的一个重要方面，应服从利润分配目标，即体现公司价值最大化的要求。然而，有关股利分配是否影响股票价格的问题，理论界存在着不同观点：一种观点认为股利分配政策的选择不影响股票价格，即股利无关论；另一种观点则认为股利分配政策的选择会影响股票价格，即股利相关论。

10.3.1　股利无关论

股利无关论认为，在一定的假设条件限定下，股利的支付与股票价格无关，股利政策不会对公司的价值或股票的价格产生任何影响，公司市场价值的高低，完全由公司所选择的投资项目的盈利能力和风险组合决定，而与公司的利润分配政策无关。也就是说，股份公司的股利发放多少，不会影响股东对公司的态度，因而不会影响股票价格。因此，公司只需从投资机会、投资收益和资金成本方面考虑公司股利政策。

股利无关论的假设条件包括：①市场具有强式效率；②不存在任何企业所得税或个人所得税；③不存在任何筹资费用，包括发行费用和各种交易费用；④公司的投资决策与股利决策彼此独立，即投资决策不受股利分配的影响；⑤股东对股利收入和资本增值之间并无偏好。

股利无关论具体有以下两种理论。

1. 股利剩余论

股利剩余论认为，公司的股利政策应由投资项目预期报酬率决定。如果一个公司有较多有利可图的投资机会，则不应发放现金股利，而应采取留存收益的形式（内部筹资）以满足投资所需资金。反之，则应将利润分配给股东。

理由：由于投资项目预期报酬率高于资本成本，则利润用于投资可带来更多的报酬，这有利于股价上升，符合股东利益。相反，分配则不利于股东。

根据这一理论，推导出股利分配的决策公式：

$$P = \left[D + R \div K \times (E - D) \right] \div K$$

其中，P 为股票理论价格；D 为每股股利；E 为每股税后利润；R 为投资预期收益率；K 为资本成本。

【例 10 - 6】长江空调公司投资项目预期收益率 R 为 18%，每股税后利润为 2 元。假设资本成本 K 分别为 15%、18%、20%，分别求净利润分配比例分别是 100%、50% 和 0 时的股东财富。

解：（1）假设资本成本是 15%，即 $R > K$，分别计算三种分配比例的股东财富。

①分配 100%，即 $D = 2$，$P = [2 + 0.18 \div 0.15 \times (2 - 2)] \div 0.15 = 13.3$（元/股）

股东财富 $= 13.3 + 2 = 15.3$（元/股）

②分配 50%，即 $D = 1$，$P = [1 + 0.18 \div 0.15 \times (2 - 1)] \div 0.15 = 14.67$（元/股）

股东财富 $= 14.67 + 1 = 15.67$（元/股）

③不分配，即 $D = 0$，$P = [0 + 0.18 \div 0.15 \times (2 - 0)] \div 0.15 = 16$（元/股）

股东财富 $= 16$（元/股）

（2）假设资本成本是 18%，即 $R = K$，分别计算三种分配比例的股东财富。

①分配 100%，即 $D = 2$，$P = [2 + 0.18 \div 0.18 \times (2 - 2)] \div 0.18 = 11.11$（元/股）

股东财富 $= 11.11 + 2 = 13.11$（元/股）

②分配 50%，即 $D = 1$，$P = [1 + 0.18 \div 0.18 \times (2 - 1)] \div 0.18 = 11.11$（元/股）

股东财富 $= 11.11 + 1 = 12.11$（元/股）

③不分配，即 $D = 0$，$P = [0 + 0.18 \div 0.18 \times (2 - 0)] \div 0.18 = 11.11$（元/股）

股东财富 $= 11.11$（元/股）

（3）假设资本成本是 20%，即 $R < K$，分别计算三种分配比例的股东财富。

①分配 100%，即 $D = 2$，$P = [2 + 0.18 \div 0.2 \times (2 - 2)] \div 0.2 = 10$（元/股）

股东财富 $= 10 + 2 = 12$（元/股）

②分配 50%，即 $D = 1$，$P = [1 + 0.18 \div 0.2 \times (2 - 1)] \div 0.2 = 9.5$（元/股）

股东财富 $= 9.5 + 1 = 10.5$（元/股）

③不分配，即 $D = 0$，$P = [0 + 0.18 \div 0.2 \times (2 - 0)] \div 0.2 = 0.9$（元/股）

股东财富 $= 0.9$（元/股）

上述计算表明：当 $R > K$ 时，$D = 0$ 不分配股利，此时股东财富达到最大值，即项目预期收益率大于资本成本时，公司不应该分配利润，而是应继续再投资。

当 $R = K$ 时，D 对 P 股票价格无影响，但分配利润依然能增加股东财富。

当 $R < K$ 时，$D = E$ 分配比例达到 100%，此时股东财富达到最大值，即项目预期收益率小于资本成本时，公司应该将净利润全部分配给股东。

也就是说：当 $R > K$ 时，不分配股利，对股东更有利；$R < K$ 时，公司应该将净利润全部分配给股东。

股利剩余论是站在公司筹资角度分析的，没有考虑股东的特殊要求，其假设条件有：①不存在企业所得税与个人所得税；②不存在证券交易成本；③股利政策对公司资本成本无影响；④投资人可自由、平等、无代价地获得公司信息；⑤投资机会对所有投资人平等。

显然，上述条件难以满足。如我国个人投资股票的红利所得税的税率为20%，现金分红后再购入股票需付交易费用，分红后上市公司资产负债率会提高。

2. 完整市场论

完整市场论即MM理论，在一系列严密的假设条件下，证明了在完善的资本市场中公司价值由公司的资产盈利能力和管理水平所决定，公司价值与公司股利政策无关。

MM理论的假设条件如下。

（1）任何一个证券买卖者都不能影响市场价格。

（2）所有交易者都有平等地无成本享有同类信息集的权利。

（3）买卖证券没有交易成本。

（4）股利与资本利得都不存在所得税。

（5）投资人都有财富增加的偏好。

（6）投资人对于通过股利增加财富或通过资本利得增加财富无偏好。

（7）每个投资人对公司的未来投资项目和利润都有信心。

（8）所有的公司都发行一种证券——普通股。

上述八个假设分为三组：假设（1）～（4）为完善资本市场假设，假设（5）～（6）为理性行为假设，假设（7）～（8）为充分确定性假设。基于上述假设，得出下列结论。

第一，投资人并不关心股利政策。若公司留存较多的利润用于再投资，会导致公司股票价格上升，此时尽管股利较低，但需用现金的投资人可以出售股票换取现金。若公司发放较多的股利，投资人又可以用现金再买入一些股票以扩大投资。也就是说，投资人对股利和资本利得并无偏好。

第二，股利支付比率不影响公司价值。既然投资人不关心股利的分配，公司的价值完全由其投资项目的盈利能力所决定，公司的盈余在股利和留存收益之间的分配并不影响公司的价值；即使公司已经分配高额股利，在有新的投资项目时，公司依然可以募资，新投资人会认可公司的。

MM理论认为：一个无税收的完美市场上，股利政策和公司股票价格是无关的，公司的投资决策与股利决策彼此独立，公司价值仅仅依赖于公司资产的经营效率，股利分配政策的改变就仅意味着公司的盈余如何在现金股利与资本利得之间进行分配。只要公司接受所有的净现值为正值的投资项目，且资本市场无所得税和交易成本，公司就可以按其意愿任意发放股利。所以，一个公司可以选择将其全部利润进行投资或将其全部作为股利发放给股东，不论公司作出何种选择，都会为公司创造相等的市场价值。理性的投资人不会因为股利分配的比例或者形式而改变其对公司评价，因此，公司股票价格不会受到股利政策的影响。

10.3.2 股利相关论

股利无关论的假设描述的是一种完美资本市场，在现实生活中，不存在股利无关论提出的各种假设，股利支付不是可有可无的，而是非常必要的，并且具有策略性。因为股利支付政策的选择对股票价格、公司资本结构、公司价值以及股东财富的实现等都有重要影响，股利政策与公司价值是密切相关的。因此股利政策不是被动的，而是一种主动的策略。股利相关论主要观点包括以下四种。

1. 股利重要论

股利重要论，又称"一鸟在手"理论，认为投资人比较喜欢近期的确定收入的股利，而不喜欢远期的不确定的资本利得，因为有风险。该理论认为用留存收益再投资，给投资人带来的收入具有较大的不确定性，公司的留存收益再投资时会有很大的不确定性，并且投资风险随着时间的推移将不断扩大，因此，投资人倾向于获得当期的而非未来的收入。换言之，投资人一般为风险厌恶型，更倾向于当期较少的股利收入，而不是具有较大风险的未来较多的资本利得。

现金股利收入要比留存收益带来的资本收益更为可靠，公司支付现金股利，就可消除投资人的不确定感，从而更有利于提高股价。根据证券市场中风险与收益正相关的理论关系，当公司提高股利支付率时，投资人由于需要承担的投资风险较小，所要求的报酬率也较低，所以会使公司股票价格上升；而当公司降低股利支付率时，投资人相对承担较高的投资风险，所要求的报酬率也较高，就会导致公司股票价格下降，公司的股利政策与公司的股票价格是密切相关的。

因此，该理论认为股利发放多少直接影响股东对公司的态度，从而影响公司股票价格。当公司提高其股利支付率时，就会降低不确定性，投资人可以要求较低的必要报酬率，公司股票价格上升；如果公司降低股利支付率或者延期支付，就会使投资人风险增大，投资人必然要求较高报酬率以补偿其承受的风险，公司的股票价格会下降。公司应从股东的愿望出发考虑股利分配政策，而不能单从公司投资机会与收益作出决策。公司的股利政策与公司的股票价格是密切相关的，公司应保持较高的股利支付率。

2. 信号传递理论

信号传递理论认为，在信息不对称的情况下，公司可以通过股利政策向市场传递有关公司未来盈利能力的信息，从而影响公司的股价。

一般来讲，预期未来盈利能力强的公司往往愿意通过相对较高的股利支付水平，把公司同盈利能力差的公司区别开来，以吸引更多的投资人。对市场上的投资人来讲，股利政策的差异或许是反映公司预期盈利能力的极有价值的信号。如果公司连续保持较为稳定的股利支付水平，那么，投资人就可能对公司未来盈利能力与现金流量抱有较为乐观的预期。另外，如果公司的股利支付水平在过去一个较长的时间内相对稳定，而现在却有所变动，投资人将会把这种现象视为公司未来收益发生变动的信号，股票市价将会对股利的变动作出反应。公司派发的现金股利越多，预示着公司未来的盈利能力越强。因此，公司通过高派现向市场传递较好前景的利好消息，引起股票价格上涨，公司价值增加。

3. 差别税收理论

现实中，不但股利与资本利得都需要征收所得税，而且具有不对称税负。目前，绝大部分国家对现金股利征收的个人所得税高于对资本利得征收的个人所得税，即股利收益的税率高于资本利得的税率。

税差理论认为，如果不考虑股票交易成本，股利支付比率越高，股东的股利收益纳税负担会明显高于资本利得纳税负担，公司应采取低现金股利比率的分配政策。如果存在股票的交易成本，甚至当资本利得税与交易成本之和大于股息红利所得税时，偏好定期取得股利收益的股东自然会倾向于公司采用高现金股利支付率政策。由于普遍存在税率的差异及纳税时间的差异，资本利得比股利收入更有助于实现收益最大化目标。因此，在其他条件不变的情况下，对这两种所得均需纳税的股东会倾向于选择资本利得收入而非现金股利收入，公司应当采用低股利政策。该理论并没有明确提出应对采用高现金股利还是低现金股利政策，主要强调了在"资本利得"和"股利收益"之间进行权衡。

我国对从事证券投资所获得的利息、股息、红利征收个人所得税，税率为20%（持股期限在1个月以内含1个月的，其股息红利所得全额计入应纳税所得额；持股期限在1个月以上至1年含1年的，其股息红利所得暂减按50%计入应纳税所得额；持股期限超过1年的，其股息红利所得暂免征收个人所得税）。

我国没有资本利得税，此外资本利得还可享受纳税时间选择即利得可延迟纳税，同时可要求就损失减税，进一步降低了资本利得的实际税负。

只要股息收入的个人所得税高于资本利得的个人所得税，股东宁愿公司不分配股息，此时股价会更高，股东若需要现金，可随时出售其持有的股票。从税赋角度，公司也不需要分配股利，如果公司要向股东支付现金，应通过股票回购来解决。

4. 代理理论

常见的代理冲突包括：股东与债权人之间、管理者与股东之间、控股股东与中小股东之间的代理冲突。代理理论认为，股利政策有助于减缓管理者与股东之间的代理冲突，也就是说，股利政策是协调股东与管理者之间代理关系的一种约束机制，在存在代理问题时，股利政策的选择至关重要。最优的股利政策应该使得代理成本和外部融资成本之和最小。

代理理论认为派发现金股利至少具有以下好处。

（1）公司分配现金股利后，管理者可以支配的闲余现金流量将相应减少，这在一定程度上可以抑制公司管理者过度地扩大投资或进行特权消费，从而保护外部投资人的利益。

（2）派发较多的现金股利，减少了内部融资，导致公司有投资机会时，只能进入资本市场寻求外部融资，从而可以经常接受资本市场的有效监督，降低代理成本。因此，高水平的股利支付率有助于降低代理成本，但同时也增加了公司外部融资成本。

（3）派发较多的现金股利，可能迫使公司重返资本市场进行新的融资，如再次发行股票。再次发行股票不仅为外部投资人借股份结构的变化对"内部人"进行控制提供了可能，而且再次发行股票后，公司的每股税后盈利被摊薄。公司如果要维持相同的股利水平，必须提高股利支付率，则需要更多的现金，经理们就得付出更大的努力。这些均有助于缓解代理问题，并降低代理成本。

（4）股利分配是法律对股东实施保护的结果，使得小股东能够从公司"内部人"那里获得股利。法律不健全时，股利分配可以在一定程度上替代法律保护投资人。这种代理理论暗含这样一个假设，即投资人难以对公司管理者实施有效的监督，而资本市场可以起到监督作用。

10.4　股利政策模式

股利政策有狭义和广义之分。狭义方面来说，股利政策就是指探讨留存收益和普通股股利支付的比例关系问题，即股利发放比率的确定。广义的股利政策则包括：股利宣布日的确定、股利发放比例的确定、股利发放时的资金筹集等问题。常见的股利政策模式主要有四种：剩余股利政策、固定或持续增长的股利政策、固定股利支付率政策和低正常股利加额外股利政策。

10.4.1　剩余股利政策

1. 分配方案的确定

剩余股利政策是以首先满足公司资金需求为出发点的股利政策，公司在有良好的投资机会时，根据目标资本结构，测算出投资所需的权益资本额，先从盈余中留用，然后剩余的盈余作为股利来分配。即公司生产经营所获得的净利润首先应满足公司的资金需求，如果还有剩余，则派发股利；如果没有剩余，则不派发股利。

剩余股利政策的理论依据是 MM 股利无关理论。根据 MM 股利无关理论，在完全理想状态下的资本市场中，上市公司的股利政策与公司普通股市场价无关，公司派发股利的高低不会给股东的财富价值带来实质性的影响，投资人对于盈利的留存或发放毫无偏好，公司的股利政策只需随着公司的投资、融资方案的制定而自然确定。另外，很多公司有自己的最优目标资本结构，公司的股利政策不应当破坏最优资本结构。

若完全遵照执行剩余股利政策，股利发放额就会每年随着投资机会和盈利水平的波动而波动。在盈利水平不变的前提下，股利发放额与投资机会的多寡呈反方向变动；而在投资机会维持不变的情况下，股利发放额将与公司盈利呈同方向波动。剩余股利政策不利于投资人安排收入与支出，也不利于公司树立良好的形象。因此，根据这一政策，公司按如下步骤确定其股利分配额。

（1）根据公司的投资计划确定公司的最优资本预算。

（2）根据公司的目标资本结构及最优资本预算预计公司资金需求中所需要的权益资本数额。

（3）尽可能用留存收益来满足资金需求。

（4）留存收益在满足公司股东权益增加需求后，如果有剩余再用来发放股利。

【例 10 - 7】长江空调公司今年税后净利润为 2 000 万元，明年的投资计划需要资金 2 200 万元，目标资本结构为权益资本占 60%，债务资本占 40%，流通在外的普通股为 1 000 万股。请计算公司每股股利。

解：按照目标资本结构，公司所需的权益资本 = 2 200 × 60% = 1 320（万元）

今年可以发放的股利额 = 2 000 - 1 320 = 680（万元）

每股股利 = 680/1 000 = 0.68（元/股）

2. 采用剩余股利政策的优点

留存收益优先保证再投资的需要，有助于降低再投资的资本成本，保持最优的资本结构，实现公司价值的长期最大化。剩余股利政策一般适用于公司的初创阶段。

采用剩余股利政策，意味着公司只将剩余的盈余用于发放股利。这样做的根本理由是为了保持理想的资本结构，使加权平均资本成本最低。如【例 10 - 7】中，如果长江空调公司不按剩余股利政策发放股利，将可向股东分配的 2 000 万元全部留用于投资，或全部作为股利发放给股东，然后再去筹借债务，这两种做法都会破坏目标资本结构，导致加权平均资本成本的提高，不利于提高公司的价值和股票价格。

3. 采用剩余股利政策的缺点

剩余股利政策的缺点是：如果完全遵照执行剩余股利政策，股利发放额就会每年随投资机会和盈利水平的波动而波动。即使在盈利水平不变的情况下，股利也将与投资机会的多寡呈反方向变动，投资机会越多，股利越少；反之，投资机会越少，股利发放越多。而在投资机会维持不变的情况下，股利发放额将因公司每年盈利的波动而同方向波动。剩余股利政策不利于投资人安排收入与支出，也不利于公司树立良好的形象，一般适用于公司初创阶段。

10.4.2 固定或持续增长的股利政策

1. 分配方案的确定

固定或持续增长的股利政策是指公司将每年派发的股利额固定在某一特定水平或是在此基础上维持某一固定比率逐年稳定增长。公司只有在确信未来盈余会显著地增长、不会发生逆转时才会宣布实施固定或持续增长的股利政策。

2. 采用固定或持续增长的股利政策的优点

固定或持续增长股利政策的主要目的是避免出现由于经营不善而削减股利的情况。

采用这种股利政策的理由如下。

（1）稳定的股利向市场传递着公司正常发展的信号，有利于树立公司良好形象，增强投资人对公司的信心，稳定股票的价格。

（2）稳定的股利额有利于投资人安排股利收入和支出，特别是对那些对股利有很高依赖性的股东更是如此，这有利于吸引那些打算进行长期投资并对股利有很高依赖性的股东。

（3）稳定的股利政策可能会不符合剩余股利理论，但考虑到股票市场会受到多种因素的影响，包括股东心理状态，因此，为了使股利维持在稳定的水平上，即使推迟某些投资方案或者暂时偏离目标资本结构，也可能要比降低股利或降低股利增长率更为有利。

3. 采用固定或持续增长的股利政策的缺点

固定或持续增长的股利政策的缺点在于股利的支付与盈余脱节，即不论公司盈利多少，均要支付固定的或按固定比率增长的股利。当盈余较低时仍要支付固定的股利，这可能导致公司资金短缺，财务状况恶化；在公司无利可分的情况下，若依然实施固定或稳定增长的股利政策，也是违反《公司法》的行为。同时，不能像剩余股利政策那样保持较低的资本成本。固定或持续增长的股利政策通常适用于经营比较稳定或正处于成长期的公司，且很难被长期采用。

10.4.3 固定股利支付率政策

1. 分配方案的确定

固定股利支付率政策指不管公司税后利润多少，均维持一定的股利支付比例，即使税后利润有变化，股利支付比例也不变或变化很少，并长期按此比率支付股利的政策。也就是支付股利的金额按当年税后利润乘以固定比率计算，股利随税后利润波动而波动。

2. 采用固定股利支付率政策的优点

（1）此股利分配政策能体现公司盈利。分配的股利与税后利润成正比，比较直观，股东容易接受和理解；同时也能通过公司盈利情况预测未来股利的大小。

（2）股利与公司现金流量相适应。一般来说，公司的净现金流入量与公司的盈利成正比，这种分配政策也正好使得股利与本年的盈利成正比，因而分配股利所需资金有保障。

3. 采用固定股利支付率政策的缺点

（1）容易造成股价的大幅波动。股票的价格在相当一定程度上受股利分配多少的影响，大多数公司每年的收益很难保持稳定不变，这种政策容易使公司各年股利不均衡，年度间的股利额波动较大，引起股价大幅波动，波动的股利很容易给投资人带来财务状况不稳定、投资风险较大的不良印象，这不但增加股东的投资风险，也给公司信誉造成不良影响。

（2）难以将股利决策与筹资决策统筹考虑。这种政策使得股利分配缺乏灵活性，当公司迫切需要大量现金时，无法通过留存收益来解决，这是因为公司实现的盈利多，并不能代表公司有足够的现金流用来支付较多的股利额。当公司存在大量闲置现金时，又无法通过股利分配减少现金，公司财务管理较为被动，容易面临较大的财务压力。

（3）合适的固定股利支付率的确定难度比较大。固定股利支付率政策只是比较适用于那些处于稳定发展并且财务状况也比较稳定的公司。

10.4.4 低正常股利加额外股利政策

低正常股利加额外股利政策，是指公司事先设定一个较低的正常股利额，每年除了按正常股利额向股东发放股利外，还在公司盈余较多、资金较为充裕的年份向股东发放额外股利。但是，额外股利并不固定化，不意味着公司永久地提高了股利支付率。

1. 分配方案的确定

低正常股利加额外股利政策是指公司先确定一个较低的固定股利，不管盈利如何均予以保证，然后视盈利状况和资金需要状况确定额外股利。

2. 采用低正常股利加额外股利政策的优点

低正常股利加额外股利政策实际上是前几种分配政策的结合，但它比前面三种方法更具灵活性。对那些盈利随着经济周期而波动较大的公司或者公司盈利与现金流量很不稳定时，低正常股利加额外股利政策也许是一种不错的选择。

（1）股利支付比较灵活，既考虑了公司的盈利情况和资金需要，也考虑了股东的利益，使公司在股利发放上留有余地，并具有较大的财务弹性。当公司盈余较少或投资需要较多资金时，可维持设定的较低但正常的股利；而当盈余有较大幅度增加时，则可适度增发股利，使股东增强对公司的信心，这有利于稳定股票的价格。

（2）这种股利政策可以使股东每年至少可以得到虽然较低但比较稳定的股利收入。

3. 采用低正常股利加额外股利政策的缺点

（1）由于各年度之间公司盈利的波动使得额外股利不断变化，造成分派的股利不同，公司易给外界带来收益不稳定的感觉，即难以区分正常股利与额外股利。当公司持续地支付额外股利时，容易给股东留下额外股利是正常股利的印象，从而希望公司一直保持某一额外股利的水平，如果公司因盈利下降而减少额外股利时，容易引起股东的不满。

（2）当公司在较长时间持续发放额外股利后，可能会被股东误认为"正常股利"，一旦取消，传递出的信号可能会使股东认为这是公司财务状况恶化的表现，进而导致股价下跌。

公司发展各阶段适用的股利政策见表 10 - 1。

表 10 – 1   公司发展各阶段可能适用的股利政策

发展阶段	特点	适用的股利政策
初创阶段	经营风险高，有投资需求且融资能力差	剩余股利政策
快速发展阶段	快速发展，投资需求大	低正常股利加额外股利政策
稳定增长阶段	业务稳定增长，投资需求减少，净现金流入量增加，每股收益呈上升趋势	固定或持续增长型股利政策
成熟阶段	盈余水平稳定，公司通常已经积累了一定的留存收益和资金	固定股利政策
衰退阶段	业务锐减，盈利能力和现金获得能力下降	剩余股利政策

10.5　股票分割与股票回购

10.5.1　股票分割

股票分割不属于股利分配范围，但股票分割类似于股票股利，因而也予以介绍。

股票分割又称拆股，是指将面值较高的股票分割为几股面值较低的股票，即将一股股票拆分成多股股票的行为。通过股票分割，公司股票面值降低，同时公司股票总数增加，股票的市场价格也会相应下降，因此，股票分割既不会增加公司价值，也不会增加股东财富。股票分割对公司的资本结构不会产生任何影响，一般只会使发行在外的股票总数增加，资产负债表中股东权益各项目（股本、资本公积、盈余公积、未分配利润）的余额都保持不变，股东权益总额也保持不变。

股票分割可以使股票市价降低，增强股票的流通性，活跃股票交易。股票分割有如下好处。

（1）股票分割会在短时间内使公司股票市场价降低，买卖该股票所必需的资金量减少，易于增加该股票在投资人之间的换手，并且可以使更多的资金实力有限的投资人变成持股的股东。因此，股票分割可以促进股票的流通和交易。

（2）股票分割可以向投资人传递公司发展前景良好的信息，有助于提高投资人对公司的信心。股票分割一般是成长性公司在股价上涨时采取的行动，传递了公司持续成长的信息，这一信息给投资人信心上的满足，有助于股价的上涨。

（3）股票分割可以为公司增发新股做准备。公司股票价格太高，会使许多潜在的投资人力不从心而不敢轻易对公司的股票进行投资。在增发新股发行之前，公司利用股票分割降低股票价格，可以促进新股的发行。

（4）股票分割有助于公司并购政策的实施，增加对被并购方的吸引力。

（5）股票分割带来的股票流通性的提高和股东数量的增加，会在一定程度上加大对公司被恶意并购的难度。

（6）股票分割在短期内不会给投资人带来太大的收益或亏损，即给投资人带来的不是现实的利益，而是给投资人带来了今后可多分股息和更高收益的预期，一般被视为利好消息，因此对除权日后股价上涨有刺激作用。牛市时，股票分割会使股票产生填权行情，从而增加股东财富。

股票的反分割是指若干张面值较小的股票合并为一张面值较大股票的行为，也称股票合并。有些公司不愿意股价太低，也可以采取反分割即合股行为。其影响结果与股票分割相反，反向分割更多的时候是用于提高股票价格防止公司被恶意收购。例如，2011年5月，花旗集团（Citigroup）将其股票按10∶1反向分割，以减少股价波动，并阻止投机者交易。

【例10-8】苹果公司（APPLE）于1980年12月12日在美国纳斯达克上市，上市42年已经进行了5次股票分割。1987年6月16日、2000年6月21日、2005年2月28日分别实施了三次1∶2比例的股票分割。2014年6月9日按照1∶7的比例进行股票分割；2020年8月31日按照1∶4的比例拆分股票，以吸引更多的投资者。2020年8月的股票分割计划实施后，受苹果财报利好的影响，苹果股价大幅度上涨超过6%，股价超过400美元/股。

与此相对的是，中国境内上市公司几乎没有进行股票分割的情况。最主要的原因是股票分割导致股票价格下降由此会引发上市公司退市风险，为了避免股价低于面值，几乎没有上市公司进行股票分割的情况。

按照2023年2月修订的沪深交易所上市规则，上市公司终止上市（也即退市）主要分为两类：强制终止上市（即强制退市）和主动终止上市（主动退市）。强制退市又分为交易类强制退市、财务类强制退市、规范类强制退市和重大违法类强制退市等四类情形。

退市流程最为简单直接的是面值退市，面值退市属于交易类强制退市，规定A股上市公司的股票连续20个交易日每日收盘价低于1元（股票面值）、连续120个交易日累计股票成交量低于500万股、股东数量连续20个交易日每日均低于2000人、连续20个交易日在交易所的每日股票收盘总市值均低于3亿元等条件时触发面值退市。

交易类强制退市没有退市整理期，在交易所下发触发退市条件的《事先告知书》之后，如果上市公司不提出申诉，交易所会在5个交易日后对其进行摘牌。由于程序相对简单、退市过程较快，交易类退市尤其是面值退市已经成为A股退市情况中最多的一类。截至2023年5月30日，有28家上市公司收盘价格在1元以下，面临巨大退市风险。例如，2023年2月2日，*ST凯乐（600260. SH. 已退市）收盘价是每股0.47元，已连续20个交易日股价低于1元，触发面值退市，最终在2月15日摘牌退市。

10.5.2 股票分割与股票股利

1. 股票分割与股票股利的相同点

（1）股票股利是新发放股票，股票分割是把原有的股票拆分。它们都会导致公司的普通股股数增加，而且股票分割增加普通股股数可能更多。

（2）在盈利总额和市盈率不变的情况下，都稀释了原有的股票价格，都会降低每股收益和每股市价，而且股票分割带来的降幅更大。

（3）不会影响股东持股比例，每位股东持有股票的市场价值不变。因为不管是股票股利还是股票分割，每个股东的持股比例本身就是固定的，那么发放股票股利的时候也会以相等的比例进行发放。在进行股票分割的时候，也只是在原有的基础上扩大了倍数，所以持股比例不变。

（4）资本结构不变，不会影响公司的资产总额、负债总额、股东权益总额以及公司价值。这里强调的是总额不变，因为普通股股数的增加，每股收益和股价是会减少的，但是总额还是不变。

2．股票分割与股票股利的不同点

（1）性质不同。股票股利是股份公司以股份方式向股东支付的股利；通常由公司将股东应得的股利金额转入资本金，发行与此相等金额的新股票，按股东的持股比例进行分派。股票分割是将原来的一股换成两股或更多，不属于股利支付方式。

（2）对股票面值影响不同。股票股利不影响股票面值，股票分割后的股票面值变小。

（3）对股东权益结构影响不同。分配股票股利后，普通股的股数增加，股本增加留存收益下降，股东权益结构会改变；股票分割后股本和留存收益都不变，所以股东权益结构不会改变。

（4）是否属于股利分配方式。股票股利属于股利分配方式，股票分割不属于股利分配方式。

（5）发放背景不同。公司股票价格上涨幅度不大的时候往往通过发放股票股利，把股票价格维持在一个理想的范围之内。对于股票分割，一般是在公司的股价暴涨而且预期难以下降的时候，采取股票分割的办法降低股价，增加股票流动性，吸引更多的投资者。

10.5.3　股票回购

公司可能会利用多余的现金去回购自己的股票而代替发放现金股利。近年来，股票回购已成为公司向股东分配利润的一种重要形式。当避税很重要时，股票回购可能是股利政策有效的替代品。

股票回购是指上市公司出资将其发行在外的普通股以一定价格购买回来予以注销或作为库存股的一种资本运营方式。公司持有其他公司股票，或未发行的股票不能视为回购。公司回购股票，不能直接卖给投资人，否则就属于违法行为。

公司购回本公司的股票而不予销毁，称为库存股，不再属于发行在外的股票，且不参与每股收益的计算和分配。库存股日后可移作他用，如发行可转换债券、雇员福利计划等，或在需要资金时将其出售。我国 2005 年发布的《上市公司回购社会公众股份管理办法（试行）》规定，上市公司回购股票只能是为了减少注册资本而进行注销，不允许作为库存股由公司持有。

【例 10-9】泰晶科技（603738.SH）2023 年 9 月 8 日发布公告称，公司召开第四届董事会第十七次会议，审议通过了《关于以集中竞价交易方式回购公司股份方案的议案》。本次回购的股份用于股权激励或员工持股计划。拟使用自有资金通过集中竞价交易方式回购股票，本次回购的资金总额不低于 5 000 万元（含）且不超过 1 亿元（含），回购价格不超过人民币 22.48 元/股（含），该回购价格上限不高于董事会通过回购股份决议前 30 个交易日公司股票交易均价的 150%。本次回购股份的实施期限为自董事会审议通过回购股份方案之日起 12 个月内。

1. 股票回购的目的

（1）减少股利支付。如果公司拥有较多现金，而又无合适的投资机会，先回购部分股票，以减少股利支付。

（2）反并购措施。如果公司股票价格很低，甚至低于净资产，此时公司有可能成为被并购对象，回购将提高本公司的股价，减少在外流通的股份，给并购方造成更大的并购难度。

（3）改善资本结构和治理结构。股票回购是改善公司资本结构的一个较好途径，利用闲置资金回购股票，可以减少股本、提高财务杠杆、改善资本结构、提高资金使用效率，同时可以强化管理者的公司经营管理权。在股权过分集中或过分分散的公司，股票回购可以改善公司治理结构。

（4）稳定公司股价。股价过低，使投资人对公司的信心下降，使消费者对公司产品产生怀疑，削弱公司出售产品、开拓市场的能力。在这种情况下，公司回购本公司股票以支撑股价，有利于改善公司形象，股价在上升过程中，投资人又重新关注公司的运营情况，消费者对公司产品的信任增加，公司也有了进一步融资的可能。因此，在股价过低时回购股票，是维护公司形象的有力途径。

（5）提升公司每股盈利。由于回购会减少上市公司在外流通股数量，因此，在计算每股盈利时由于分母的减少，将直接带来每股盈利的上升，这或许也将提高公司股价。

（6）实现股利避税，增加上市公司的股东财富。由于现金股利的税率高于资本利得税税率，通过采用股票回购而不是发放股利的方式对股东现金返还能够帮助股东实现合理避税。在中国境内股票市场中，个人投资者持股期限在一个月以内的股息红利所得全额计入应纳税所得额，实际税率为 20%，但资本利得暂免征收所得税。

（7）优化公司资本结构，通过税盾效应提高公司价值。不论以何种方式进行股票回购，都将降低公司的所有者权益，而发债回购甚至还会增加公司的债务，从而提高公司的财务杠杆率，产生杠杆效应。因此，对于财务杠杆较低的公司来说，这不仅能够优化公司的资本结构，还能够利用融资利息带来的税盾效应实现公司价值的提升。

（8）股票回购具有较高的财务灵活性。上市公司向股东返还现金的方式一般有发放现金股利和股票回购两种方式，但发放现金股利的方式通常会使股东对未来股利形成预期，这就要求公司需要有稳定的现金流。而股票回购是偶尔发生的，上市公司在股票回购方式下能够相对自由地选择回购的金额、数量、时间等，相比于股票回购方式具有很大的财务灵活性。

（9）传递积极信号。股票回购的信号传递诉求主要是基于信息不对称假设，上市公司通过股票回购能够向市场传递公司股价被低估的信号，因为只有在公司认为自己股票价格被低估的情况下才会进行股票回购。通过这种方式向市场传递积极信号，对公司的短期经营收益具有正面的影响。

（10）降低委托代理风险。由于上市公司的管理权和所有权分离，而代理人和委托人目标并不完全一致，可能存在委托人无法清楚认识代理人的目标偏失，进而造成委托人利益受损的情况。特别是在公司自由现金流较为充裕的情况下，公司管理层可能会出于自身利益而进行过度投资或消费，从而侵占公司股东的利益。这种情况下，公司通过股票回购将现金返还给股东，既提高了现金流的使用效率也能够降低代理成本，减少委托代理风险。

（11）建立员工持股制度的需要。公司以回购的股票作为奖励优秀经营管理人员、以优惠的价格转让给职工的股票储备。

通过股票回购增加控制权、防止股权稀释以及恶意收购也是上市公司股票回购的动机之一。为了防止公司被恶意收购，上市公司纷纷通过回购股票来达到提高股价、减少在外流通股、抵御敌意收购的目的。即使公司没有遭遇恶意收购，仍然可以将回购的股票用于管理层的股权激励计划，这也有助于避免股权稀释。

2. 股票回购的途径

股票回购途径包括：公开市场回购、要约回购、协议回购和转换回购。

（1）公开市场回购是指公司在公开交易市场上以当前市价回购股票。

（2）要约回购是指公司在特定期间向股东发出以高出当前市价的某一价格回购既定数量股票的要约，并根据要约内容进行回购。

（3）协议回购是指公司以协议价格直接向一个或几个主要股东回购股票，协议回购的回购价格通常低于市场价格，并且一次回购的股票数量较大。

与公开市场回购和要约回购相比，协议回购的透明度较低。因为在协议回购方式下，上市公司直接与部分股东进行私下协议，按照协议商定的价格和数量进行股票回购。这种方式在定价、交易时间以及支付方式等方面均较为自由，而且通常来看协议价低于市场价。

（4）转换回购是指公司用债券或优先股替代现金回购普通股的股票回购方式，采取转换回购，公司不必支付大量现金。

可转让出售权回购是一种特殊的股票回购的方式，实施股票回购的公司给予股东在一定期限内可以以特定价格向公司出售其股票的权利，而且该权利一旦形成，就可以同依附的股票分离并进行交易。上市公司向其股东发行可转让出授权，不愿意出售股票的股东可以单独出售该权利，以满足各类股东的不同诉求。

3. 股票回购的影响

股份回购是把"双刃剑"，背后的风险也不容小视，同时监管难度也很大。

（1）股票回购需要大量资金，容易造成资金紧张。如果公司主营业务不景气，自有资金不足，可能通过借债来进行回购，虽然短期可能获得收益，但会加剧长期的债务压力，影响公司的后续发展。

（2）股票回购无异于股东退股和公司资本的减少，也可能会使公司控股股东更关注短期利益，忽视公司长远发展，在一定程度上削弱了对债权人利益的保护，损害了公司的根本利益。

（3）股票回购容易导致公司操纵股价以及进行利益输送。公司回购股票容易导致其利用内幕消息进行炒作，公司管理层的权利增加而且回购的动机更强，会损害中小股东的利益，这是最容易出现的问题。

【例 10-10】顺发恒业（000631. SZ）于 2020 年 3 月 24 日召开第八届董事会第十次会议审议通过了《关于回购公司股份的议案》。同意公司使用自有资金，采用集中竞价交易方式，以不超过人民币 4.03 元/股的价格回购本公司部分人民币普通股 A 股股份。回购股份比例占公司总股本的 5%－10%，回购股份数量下限为 121 625 958 股，上限为 243 251 916 股。

截至 2021 年 3 月 23 日，公司本次回购股份方案实施期限届满，公司通过股份回购专用证券账户，以集中竞价交易方式累计回购公司股份 187 940 156 股，占公司总股本的 7.73%，实际回购时间区间为 2020 年 4 月 27 日至 2021 年 3 月 23 日。本次回购股份最高成交价为 3.30 元/股，最低成交价为 2.58 元/股，已支付总金额 563 511 112.78 元（含印花税、佣金等交易费用）。其中，因维护公司价值及股东权益所必需的回购股份数量 37 940 084 股，占公司总股本的 1.56%，支付金额 114 696 449.24 元（含印花税、佣金等交易费用）；用于员工持股计划或股权激励的回购股份数量 150 000 072 股，占公司总股本的 6.17%，支付金额 448 814 663.54 元（含印花税、佣金等交易费用）。

2023 年 7 月 17 日，顺发恒业（000631. SZ）发布关于注销部分回购股份减少注册资本通知债权人的公告。顺发恒业 2023 年度第一次临时股东大会审议通过了《关于变更部分回购股份用途并注销的议案》和《关于修订部分条款的议案》，公司本次注销回购股份数量为 37 240 084 股，占注销前公司股份总数的 1.53%。本次注销完成后，公司注册资本将由 2 432 519 168 元变更为 2 395 279 084 元，公司股份总数将由 2 432 519 168 股变更为 2 395 279 084 股。本次变更及注销完成后，顺发恒业注册资本将由 24.33 亿变更为 23.95 亿元。

4. 股票回购后注销和不注销的区别

理论上，对于公司来说，在股票回购完成后公司可以将所回购的股票注销，也可以将回购的股票作为库存股保留。被公司保留的库存股仍然属于已发行的股票，由公司自己持有，并且可以在适当的时间再向市场出售、发行可转债或者作为对员工的激励等。但库存股的特性类似于未发行的股票，库存股没有投票权，也不具备分红的权利，甚至在公司破产后也不能变现。因此，库存股也不参与每股收益、净资产收益率以及每股净资产等指标的计算当中。

在股票回购完成后，不论有没有注销所回购的股票，都不会影响每股收益、每股净资产以及净资产收益率等财务指标，因为即使作为库存股保留，这些股票也不会参与这些指标的计算。从这个角度来看，对公司来说，注销和不注销所回购的股票并不会存在较大的差异。

但在大多数情况下，公司回购股票完成后都会选择将回购的股票作为库存股保留。公司之所以倾向于保留库存股，主要是因为库存股本身能够带来一定的积极意义。

（1）在融资方面能够为公司提供充足的灵活性，降低融资成本。由于库存股仍然属于已发行的股票，公司在存在融资需求时可以出售库存股。与配股或者增发新股相比，出售库存股获得资金的成本更低，不仅能够节省发行股票相关的监管及中介成本费用，并且可以在市场允许的情况下避免折价发售。

（2）有利于员工或管理层激励计划等的实施。库存股是公司向员工及管理层发放股权激励的重要的股票来源之一，因此，对于美股上市公司来说，保留库存股能够为其实施股权激励计划等提供便利，避免因缺乏足够的股份来源导致激励计划无法实施的情况。

（3）为公司并购活动提供便利、防止公司遭受敌意收购。通过库存股换股的方式进行兼并收购能够为公司的并购行为提供一定的灵活性；此外，回购后保留库存股行为也能防止公司被恶意收购，一方面回购推升股价导致收购方难度增加，另一方面库存股能够补充公司在外流通的股份数量，为公司应对恶意收购提供缓冲时间。

（4）有利于股票价格的稳定。当市场出现了非理性的波动时，公司可以通过调节在外流通股票的供给来平抑价格的波动，稳定股价，避免公司因为市场情绪等非理性因素受到较大的影响。

2005 年 6 月 17 日，中国证监会公布《上市公司回购社会公众股份管理办法（试行）》允许上市公司回购股票的同时，还表示将积极推动《公司法》的立法修改，争取允许上市公司将回购的股份可用作库存股，为上市公司规范发展提供更多的支持。但至今《公司法》中关于库存股制度依然明确规定：在实施员工持股计划或股权激励，配合可转债、认股权证发行用于股权转换，维护公司信用及股东权益等三种情形下，上市公司回购本公司股份后，可以库存方式持有，且上市公司持有库存股的期限不超过 3 年。同时，库存股既不享有表决权，也不参与利润分配。换句话说，中国境内上市的公司目前只能因特定情形回购本公司股份，以库存方式持有。库存股制度中该如何防范市场操纵、内幕交易等非法行为，还需要相关的配套制度进行完善。

10.5.4　股票回购与现金股利

股票回购可以等同于现金股利，都是上市公司给投资者的回报，可以给投资者带来收益，同时减少上市公司货币资金，增强投资者对公司的信心和信任度，提高上公司的信誉，都向市场传递公司的积极信号，都可以帮助公司调整股票价格。但是股票回购比现金股利更灵活，而且二者的差异非常明显，具体如下。

（1）股票回购实际上是现金股利的一种替代形式，相当于以一种特别股利回报股东，且无须缴纳红利所得税。股票回购导致总股本减少，利润不变时，每股收益会增加，股价也很可能会因为回购而上升，股东通过股价上涨而获得利益。现金股利与股票回购都向市场传递积极信号。

（2）税负不同。通过股票回购，股东得到的是资本利得，目前国内没有开征资本利得税，股东收到公司发放的现金股利是需要缴纳红利所得税的。

（3）影响不同。股票回购对股东利益的影响是不确定的，现金股利是股东获得的确定收益。

（4）性质不同。股票回购不属于股利支付方式，可以配合公司资本结构调整等运作需要。现金股利是股利支付的主要方式之一，而且现金股利表明公司潜在的产生现金的能力是持续不断的增强的。

（5）频率不同。股票回购并不会常常发生，相关法律法规对股票回购作出严格规定；现金股利是每个会计年度，公司股东大会决议的结果，优质公司每年分现金股利，给投资人带来长期稳定的回报。

【例10－11】2023年8月27日，中国石化（600028. SH，00386. HK）发布2023年半年报显示，公司上半年实现营业收入1.59万亿元，同比下降1.1%；净利润351.11亿元，同比下降20.06%。虽然净利润下滑，中国石化依然拿出高额现金进行分红。中国石化发布2023年半年度A股利润分配方案公告，拟每股派发现金股利人民币0.145元（含税），合计拟派发现金股利人民币173.85亿元（含税），现金派息率达49.5%。同日，中国石化发布公告称，为维护公司价值及股东权益，公司拟使用不低于人民币8亿元，不超过人民币15亿元进行回购。回购价格不高于董事会通过回购股份决议前30个交易日公司股票交易均价的150%，回购股份的价格上限为不超过9.30元/股（含9.30元/股）。本次回购股份期限自董事会批准方案之日起不超过3个月，回购股份将全部注销并减少注册资本。

中国石化此次半年度分红的股利支付率较高，且回购价格高，彰显公司对未来发展的信心，凸显了公司的投资价值。

思考与练习

1. 为什么中国股票市场不允许上市公司分配负债股利？

2. 股票分割、股票回购和股票股利的异同有哪些？

3. 股利政策无关须建立在哪些假设基础之上？

4. 为什么上市公司会进行股票回购？

5. 实际生活中哪些因素支持高股利政策？

6. 长江空调公司流通在外的普通股是2 000万股，今年净利润5 000万元，现正在计论年度股利分配方案。方案1，每10股发放现金股利6元；方案2，以30元每股回购公司股票40万股。假设目前公股票价格是每股30元。请对比分析两个方案的异同之处。

7. 长江公司去年支付股利504万元，过去10年期间该公司盈利按固定的10%速度持续增长，去年税后利润为1800万元。今年税后利润为2200万元，投资总额为2000万元，预计以后仍会恢复10%的增长率。假设公司可能采用下列四种股利政策，计算下列四种股利政策下今年的股利。(1) 假设公司股利按盈利的长期增长率稳定增长；(2) 假设公司维持去年的股利支付率；(3) 假设公司采用剩余股利政策（投资2000万元中30%以负债融资）；(4) 今年的投资额度，30%源于外部权益融资，30%源于负债，40%源于留存收益；剩下的留存收益用于发放股利。

8. 长江公司年终利润分配前的股东权益项目资料如下：股本——普通股（每股面值1元，2000万股）2000万元，资本公积800万元，未分配利润8200万元，所有者权益合计17000万元。公司股票的每股现行市价为35元。假设公司可能采用下列三种不同的股利分配方案，请计算各种方案的股利分配情况。

(1) 计划按每10股送1股的方案发放股票股利并按发放股票股利后的股数派发每股现金股利0.2元，股票股利的金额按现行市价计算。计算完成这一方案后的股东权益各项目数额。

(2) 假设公司按1：2比例进行股票分割，计算股东权益各项目和普通股股数。

(3) 假设利润分配不改变市净率，公司按每10股送1股的方案发放股票股利，股票股利按现行市价计算并按新股票数量发放现金股利，且希望普通股市价达到每股30元，计算每股现金股利应是多少。

9. 长江公司本年年底的所有者权益总额为8000万元，普通股股数为6000万股。现在的资本结构为长期负债占60%，所有者权益占40%，没有需要付息的流动负债。适用的所得税税率为25%。预计继续增加长期债务不会改变现在12%的平均利率水平。董事会计划明年的资金安排如下：(1) 计划年度分配现金股利0.06元/股；(2) 为新的投资项目筹集4000万元；(3) 计划年度维持现在的资本结构，并且不增发新股，不借入短期借款。要求：计算实现董事会上述要求所需要的息税前利润。

第 **11** 章

企业资本运营

学习目的与要求

通过本章的学习，了解企业合并、托管、并购、重组、破产、清算等基本概念；掌握企业并购和企业重组的基本分类、基本流程、基本理论；掌握企业并购的动因、类型和方式，了解企业反并购的各类策略和应用情况；掌握企业并购的价值评估方法、熟悉企业重组、清算的动机；熟悉企业资产剥离与分立的意义和企业清算的程序。

财务管理中最引人注目、最富有争议的论题莫过于资本运营，尤其是公司之间的并购、反并购、IPO 上市、重组等更是市场制造梦想的题材。

11.1　企业资本运营概述

资本运营是指运用市场法则，通过流动、裂变、组合、优化配置等方式进行有效运营，实现资本增值的一种经营方式。资本运营的具体方式包括发行股票、发行债券、配股、增发新股、转让股权、派送红股、转增股本、股份回购、企业合并、托管、并购、重组、破产、清算以及风险投资等。资本运营通过资本层面的资源流动优化资源配置，是市场经济条件下资源配置的一种重要方式。

11.1.1　资本运营的模式

资本运营模式大致可以分成两种：扩张型资本运营模式和收缩性资本运营模式。

1. 扩张型资本运营模式

扩张型资本运营是指在现有的资本结构下，通过内部积累、追加投资、并购等方式，使企业实现资本规模的扩大。资本扩张可以分为以下三种类型。

（1）横向型资本扩张。横向型资本扩张是指交易双方属于同一产业或部门，产品相同或相似，为了实现规模经营而进行的资本扩张交易。横向型资本扩张不仅减少了竞争者的数量，增强了企业的市场竞争能力，而且改善了行业的结构，解决了市场容量有限与行业整体生产能力不断扩大的矛盾。

（2）纵向型资本扩张。纵向型资本扩张是指交易的双方是处于生产经营的不同阶段的企业，或者是不同行业的企业，为了实现纵向产业联合而进行的资本扩张交易。纵向资本扩张将关键性的生产要素纳入自身控制范围，通过对原料、销售渠道、用户的控制等来提高企业对市场的控制力。

（3）混合型资本扩张。混合型资本扩张是指两个或两个以上相互之间没有直接投入产出关系和技术经济联系的企业之间进行的资本扩张交易。混合资本扩张适应了现代企业集团多元化经营战略的要求，可以分散风险，提高企业的适应能力。

2. 收缩型资本运营模式

收缩型资本运营，是指企业为了提高效率，把自己的部分资产、子公司、某部门或分支机构转移出去，缩小规模。收缩型资本运营是扩张型资本运营的逆向操作，主要实现形式有以下四种。

（1）资产剥离。资产剥离是指把企业所属的部分不适合企业发展战略目标的资产出售给第三方，这些资产可以是固定资产、流动资产，也可以是整个子公司或分公司。

资产剥离主要适用于以下几种情况：①不良资产导致企业财务状况恶化；②某资产明显干扰了其他业务的运行和发展；③行业竞争激烈，企业需收缩战线来确保正常运营。

（2）公司分立。公司分立是指公司将其拥有的子公司的全部股份，按比例分配给母公司的股东，从而在法律和组织上将子公司的经营从母公司的经营中分离出去。通过公司分立，形成一个与母公司有着相同股东和股权结构的新公司。

公司分立通常可分为三种情况：①标准式分立。母公司将其拥有的子公司股份，按母公司股东在母公司中的持股比例分配给现有的母公司股东，从而将子公司分离出来。②解散式分立。母公司将其全部控制权移交给子公司股东，原母公司不复存在的分离行为。③换股式分立。母公司将其在子公司所占有的股份分配给母公司的部分股东（不是全部母公司股东），交换其在母公司所占股份。

（3）分拆上市。广义的分拆上市包括已上市公司或者未上市公司将部分业务从母公司独立出来单独上市；狭义的分拆上市指的是已上市公司将其部分业务或者某个子公司独立出来，另行公开招股上市。分拆上市使得原母公司的股东可以按照持股比例享有被投资企业的净利润分成；子公司分拆上市成功后，母公司股东可以获得超额投资收益。

（4）股份回购。股份有限公司购买本公司发行在外的股份，达到缩小股本规模或改变资本结构的目的。

股份公司进行股份回购，一般基于以下原因：保持公司的控制权、提高股票市价、改善公司形象、提高股票内在价值、实施高管股权激励计划以及改善公司资本结构。

一般来说，处于成熟或衰退期的、已超过一定规模的公司，可以选择股份回购的方式收缩经营战线或转移投资重点，开辟新的利润增长点。

11.1.2 资本运营的特征和作用

1. 资本运营的特征

资本运营的主要特征包括：流动性、增值性和不确定性。

（1）流动性。资本是能够带来价值增值的价值，资本的闲置就是损失，资本运营的关键在于资本流动。

（2）增值性。实现资本增值，这是资本运营的本质要求，是资本的内在特征。资本流动的目的是实现资本增值。企业的资本运营，是资本参与企业再生产过程和产品价值形成运动，最终实现资本的增值。

（3）不确定性。资本运营活动具有不确定性。任何投资活动都是某种风险的资本投入，不存在无风险的投资和收益。资本运营必须同时考虑资本的增值和存在的风险，从企业的长远发展出发，尽量分散风险。

2. 资本运营的作用

（1）扩大企业规模，形成规模经济。资本运营要求最大限度地支配和使用资本，以较少的资本调动支配较多的社会资本；企业运用兼并、收购、参股、控股方式，实行资本的扩张，将企业内部资源与外部资源结合起来进行优化配置，促使资本集中和生产规模扩张，优化资源配置、提高效益、形成规模经济、获取规模经济收益，使企业实现跨越式发展更具竞争力。

（2）推动企业调整战略，提高市场控制力。资本运营可以使企业借助市场力量，获得先进生产技术、管理技术、发现新的商业机会、高效率地调整战略、优化生产经营方向、优化产品结构、扩大市场份额、拓宽销售渠道、降低经营风险、实现利润最大化并优化资源配置。使企业在市场竞争中扩大发展、增加市场控制力和影响力。

（3）优化企业资本结构、提高资源配置效率。企业通过资本运营，如在资本市场直接融资，可以在短期内获得所需的债务资本或权益资本，再将资本投入生产经营，调整企业生产关系使其适应市场变化，并提高生产力、提高企业价值，即企业通过资本运营可以理顺债权人、债务人、股东和经营管理者之间的重大利益关系，调动各生产要素的积极性，从而优化企业的资本结构，提高资源配置效率。

11.1.3 资本运营与生产经营的关系

1. 资本运营与生产经营的区别

（1）经营对象不同。资本运营的对象是企业的资本以及资本运动，侧重点是企业经营过程的价值方面，追求价值的增值。而生产经营的对象则是产品以及生产销售过程，经营的基础是厂房、机器设备、产品设计等，侧重点是企业经营过程的使用价值方面。

（2）经营领域不同。资本运营主要在资本市场上进行，包括证券市场和产权交易市场等。而企业的生产经营涉及的领域主要是产品的生产技术、原材料的采购和产品的销售，主要是在生产资料市场、劳动力市场、技术市场和商品市场上进行。

（3）经营方式和目的不同。资本运营的方式和目的是通过产权的流动和重组，提高资本运营效率和效益。生产经营的方式和目的是通过商品销售或提供劳务，实现利润的最大化。

（4）制约因素不同。资本运营主要受资本市场的制约和资本投资回报率的限制；生产经营较多地受价格信号的影响。

（5）经营风险不同。资本运营的层面，企业把生存和发展建立在一个或多个产业上，并不断发现新的经济增长点，及时退出风险大的产业，规避风险；生产经营的层面，企业生存和发展维系在一个或多个产品上，如市场需求发生变化，则会直接影响企业的生存和发展。

（6）企业的发展方式不同。资本运营不但注重企业自身的内部积累，更重要的是通过资本外部扩张的方式，使企业快速扩张，发展壮大。生产经营的层面，企业主要依赖企业自身的积累，通过创造更多的利润并使之转化为资本，增加生产要素和生产能力而获得发展。

资本运营和生产经营是企业经营相辅相成的两个方面，应当有机地结合起来。生产经营始终是企业运营的基本形式，也是资本运营的基础。资本运营并不能取代生产经营，二者相互作用，通过对生产要素的有效配置，能够扩大企业的市场份额、产生规模效益、拓宽经营领域、降低经营风险，实现企业价值最大化。

2. 资本运营与生产经营的联系

（1）目的一致。企业进行资本运营的目的是追求资本的保值增值；企业进行生产经营，根据市场需要生产和销售商品，目的在于赚取利润，以实现资本增值，因此，生产经营实际上是以生产、经营商品为手段，实现资本保值增值。

（2）相互依存。企业是一个运用资本进行生产经营的单位，任何企业的生产经营都是以资本作为前提条件，如果没有资本，生产经营就无法进行；如果不进行生产经营活动，资本增值的目的就无法实现。因此，资本运营要为生产经营服务，并以生产经营为基础。

（3）相互渗透。企业进行生产经营的过程，就是资本循环周转的过程。如果企业生产经营过程供产销各环节脱节，资本循环周转就会中断；如果企业的设备闲置，材料和在产品存量过多，商品销售不畅发生积压，必然使资本效率和效益下降，资本运营与生产经营密不可分。

生产经营是基础，资本运营要为发展生产经营服务。通过资本运营，搞好融资、并购和资产重组等活动，增加资本积累、实现资本集中，目的是要扩大生产经营规模、优化生产结构、提高技术水平，以便更快地促进生产经营。

11.2 企业并购

企业资本运营涉及面广、难度大，限于篇幅，本章只选取其中最重要的部分进行讲解，重点讲解企业并购、企业重组和企业清算。企业并购与重组是市场经济发展的一种必然现象，对生产的社会化和劳动生产率的提高起着积极的推动作用；同时，企业并购与重组是资本运营最常见的形式，也是资本运营的核心。

11.2.1 企业并购及其目的

1. 并购的概念

企业并购的内涵和外延非常广泛，一般是指兼并和收购。国际上习惯将兼并和收购合在一起使用，统称为 M&A，在我国称为并购，即企业之间的兼并与收购行为。并购的实质是取得控制权。

兼并又称吸收合并，指两家或者更多的独立企业，合并组成一家企业，通常由一家占优势的企业吸收另一家或者多家企业，被吸收企业解散。

收购是指一家企业用现金或者有价证券购买另一家企业的股票或者资产，以获得对该企业的全部资产或者某项资产的所有权，或对该企业的控制权。本书所用的并购概念是兼并与收购的统称。

2. 并购的类型和分类

（1）按照并购双方产品与产业的关系分类，可分为以下三种类型。

①横向并购。当并购方与被并购方处在同一行业、生产或经营同一产品，并购使资本在同一市场领域或部门集中时，称之为横向并购。这种并购的目的主要是确立或巩固企业在行业内的优势地位，扩大企业规模，使企业在行业内占有垄断地位。

②纵向并购。指生产工艺或经营方式上有前后关联的企业进行并购，是生产、销售的连续性过程中互为购买者和销售者（即生产经营上互为上下游关系）的企业之间的并购。其主要目的是组织专业化生产和实现产销一体化。纵向并购较少受到各国有关反垄断法律政策的限制。

③混合并购。指对处于不同产业领域、产品属于不同市场，且与其产业部门之间不存在特别的生产技术联系的企业之间进行并购。采取这种方式可以通过分散投资、多元化经营降低企业风险，达到资源互补、优化资源配置、扩大市场份额的目的。

（2）按并购的出资方式分类，可分为以下三种类型。

①出资购买资产式并购。并购方使用现金购买被并购方的全部资产进行的并购，有

两种情况：第一，并购方筹集足够的现金购买被并购方全部的资产，使被并购方除现金外没有持续经营的物质基础，成为有资本结构而无生产资源的空壳，不得不从法律意义上消失；第二，并购方以现金通过市场、柜台或协议购买目标企业的股票或股权，一旦拥有其大部分或全部股本，目标企业就被并购了。

②承担债务式并购。在被并购方资不抵债或资产债务相等的情况下，并购方以承担被并购方全部或部分债务为条件，取得被并购方的资产所有权和经营权。

③股份交易式并购。并购方向被并购方发行本公司的股票来交换被并购方资产或股权的并购，有两种情况。第一，以股权换股权。这是指并购方向被并购方的股东发行自己的股票，以换取目标企业的大部分或全部股票，达到控制被并购方的目的，一般来说，交换股票的数量至少要达到能够控制被并购方的持股比例才能达到并购的目的。第二，以股权换资产。并购方在有选择的情况下承担被并购方的全部或部分责任，被并购方也要把拥有的并购方的股票分配给自己的股东。

（3）按涉及被并购方的范围分类，可分为以下两种类型。

①整体并购。指被并购方资产和产权的整体转让给并购方。整体并购有利于加快资金、资源集中的速度，迅速提高企业规模并达到规模效应。实施整体并购也在一定程度上限制了资金紧缺者的购买行为。

②部分并购。指将被并购方的资产和产权分割为若干部分进行交易而实现企业并购的行为。具体包括三种形式：第一，对部分实物资产进行并购；第二，将产权划分为若干等额价值进行产权交易；第三，将经营权分为几个部分进行产权转让。部分并购的优点在于可以扩大并购范围，弥补大规模整体并购的巨额资金缺口。

（4）按照并购程序分类，可分为以下两种类型。

①善意并购。是指并购方与被并购方通过友好协商达成并购协议而实现的并购。

②敌意并购。是指并购方不是直接向被并购方提出并购要求，而是在证券市场上通过大量购买被并购方的股票实现并购。

（5）按照并购是否利用杠杆分类，可分为以下两种类型。

①杠杆并购。是指并购方仅出少量的自有资本，而主要以被并购方的资产和将来的收益作抵押筹集资本用于并购的一种并购活动。

②非杠杆并购。是指并购方主要利用自有资本进行并购。

3. 并购的目的

（1）管理协同效应。如果两个企业的管理效率不同，管理效率高的企业并购管理效率低的企业之后，低效率企业的管理效率得以提高，这就是所谓的管理协同效应。管理协同效应来源于行业和企业专属管理资源的不可分性。

（2）经营协同效应。并购改善了企业经营，从而提高了效益，即产生经营协同效应。具体包括并购产生的规模经济、优势互补、成本降低、市场份额扩大、更全面的服务等。注意，获得经营协同效应的一个重要前提是产业中的确存在规模经济，且在并购前尚未达到规模经济。

（3）财务协同效应。并购不仅可以带来经营协同效应，还可以为带来财务协同效应。

第一，提高企业实力。一般来说，合并后企业整体的负债能力比合并前的负债能力强，而且还可以降低资金成本，并实现资本在并购企业与被并购方之间低成本再配置。

第二，合理避税。税法一般包含亏损递延条款，允许亏损企业免交当年所得税，且其亏损递延以抵消以后年度盈余。同时一些国家税法对不同的资产适用不同的税率，股息收入、利息收入、营业收益、资本收益的税率也各不相同。企业可根据这些规定，通过并购及相应的处理合理避税。

第三，预期效应。它是指因并购使股票市场对企业股票评价发生改变而对股票价格的影响。由于预期效应的作用，企业并购往往伴随着强烈的股价波动，形成股票投资机会。投资人对并购概念追逐，反过来又会刺激企业并购的发生。

（4）实现战略重组，开展多元化经营。企业多元化经营可以通过内部积累和外部并购两种途径实现，但在多数情况下，并购途径更为有利。尤其是当企业战略调整时，并购可以使企业低成本地迅速进入被并购方所在的增长相对较快的行业，并在很大程度上保持被并购方的市场份额以及现有的各种资源，从而保证企业能持续不断的盈利。

（5）获得特殊资产。企图获取某种特殊资产往往是并购的重要动因。特殊资产可能是一些对企业发展至关重要的专门资产。如土地是企业发展的重要资源，一些业绩好且盈利能力强的企业往往受限于狭小的空间难以扩展，而另一些经营不善、市场不景气的企业却占有较多的土地和优越的地理位置，这时优势企业就可以并购劣势企业以获得土地资源。另外，并购还可能是为了得到被并购方的管理队伍、优秀研发人员或专门人才以及专有技术、商标、品牌等无形资产。

（6）降低代理成本。企业的所有权与经营权相分离时会产生大量代理成本，代理成本包括契约成本、监督成本和剩余亏损。企业内部监督和激励机制均不足以解决代理问题时，并购带来接管的威胁将降低代理成本。如通过并购或代理权争夺而接管企业，将会改选现任经理和董事会成员，并购成为最后的外部控制机制解决代理问题、降低代理成本。

11.2.2 企业并购的价值评估

企业的价值评估与商品的价值评估不同，商品的价值判断取决于个人对商品消费的效用以及市场供求关系等，而企业的价值评估取决于其未来的盈利能力。企业的价值评估，需要估计企业的内在价值，即未来预期现金流的现值，这是一个客观存在、动态变化的价值。企业并购必然要进行企业价值评估，常用的估值方法如下。

1. 市场比较法

市场比较法也称市场法、比较法、现行市价法、相对价值法，是以市场上与被并购方的经营业绩和风险水平相当的企业的平均市场价值作为参照标准，以此来估算被并购方价值的一种价值评估方法。

市场比较法是基于类似资产应该具有类似价格的理论推断，其理论依据是"替代原则"。实质是参考市场上相似的可比企业，在分析比较两者之间重要指标的基础上，修正、调整并估算被并购方的价值的一种评估方法。运用市场比较法的评估重点是选择可比企业和确定可比指标。

如果被并购方是上市公司，则可利用股票市场的定价功能，根据股票市场的供求关系以及价格进行估值。如果被并购方是非上市公司，则需要在股票市场选择相似的参照公司，在对参照公司相关估价参数适当修正的基础上，估计被并购方的价值。

市场比较法使用的基本前提是：存在一个活跃的公开市场；公开市场上存在可比的资产及其交易活动。

【例 11-1】2023 年 3 月 13 日，辉瑞（Pfizer Inc.）宣布以每股 229 美元的价格现金收购 ADC（抗体药物偶联物）龙头企业 Seagen，总耗资约 430 亿美元，成为 2023 上半年全球并购金额最大的交易，也一举打破抗体药物偶联物领域并购金额纪录。

辉瑞创建于 1849 年，2022 年营收 1 003 亿美元，净利润为 313.72 亿美元，同比增长 43%。辉瑞总部位于美国纽约，是一家生物制药公司。Seagen 是一家美国生物技术公司，成立于 1997 年，2002 年在纳斯达克上市。2022 年，Seagen 的总收入约为 20 亿美元，比 2021 年增长了近 5%。两家公司预计将在 2023 年底或 2024 年初完成交易。

2. 比率估价法

比率估价法是根据被并购方的股票价值与每股收益、每股净现金流量（税后利润 + 折旧）、每股账面价值（股权账面价值）或销售收入等之间任一比率关系比较分析，从而确定其价值的方法。这四种比率主要包括：

$$市盈率 = \frac{股票市价}{每股收益}$$

$$股价与现金流量比 = \frac{股票市价}{每股现金流量}$$

$$股价与账面价值比 = \frac{股票市价}{每股账面价值}$$

$$股价与销售收入比 = \frac{股票市价}{每股销售收入}$$

这四种比率可根据被并购方的每股市场价计算出来。股票价格由证券市场决定，因此，这四个比率也称为市场乘数。市盈率一般又称作收益乘数；股价与现金流量比称现金流量乘数；股价与账面价值比称作账面价值乘数；股价与销售收入比又称作销售收入乘数。运用比率估价法对被并购方进行价值评估可按下列步骤进行。

第一步，分析被并购方近期的收益状况。在分析时应特别注意支持这些收益的会计政策，如税收减免政策、折旧和摊销等。为与并购方的政策保持相一致，也可适当调整被并购方已公布的收益。

第二步，重估被并购方的收益。不只是对两家公司的会计政策进行调整，而且还要反映并购后的协同效应。如并购后预期可以提高价格或降低销售成本，从而提高总体利润。

第三步，选择标准比率。上述四种比率的选择有以下几种：以并购时点被并购方的市场乘数作为标准比率；以与被并购方具有可比性的公司的市场乘数作为标准比率；以与被并购方所处行业的平均市场乘数作为标准比率。选择标准必须确保在风险和成长性等方面具有可比性，在实际运用中，可根据对风险与成长的预期情况对上述标准加以调整。

第四步，确定被并购方价值。根据选定的估价收益指标和标准比率，可以确定出被并购方的价值。如按市盈率法，其计算公式为：

被并购方价值＝税后利润×标准市盈率

按上述四种乘数可能得出四种不同的价值估计值，但由于估计本身就不是很精确的，所以只要估计值在一个合理的范围内即可。实证研究表明，某一特定的乘数用于评估某些类型的公司较为准确。如对于工业企业，应使用市盈率；对于房地产和旅游业，应使用股价与账面价值比；而对于高新技术产业，则采用股价与销售收入比率较为适宜。

需要说明的是，对被并购方价值的评估还应考虑以下两个因素：一是并购所引发的成本增加因素，如对并购后追加的投资等；二是并购后出售不符合发展战略的资产。

3. 现金流贴现法

现金流量贴现法是资产价值评估的一种重要方法，其基本原理是资产价值等于以投资者要求的必要投资报酬率为贴现率对该项资产预期未来的现金流量进行贴现所得的现值之和。

根据现金流贴现法，影响资产价值的因素有三个：预期的现金流量、贴现率和存续期。被并购方整体视为资产，即可运用现金流贴现法进行价值评估。

（1）预期的现金流量。按评估主体的不同，现金流量可分为公司自由现金流量和股权自由现金流量两种。

①公司自由现金流量。公司自由现金流量是以被并购方为主体计算出的现金流量，它是公司经营活动产生的税后现金流量扣除资本性支出和净营运资本增加额后剩余的净现金流量。即：

公司自由现金流量＝息税前利润－所得税费用＋折旧－资本性支出－净营运资本增加额

$$FCFF_t = EBIT_t(1 - T_t) + D_t - \Delta F_t - \Delta W_t$$

其中，$FCFF$ 表示公司自由现金流量；$EBIT$ 表示息税前利润；T 表示企业所得税税率；D 表示折旧额；ΔW 表示增量营运资本；ΔF 表示增量固定资本支出。

公司自由现金流量模型是对整个公司而不是股权进行估价，股权的价值可以用公司的价值减去发行在外债务的市场价值得到。由于公司自由现金流量是债务偿还前的现金流量，所以使用公司自由现金流量估价的好处是不需要明确考虑与债务相关的现金流量，而估计股权自由现金流量时必须考虑这些与债务相关的现金流量。在财务杠杆预期将随时发生重大变化的情况下，这一特点有利于简化计算，但在确定贴现率时需要用负债比率和利率等信息来计算加权平均资本成本。

②股权自由现金流量。股权自由现金流量是公司普通股股东所能获得的现金流量。股权自由现金流量与公司自由现金流量的差异在于其计算涉及税后利息费用和负债净增加额，它是公司自由现金流量扣除税后利息费用，再加上负债净增加额后的净现金流量，如果存在优先股，还需扣除优先股股利。即：

$$股权自由现金流量 = 净利润 + 折旧 - 净营运资本增加额 - 资本性支出 - 债务本金偿还额 + 新增债务$$

$$FCFE_t = EAT_t + D_t - \Delta W_t - \Delta F_t - d_t - P_t + B_t$$

其中，$FCFE$ 表示股权自由现金流量；EAT 表示税后净利润；D 表示折旧额；ΔW 表示增量营运资本；ΔF 表示增量固定资本支出；d 表示优先股股息；P 表示债务本金偿还额；B 表示发行新债。

在公式中，增量营运资本支出是指应收款、存货等项目的净支出，它也与公司所处的发展阶段密切相关。在迅速成长阶段，存货和应收款等项目资本占用水平较高，增量营运资本支出较大；而在稳定发展阶段，存货和应收款等项目则相对较少。因此，在预测公司未来现金流量之前，应首先对公司将要经历的发展阶段作出合理假定。

增量固定资本支出是指当年发生的全部资本支出，如厂房的新建、改建和扩建，设备更新等支出。与折旧相比，对于一个高速成长的公司，当期资本支出可能超过同期折旧额；而对于一个处于稳定发展期的公司，增量资本支出较少，有时甚至为零。

股权自由现金流量可以为正数，也可以为负数。在一般情况下，如果股权自由现金流量为负数，则公司将不得不通过发行新股来筹集股权资本；如果股权自由现金流量为正数，则公司就可能以现金股利的形式将剩余的现金流派发给股东。

（2）贴现率。估算现金流量的现值所采用的贴现率既可能是筹资者的资本成本，也可能是投资人要求达到的最低收益率。在并购活动中，贴现率的选择应注意以下几个问题。

①贴现率的选择应与现金流量相匹配。具体来说，股权自由现金流量应按权益资本成本进行贴现，公司资产自由现金流量应按加权平均资本成本进行贴现；名义现金流量应按名义贴现率进行贴现；实际现金流量应按实际贴现率进行贴现；税后现金流量应按税后贴现率进行贴现。

②贴现率的选择应该与并购方式相匹配。控股合并后，被并购方仍是一个独立法人和经济实体，应以被并购方的资本成本作为贴现率。

③贴现率的选择应与并购风险相匹配，未来现金流量的不确定性越大、风险越大，所采用的贴现率就应该高。

（3）存续期。由于企业是一个持续经营的实体，其寿命一般是不可预知的。为了合理预测被并购方价值，一般将其未来现金流量分为两部分：一是预测期内的现金流量；二是预测期后的现金流量。

对于预测期内的现金流量需要逐期预测，一般以 5～10 年作为预测期最为普遍。因为随着预测期的延长，不确定性因素增多，预测的难度增大，预测的可靠性就越低。对于预测期后的现金流量，一般根据企业发展阶段和现金流量的特点进行预测。

（4）确定被并购方价值。根据被并购方未来创造的现金流量和贴现率，即可估算其企业价值。即：

$$TV = \sum_{t=1}^{n} \frac{CF_t}{(1+K_w)^t} + \frac{V_n}{(1+K_w)^n}$$

其中，TV 为被并购方价值；V_n 为被并购方在第 n 期的价值；K_w 为加权平均资本成本。

如果 n 期后，被并购方处于稳定增长状态，则被并购方在 n 期的价值可按增长模型计算。即：

$$V_n = \frac{CF_{n+1}}{K_{wn} - g_n}$$

其中，K_{wn} 表示增长阶段资本成本；g_n 表示固定增长率。

4. 成本法

成本法也称资产基础法、加和法，是指合理评估被并购方各项资产和负债价值的基础上，确定被并购方价值的各种评估具体技术方法的总称。成本法又可分为账面价值法和重置成本法。

（1）账面价值法。这种方法既没有考虑资产的市价，也没有考虑资产的收益，完全忽略了对于无形资产的评估，因此，这种方法主要适用于比较简单的并购，尤其是被并购方的账面价值与市场价值偏差不大的非上市公司。

企业价值 = 企业净资产价值 × （1 + 调整系数）

（2）重置成本法。这种方法适用于并购方以获得资产为动机的并购行为，其基本理论假设是理性投资者在购置一项资产时所愿意支付的最高价格不会超过重置该资产或与该资产有相同用途的替代品所需的成本。

企业价值 = 企业资产目前的市场价值 – 有形折旧 – 无形折旧

采用成本法的前提条件有：①被评估资产处于持续使用状态或设定处于持续使用状态；②可以调查取得购建被评估资产的现行途径及相应社会平均成本资料。

简单易行是成本法的最大优势。作为一种客观的评估方法，其大部分数据均可以直接从财务报表中获得，无须假设和模型，同时也更能让使用者理解。但这种方法在理论上有几个致命的缺点：①重置成本法将被并购方人为地分割，进行分项评估，这与企业是一个有效配置资源的有机整体这一理念相悖。②重置成本法对于无形资产估值显得无能为力，这使得价值评估的可靠性大打折扣，尤其对于高新技术企业，对无形资产评估的缺失无疑是致命的。③重置成本法只重视历史，而忽视未来收益使得成本法所评估出来的企业价值显然不能作为其未来发展规划的重要参考依据。所以，重置成本法一般应用于新设立的企业或无法用现金流贴现法、市场比较法进行有效评估的企业。

11.2.3　企业并购的支付方式

企业并购活动中，并购支付是实现交易的一个关键环节，关系到并购双方的利益。并购支付方式是指，并购方为了得到对被并购方的控制权采用的支付方式。主要支付方式如下。

1. 现金支付

现金支付是并购活动中最清楚而又最快捷的一种支付方式，在各种支付方式中最为常见。并购方通过支付现金来获得被并购方的资产或控制权，一旦被并购方的股东收到现金，就失去了对原企业的所有权益。现金支付方式是我国企业并购的主要支付方式。现金支付的优点如下。

（1）现金支付简单明了，是最简洁、最迅速的易于为交易双方所接受的方式。

（2）支付金额明确，不会发生变化，且不会影响并购后企业的资本结构。

（3）被并购方可以短时间内获得确定金额的现金，其股东不必承受收益不确定风险。

现金收购的缺点：对并购方，现金支付方式需要筹集大量现金，这会带来巨大的压力；对被并购方，可能会因无法推迟资本利得的确认，税负大幅度增加，且不能拥有并购后企业的股东权益。

2. 换股支付

换股支付是指并购方通过换股或增发新股等方式并购被并购方的一种支付方式。换股支付分为三种情况：增资换股、库存股换股和母公司与子公司交叉换股。

换股支付的优点如下。

（1）不受并购方获取现金能力的制约。并购方不需支付大量的现金，就能减轻财务压力，因此，换股支付并购交易的规模相对较大。

（2）被并购方原股东将参与新公司的收益分配。并购完成后，被并购方虽然被并购了，但其股东仍然保留其所有者权益，参与收益分配。

（3）具有规避估值风险的作用。由于信息不对称，并购交易中，被并购方的价值通常很难准确估计，如果是现金支付，交易结束后如果发现被并购方内部存在问题，由此造成的风险全部由并购方承担，但采用换股支付，这些风险是双方股东共同承担的。

（4）被并购方的股东可以推迟收益确认时间，享受税收优惠。

换股并购的缺点如下。

（1）增发新股改变了并购方原有的股权结构，从而稀释了股东权益，其结果可能使原股东丧失对并购后企业的控制权。

（2）股票发行要受到证券交易委员会的监督以及其所在证券交易所上市规则的限制，发行手续烦琐、迟缓会使得并购的竞争对手有时间组织竞购，也使得不愿意被并购的被并购方有时间部署反并购措施。

（3）换股并购经常会引来大量套利者，可能推高被并购方的股价，这带来的压力以及并购方每股收益被稀释的预期，会导致并购方的股价下滑。

3. 杠杆支付

杠杆支付本质上属于通过债务融资进行现金支付。并购方以被并购方的资产及未来收益作为抵押物进行融资完成并购。借贷利息将通过被并购方的未来现金流来支付，即并购方以债务融资作为主要资金来源，利用杠杆原理用少量的自有资金完成并购。并购方很多都是用被并购方的股权作质押向银行借贷来完成收购。

杠杆支付的优点如下。

（1）杠杆支付对并购方资产或现金的要求较低，减轻了并购方的短期财务压力。

（2）杠杆支付的投资回报率远高于现金支付时的投资回报率。

（3）杠杆支付资产负债率较高，可享受一定的免税优惠，同时，高额利息偿付的压力，迫使并购方管理层不得不想方设法提高企业的营运能力和生产效率。

杠杆支付的缺点：融资成本高，偿债压力大。由于资产负债率较高，杠杆收购的风险较高，债务融资成本也往往较高，并购过程中以及并购完成后，如果并购方经营管理不善，可能出现利息本金支付困难，导致失败。

4. 资产置换

资产置换是上市公司并购的一种特殊形式。资产置换是并购方（一般是被并购方的控股股东或母公司）以优质资产置换被并购方（一般是上市公司）的劣质资产，这样可借被并购方的"壳"实现间接上市的目的。资产置换包括整体资产置换和部分资产置换等。

资产置换的优点如下。

（1）支付过程中不涉及大量现金，减少了并购方的资金压力，同时，可以获得优质资产；将被并购方原有的不良资产和盈利水平低的资产置换出去，从而实现资产的双向优化。

（2）资产置换是借壳上市效果最快、最明显的一种方式。

（3）交易双方可能在资产置换时实现投资收益或者营业外收入。

资产置换的缺点是：由于资产置换类似于物物交换，往往难以成交。

11.2.4 企业并购的财务分析

企业并购的财务分析主要包括并购的成本分析、收益分析和风险分析。

1. 成本分析

企业并购是资本运营的基本方式和实现快速扩张的主要途径。企业并购包含一系列的成本估算和分析工作，此时的成本不只是一个普通的财务成本概念，而应该是由并购引发的一系列成本的总和。这些成本既包括并购工作完成的成本，也包括并购以后的整合成本；既包括并购发生的有形成本，也包括并购发生的无形成本。具体来说，企业并购应该分析的成本项目有以下四种。

（1）并购完成成本。并购完成成本是指为完成并购所发生的直接成本和间接成本。直接成本是指并购过程中支付的费用，如谈判、考察费用、支付的价格等；间接成本是指并购过程中发生的其他支出，包括债务成本、交易成本、更名注册成本和其他费用。

（2）并购整合与营运成本。并购整合与营运成本是并购完成后使被并购方发展壮大而支付的长期营运成本，它包括企业整合改制成本、注入资金的成本和其他成本。

（3）并购退出成本。并购退出成本是指企业在并购失败或并购完成后需要撤资时可能发生的成本。

（4）并购机会成本。并购机会成本是指由于并购而丧失的其他投资机会和投资收益。

2. 收益分析

企业并购尽管要支付巨大成本，承担巨大风险，但并购也存在巨大的收益空间。企业并购对并购方、被并购方和双方股东都将产生重大影响。

为了分析企业并购的经济影响，下面通过举例进行说明。

【例 11 - 2】假设现有 A、B 两家公司，其基本资料见表 11 - 1。现在 A 公司为了扩大生产规模，拟通过增发股票交换 B 公司股票的方式对 B 公司实施并购。

进一步假设，并购有三种可供选择的方案：①A 公司以 1∶1 的比例交换 B 公司股票；②A 公司以 5∶6 的比例交换 B 公司股票；③A 公司以 1∶3 的比例交换 B 公司股票。

第一种方案是简单的以股换股方案；第二种方案是根据 A、B 两家公司的市场价格确定；第三种方案是根据 A、B 两家公司的每股收益确定。

下面分析不同并购方案对公司每股收益、未来每股收益和股票市场价格的影响。

表 11 - 1　　　　　　　　　　两家公司基本情况

项目	A 公司	B 公司
本年净利润（万元）	3 000	600
股票发行总量（万股）	5 000	1 200
每股收益（元/股）	0.6	0.5
市盈率（倍）	20	8
股票市场价（元/股）	12	4

从表 11 - 1 可以看出：A 公司由于发展前景优于 B 公司，因而 A 公司的市盈率较 B 公司高。

具体分析如下：假设 A 公司在并购 B 公司后，B 公司的绩效既没有改善，也没有下滑，换言之，就是在静态状况下，分析并购对每股收益的影响。

计算并购后 A 公司每股收益的变化见表 11 - 2。

表 11 - 2   并购方案

项目	按 1∶1 交换	按 5∶6 交换	按 1∶3 交换
本年净利润（万元）	3 600	3 600	3 600
股票发行总量（万股）	6 200	6 000	5 400
其中：增发股数（万股）	1 200	1 000	400
每股收益（元/股）	0.58	0.60	0.67
交换后增加的每股收益	- 0.02	0	+ 0.07

通过分析表 11 - 2 可以发现：①当并购方（A 公司）以高于本公司市盈率的价格交换被并购方（B 公司）股票时，并购方的每股收益将比并购前有所减少，如第一种方案；②当并购方（A 公司）以低于本公司市盈率的价格交换被并购方（B 公司）股票时，并购方的每股收益将比并购前有所增加，如第三种方案；③当并购方（A 公司）以等于本公司市盈率的价格交换被并购方（B 公司）股票时，并购方的每股收益将保持不变，如第二种方案。

因此，从静态分析来看，并购方以低于或等于并购方股票市盈率的价格进行并购，对并购方有利；反之，则对并购方不利。对被并购方而言，以高于或等于本公司股票市盈率的价格进行并购，对被并购方有利；反之，则对被并购方不利。

（1）对未来每股收益的影响分析。上述静态分析仅仅考虑了当年收益。如果并购后可以使并购方以更快的速度发展，也就是并购能够产生协同效应，那么，以高于并购方股票市盈率的价格进行交换，对并购方也不一定不可行。假设 A 公司不进行并购，预计未来将以 8% 的速度增长。而并购 B 公司后，B 公司可以依靠 A 公司的先进管理水平、技术力量、信誉、销售渠道等优势，将使并购后的公司以更快的速度发展。假设并购后 A 公司每年将以 10% 的速度增长，则未来的每股收益预计见表 11 - 3。

表 11 - 3   预计未来的每股收益

年份	1	2	3	4	5	6	合计
未并购	0.60	0.65	0.70	0.76	0.82	0.88	4.41
并购后	0.58	0.64	0.70	0.77	0.85	0.94	4.48

通过分析表 11 - 3 可以发现，从静态看，A 公司以 1∶1 比例交换 B 公司股票是不可行的，但从长远和动态来看是可行的。这是因为企业并购产生了协同效应，实现了资源整合，降低了管理成本，提高了管理绩效，实现了规模效益。

（2）对股票市场价的影响分析。一般情况，企业并购对被并购方的股东来说是重大利好，当并购信息被市场接受时，被并购方的股票价格将出现积极反应。如果并购方以高于或等于被并购方股票市盈率的价格交换被并购方股票，被并购方的股票价格将出现大幅上涨。如果并购后公司股票的市盈率不变，并购可以实现并购方和被并购方股东的双赢。

3. 风险分析

企业并购是一项高风险的投资。财务分析应在关注其各种收益、成本的同时，更重视并购的各种风险。

并购前的风险主要如下。

（1）战略选择风险。战略选择风险来自两个方面：动机风险和信息不对称风险。

（2）制度风险。在我国，企业并购没有政府的支持是非常困难的。但是并购行为毕竟是一种市场化的行为，政府的过多参与、大包大揽违背了市场经济规律，而且还为并购企业的资源整合带来不利影响，增加了并购风险。

（3）法律风险。各国政府都制定了一系列的法律法规，以规范和监管各企业在并购活动中的行为。我国目前还没有统一的《企业并购法》，有关并购的规定在《公司法》《证券法》《国务院关于进一步优化企业兼并重组市场环境的意见》《上市公司重大资产重组管理办法》等法律法规中有所体现。由于我国相关法律法规不完善，企业并购在某种程度上有较大的法律风险。

（4）投资风险。企业并购是一项直接的对外投资。并购后能否产生协同效应，能否取得预期投资收益，会受许多因素的影响，其结果具有不确定性，并购的风险较大。

并购中的风险主要如下。

（1）估价风险。由于信息不对称而对被并购方价值评估不准确，这种不准确包括两种情况：一是过高估计并购协同效应而支付过高溢价引起并购方财务状况恶化；二是过低估计被并购方的价值而出价过低导致并购失败，导致并购方的前期投入全部变成损失。

（2）融资与支付风险。一般而言，企业并购需要大量的资金支持。企业无论选择哪种融资途径，都存在着一定的融资风险，如果并购中支付对价过高，可能会导致企业在并购后，负债比例过高，资不抵债而破产倒闭。

并购后的风险主要如下。

（1）经营风险。企业在并购完成后，可能无法使整个企业产生协同效应，难以实现并购目标，或者并购后规模过大超越了并购方管理能力而产生规模不经济，都会产生经营风险。

（2）整合风险。整合风险主要包括企业并购后，在经营、生产和技术上不能达到预定的协同效应；在人事、制度和文化上不能按照预先设计的并购规划有效整合，使得新老企业运行相互抵触，产生内耗，从而拖累优势企业。

11.2.5　企业反并购策略

1. 敌意并购

敌意并购亦称恶意并购，通常是指并购方不顾被并购方的意愿而采取非协商购买的手段，强行并购被并购方；或者并购方事先并不与被并购方进行协商，而突然直接向被并购方的股东开出价格或收购要约。

易于被敌意并购的被并购方的特点有以下五种。

（1）企业价值被低估。企业资产质量优且具有尚未发现的潜质使得企业价值被低估，此时被敌意并购的可能性最大。此时并购成本远低于新建一个类似企业的成本。

（2）股票自由流通。敌意并购的最主要特征就是不经过被并购方管理层的同意而强行取得控制权，主要通过在证券市场上收购被并购方的股票来实现，因此，股票自由流通是敌意并购发生的先决条件。

（3）股权高度分散。股权高度分散使得任何单个股东都无法对企业的重大决策造成影响，企业与股东间的利益相关度降低，会打击股东参与企业事务的积极性，股东搭便车行为严重。

（4）企业资产质量好坏是企业是否会被敌意并购的重要因素之一，原因在于，企业资产质量是企业盈利能力的主要影响因素之一，它在很大程度上决定了企业的整体吸引力，资产质量优良的企业被敌意并购的可能性较大。

（5）企业具有大量的剩余现金、大量有价值的证券投资组合以及大量未使用的负债融资能力，且现管理层持股比例较小。

2. 财务防御

为了降低被敌意并购的可能性，从财务管理的角度考虑，企业可以采取以下财务防御措施。

（1）通过举债或股票回购等方式大幅度提高负债比例，并在贷款合同中增加限制性条款，如被接管时要提前偿还债务等。

（2）促使持股比例相对集中于支持管理层的股东或控股股东。

（3）增加对现有股东的股利发放率，降低现金持有水平。

（4）剩余现金流要尽量投入具有正净现值的项目，或回报给股东，或用于并购其他企业。

（5）对于脱离母公司后并不影响现金流的正常运作的附属公司，应将其剥离。

（6）通过重组或分立的方法，实现那些被低估资产的真实价值。

上述各种措施虽然可降低公司被并购的吸引力，但同时公司也放弃了财务方面的某些灵活性以及抗风险的能力。

3. 反并购的管理策略

为防止成为敌意并购的目标，企业可采取以下几种反并购的管理策略进行事前防御。

（1）搭建合理的股权结构。合理的股权结构是反并购的第一道防线。企业可以采用交叉持股的股票结构，即关联企业、关系较密切的企业之间相互持有部分股权，其中一家企业遭到敌意并购，相互持股的企业之间容易形成"连环船"的效果，从而大大增加了反对敌意并购的实力。

（2）"金降落伞"策略。企业章程里可以规定，如果成为敌意并购的目标，企业高层管理者被革职时，可以得到巨额退休金，以提高并购成本。有的企业还规定，如果被并购后员工被解雇，并购方还应支付员工遣散费，这些就是"金降落伞"策略。

（3）"毒丸"策略。"毒丸"策略的目的是提高并购成本，即企业发行附认股权证债券，标明当发生敌意并购突发事件时，持有者可以以优惠价格购买一定数量的并购后企业的股份。这样，随着股份总量的增加，不但可有效地稀释并购方持有的股份，而且也增加了并购成本。

（4）员工持股计划。企业为了进行反敌意并购防御还可以实施员工持股计划，因为一般情况下，一旦发生并购，被并购方的员工就会被裁减。希望维持现状的员工会反对企业被接管或被敌意并购。

4. 反并购的抗拒策略

（1）诉诸法律。被敌意并购方可根据有关法律条款，寻找并购方的纰漏，并以此为由进行法律诉讼。一旦提起诉讼，并购方就不能继续执行并购要约，客观上拖延了并购的进程。在这一过程中，其他并购方有可能进入并购行列，同时还可以聘请反并购专家，就并购方提出的并购条件和并购方的资信、财务状况以及并购方的管理能力、战略方向等，作出具体的分析和考察，从而采取有效的措施与并购方进行抗争。

（2）"白衣骑士"。"白衣骑士"是指将遭受敌意并购的企业自己寻找善意并购方。"白衣骑士"愿意支付更高的价格以对付敌意并购方。面对"白衣骑士"的挑战，敌意并购方若不以更高的价格并购，则注定要失败。因此，并购价格必然水涨船高继续上涨，引发新一轮的竞争。最后，要么敌意并购方承认并购失败，退出竞争，要么必须付出更高的并购成本才能达到目的。

（3）"帕克曼式"。"帕克曼式"是指为挫败敌意并购方的企图而采取的一种策略，即被并购方威胁要进行反并购，并开始购买并购方的股票，以达到保护自己的目的。这种进攻策略不但风险大，而且反并购方本身需有较强的资本实力和外部融资能力。

（4）"焦土政策"。企业为避免成为敌意并购的目标而采取的一些会对自身造成伤害的行动，以降低自己的吸引力，一般包括：出售有价值潜力的资产、部门或技术，使自己失去吸引力；立即实施"金降落伞"计划，耗尽企业资本；增加债务负担，重拟债务偿还时间等。

（5）"死亡换股"。"死亡换股"是指企业发行债券、特别股票或其组合，以交换发行在外的本企业普通股，通过减少在外流通的股票来抬高股价，迫使敌意并购方并购成本大幅度提高。

随着企业并购活动的发展，新的反并购措施也会不断出现。值得注意的是，企业制定自己的反并购计划时，必须充分保护股东尤其是中小股东的合法权益，不得因高管或大股东的私利而牺牲中小股东的利益。

11.3　企业重组

11.3.1　企业重组概述

1. 企业重组的概念

广义的企业重组，包括企业的所有资产、负债、人员、业务等要素的重新组合和配置。

狭义的企业重组，是指企业以资本保值增值为目标，运用资产重组、债务重组和产权重组方式，优化企业资产结构、负债结构和产权结构，以充分利用现有资源，实现资源优化配置。

2. 企业重组的类型

（1）按重组的方式分类，可分为资本扩张型重组、资本收缩型重组、资本重整型重组和表外资本运营型重组。

①资本扩张型重组，包括增资扩股、购买资产、合资或联营、收购股份、企业并购、企业合并等。资本扩张型重组中的企业并购、企业合并与上一节内容有重合，重合部分不再赘述。

增资扩股是指企业向社会募集股份、发行股票、新股东投资入股或原股东增加投资扩大股权，从而增加企业的资本金，增强企业的经济实力，扩大经营规模，拓展业务，提高公司的资信程度，并可以用增资扩股的资本，投资项目获取利润。

购买资产即购买固定资产、债权、业务部门、生产线、商标等有形或无形的资产。

合资或联营。合资是一种快速低成本进入新市场的有效方式。合资的一种普遍形式是大型跨国公司和经营地所在国的企业合作，从而能更容易地渗透入该国的市场。联营是各企业相互同意共同采取某种经营方式的联合，但联营各企业的其他方面，包括财务、行政等仍是完全独立的。对于那些缺少某些特定能力或者资源的公司来说，合资或联营可以作为合作战略的基本手段，它可以将公司与其他具有互补技能和资源的合作伙伴联系起来，获得竞争优势。

收购股份一般是指不获取目标企业控制权的股权收购行为，只处于参股地位。通常是试探性的多元化经营的开始和策略性的投资，或是为了强化与上、下游企业之间的协作关联，如参股原材料供应商以求保证原材料供应的及时和价格优惠，参股经销商以求产品销售的顺畅、货款回收的及时等。

②资本收缩型重组，包括资产剥离或出售、公司分立、分拆上市、股票回购等。

资产剥离或出售是指企业将其现有的某些资产出售给第三方，并取得现金或有价证券。这些资产可以是固定资产、流动资产，也可以是整个子公司或分公司。

公司分立是指一个公司依照公司法有关规定，通过股东会决议分成两个以上的公司。通常可分为存续分立和解散分立。

分拆上市，也称剖股上市或部分股权出售，是指母公司把一家子公司的部分股权向社会出售。随着子公司部分股权的出售，母公司在产生现金收入的同时，重新建立起控股子公司的资产管理运作系统。

股票回购，是指股份有限公司通过一定的途径买回本公司发行在外的股份的行为，这是一种大规模改变公司资本结构的方式。

③资本重整型重组包括改组改制、股权置换、国有股减持、管理层收购和职工持股计划。

改组改制，是指企业进行股份制改造的过程，通过企业改组改制，改建为符合现代企业制度要求的、规范的企业。

股权置换，是指控股方将其持有的部分股份与另一企业的部分股份按一定比例对换，使本来没有任何联系的两个企业成为一个以资本为纽带的紧密联系的企业集团。通常是为了引入战略投资者或合作伙伴，并且不涉及控股权的变更，实现控股股东与战略伙伴之间的交叉持股，以建立利益关联。

国有股减持，是指依据我国的国有经济进行有进有退的战略调整方针，根据各上市公司在国民经济中的地位有选择、有计划地减少国有股的份额，逐步完成国有股的上市流通。

管理层收购，是指企业的管理层利用高负债融资来购买本企业的股份，从而改变企业所有者结构、控制权结构和资本结构，实现管理者以所有者和经营者合一的身份主导重组企业，进而获得产权预期收益的一种收购行为。

职工持股计划，属于一种特殊的报酬计划，是指为了吸引、保留和激励企业员工，通过让员工持有股票，使员工享有剩余索取权的利益分享机制和拥有经营决策权的参与机制。

④表外资本运营型重组，是指不在报表上反映的，但将导致控制权变化的行为。其具体形式包括：托管和战略联盟。

托管，是指企业的所有者通过契约形式，将企业法人的财产交由具有较强经营管理能力，并能够承担相应经营风险的法人去有偿经营。明晰企业所有者、经营者、生产者责权利关系，保证企业财产保值增值并创造可观的社会效益和经济效益的一种经营活动。

战略联盟，是指两个或两个以上的企业为了达到共同的战略目标，实现相似的策略方针而采取的相互合作、共担风险、共享利益的联合行动。

（2）按重组的内容分类，分为产权重组、产业重组、组织结构重组、管理重组和债务重组等。

①产权重组，是指以企业财产所有权为基础的一切权利的变动与重组。它既可以是终极所有权（出资者所有权）的转让，也可以是经营使用权的让渡；产权转让的对象既

可以是整体产权,也可以是部分产权。

②产业重组,是通过现有资产存量在不同产业部门之间的流动、重组或相同部门间集中、重组,使产业结构得以调整优化,提高资本增值能力。微观层面的产业重组则主要涉及生产经营目标及战略的调整。

③组织结构重组,是指在公司产权重组、资本重组后如何设置组织结构和组织形式的重组方式,旨在解决设立哪些组织机构,具备哪些职能,机构间的相互关系如何处理、协调,管理层人选如何调整等问题。

④管理重组,是指企业重组活动相应涉及企业管理组织、管理责任及管理目标的变化,由此而产生的重新确立企业管理架构的一种重组形式。其目的是创造一个能长远发展的管理模式或方式,帮助企业在激烈的市场环境中更好地生存与发展。

⑤债务重组,是指对企业的债权债务进行处理,并且涉及债权债务关系调整的重组方式。债务重组是一个为了提高企业运行效率,解决企业财务困境,对企业债务进行整合优化的过程。

3. 企业重组的目的

(1) 获取战略机会、提高资本利润率、避免同业竞争、减少关联交易、提高管理效率。

(2) 发挥协同效应。在生产领域,通过重组可产生规模经济性,接受新的技术,可减少供给短缺的可能性,可充分利用未使用生产能力。在市场及分配领域通过重组,可产生规模经济性,进入新市场,扩展现存分布网,增加产品市场的控制力。在财务领域,通过重组充分利用未使用的税收利益,开发未使用的债务能力,扩展现存分布网,增加产品市场的控制力。在人力资源领域,通过重组吸收关键的管理技能,使多种研究与开发部门融合。

(3) 发现资本市场错误定价。企业重组中,各方面的谈判能力强弱将影响公司价值增加的分配,即使企业重组不增加价值,也会产生价值分配问题。重新分配财富可能是企业重组的明显动机。

下面举例了解上市公司重组的基本类型和情况。

【例11-3】ST昌九(600228)2020年9月17日公告重组方案:ST昌九置出资产作价7 072.31万元,置入资产为上海中彦信息科技股份有限公司100%股份,置入标的作价35.37亿元。其中,拟置入资产和拟置出资产差额部分共计34.66亿元,以发行股份的方式支付。交易完成后,中彦科技将成为公司子公司,公司主营业务变更为第三方在线导购平台。2021年4月28日,电商导购平台返利网借壳昌九生化上市成功,上市公司实际控制人将由北京市国有文化资产监督管理办公室变更为葛永昌,公司从此更名为返利科技。

【例11-4】2023年8月4日,养猪大户*ST正邦(002157.SZ)公告了重组计划,公司迎来17家投资人。牵头重组的投资人双胞胎农业承诺,在此次重组完成且取得上市公司控制权后,在重组完成后的2年内将逐步启动自身生猪养殖、饲料等业务资产置入上市公司的重组程序，并在重整完成后的 4 年内完成相关业务及资产的整体上市。

＊ST 正邦以每 10 股转增不超过 18 股的规模实施资本公积金转增股本，共计转增 57 亿股股票。转增的 57 亿股股票不向公司原股东分配，分为两类用途。转增股票中的 31.5 亿股由重组投资人有条件受让（其中双胞胎农业以 1.1 元/股的价格认购 14 亿股转增股票，其余 16 家重整投资人以 1.6 元/股的价格受让 17.5 亿股），重组投资人合计提供资金 43.4 亿元，用于支付重组费用、共益债务、清偿各类债务以及补充上市公司流动性等。另外 25.5 亿股转增股票将通过以股抵债方式，清偿＊ST 正邦及正邦养殖系列公司债务，股票抵债价格为 11 元/股至 12.5 元/股。

公布重整计划后，2023 年 8 月 7 日，＊ST 正邦（002157.SZ）股价涨停，当日报收 2.74 元/股，总市值约 94 亿元。

企业重组是一个非常宽泛的概念，涉及内容极多、规模大且交易较复杂，仅 2022 年，上市公司共披露并购重组 2 972 单，累计交易金额 1.74 万亿元。限于篇幅，本节后续内容只重点讲解企业重组中的债务重组，其他类型的企业重组请参考相关资料。

11.3.2　债务重组

债务重组又称债务重整，是指在债务人发生财务困难的情况下，债权人按照其与债务人达成的协议或者法院的裁定作出让步的事项。

债务人发生财务困难，是指因债务人出现资金周转困难、经营陷入困境或者其他原因，导致其无法或者没有能力按原定条件偿还债务。

债权人作出让步，是指债权人同意发生财务困难的债务人现在或者将来以低于重组债务账面价值的金额或者价值偿还债务。债权人作出让步的情形主要包括：债权人减免债务人部分债务本金或者利息，降低债务人应付债务的利率等。

1. 债务重组的方式

（1）债务转移。债务转移是指债务人将其对债权人的负债转给第三方承担的行为。债务人的债务转移，对于债权人来讲，就是一种债权转让。第三方一般是债务人的关联企业或者有意对债务人进行重组其他企业。第三方可以以现金、有价证券或其他财产权利向债权人进行支付。

（2）债务抵销。债务抵销是指当事人就相互之间的债务，按对等数额使其相互消灭的行为。如果双方的债务数额不相等，对尚未抵销的剩余债务，债务人仍有清偿的义务。当事人互负债务，标的物种类、品质不相同的，经双方协商一致，也可以抵销。债务抵销有利于节省清偿债务的费用，对债权人来说，则有利于保障债权的及时实现。在债务重组实践中，债务抵销经常会结合债权转移配套运用。

（3）债务豁免。债务豁免又称债务免除。是指债权人抛弃债权而免除债务人偿还义务的行为。在债务重组实践中，资金雄厚的关联企业或债务重组行动发起方通常会采取先购买债权人的债权然后予以豁免的操作方法。

例如：据＊ST 银河（000806.SZ）披露的《关于收到债权人李振涛债务豁免函的公告》及《关于收到债权人石家庄中房债务豁免函的公告》，公司于 2022 年 12 月 30 日收到债权人李振涛和石家庄中房置信企业管理有限公司出具的《债务豁免确认函》，豁免公司合计 3.1 亿元债务。债务豁免可以减轻公司债务压力，顺利推进债务重组等事宜，化解退市风险，维护广大中小股东的权益。但深圳证券交易所指出，上述债务豁免存在重大不确定性。

（4）债务混同。债务混同是指债权人和债务人同归于一人，致使合同关系及其他债的关系消灭的事实。

（5）削债。削债也称债权打折，是指由债权人减让部分债权，在一定程度上减轻债务人的负担。削债这种债务重组方式一般在企业资不抵债时较常采用，这种情况下企业一旦破产，债权人只能收回部分权，甚至完全收不回任何债权。因此，通过适当的债权减让，有利于避免债权人遭受更大的损失。

（6）以非现金资产清偿债务。如果债务人无法以货币资金支付有关债务，可以与债权人协商以非现金资产清偿债务。实践中，处于债务困境的企业往往存在非运营资产，如果能将这部分资产剥离出来，并用于抵偿债务，则可以在实现财务结构调整的同时作出经营结构的调整。用于偿债的非现金资产既可以是存货、固定资产等实物资产，也可以是知识产权、债权、股权、资产使用权等财产权利。

（7）债务转为资本。债务转为资本也称债务资本化，通常称为"债转股"。债务人将债务转为资本，同时债权人将债权转为股权的债务重组方式。但债务人根据转换协议，将应付可转换公司债券转为资本的，则属于正常情况下的债务资本，不能作为债务重组处理。

（8）融资减债。融资减债是指债务人通过增资扩股、发行股票或债券等融资方式筹集资金还债。

（9）修改其他债务条件。债务人与债权人达成协议修改其他债务条件，主要包括：减免原债务的部分利息、修改利率、延长债务偿还期限、延长债务偿还期限并加收利息、延长债务偿还期限并减少债务本金或债务利息等。

实践中，企业债务重组往往会比较复杂，很难说直接通过某一种方式的运作达到债务重组的目的。为此，使用较多的还是通过多种方式的并用，如通过延长债务的偿还期限，同时减少相应的债务本金或债务利息，支付一定比例的现金，同时转移部分债务于第三人等等。根据不同的债务条件选择不同的方式，以最大限度地追求债务重组的利益最大化。

2. 债务重组的目的

由于各种原因，企业有时会出现暂时的财务困难，导致资金周转困难，不能偿还到期债务。在这种情况下，债权人可通过两种途径收回债权。一是通过法律程序要求债务人破产，以清偿其债务。二是通过相互协商，债权人作出让步，使债务人减轻负担，渡过难关。相比企业破产清算来说，有造血能力的企业进行债务重组可以最大限度地保护各方利益。

债务重组完成后，债务人的债务总额、负债率将回到正常水平，经营和发展更稳健。同时，在债务重组过程中，尽力维护了债权人和股东特别是中小股东的利益，最大限度保护广大股东和债权人利益。另外，在债务重组过程中，债权人一般都会要求债务人专注主业、剥离非主业、收缩业务、突出竞争优势，这一方面可以改善债务人的资产质量，另一方面专注主业会提升债务人的投资收益率，降低银行等债权人收回借款的风险。

下面举例来说明债务重组带来的效益。

【例 11-5】2018 年 7 月 ST 永泰（600157. SH）2017 年度第四期短期融资券未能按期兑付，构成实质性违约，陷入财务困境。公司通过稳定生产经营、及时寻求政府救助、加快资产处置、全力推进债务重组、深入开展债权人沟通等多种措施，积极认真应对，稳妥化解债务风险，到 2020 年公司顺利完成债务重组工作，实现相关债务重组收益净额约 4.51 亿元，导致公司经营业绩同比实现大额增长。

2021 年 1 月 12 日，ST 永泰（600157. SH）发布公告称，随着公司重整计划执行完毕，债务结构得到优化，财务状况得到较大改善，持续盈利能力得到加强，经营业绩得到提升，公司步入稳定向好的发展阶段，因此向上海证券交易所申请撤销退市风险警示。上海证券交易所已同意撤销对公司股票实施退市风险警示，股票简称由"*ST 永泰"变更为"ST 永泰"。

2021 年 1 月 18 日，ST 永泰（600157. SH）发布业绩预告称，受益于债务重组收益，预计 2020 年度实现归属于上市公司股东的净利润为 46.2 亿～48.05 亿元，同比增加 3 195.87%～3 327.85%。2021 年 4 月 30 日，ST 永泰各项指标持续向好，成功实现"摘帽"更名为永泰能源。

2022 年永泰能源实现营业收入 355.56 亿元，同比增长 30.81%；归属上市公司股东净利润 19.09 亿元，同比增长 69.3%。预计 2023 年前三季度实现扣非净利润为 16.14 亿～16.74 亿元，同比增加 25.35%～30.01%；净利润为 16.2 亿～16.8 亿元，同比增加 5.11%～9%。从这些经营业绩数据可以看出，永泰能源通过债务重组从困境中获得重生，轻装上阵，迅速恢复经营能力。

11.4　企业清算

11.4.1　企业清算及其原因

1. 企业清算

企业清算是对企业因经营期满或企业章程中规定的解散事由出现，以及被宣告破产等原因，终止其生产经营活动，全面清理其财产、物质、债权债务，处理企业未了事项，收取债权，变卖财产，偿还债务，分配剩余财产等一系列工作的总称。

2. 企业清算的原因

根据《中华人民共和国公司法》及其实施条例的规定，企业解散与清算的主要原因如下。

（1）企业破产。

（2）企业经营期限届满。

（3）合营一方不履行合营企业协议规定的义务，致使企业无法继续经营。

（4）因自然灾害、战争等不可抗力遭受严重损失，无法继续经营。

（5）企业未达到其经营目的，又无发展前途，经股东大会决议解散。

（6）企业章程规定的其他解散事由已经出现。

（7）因公司合并或者分立需要解散等。

3. 企业清算分类

企业清算分为破产清算和非破产清算。

（1）破产清算。根据《中华人民共和国企业破产法》规定，在企业法人不能清偿到期债务，并且资产不足以清偿全部债务或者明显缺乏清偿能力的情况下，债务人或债权人均可以向人民法院提出破产清算申请。人民法院应当自收到破产申请之日起十五日内裁定是否受理。人民法院在裁定受理破产申请的同时，指定破产企业管理人。

企业破产清算时，企业资不抵债，企业负债大于资产，所有者权益为负数，这种解散清算要处理债权人之间的利益关系。

（2）非破产清算。非破产清算是指在企业解散时，在财产足以偿还债务的情况下，依照相关法律规定所进行的清算。非破产清算时，企业财产需要支付清算费用、职工的工资、社会保险费用和法定补偿金等。由于企业的资产大于负债，所有者权益为正数，企业所欠的全部债务均可得到偿还。因此，非破产清算要处理股东之间的利益关系。

限于篇幅，本节后续只讲解破产清算的基本程序、清算过程和相关处理，非破产清算的情况请参考相关资料。

11.4.2 破产清算基本程序

根据《中华人民共和国企业破产法》规定，企业破产清算的基本程序如下。

1. 申请与宣告破产

当企业破产标志出现，企业债权人或企业债务人须向法院申请破产。当法院裁定为破产后，由法院宣告企业破产。企业提出破产申请前，应对其资产、债权债务进行全面清理，并出具经审计的资不抵债的审计报告。企业宣告破产后，应在十天内通知债权人前来办理债权登记，并编制破产日的会计报表。

2. 召开债权人会议

由于企业破产清算处理的是债权人之间的利益关系，因此，债权人会议是企业破产清算期间的最高决策机构。第一次债权人会议由法院召集，于债权申报期限届满后十五日内召开。债权人会议的职权有：①审查有关债权的证明材料，确认债权有无财产担保及其担保数额；②讨论通过和解协议草案；③讨论通过破产财产的处理和分配方案。

3. 成立清算组

企业清算由法院出面成立清算组。根据公司法规定，有限责任公司的清算组由股东组成，股份有限公司的清算组由股东大会确定其人选；逾期不成立清算组进行清算的，债权人可以申请人民法院指定有关人员组成清算组。清算组在清算期间行使下列职权：①清理公司财产，分别编制资产负债表和财产清单；②通知或者公告债权人；③处理与清算公司未了业务；④清缴应纳税款；⑤清理债权、债务；⑥处理公司剩余财产；⑦代表公司参与民事诉讼活动。

4. 清理财产

清理财产是清算的主要内容。清算组要制定清理方案，报法院批准，并在法院的监督下进行清算。清理方案的内容包括：清算程序、清算方式、财产作价和清算的依据、债务的清偿和剩余财产的分配等。清理财产的内容主要包括变卖财产、回收债权、偿还债务和分配剩余财产等。

5. 办理企业注销登记

清理财产工作结束后，由清算组提请人民法院终结破产程序，清算组向破产企业原登记机关办理注销登记。破产程序终结后，未得到清偿的债权不再清偿。

11.4.3　破产清算损益

清算组应对人民法院负责并报告工作，接受法院的监督。清算组在清算期间行使下列职权：①清理破产财产并编制资产负债表和财产清单；②通知或者公告债权人；③处理与清算破产企业的未了结的业务；④清缴所欠税款；⑤清理债权、债务；⑥处理企业清偿债务后的剩余财产；⑦代表破产企业参与民事诉讼活动等。

1. 破产财产

破产财产是指企业破产时可以用于偿还债务、支付费用或进行分配的资产。破产财产包括企业宣告破产时所经营管理的全部财产和在破产清理过程中所取得的财产。

但以下财产不作为破产财产。

（1）已作为担保物的财产。担保物的价款超过其所担保的债务数额的，超过部分作为破产财产。

（2）豁免的财产。经申请批准，企业的职工宿舍可作为豁免的财产，豁免财产不能因企业破产而被封存和拍卖。但是，用企业公益金购买的各种财产、设施不能作为豁免财产。

2. 破产债权

破产债权是指企业在宣告破产时没有财产抵押担保的各项负债。

（1）破产债权必须是债权人在规定的期限内向受理破产案的法院或清算组申报并得到确认的债权。逾期未申报债权的，视为自动放弃债权。

（2）破产债权必须是没有财产担保的债权。有担保的债权由于可以用担保物的价款优先归还，所以不再作为破产债权处理。但是，如果担保债权金额超过担保物的价款的，未得到优先偿还的部分可作为破产债权。

（3）债权人对破产企业负有债务的，可以在破产清算前抵消，未得到抵消的部分作为破产债权。

3. 破产费用

破产费用也称清算费用，是指从破产宣告之日到破产程序终结时，企业发生的各项费用。破产费用主要包括：清算组的酬金、律师和注册会计师的酬金等；破产案件的诉讼费用；为债权人的共同利益而在破产程序中支付的其他费用，包括债权人会议的各项开支。

4. 破产损益

破产损益也称清算损益，是指清理变卖和处理债权债务发生的损失或收益。清理变卖财产损益主要是变卖财产的收入与该财产账面价值的差额，以及在清理过程中发生的毁损、消耗和盘盈盘亏等。处理债权债务损失主要指不能收回债权发生的坏账损失。

5. 清算净利润

清算净利润是指企业清算收益扣除清算损失和清算费用后的余额。而清算剩余财产是指清算净利润中依法缴纳所得税后的余额。

11.4.4 债务的偿还与剩余财产的分配

1. 债务的偿还

《中华人民共和国企业破产法》规定债务清偿必须优先支付应付工资和劳动保险费用；其次缴纳所欠税款；最后支付其他破产债权。

企业可用于破产偿债或分配的财产 = 破产财产 − 破产费用 − 破产损失

如果企业可用于破产偿债或分配的财产小于破产债权，则按比例清偿破产债权。同一顺序不足清偿的，按比例清偿。破产债权的清偿比例为：

破产债权清偿比例 = 可用于破产偿债或分配的财产 ÷ 破产债权 × 100%

如果企业可用于破产偿债或分配的财产大于破产债权，表示全部破产债权都将得到偿还。还清全部债务后，剩余的财产按出资比例分配给所有者。但在大多数情况下，可用于偿债的财产小于破产债权，通常会有一部分债务得不到偿还。

2．剩余财产的分配

企业清算结束后，企业的清算净利润要依法缴纳所得税。缴纳所得税后的剩余财产，按以下原则分配：有限责任公司，按出资比例分配，章程另有规定的除外。股份有限公司，先按优先股面值对优先股股东进行分配，再按普通股比例分配。国有独资企业全部交国家财政。

思考与练习

1．企业兼并与企业并购的异同。

2．简述企业并购风险。

3．简述破产财产。

4．简述企业破产清算的基本程序。

5．甲公司拟按每股 24 元价格并购乙公司，目前甲公司的股票市价为 40 元，普通股数为 1 000 万股，乙公司股价 16 元，股数 400 万股，每股收益 0.7 元，预计并购后稀释后的每股收益为 1.2 元。要求：（1）计算并购后的预计净利润；（2）利用每股收益代乙公司作出决策；（3）如果丙公司也想并购乙公司，愿以其 0.4 股的普通股加 5 元的现金实施并购，丙公司目前的股票市价为 38 元，代乙公司作出选择。

6．长江公司预计未来 5 年的预期收益额为 10 万元、11 万元、12 万元、12 万元、13 万元，并从第 6 年开始，企业的年收益额将在第 5 年的水平上以 1% 的增长率增长，假定资本化率为 10%，要求估算持续经营条件下长江公司的价值。

7．天恒公司现进行破产清算，其资产清算价值为 540 万元，欠职工工资 200 万元，欠国家税款 200 万元，银行贷款 100 万元，其他债权人债务 400 万元，清算费用是 40 万元，试制定天恒公司的破产方案。

8．A 公司正考虑并购与其经营相似的 B 公司。B 公司全部资本均为股权资本。目前，该公司每年税后现金净流量为 200 万元，并购后将会产生协同效应，预计今后 10 年现金净流量以 5% 的速度逐年递增，为维持这个增长速度，A 公司每年需投资 100 万元。A 公司把现金流的预计年限假定为 25 年。要求：（1）计算并购后 A 公司每年预期现金净流量是多少；（2）如果内含报酬率为 18%，A 公司可能支付的最高并购价格是多少。

9．假设甲公司计划以发行股票的方式并购乙公司，并购时双方的有关资料见下表。

并购时甲、乙公司资料

项目	甲公司	乙公司
净利润	500 万元	125 万元
普通股股数	250 万股	100 万股

续表

项目	甲公司	乙公司
每股收益	2 元	1.25 元
股票市场价	16 元	7.5 元
市盈率	8	6

要求：（1）若乙公司同意其股票每股作价 8 元，那么甲公司需发行多少股票才能并购乙公司所有股份？（2）若假设并购后的收益能力不变，存续的甲公司的盈余总额为原甲、乙公司盈余之和，那么并购后甲、乙公司股东的每股收益将如何变化？（3）若保持甲、乙公司的每股收益不变，其股票交换率应各为多少？

第 12 章

企业财务分析

 学习目的与要求

通过对本章的学习，能够了解企业财务分析的基本理论、基本方法和应用领域；掌握财务分析的内涵、目标、程序及方法；掌握财务报表分析，包括资产负债表分析、利润表分析等；掌握财务能力分析，包括盈利能力分析、营运能力分析、偿债能力分析和发展能力分析；掌握财务综合分析，主要是掌握杜邦财务分析法的基本原理。

12.1 财务分析概述

12.1.1 财务分析的内涵和目的

1. 财务分析的内涵

企业编制财务报表的目的，就是向财务报表使用者提供相关的会计信息，从而为其决策提供支持。财务报表是通过一系列的数据资料全面、概括地反映企业的财务状况、经营成果和现金流量信息。对报表使用者来说，这些数据还不能直接为决策服务，而是要求报表使用者根据需要，运用各种专门的分析方法，对数据资料进一步加工、整理、分析和研究，从中取得对决策有用的信息，这一过程就是财务分析。因此，财务分析是指以企业财务报表及其他相关资料为主要依据，运用一系列专门的方法和技术，对企业的财务状况、经营成果和现金流量等进行分析、评价和预测，以便投资者、债权人、管理当局以及其他会计信息使用者作出正确的经济决策。

2. 财务分析的意义

随着现代企业制度的建立，企业管理逐渐走向科学化，企业投资主体趋向多元化，

这都要求信息使用者进行财务分析，以迅速获取决策所需的会计和财务信息。财务分析的具体意义主要表现在以下四个方面。

（1）为经营管理者进行经营决策提供依据和线索。通过财务分析，可以客观、全面地评价企业财务状况、经营成果及现金流量变动信息，揭示企业经济活动中存在的问题，经营管理者能够了解企业运转是否正常、企业经营前景如何，从而作出是否扩大生产规模以及是否调整企业经营战略等决策。

（2）为投资者和债权人的决策提供帮助。通过财务分析，能测算企业未来的盈利能力、风险以及偿债能力，为投资者作出是否继续投资的决策以及债权人作出是否继续持有企业债权的决策提供帮助。

（3）为完善激励约束机制提供指引。通过财务分析，能评价企业受托经营管理责任及其履行情况，考察经营管理者的业绩，从而为完善经营管理者的激励约束机制提供指引。

（4）为相关政府部门的经济管理提供依据。税务、财政、审计、统计、工商、物价等经济监管部门需要通过财务分析来了解特定企业乃至该企业所属行业及产业的发展状况，从而制定有效的宏观经济调控政策。

3. 财务分析的目的

不同的财务分析主体所关注的内容不同，导致财务分析的具体目标也不尽相同（见表 12-1）。财务分析主体主要包括投资人、经营管理者、债权人、其他利益相关者等。

表 12-1　　　　　　　　　　　　　　财务分析的主体及其分析重点

分析主体	分析重点
投资人	关心其投入资本的保值和增值状况，重视企业盈利能力指标，主要进行企业盈利能力分析
经营管理者	必须对企业经营的各方面，包括盈利能力、营运能力、偿债能力、发展能力的全部信息予以详尽的了解和掌握，主要进行各方面综合分析，并关注企业财务风险和经营风险
债权人	关注其债权的安全性，主要进行企业偿债能力分析，同时也关注企业盈利能力分析
政府	兼具多重身份，既是宏观经济管理者，又是国有企业的所有者和重要的市场参与者，对企业财务分析的关注点因所具身份不同而异
供应商	关注企业的偿债能力、持续经营能力，同时也关注企业的盈利能力和主营业务变动情况等

（1）投资人。投资人拥有企业收益权和剩余财产分配权，对企业的债务负有限责任。投资收益权只有在宣布了分红时才能实现，而剩余财产分配权只有当企业破产清算后才能实现。由于投资各方在企业经营时不得抽走资金，因而承担着企业经营的风险。企业与投资人之间是利益共享、风险共担的关系。投资人要估计其投资的收益和风险，就要对企业的财务状况进行分析。

投资人进行财务分析的具体目的包括了解企业的财务状况和经营成果，以及股利分配情况，从而决定是否购买、持有或转让目标企业的股票或股权。实际上，投资人进行财务分析最根本目标是看企业的盈利能力状况，因为企业拥有盈利能力是投资人得以资本保值增值的关键。

（2）经营管理者。经营管理者对企业的经营成败负主要责任。经营管理者通过定期编制财务报表和进行财务分析，作出借款、投资、扩大生产等方面的经营决策。

经营管理者进行财务分析的具体目的包括：①企业运转是否正常；②企业经营前景如何；③企业的资金潜力如何；④企业在行业中的竞争优势体现在哪些方面；⑤企业各项计划的执行情况。实际上，经营管理者进行财务分析的目标是综合的、多方面的，他们不仅关心企业的盈利能力，还关心盈利的原因和过程。

（3）债权人。债权人包括贷款银行、融资租赁出租方、企业债权持有者等，企业与债权人之间是债权资金的取得和本金及利息的偿还关系。债权人为了按期得到本金及利息，要对企业的偿债能力进行分析。

债权人进行财务分析的目的主要有两方面：一是分析其对企业的借款或其他债权是否能及时、足额收回，即分析企业偿债能力的大小；二是分析企业收益状况与风险程度是否相适应，即需将偿债能力与盈利能力结合分析。

（4）其他利益相关者，包括其他企业、国家监管部门以及其他分析人员等。

其他企业、企业之间由于相互提供产品和劳务而发生商业信用与结算关系，企业之间还会形成相互投资、参股的联营、合作关系。为了签订供销合同或开展竞争，企业之间也要进行财务分析。它们进行财务分析的具体目的包括：企业财力及生产能力是否充足、能否保证长期供货、是否应提供商业信用或增加投资以及是否应该延长付款期等。

国家监管部门主要指工商、物价、财政、税务以及审计等机构。他们进行财务分析的目的包括：监督检查国家的各项政策、法规、制度在企业的执行情况，确保国家财政税收；保证企业财务信息的准确性和真实性，以便为国家宏观调控提供可靠信息，为微观经济创造公平竞争的市场环境。

其他分析人员主要包括企业内部职工、审计师、分析师及中介机构等。企业内部职工需要通过分析财务报表来了解企业的稳定性和盈利能力，并以此评价企业提供劳动报酬、各项福利和就业机会的能力。企业的财务报表需经注册会计师或其他审计人员依法审核后方能正式对外提供，注册会计师必须在出具的审计报告中明确指出：被审核企业的会计处理是否符合国家法律法规以及有关的会计准则、会计制度的要求；所出具的财务报表是否足以真实公允地表达某一特定时间的财务状况及经营成果。中介机构所提供的咨询业务为各类报表使用者提供了财务报表分析的专业服务。

12.1.2　财务分析的内容和程序

1. 财务分析的内容

财务分析的主要内容包括企业战略分析与会计分析、财务能力分析和财务综合分析。

（1）战略分析。战略分析的主要目的是了解企业所处的环境和相对竞争地位，评价影响企业目前和今后发展的关键因素，并确定在战略选择步骤中的具体影响因素。企业战略分析主要包括以下三个方面。

①确定企业的使命和目标，它们是企业战略制定和评估的依据。

②外部环境分析。战略分析要了解企业所处的环境（包括宏观环境、微观环境）正在发生哪些变化，这些变化将给企业带来更多的机会还是更多的威胁。

③内部环境分析。战略分析还要了解企业自身所处的相对地位，有哪些资源以及战略能力；了解与企业有关的利益和相关者的利益期望，在战略制定、评价和实施过程中，这些利益相关者会有哪些反应，这些反应又会对组织行为产生怎样的影响和制约。

（2）会计分析。会计分析的目的在于评价企业会计所反映的财务状况与经营成果的真实程度。会计分析的作用，一方面是通过对会计政策、会计方法、会计披露的评价，揭示会计信息的质量；另一方面是通过对会计差错、会计估价的调整，修正会计数据，为财务分析奠定基础，并保证财务分析结论的可靠性。

会计分析的一般步骤如下。

①阅读会计报告。阅读会计报告是财务分析的第一步，主要是抓住财务报告中的重要信息、关键信息、敏感信息，为后续分析奠定信息基础。

②比较会计报表。在阅读财务报告的基础上，重点对会计报表进行比较。比较的方法包括水平分析法、垂直分析法和趋势分析法。

③解释会计报表。解释会计报表是指在比较会计报表的基础上，考虑企业采取的会计原则、会计政策、会计核算方法等，说明会计报表差异产生的原因。

④修正会计报表信息。对发现的由于会计原则、会计政策等原因引起的会计信息差异，应通过一定的方式加以说明或调整，消除会计信息的失真问题。

（3）财务能力分析。

①盈利能力分析。盈利能力是指企业在一定时期内赚取利润的能力。企业经营业绩的好坏最终可通过企业的盈利能力分析来反映。反映企业盈利能力的指标很多，通常有净资产收益率、总资产报酬率、销售净利率、成本费用利润率等。

②营运能力分析。营运能力是指企业营运资产的效率与效益，即企业投入与产出的比例。营运能力分析可以评价企业资产营运的效率，发现企业在资产营运中存在的问题，也是盈利能力分析和偿债能力分析的基础与补充。反映企业营运能力的指标很多，通常有流动资产周转率、存货周转率、应收账款周转率、固定资产周转率和总资产周转率等。

③偿债能力分析。偿债能力是指企业用其资产偿还长期债务与短期债务的能力。企业有无支付现金的能力和偿还债务能力，是企业能否生存和健康发展的关键，也是反映企业财务状况的重要标志。具体包括偿还短期债务和长期债务的能力。反映企业偿债能力的指标很多，通常有流动比率、速动比率、现金比率、资产负债率、产权比率、利息保障倍数等。

④发展能力分析。发展能力是企业通过自身的生产经营活动，不断扩大积累而形成的发展潜能。企业发展能力衡量的核心是企业价值增长率。反映企业发展能力的指标很多，通常有所有者权益增长率、净利润增长率、收入增长率和资产增长率等。

（4）财务综合分析。财务综合分析是将各项财务分析指标作为一个整体，系统、全面、综合地对企业财务状况和经营业绩进行剖析、解释和评价，说明企业整体财务状况和效益的过程。

通过财务综合分析可以实现以下目的：明确企业财务活动与经营活动的相互关系，找出制约企业发展的"瓶颈"；明确企业的经营水平、位置及发展方向；为企业利益相关者进行投资决策提供参考；为完善企业财务管理和经营管理提供依据。

企业的财务目标是资本增值最大化。资本增值的核心在于资本收益能力的提高，而资本收益能力受企业各方面、各环节财务状况的影响。财务综合分析一般以净资产收益率为核心，通过对净资产收益率的分解，找出企业经营各环节对其的影响程度，从而综合评价企业各环节及各方面的经营业绩。杜邦财务分析体系是进行这一分析的基本方法。

2. 财务分析的程序

为了使财务分析工作有条不紊地开展，需要按照一定的程序进行财务分析。财务分析的内容非常广泛，不同的利益相关者、不同的目的、不同的数据范围，应采用不同的方法。

财务分析的一般程序如下。

（1）明确分析目的。进行财务分析，首先必须明确为什么要进行财务分析，是要评价企业经营业绩，进行投资决策，还是要制定未来经营策略。财务分析的目的决定了所要搜集信息的多少、报表分析方法的选择等一系列问题。所以，只有明确了财务分析的目的，才能准确地收集整理信息，选择正确的分析方法，从而得出准确的结论。

（2）制订分析计划。在明确财务分析目的基础上，应制订财务分析的计划，包括财务分析人员组成及分工、时间进度安排，财务分析内容及拟采用分析方法等。财务分析计划是财务分析进行的保证。

（3）搜集整理财务分析信息。财务分析信息主要包括企业财务报告以及其他相关的财务信息，其中，资产负债表、利润表、现金流量表、所有者权益变动表和报表附注是最基本的分析资料。除此以外，还要搜集企业内部供产销各方面的有关资料及企业外部的金融、财政、税收等方面的信息。从各方面取得的数据资料，往往不能直接用来分析，需要在分析前进行整理、归类和加工。财务分析信息是财务分析基础，信息搜集整理的及时性、完整性、准确性，对分析的准确性有着直接的影响。

（4）运用财务分析方法。财务分析的目的不一样，所选用的分析方法也不相同。常见的财务分析方法有比较分析法、比率分析法和因素分析法等，杜邦分析法则适用于财务综合分析。应注意的是，每种分析方法都有各自的特点，在进行分析评价时应结合具体情况分析，可以使用一种分析方法，也可结合使用多种分析方法。

（5）进行分析研究。进行财务分析，应根据分析的目的和要求选择分析指标。通过对数据的计算和比较，发掘数据变动的规律，揭露数据与数据之间的内在联系及其隐含的企业生产经营问题，尤其是对于一些重大的问题，要进行深入细致的分析，洞察问题的本质，作出客观评价。

（6）得出分析结论。上述分析活动完成后，对其进行归纳和总结并及时以书面形式报告分析结果，报告必须语言精练、准确、条理清晰、观点明确、言之有理、言之有据，以免误导决策。

12.1.3　财务分析方法

财务分析通常采用定量分析和定性分析相结合的方法进行。定量分析，是分析人员采用科学的方法，对所收集的数据资料进行加工、计算等量化处理，从量上分析企业的财务状况和经营成果。定性分析，是分析人员运用所掌握的情况和资料，凭借其智慧和经验，对定量的结果解析和评价。在实际应用中，财务分析人员应根据分析的具体目的和要求，以定性分析为基础和前提，以定量分析为工具和手段，从而透过数字看本质，准确评价企业的财务状况和经营成果。下面介绍几种常见的定量分析方法。

1. 水平分析法

水平分析法是指将反映企业报告期财务状况的财务报表与反映企业前期或历史上某一时期财务状况的财务报表对比，研究企业各项经营业绩或财务状况的发展变动情况的一种报表分析方法。水平分析法在会计报表分析中的作用主要表现为，通过对比分析，可以发现企业经营业绩或财务状况在哪些方面存在差距，找出产生差异的原因，进一步判定企业的财务状况和经营成果。水平分析法对比的方式有两种：一种是确定其增减变动数量，属于绝对数的比较；另一种是确定其增减变动率，属于相对数的比较。

一是增减变动额，计算公式为：

$$增减变动额 = 分析期某项指标实际数 - 基期同项指标实际数$$

二是增减变动率，计算公式为：

$$增减变动率 = \frac{分析期某项指标实际数 - 基期同项指标实际数}{基期该项指标实际数} \times 100\%$$

$$= \frac{增减变动额}{基期该项指标实际数} \times 100\%$$

水平分析法在选取基期数进行比较时可以有以下几种形式。

（1）选择计划指标数，通过本企业本期实际指标数与计划指标数比较，以检查企业计划的完成情况。

（2）选择以前各期同类指标数（上期、上年同期或历史最好水平等），通过本企业本期实际指标数与以前各期同类指标数比较，以考察企业经营活动的变动情况和变动趋势。

（3）选择同行业同类指标数，通过本企业实际指标数与国内外同行业同类指标数比较，以揭示企业与同类企业之间的差异，便于作出适当的应对措施。

由于绝对数与相对数的关系，水平分析必须同时进行这两种形式的对比分析，任取一种都可能得出片面甚至错误的结论。而且，要注意对比指标之间的可比性，即必须在指标内容、计价基础、计算口径、时间长度等方面保持高度的一致性。如果是企业之间进行同类指标比较，还要注意企业之间的可比性。

2. 垂直分析法

垂直分析法是指通过计算报表中各项目占总体的比重或结构，反映报表中的项目与总体关系情况及其变动情况。垂直分析法排除了规模的影响，使不同比较对象建立起可比性，可以用于本企业历史比较、与其他企业比较和与预算比较。垂直分析法的一般步骤如下。

首先，确定报表中各项目占总额的比重或百分比，其计算公式是：

$$某项目的比重 = \frac{该项目金额}{各项目总金额} \times 100\%$$

其次，通过各项目的比重，分析各项目在企业经营中的重要性。一般项目比重越大，说明其重要程度越高，对总体的影响越大。

最后，将分析期各项目的比重与前期同项目比重对比，研究各项目的比重变动情况。

3. 趋势分析法

趋势分析法是根据企业连续几年或几个时期的分析资料，计算指数或完成率，确定分析期财务状况和经营成果增减变动情况和趋势的一种分析法。采用趋势分析法通常要编制比较财务报表，即将连续数期的同一财务报表并列在一起比较，应有连续三个以上比较时期的数据资料。趋势分析法的一般步骤如下。

首先，计算趋势比率或指数。通常指数的计算有两种方法，一是定基指数，二是环比指数。定基指数是各个时期的指数都是以某一固定时期为基期来计算的；环比指数是各个时期的指数以前一期为基期来计算的。趋势分析法通常采用定基指数。

$$定基指数 = \frac{分析期实际数}{基期实际数}，环基指数 = \frac{分析期实际数}{上一期实际数}$$

其次，根据指数计算结果，评价与判断企业各项指标的变动趋势及其合理性。

最后，预测未来的发展趋势。根据以前各项的变动情况，研究其变动趋势或规律，从而可预测出企业未来发展变动情况。

须注意的是，趋势分析法有以下应用方面的局限性。

（1）基期的选择要适当，基数不得为零或负数，并且应剔除非常年度的极端资料，选择那些正常、具有代表性的基期数据，才能正确提示其发展趋势。

（2）分析项目应具有针对性，抓住分析重点，要明确各项目之间存在的因果关系，单独就某一项目分析往往不能发现问题的真正原因，必须结合相关项目同时分析才更有意义。

（3）由于通货膨胀或各种偶然因素以及会计政策变更的影响，趋势分析所跨越的时间越长，不同时期财务报表的可比性就越差，这也是在进行趋势分析时所不能忽略的重要因素。

4. 比率分析法

比率分析法是通过计算各种比率指标来确定财务活动变动程度的方法，利用财务报表中两项相关指标的比率揭示企业财务状况和经营成果。大体上可以把常用的比率指标分为以下三种。

（1）构成比率。构成比率是指计算某项经济指标的各个组成部分占总体的比重，反映经济指标的局部与整体的关系。例如，货币资金占流动资产的比重、固定资产占总资产的比重等。通过分析这些构成比率，可以考察流动资产的内部构成、总资产的内部构成是否合理。

（2）效率比率。效率比率指某经济活动所费与所得的比例，反映了投入与产出的关系。成本费用与利润的比率就是一个很明显的例子。分析效率比率指标，可以权衡得失，评价效益的高低，以便于作出正确的投资决策。

（3）相关比率。相关比率是反映两个相关联的经济指标之间关系的比率，例如，流动资产与流动负债的比率、负债总额与所有者权益总额的比率等。利用相关比率指标，可以考察有联系的相关业务安排是否合理，保证生产经营活动顺畅进行。

比率分析法的优点是计算简便，计算结果容易判断，而且可以使某些指标在不同规模的企业之间进行比较，甚至也能在一定程度上超越行业间的差别进行比较。但使用比率指标时应该注意财务比率的分子和分母必须具有相关性，在计算时间、范围等方面保持口径一致，否则就不具有可比性。使用比率分析法时，仅求出其比值是不够的，还要找出一个基准与其比较，以便对企业的财务状况与经营成果作出评价。通常使用的比较基准有：预算标准、历史标准和行业标准。

5. 因素分析法

因素分析法是依据分析指标与其影响因素的关系，从数量上确定各因素对分析指标影响方向和影响程度的一种方法，是用来确定各因素对综合指标变动影响程度的一种分析方法。

（1）因素分析法的种类。

①连环替代法。连环替代法是将分析指标分解为各个可以计量的因素，并根据各个因素之间的依存关系，顺次用各因素的比较值（通常为实际值）替代基准值（通常为标准值或计划值），据以测定各因素对分析指标的影响。

②差额分析法。差额分析法是连环替代法的一种简化形式，是利用各个因素的比较值与基准值之间的差额，来计算各因素对分析指标的影响。

（2）因素分析法的分析程序。

①分解某项综合指标的各项构成因素。

②确定各因素的排列顺序。

③按排定的顺序和各项因素的基数进行计算。

④顺序将前面那项因素的基数替换成实际数，计算出替换后的结果，与前一次替换后的计算结果进行比较，计算出影响程度，直至替换完毕。

⑤计算出各项因素影响程度之和，与该项综合性指标的差异总额进行对比，核对是否相符。

以上是差额分析法的步骤，而连环替代法是将上述第④步骤中的替换计算结果和作差比较分成两个单独的步骤。

以差额分析法为例，假设某综合指标 P 由 a、b、c 三个因素构成，其实际指标与基数指标以及有关因素的关系如下所示。

基数指标：$P_0 = a_0 \times b_0 \times c_0$

实际指标：$P_1 = a_1 \times b_1 \times c_1$

实际指标与基数指标的差异为 $\Delta P = P_1 - P_0$

根据差额分析法计算，a、b、c 三个因素对综合指标的影响程度分别为。

a 因素变动的影响：$\triangle a = (a_1 - a_0) \times b_0 \times c_0$

b 因素变动的影响：$\triangle b = a_1 \times (b_1 - b_0) \times c_0$

c 因素变动的影响：$\triangle c = a_1 \times b_1 \times (c_1 - c_0)$

三因素对综合指标的合计影响值为：$\triangle a + \triangle b + \triangle c = \triangle P$

【例 12 - 1】长江空调公司今年 11 月 A 产品的材料成本资料如表 12 - 2 所示，请运用因素分析法分析各因素变动对材料成本的影响程度。

表 12 - 2 A 产品的材料成本资料表

项目	计划数	实际数
产品产量（件）	1 000	1 200
单位产品材料消耗量（千克/件）	12	11
材料单价（元/千克）	20	22
材料费用总额（元）	240 000	290 400

根据上述资料可知，材料实际费用高出计划费用 50 400 元，需要分析具体是哪些因素导致的。分析如下：

材料成本 = 产量 × 单位产品材料消耗量 × 材料单价

实际材料成本与计划成本的差异 = 290 400 - 240 000 = 50 400（元）

其中：产量变动对材料成本的影响值为：

$(1 200 - 1 000) \times 12 \times 20 = 48 000$（元）

单位产品材料消耗量变动对材料成本的影响值为：

$1 200 \times (11 - 12) \times 20 = -24 000$（元）

材料单价变动对材料成本的影响值为：

$1 200 \times 11 \times (22 - 20) = 26 400$（元）

以上三个因素合计影响的结果为：

$48 000 + (-24 000) + 26 400 = 50 400$（元）

由此可以看出，材料成本的实际数比计划数要多出 50 400 元，造成这样结果的主要原因是该材料的产量实际数比计划数多出了 200 件，对材料成本的影响值为 48 000 元；其次，是材料单价实际数比计划数要多 2 元，对材料成本的影响值为 26 400 元，而单位产品消耗节约了 1 元，对材料成本的影响为 -24 000 元。

利用因素分析法，一方面可以全面分析各个因素对某一个经济指标的影响，也可以单独寻求某一个因素对该经济指标的影响。在财务分析中应用颇为广泛，但应用因素分析法要注意以下四个问题。

（1）因素分解的关联性。构成经济指标的各因素确实是形成该项指标差异的内在构成原因，它们之间存在着客观的因果关系。

（2）因素替代的顺序性。替代因素时，必须按照各因素的依存关系，排列成一定顺序依次替代，各因素顺序不可随意颠倒，否则，各因素的影响值就会得出不同的计算结果。在实际工作中，往往是先替代数量因素，后替代质量因素；先替代实物量因素、劳动量因素，后替代价值量因素；先替代原始的、主要的因素，后替代派生的、次要的因素。

（3）顺序替代的连环性。计算每个因素变动的影响数值时，都是在前一次计算的基础上进行的并采用连环比较的方法确定因素变化影响结果。只有保持这种连环性，才能使各因素影响之和等于分析指标变动的总差异。

（4）计算结果的假定性。由于因素分析法计算各个因素变动的影响值会因替代计算顺序的不同而有差别，因而，计算结果具有一定程度上的假定性和近似性。

12.1.4　财务分析的成果和局限性

1. 财务分析报告

财务分析报告是财务分析的成果。财务分析报告是依据企业财务报告和相关重要信息，运用一定的科学分析方法，对企业的财务状况、经营成果等进行分析，并对企业现状作出客观、全面、系统评价，以及预测企业未来，形成的书面报告。财务分析报告的主要内容应包含以下四个方面。

（1）企业基本情况。概括企业的综合情况，让财务分析报告的使用者对本报告有一个总括的认识。主要包括：财务分析的目标、企业战略、企业财务状况和经营成果等基本情况。

（2）主要成绩和重大事项说明。这一部分在全面反映了企业总体财务状况的基础上，主要对企业经营管理中取得的成绩及原因进行说明，对企业的经营成果、财务状况、盈利能力等给出客观、公正的评价和说明。重大事项需要单独分析。

（3）存在的问题。这是企业财务分析的关键。一篇财务分析报告如果不能将企业存在的问题分析清楚并找到解决途径，分析的意义和作用就被弱化，在找到问题的同时更重要的是寻找原因和症结，达到最终解决问题的目标；同时，分析过程一定要有理有据，要细化分解各指标，抓住重点，聚焦企业的关键问题或易被忽视的问题。

（4）提出改进措施。财务分析的目的是发现问题并解决问题。财务分析报告对企业存在的问题必须提出切实可行的改进意见。如对于企业资产结构失衡问题，解决的措施是或减少固定资产，或增加流动资产。在企业资金紧张、筹资困难的情况下，可以减少闲置固定资产。

2. 财务分析的局限性

（1）财务报表本身的局限性。财务报表是会计的产物，会计有特定的假设前提，并要执行统一的规范。不能认为报表揭示了企业的全部实际情况。财务报表的局限性表现在：以历史成本报告资产，不代表其现行成本或变现价值；假定币值不变，没有按通货膨胀率或物价水平调整；稳健原则要求预计损失而不预计收益，有可能夸大费用，少计收益和资产；按年度、半年度分期报告，是短期的陈报，不能提供反映长期潜力的信息。

（2）报表数据的可靠性问题。只有根据真实可靠的数据编制的财务报表，才有可能得出正确的分析结论。财务分析通常假定财务报表是真实可靠的。财务报表的可靠性问题，要靠审计来解决。投资人在进行财务分析时，要关注注册会计师的审计报告。财务分析不能解决财务报表的可靠性问题，因而财务分析人员通常要注意以下与此有关的问题：一是要注意财务报告是否规范；二是要注意财务报表中信息是否有遗漏；三是要注意报表数据的反常现象；四是要注意审计报告的意见类型和注册会计师的信誉。

（3）企业会计政策的不同选择影响可比性。对同一会计事项的账务处理，会计准则允许使用几种不同的规则和程序，企业可以自行选择。例如，存货计价方法、折旧方法、所得税费用的确认方法、对外投资收益的确认方法等。虽然财务报表附注对会计政策的选择有一定的表述，但报表使用者未必能完成可比性的调整工作。

（4）比较的基础问题。在比较分析时，必须要选择比较的基础，作为评价本企业当期实际数据的参照标准，包括本企业历史数据、同业数据和计划预算数据。

①横向比较时使用同业标准。同业的平均数，只起一般性的指导作用，不一定有代表性，不是合理性的标志。通常选一组有代表性的企业求其平均数，作为同业标准，可能比整个行业的平均数更好。近年来，更重视以竞争对手的数据作为分析基础。有的企业实行多种经营，没有明确的行业归属，同业对比就更加困难。

②趋势分析以本企业历史数据为比较基础。历史数据代表过去，并不代表合理性。经营的环境是变化的，今年比去年利润提高了，不一定说明已经达到应该达到的水平，甚至不一定说明管理有了改进。

③实际与计划的差异分析，以计划预算为比较基础。实际和预算的差异，有时是预算不合理造成的，而不是执行中有了什么问题。

总之，对比较基础本身要准确理解，并且要在限定意义上使用分析结论，避免简单化和绝对化。

12.2　财务报表分析

战略分析为财务分析提供了导向，而会计分析则为财务分析提供了数据基础。我们进行会计分析的主要目的是分析、评价公司财务信息质量，尤其是财务报表的信息质量。

作为财务分析的主要资料，财务报表是企业对外提供的反映企业某一特定日期的财务状况和某一会计期间的经营成果、现金流量等会计信息的文件。财务报表由四张报表及其附注组成，四张报表具体包括资产负债表、所有者权益变动表、利润表和现金流量表，简称"四表一注"。

财务报表分析是指以企业对外提供的财务报表及报表附注为主要依据，运用水平分析、垂直分析等方法，对决定企业财务状况的各主要方面加以分析判断，从而为报表使用者的经济决策提供财务信息支持的一种分析活动。本节仅对资产负债表和利润表展开分析，所有者权益变动表和现金流量表的分析类似，不再赘述。对每一种报表的会计分析都包括总体分析和具体项目分析。总体分析主要是运用水平分析和垂直分析方法，识别重要列报项目，判断项目变动原因及其合理性，从而综合评价公司的财务信息质量。具体项目分析主要关注重点列报项目的信息质量，重点列报项目一般指结构占比较大，所反映的业务活动对企业生产经营整体活动具有较大影响、容易受到人为操纵的项目。

12.2.1 资产负债表分析

1. 资产负债表概述

资产负债表是反映企业在某一特定日期财务状况的会计报表。财务状况是企业一个会计期间经营活动结果在财务上的综合反映，体现企业资金运用（即形成的各项资产）和资金来源（即负债和所有者权益）的状况。因此，资产负债表主要描述在某一特定日期企业资产、负债和所有者权益及其相互关系的信息。

资产负债表是以会计基本等式"资产 = 负债 + 所有者权益"为理论依据，按照一定的分类标准和顺序，把企业某一特定日期的资产、负债、所有者权益各项目予以适当排列，并对账簿余额进行高度概括后编制而成的。资产负债表是静态报表，其中的数据为某一时点的数据，反映了企业在该时点所拥有或控制的经济资源，所承担的现时义务和所有者对净资产的要求权。

我国资产负债表按账户式反映，即资产负债表分为左方和右方，左方按照流动性列示资产各项目，右方列示负债和所有者权益各项目，资产各项目的合计等于负债和所有者权益各项目的合计。同时，资产负债表还提供年初数和期末数的比较资料。

资产负债表的主要作用包括以下四种。

（1）可以反映某一特定日期的资产总额及其结构，表明企业拥有或控制的经济资源及其分布情况，有助于报表使用者分析和评价企业经济资源构成的合理性。

（2）可以反映某一特定日期的负债总额及其结构，表明企业未来需要用多少资产或劳务清偿债务以及清偿时间，有助于报表使用者作出正确的经营决策和投资决策。

（3）可以反映所有者在某一特定日期所拥有的权益，表明企业资本保值、增值情况以及对负债的保障程度，有助于报表使用者分析企业资本结构的合理性和企业所面临的财务风险大小。

（4）可以提供进行财务分析的基本资料。例如，通过对比分析资产负债表的有关项目可以评价企业的偿债能力，通过对比分析前后期的资产负债表可以掌握企业财务状况的变化趋势，将资产负债表与利润表结合分析还可以解释、评价企业的盈利能力等。

2. 资产负债表总体分析

资产负债表总体分析就是通过水平分析和垂直分析，识别资产负债表重点列报项目。其中，资产负债表水平分析的目的就是从总体上了解资产和资本的变动情况，分析各项目变动原因。首先将资产负债表的本期数与选定的标准进行比较，计算各项目的变动额和变动率，并编制资产负债表水平分析表，然后在此基础上进行水平分析。

资产负债表垂直分析的目的是反映资产负债表各项目间的相互关系及各项目所占的比重。资产负债表垂直分析是通过计算资产负债表中各项目占总资产或总权益的比重，分析评价企业资产结构和权益结构的变动情况及变动合理性。

下面对长江空调公司本年度的资产负债表进行水平分析和垂直分析，识别该公司会计分析的重点项目，如表 12－3 所示。

表 12－3　　　　　　　长江空调公司本年度资产负债表水平与垂直分析表

项目	期末余额（万元）	占比（%）	期初余额（万元）	占比（%）	变动额（万元）	变动率（%）	占比差（%）
资产							
流动资产：							
货币资金	246 158	20.13	242 083	21.64	4 075	1.68	-1.51
应收票据	251 222	20.54	167 534	14.97	83 688	49.95	5.57
应收账款	79 457	6.50	57 890	5.17	21 567	37.26	1.32
预付款项	16 861	1.38	9 425	0.84	7 436	78.90	0.54
应收股利	0	0	1	0	-1	-100	0
其他应收款	7 343	0.60	9 286	0.83	-1 943	-20.92	-0.23
存货	185 292	15.15	292 867	26.17	-107 575	-36.73	-11.02
流动资产合计	786 333	64.29	779 086	69.63	7 247	0.93	-5.34
非流动资产：							
债权投资	549	0.04	2 038	0.18	-1 489	-73.06	-0.14
长期股权投资	138 356	11.31	60 049	5.37	78 307	130.41	5.95
固定资产	245 592	20.08	235 904	21.08	9 688	4.11	-1
在建工程	20 402	1.67	18 916	1.69	1 486	7.86	-0.02
无形资产	13 494	1.10	14 642	1.31	-1 148	-7.84	-0.21
长期待摊费用	62	0.01	108	0.01	-46	-42.59	0
递延所得税资产	18 271	1.49	8 153	0.73	10 118	124.10	0.77
非流动资产总计	436 726	35.71	339 810	30.37	96 916	28.52	5.34

续表

项目	期末余额（万元）	占比（%）	期初余额（万元）	占比（%）	变动额（万元）	变动率（%）	占比差（%）
资产总计	1 223 059	100	1 118 897	100	104 162	9.31	0
负债							
流动负债：							
短期借款	17 470	1.43	9 700	0.87	7 770	80.10	0.56
应付票据	63 877	5.22	46 012	4.11	17 865	38.83	1.11
应付账款	161 406	13.20	236 797	21.16	−75 391	−31.84	−7.97
预收款项	102 526	8.38	80 366	7.18	22 160	27.57	1.20
应付职工薪酬	9 011	0.74	6 729	0.60	2 282	33.91	0.14
应交税费	−9 331	−0.76	−25 850	−2.31	16 519	−63.90	1.55
应付股利	26 727	2.19	30 582	2.73	−3 855	−12.61	−0.55
其他应付款	68 788	5.62	19 986	1.79	48 802	244.18	3.84
一年内到期的非流动负债	3 980	0.33	0	0	3 980	0	0.33
流动负债合计	444 454	36.34	404 322	36.14	40 132	9.93	0.20
非流动负债：							
长期借款	7 940	0.65	7 940	0.71	0	0	−0.06
递延所得税负债	64	0.01	345	0.03	−281	−81.45	−0.03
其他非流动负债	496	0.04	677	0.06	−181	−26.74	−0.02
非流动负债合计	8 500	0.69	8 962	0.80	−462	−5.16	−0.11
负债合计	452 954	37.03	413 284	36.94	39 670	9.60	0.10
所有者权益：							
股本	133 852	10.94	133 852	11.96	0	0	−1.02
资本公积	300 577	24.58	301 638	26.96	−1 061	−0.35	−2.38
盈余公积	116 077	9.49	113 329	10.13	2 748	2.42	−0.64
未分配利润	126 895	10.38	82 093	7.34	44 802	54.57	3.04
少数股东权益	92 705	7.58	74 702	6.68	18 003	24.10	0.90
所有者权益合计	770 105	62.97	705 613	63.06	64 492	9.14	−0.10
负债和所有者权益总计	1 223 059	100	1 118 897	100	104 162	9.31	0

3. 水平分析

（1）资产变动。通过水平分析，可以看出长江空调公司资产总额期末较期初增加
9.31%，增加额为 104 162 万元，资产规模增长较大。流动资产和非流动资产均有所增

加，尤其是非流动资产，对资产总额的变化具有重要的影响（非流动资产增加额占资产变动总额的 93.04%）。从表中可以看出，流动资产增加 0.93%，增加额为 7 247 万元，增幅较小。进一步分析可知，流动资产的变动主要是由货币资金增加（其增加额占流动资产变动额的 56.23%）、应收票据增加（其增加额占流动资产变动额的 1 154.80%）、应收账款增加（其增加额占流动资产变动额的 297.6%）、预付款项增加（其增加额占流动资产变动额的 102.61%）和存货减少（其减少额占流动资产变动额的 1 484.41%）、其他应收款减少（其减少额占流动资产变动额的 26.81%）所致。而非流动资产则有更大幅度的增加，增长率达到了 28.52%，增加额为 96 916 万元。其增加主要是由长期股权投资（其增加额占非流动资产变动额的 80.80%）、固定资产（其增加额占非流动资产变动额的 10%）、递延所得税资产（其增加额占非流动资产变动额的 10.44%）的增长所致。

在具体项目中，有多个项目发生了较大的变化。其中，增长幅度较大的项目有：长期股权投资增长了 130.41%、递延所得税资产增长了 124.10%、预付款项增长了 78.90%、应收票据增长了 49.95%。也有一些项目发生了大幅减少，比如，应收股利减少了 100%、债权投资减少了 73.06%。这些项目大幅变动的原因需要根据相关附注信息以及其他资料进行分析。

（2）负债和所有者权益变动。从企业的负债和所有者权益状况来看，负债和所有者权益均有增加。负债增长额为 39 670 万元，增幅为 9.60%；所有者权益增长额为 64 492 万元，增幅为 9.14%。虽然所有者权益增幅略小于负债，但其增加额占负债和所有者权益变动总额的 61.92%，远高于负债增加额占负债和所有者权益变动总额的 38.08%。

从负债角度来看，流动负债增幅很大，达到了 9.93%，增长额为 40 132 万元，其增长额占负债总变化额的比例达到了 101.16%。流动负债的大幅增加在一定程度上表明企业的短期偿债风险增大。进一步观察发现，这一变动主要由其他应付款增加（其增加额占流动负债变动总额的 121.6%）、预收款项增加（其增加额占流动负债变动总额的 55.22%）、应付票据增加（其增加额占流动负债变动总额的 44.52%）和应付账款减少（其减少额占流动负债变动总额的 187.86%）造成。而非流动负债不但没有增加，反而减少了 462 万元，减幅为 5.16%。造成这一变化的主要原因是递延所得税负债和其他非流动负债的减少。

从所有者权益角度来看，所有者权益的增长主要来源于未分配利润的增长（其增加额占所有者权益变动总额的 69.47%）和少数股东权益的增长（其增加额占所有者权益变动总额的 27.92%）。

在具体负债项目中，有多个项目发生了较大的变化。其中，增长幅度较大的项目有短期借款（增长了 80.1%）、其他应付款（增长了 244.18%）、应付票据（增长了 38.83%），也有一些项目发生了大幅减少，比如递延所得税负债（减少了 81.45%）、应交税费（减少了 63.9%）。这些项目大幅变动的原因需要根据相关附注信息以及其他资料进行分析。在具体所有者权益项目中，未分配利润增长了 54.57%、少数股东权益增长了 24.1%。

4. 垂直分析

（1）资产结构。通过垂直分析表可以看出，流动资产在总资产中的比重（期末占比64.29%、期初占比69.63%）高于非流动资产比重（期末占比35.71%、期初占比30.37%），反映出该公司资产流动性较强的特点。

从流动资产各项目来看，货币资金、应收票据、应收账款和存货比重较高。对比期末期初的占比差可以看出，货币资金比重变化较小，应收票据和应收账款比重在上升，存货比重在下降，说明该企业当期销售较好，但多以债权结算，未来需关注资金回流的风险。

从非流动资产各项目来看，长期股权投资、固定资产和在建工程比重较高。对比期末期初占比差可以看出，固定资产和在建工程比重略有下降，长期股权投资比重大幅上升，说明该企业当期增加了对外投资，未来需关注投资收益风险。

（2）负债和所有者权益结构。从该公司资本结构来看，期末负债占37.03%，所有者权益占62.97%，与期初相近。资本结构中所有者权益占比偏高，表明该公司自有资本充足，抗风险能力较强。近两年的资本结构比例没有太大变化，说明该公司资本结构比较稳定。

从负债的具体构成来看，期末流动负债占负债总额的98.12%，非流动负债占负债总额的1.88%。而期初流动负债占负债总额的97.83%，非流动负债占负债总额的2.17%。期末与期初相比，流动负债所占的比重变化较小。可以看出，该公司流动负债占负债的比重非常高，说明该公司几乎不用长期负债来支撑公司发展。虽然流动负债的短期偿债风险较大，但有一些流动负债项目是对商业信用的合理充分利用，没有太大的短期偿债风险。从具体项目分析来看，应付账款和预收账款这两个项目占比较高，期末和期初两项合计分别占流动负债的59.39%和78.45%，这体现了该企业营运资金管理能力较强。

从所有者权益的具体构成来看，期末的股本和资本公积合计占所有者权益总额的56.41%，期末的未分配利润和盈余公积合计占所有者权益的31.55%，与期初相比变化不大。这说明该企业股东投入占比高于企业利润留存，未来应当增强企业创造价值的能力。

5. 资产负债表项目分析

（1）资产项目分析。资产是指过去的交易、事项形成并由企业拥有或者控制的资源，该资源预期会给企业带来经济利益。资产按其流动性状况，一般分为流动资产和非流动资产。各类资产的特点和组成项目是不同的，在企业生产经营过程中的作用也是不同的。通过水平分析和垂直分析，我们能够发现当期变化较大、比重较高的重点项目，接下来针对资产负债表中的一些重点资产项目作简要分析。

①货币资金。货币资金是指在企业生产经营过程中处于货币形态的那部分资金，按

其形态和用途不同可分为库存现金、银行存款和其他货币资金。货币资金是资产负债表的第一项，流动性最强。由于它本身就是现金，无须变现，可以用它直接偿还到期债务或支付投资者利润。持有货币资金是维持企业正常经营活动及短期偿债能力的必然要求。但货币资金相对于其他资产收益性较低，过高持有货币资金将会增加机会成本。因此，企业的货币资金持有量必须适度。通常从几个方面对货币资金项目展开分析：一是企业货币资金的目标持有量；二是资产规模和业务量；三是融资能力；四是运用货币资金的能力；五是行业特点等。

②应收账款。应收账款是指企业在正常的经营过程中因销售商品、提供劳务等业务，应向购买单位或接受劳务单位收取的款项。虽然应收账款不如直接获取现金安全，存在一定的现金回收风险，但其存在的价值在于扩大销售规模，增加营业收入。通常从这几个方面对应收账款项目展开分析：一是规模的合理性，可以结合企业所处行业、自身生产经营规模、信用政策、应收账款质量等方面进行分析；二是规模变动的原因，可以结合销售规模变动、信用政策和收账政策变化、关联方占用等方面进行分析；三是账龄分析，一般而言，未过信用期或已过信用期但拖欠时间较短的应收账款发生坏账的可能性较小，而拖欠时间越久的应收账款发生坏账的可能性越大；四是债务人分析，通常与企业业务关系稳定、经营效益好、信誉度高的债务人，其偿还应收账款的可能性较高；五是坏账准备计提的合理性，坏账准备计提具有一定的主观性，若坏账准备计提比例过低，则有潜在亏损挂账的嫌疑，若计提比例过高，则有人为加大企业费用、调节当期利润的企图。

③其他应收款。其他应收款是指除应收票据、应收账款和预付账款外的其他应收、暂付款项，如各种赔款、罚款、保证金、应向职工个人收取的垫付款等。通常从这几个方面对其他应收款项目展开分析：一是关注企业是否将其他应收款作为调节成本、费用和利润的手段；二是关注企业是否利用其他应收款为关联方提供资金；三是关注企业是否利用其他应收款进行非法拆借、抽逃税金等行为。

④存货。存货是指企业在日常经营活动中持有以备出售的产成品或商品、处在生产过程中的在产品、在生产过程或提供劳务过程中耗用的材料和物料等。通常从这几个方面对存货项目展开分析：一是存货构成分析，是指各类存货占存货总额的比重分析。存货主要由材料存货、在成品存货和产成品存货构成，其中材料存货应限制在能够保证再生产正常进行的最低水平；产成品存货应尽可能销售出去，必须压缩到最低限度；在产品存货是保证生产过程持续进行的存货，应保持一个稳定的比例。二是存货的计价分析，存货有先进先出、个别计价等多种计价方法，要注意企业是否采用不同的计价方法操纵利润；存货有永续盘存和实地盘存，要注意两种盘存制度对存货价值的影响；要注意期末存货是否按照"成本与可变现净值孰低"计价以及存货跌价损失准备的提取情况，分析其合理性。

⑤固定资产。固定资产是指寿命超过一个会计年度，为生产商品、提供劳务、出租或经营管理而持有的有形资产。通常从这几个方面对固定资产项目展开分析：一是固定

资产规模分析，可以结合企业所处行业、生产经营规模及企业生命周期等方面进行分析；二是固定资产结构分析，生产用固定资产尤其是生产设备应当在全部固定资产中占比最高，非生产用固定资产应当在发展生产的基础上根据实际需要适当增加；三是固定资产折旧计提分析，可以从折旧方法的合理性、前后一致性，以及残值和使用年限估计的合理性等角度展开分析；四是固定资产减值分析，关注企业是否存在多提减值准备隐瞒利润或少提减值准备虚增利润的情况。

（2）资本项目分析。资本是指企业为购置从事生产经营活动所需资产的资金来源。狭义来看，资本仅指所有者投入企业的资源，广义来看，资本还包括债权人投入的部分。此处，我们将资本理解为广义资本，也就是资产负债表的右侧，包括债务资本和权益资本。通过水平分析和垂直分析，我们同样可以发现当期资本中变化较大、比重较高的重点项目，接下来针对资产负债表中的一些重点资本项目作简要分析。

①短期借款。短期借款是企业向银行或其他金融机构借入的期限在一年以内的各种借款。为满足流动资产的资金需求，一定数额的短期借款是必需的，但如果数额过大，又会产生偿债压力。通常从这几个方面对短期借款项目展开分析：一是短期借款规模分析，可以结合企业实际生产经营情况以及与流动资产规模适应程度展开分析；二是短期借款变化原因分析，比如，流动资产资金需要、节约利息支出、增加企业资金弹性、调整负债结构和财务风险等。

②长期借款。长期借款是指企业向银行或其他金融机构借入的期限在一年以上的各项借款。与短期借款分析类似，同样可以从规模和变化原因两方面来分析长期借款：一是长期借款规模分析，通常与固定资产、无形资产的规模适应程度以及与当期收益的适应程度展开分析；二是长期借款变化原因分析，比如，银行信贷政策及资金市场的资金供求状况、满足企业对资金的长期需要、保持企业权益结构的稳定性、调整企业负债结构和财务风险等。

③股本。股本是指股东按照企业章程或合同、协议约定实际投入企业的资本。通常从这几个方面对股本项目展开分析：一是股本总额分析，股本总额越大，意味着企业的物质基础就越雄厚，经济实力就越强；二是股本与注册资本应当配比，虽然实收资本在某段时间内可能小于注册资本，但最终的实收资本应当与注册资本一致；三是股东持股构成与企业未来发展相适应，关注控股股东、重大影响股东能否将企业引向光明的未来；四是股本增加的来源，通常有资本公积转入、盈余公积转入、利润分配转入和发行新股等渠道。

④未分配利润。未分配利润是指企业留待以后年度分配的利润或未指定特定用途的未分配利润，反映企业截至当前累计尚未分配的利润。通常从这几个方面对未分配利润项目展开分析：一是未分配利润的动态性，未分配利润可能是正数（未分配的利润），也可能是负数（未弥补亏损），需多期比较观察其变动趋势；二是现金股利分析，关注企业是否采用派现的手段帮助大股东套现、获得再融资机会、提高净资产收益率等。

12.2.2　利润表分析

1. 利润表概述

利润表是反映企业在一定会计期间（如年度、季度、月度）经营成果的会计报表。它是以"收入－费用＝利润"的等式为理论依据，按照一定的标准和顺序，把企业一定时期内的收入、费用和利润项目予以适当排列编制而成。利润表是动态报表，其中的数据为期间数据，反映了企业经营业绩的主要来源和构成。利润表有助于报表使用者判断净利润的质量及其风险，有助于报表使用者预测净利润的持续性，从而作出正确的决策。

利润表格式有单步式和多步式两种，我国企业会计制度规定，企业的利润表采用多步式。多步式利润表是通过对当期的收入、费用、支出项目按性质加以归类，按利润形成的主要环节列示一些中间性利润指标，分布计算当期损益。

利润表的主要作用包括：①可以反映企业一定会计期间的收入实现情况，如实现的营业收入、投资收益等。报表使用者可以据此分析企业的销售规模、市场占有额等信息，从而判断企业的发展趋势。②可以反映企业一定会计期间的费用耗费情况，如耗费的营业成本、税金及附加、销售费用、管理费用、财务费用等。报表使用者可以据此确定企业的费用水平，从而判断企业对费用的控制能力。③可以反映企业生产经营活动的成果，即净利润的实现情况。报表使用者通过对营业利润、利润总额及净利润等的分析，可以判断企业资本保值、增值等情况。④可以作为考核企业管理人员经营绩效的重要依据。利润表中相关数据是评判工作业绩的主要依据，有助于揭露矛盾、找出差距，明确日后的工作重点，从而改善经营管理水平。⑤可以提供财务分析的基本资料。报表使用者通过结合利润表与资产负债表中的相关信息，可以分析企业资金周转情况及获利能力，判断企业未来发展趋势，作出正确决策。

2. 利润表总体分析

利润表总体分析就是通过水平分析和垂直分析，识别利润表重点列报项目。其中，利润表水平分析就是将企业报告期的数据与前期利润表数据进行对比，分析各项目的增减变动额度和幅度情况，从而揭示异常变动项目以及可能存在的问题。通常认为，变动幅度超过 10% 即可视为异常，变动额度的异常要看企业收入基础情况，异常项目的分析也要结合自身在利润表中的重要程度。

利润表垂直分析是通过计算利润表中各项目占营业收入的比重或结构，分析说明企业当期经营成果的结构及其增减变动的合理程度。通常某项目占营业收入的比重越大，意味着其重要性越高。此外，对比各项目当期比重与前期比重的变化，可以分析企业在某方面取得的业绩或存在的问题。

下面对长江空调公司本年度的利润表进行水平分析和垂直分析，识别该公司会计分析的重点项目，如表 12－4 所示。

表 12 – 4 长江空调公司本年度利润表水平与垂直分析表

项目	本期金额（万元）	占比（%）	上期金额（万元）	占比（%）	变动额（万元）	变动率（%）	占比差（%）
一、营业总收入	3 040 804	100	2 946 864	100.00	93 940	3.19	0
二、营业总成本	2 934 088	96.49	2 867 160	97.30	66 928	2.33	− 0.80
其中：营业成本	2 337 599	76.87	2 386 783	80.99	− 49 184	− 2.06	− 4.12
税金及附加	9 545	0.31	6 586	0.22	2 959	44.93	0.09
销售费用	407 459	13.40	350 246	11.89	57 213	16.34	1.51
管理费用	169 119	5.56	118 748	4.03	50 371	42.42	1.53
财务费用	10 366	0.34	4 797	0.16	5 569	116.09	0.18
加：其他收益							
投资收益	15 106	0.50	6 487	0.22	8 619	132.87	0.28
资产减值损失	5 149	0.17	− 3 738	− 0.13	8 887	237.75	0.30
三、营业利润	116 673	3.84	89 929	3.05	26 744	29.74	0.79
加：营业外收入	3 435	0.11	4 723	0.16	− 1 288	− 27.27	− 0.05
减：营业外支出	6 395	0.21	6 641	0.23	− 246	− 3.70	− 0.02
四、利润总额	113 713	3.74	88 011	2.99	25 702	29.20	0.75
减：所得税费用	15 843	0.52	12 583	0.43	3 260	25.91	0.09
五、净利润	97 870	3.22	75 429	2.56	22 441	29.75	0.66

3. 水平分析

对利润表进行水平分析，首先应着重关注表中几个利润指标的变动情况，如净利润、利润总额和营业利润的变动额与变动幅度，然后逐步分析导致这些利润指标变动的原因。

（1）净利润分析。净利润是企业所有者最终取得的财务成果或可供所有者分配的财务成果。长江空调公司当期实现净利润 97 870 万元，比上期增加了 22 441 万元，上升了 29.75%，上升幅度较大。净利润的变化与利润总额和所得税费用的变化有关，尤其是利润总额的变化。

（2）利润总额分析。利润总额是反映企业所得税前的财务成果指标，包括了营业利润、营业外收入和营业外支出的影响。因此，利润总额的变化可能来自营业利润的变化，也可能来自营业外收支的变化，或者兼而有之。当利润总额的变化主要受营业外收支影响时，需特别关注营业外收支变化的原因。长江空调公司当期利润总额增加了 25 702 万元，增长了 29.2%。利润总额大幅增加主要是由营业利润增加导致的，营业利润比上期增加了 26 744 万元，增长了 29.74%。营业外收入不仅没有增加，反而减少了 1 288 万元，减幅达到 27.27%；营业外支出也减少了 246 万元，减幅达 3.7%。可见，对利润总额的变化而言，营业外收入变化是不利因素，而营业外支出变化是有利因素。

（3）营业利润分析。营业利润是营业总收入与营业总成本、其他收益、投资收益、公允价值变动收益、信用减值损失、资产减值损失、资产处置收益之间的差额。它既包括主营业务利润和其他业务利润，又包括其他收益、投资收益、公允价值变动等净收益，反映了企业正常生产经营活动的成果。长江空调公司当期营业利润较上期增加了 26 744 万元，其中，营业总收入增加 93 940 万元，涨幅为 3.19%；营业总成本增加 66 928 万元，涨幅为 2.33%，可以看出营业总收入的增幅大于营业总成本的增幅，这是营业利润增长的主要原因。进一步观察可以发现，长江空调公司当期毛利较上期增加了 143 124 万元，增幅达到了 25.55%，销售毛利率也由 19.01% 上升到 23.13%；营业成本较上期减少了 49 184 万元，减少了 2.06%；税金及附加增加了 2 959 万元，增长了 44.93%；三大费用（销售费用、管理费用和财务费用）均有不同程度的增长，其中增长额最大的是销售费用，增加了 57 213 万元，增幅最大的是财务费用，达到了 116.09%。上述项目中，营业成本减少是营业利润增长的有利项目，而其他项目的上升均是不利项目，但由于这些项目的增长额之和小于毛利的增长额，因而没有实质改变营业利润的增长方向。此外，长江空调公司当期投资收益比上期增加了 8 619 万元，增幅较高达到了 132.87%，有助于营业利润的增长；而资产减值损失比上期增加了 8 887 万元，增幅 237.75%，这是不利因素，但增加额不大，对营业利润的影响较小。

4. 垂直分析

从表 12 - 3 的垂直分析可以看出，当期净利润占营业总收入的比重为 3.22%，营业利润占营业总收入的比重为 3.84%，可以将这两个收入利润率指标与同行业企业进行比较分析，以揭示该企业在行业中盈利水平。从成本费用角度来看，营业总成本占营业总收入的比重高达 96.49%，其中，营业成本占营业总收入比重最高，为 76.87%；其次是销售费用占营业总收入的比重，为 13.4%；再次是管理费用占营业总收入比重，为 5.56%；其他项目均不足 1%。可见，长江空调公司的成本费用比较集中，主要是营业成本和销售费用。投资收益、资产减值损失、营业外收支等项目占营业总收入的比重也均不足 1%，说明长江空调公司专注主业经营。

从前后两期结构变动角度来看，营业总成本占营业总收入的比重下降了 0.8%，说明长江空调公司在提升总收入过程中有效控制了总成本的上升。其中，营业成本占营业总收入的比重由上期的 80.99% 下降到本期的 76.87%，下降了 4.12%，这是营业总成本下降的关键。营业总成本中其他项目占营业总收入的比重均有所上升，但上升幅度均较小，其中，上升最高的项目是管理费用，仅上涨了 1.53%，对营业总成本的影响较小。此外，投资收益、资产减值损失、营业外收支等项目占营业总收入的比重变化均不足 1%，影响甚小。

5. 利润表项目分析

（1）营业收入分析。营业收入是企业经营主要业务和其他业务所确认的收入总额。营业收入的重要性一点也不亚于净利润，其规模和成长性是评价企业业绩的关键。对营业收入项目分析时需要关注以下两个方面。

①营业收入合理性分析。企业当期实现的营业收入是否合理，可以从以下几个方面展开分析。首先，可以比较营业收入与应收账款的变化，通常两者的变化幅度应相近。其次，关注营业收入与费用在确认方式或确认时间上的一致性。最后，可以选择一些与收入相关的指标（如销售毛利率、收入增长率等）与同行业其他公司进行横向比较或者与公司以前年度进行纵向比较。

②营业收入的构成分析。首先，营业收入包括了主营业务收入和其他业务收入，对这两类收入的构成情况进行分析，可以了解与判断企业的经营方针、方向及效果，进而可以分析、预测企业的持续发展能力。通常主营业务收入的比重应该更高。其次，营业收入既包括现销收入也包括赊销收入，这两类收入的构成受产品适销程度、竞争战略、会计政策选择等多个因素影响。通过对二者结构及变动情况进行分析，可以掌握企业产品销售情况及其战略选择，分析判断其合理性。再次，营业收入是企业多种产品销售实现的，不同品种产品收入构成是分析者关注的重点，通常占营业收入比重大的产品是企业实现利润的主要来源。最后，对营业收入进行多年的趋势分析，以判断其收入的稳定性。

（2）营业成本分析。营业成本是企业经营主要业务和其他业务所发生的成本总额。对营业成本项目分析时需要关注以下两个方面。

①营业成本合理性分析。首先，在确认营业成本时，需要特别关注企业是否存在人为调低营业成本的问题。比如，将营业成本作为资产（开发支出、其他应收款）处理，调低了成本，高估了资产，虚增了利润。其次，可以将营业成本项目与存货项目结合起来分析，以了解企业是否存在少结转成本，从而达到虚增利润或掩盖亏损的目的。

②营业成本的构成分析。营业成本包括主营业务成本和其他业务成本，对这两类成本的构成情况进行分析，可以了解与判断企业的经营方针、方向及效果，进而分析、预测企业已销产品的成本构成、变动情况和变动原因。

（3）期间费用分析。期间费用是指不受企业产销量增减变动影响，不能直接或间接归属于某个特定对象的各种费用。我国把期间费用分为销售费用、管理费用、研发费用和财务费用四种。

①销售费用分析。销售费用是指企业在销售商品过程中发生的包装费、广告费等费用和为销售商品而专设的销售机构的职工薪酬、业务费等经营费用。销售费用在报告期末要全部结转以计算本期收益。

销售费用与营业收入有较大关系，通常销售费用增加时，营业收入也会随之增加。但随着市场趋于饱和，再增加销售费用也不会带来营业收入的大幅增长。所以当发现销售费用增长率远远超过营业收入增长率时，企业的收入增长持续性就值得怀疑。

②管理费用分析。管理费用是指企业为组织和管理生产经营而发生的各项费用。管理费用的种类较多，比如管理人员的薪酬、差旅费、办公费、职工待业保险费、招待费、董事会会费、工会经费、咨询费、技术转让费、聘请中介机构费、土地使用税、车船税等。管理费用虽然繁多，但大体可以分为两类：一类是相对固定的管理费用，当企业规

模、组织结构、管理风格和管理手段等变化较小时，管理费用的规模也相对不变；另一类是变动的管理费用，通常会随着业务量的增长而增长。

对于管理费用的分析可以从以下几个方面展开：一是费用支出的有效性，可以通过计算管理费用与营业收入的比率进行同行业或前后期比较来考察；二是费用波动的合理性，可以结合同行业企业及相关会计政策的变化来分析。

③研发费用分析。研发费用是指与研究、开发相关，直接作为费用计入利润表的相关资源消耗，包括研发人员人工费用、研发过程中直接投入的各项费用、与研发有关的固定资产折旧费、无形资产摊销费及新产品设计费等。研发费用的规模及其运用的有效性在很大程度上与企业未来的竞争力有关。

研发费用的恰当性分析可以结合企业营业收入规模、毛利率变化、行业技术进步特征、竞争对手的研发投入状况等方面进行。

④财务费用分析。财务费用是指企业为筹集生产经营所需资金等发生的费用，主要包括期间的利息净支出、汇兑损失及相关手续费、现金折扣等。

对财务费用进行分析时，需将财务费用的增减变动和企业的筹资活动联系起来，分析财务费用增减变动的合理性和有效性。

12.3　财务能力分析

12.3.1　盈利能力分析

企业经营业绩的好坏最终可通过企业的盈利能力来反映。无论是投资者、债权人，还是企业经营者，都非常重视和关心企业的盈利能力。因为企业盈利水平的高低直接关系到投资者的投资收益水平，关系到债权人债权保障程度，关系到经营者的经营业绩和职工的收入待遇等。

盈利能力是指企业在一定时期内由于经营活动赚取利润的能力。利润既是股利收入的来源，也是偿还债务的源泉，更是评价管理者业绩的标准，因此普遍受到关注。盈利能力大小是一个相对概念，即利润相对于一定资源投入或一定收入而言，利润率越高，意味着盈利能力越强。盈利能力主要分析企业投资活动和营运活动产生收益的能力，包括所有者投资盈利能力分析、资产盈利能力分析和生产经营盈利能力分析。反映企业盈利能力的指标很多，主要有净资产收益率、总资产报酬率、销售毛利率、销售净利率、成本费用利润率等；此外，在考察上市公司盈利能力时还有一些特殊指标，比如每股收益、每股股利、股利发放率、市盈率等。

1. 净资产收益率

净资产收益率也称股东权益报酬率（Returu on Equity，ROE），是指企业所有者投入的资本通过经营取得利润的能力，即反映了企业为所有股东创造投资回报的能力。该指标是一定时期企业的净利润与净资产平均余额的比率，其计算公式为：

$$净资产收益率 = \frac{净利润}{平均净资产} \times 100\%$$

$$平均净资产 = （期初净资产 + 期末净资产）\div 2$$

其中，净资产是企业资产减去负债后的余额，包括实收资本、其他权益工具、资本公积、其他综合收益、盈余公积、未分配利润和少数股东权益等，也就是资产负债表中的所有者权益总额。

由于企业的目标是实现股东财富最大化，而净资产收益率既可以直接反映资本的增值能力，又影响着股东财富的大小，所以该指标是反映企业盈利能力的核心指标。该指标越高，意味着盈利能力越好。具体分析评价时可以结合企业的资本成本、行业平均利润率或社会平均利润率。

根据长江空调公司的报表资料，本期净利润为 97 870 万元，期初净资产为 705 613 万元，期末净资产为 770 105 万元，公司本期净资产收益率指标计算如下：

$$平均净资产 = （705\,613 + 770\,105）\div 2 = 737\,859（万元）$$

$$净资产收益率 = \frac{97\,870}{737\,859} \times 100\% = 13.26\%$$

2. 总资产报酬率

总资产报酬率（Returu on Assets，ROA）反映企业利用全部资源所创造的全部经济效益，体现了资产经营盈利能力。该指标是一定时期企业的息税前利润与总资产平均余额的比率，其计算公式为：

$$总资产报酬率 = \frac{息税前利润}{平均总资产} \times 100\%$$

$$平均总资产 = （期初总资产 + 期末总资产）\div 2$$

其中，分子采用的是息前、税前的利润，即息税前利润，等于利润总额加利息费用。总资产报酬率越高，说明企业资产的运用效率越高。具体分析评价时可以结合前期总资产报酬率、同行业其他企业的总资产报酬率进行比较。

根据长江空调公司的报表资料，本期利润总额为 113 713 万元，利润表中没有给出利息费用，我们采用财务费用替代（严格来说是不合适的），本期财务费用为 10 366 万元，期初总资产为 1 118 897 万元，期末净资产为 1 223 059 万元，公司本期总资产报酬率指标计算如下：

$$平均总资产 = （1\,118\,897 + 1\,223\,059）\div 2 = 1\,170\,978（万元）$$

$$总资产报酬率 = \frac{113\,713 + 10\,366}{1\,170\,978} \times 100\% = 10.60\%$$

3. 销售毛利率

毛利是营业收入超过营业成本的金额，销售毛利率就是毛利与营业收入的比值，它体现了产品价格相对于产品成本增值的部分有多大，反映企业的初始获利空间。销售毛利率的计算公式为：

$$销售毛利率 = \frac{销售毛利}{营业收入} \times 100\% = \frac{营业收入 - 营业成本}{营业收入} \times 100\%$$

销售毛利率高，说明单位产品盈利能力强。不同行业的产品具有不同的销售毛利率。企业战略也会影响销售毛利率，定位于产品领先战略的企业通常具有更高的毛利率。此外，原材料的价格变动、生产成本控制、销售价格的波动等都会影响销售毛利率。具体分析评价时可以结合企业的目标值、行业平均值等。

根据长江空调公司的报表资料，本期营业收入为 3 040 804 万元，营业成本为 2 337 599 万元，公司本期销售毛利率指标计算如下：

$$销售毛利率 = \frac{3\ 040\ 804 - 2\ 337\ 599}{3\ 040\ 804} \times 100\% = 23.13\%$$

4. 销售净利率

销售净利率反映了企业通过经营活动取得最终盈利的能力。该指标是一定时期企业的净利润与营业收入的比率，其计算公式为：

$$销售净利率 = \frac{净利润}{营业收入} \times 100\%$$

销售净利率越高，说明企业的产品或服务带来最终利润的能力越强。而较低的销售净利率往往意味着管理层没有创造出足够多的营业收入或没有做好成本控制。该比率在一定程度上受到产品特征、行业竞争程度、企业战略以及非经常性损益的影响。

根据长江空调公司的报表资料，本年净利润为 97 870 万元，营业收入为 3 040 804 万元，公司本年营业净利率指标计算如下：

$$销售净利率 = \frac{97\ 870}{3\ 040\ 804} \times 100\% = 3.22\%$$

计算结果说明长江空调公司每百元销售额为企业带来 3.22 元的净利润，至于企业盈利能力到底是高或低，可结合历史资料及同行业平均水平进行评价。同时，还可进一步分析揭示利润的各构成部分对营业净利率的影响。

5. 成本费用利润率

成本费用利润率是指企业利润总额与成本费用总额的比率。计算公式如下：

$$成本费用利润率 = \frac{利润总额}{成本费用总额} \times 100\%$$

其中，成本费用总额 = 营业成本 + 销售费用 + 管理费用 + 财务费用

成本费用是企业生产经营发生的全部耗费。成本费用利润率是反映企业耗费获利水平的重要财务指标。成本费用利润率越高，说明企业为取得的利润所付出的代价越小，成本费用控制得越好，企业盈利能力越强。

根据长江空调公司的报表资料，本年利润总额为 113 713 万元，营业成本总额为

2 337 599 万元,销售费用总额为 407 459 万元,管理费用总额为 169 119 万元,财务费用总额为 10 366 万元,公司本年成本费用利润率指标计算如下:

$$成本费用利润率 = \frac{113\ 713}{2\ 337\ 599 + 407\ 459 + 169\ 119 + 10\ 366} \times 100\% = 3.89\%$$

6. 上市公司的盈利能力指标

(1)每股收益。每股收益又称每股利润或每股盈余,是反映股份公司流通在外的普通股平均数所享有的支付优先股股利之后的净利润。每股收益是综合反映企业获利能力的重要指标,可以用来判断和评价管理层的经营业绩。通常其计算公式为:

$$每股收益 = \frac{净利润 - 优先股股利}{发行在外的普通股加权平均股数}$$

其中,发行在外的普通股加权平均数 = 期初发行在外普通股股数 + 当期新发行普通股股数 $\times \dfrac{已发行时间}{报告期时间}$ - 当期回购普通股股数 $\times \dfrac{已回购时间}{报告期时间}$

当存在稀释性潜在普通股时,企业还需计算稀释每股收益。稀释每股收益通常是对基本每股收益的分子、分母进行调整计算而得。常见的稀释性潜在普通股有可转换公司债券、认股权证和股份期权等。

计算每股收益时需要注意一些问题。编制合并财务报表的公司,应以合并报表中的数据计算该指标。如果公司发行了不可转换优先股,则计算时要扣除优先股数及其分配的股利,以使每股收益反映普通股的收益状况。已作部分扣除的净利润,通常被称为"盈余",扣除优先股股利后计算出的每股收益又称为"每股收益"。有的公司具有复杂的股权结构,除普通股和不可转换优先股以外,还有可转换优先股、可转换债券、认股权证等。可转换债券的持有者,可以通过转换使自己成为普通股股东,从而造成公司普通股总数增加。认股权证持有者,可以按预定价格购买普通股,也会使普通股股数增加。普通股增加会使每股收益变小,称为"稀释"。计算这种复杂股权结构的每股收益时,应按照有关部门的规定进行,没有相关规定的,应按国际惯例计算该指标,并说明计算方法和参照依据。

每股收益是衡量上市公司获利水平的指标,该指标越高,公司盈利能力越强。在分析时,可以进行公司间的比较,以评价该公司相对的盈利能力,但要注意其可比性;可以进行不同时期的比较,了解该公司盈利能力的变化趋势;可以进行经营实绩和盈利预测的比较,掌握该公司的管理能力。使用每股收益分析盈利能力时要注意以下三个问题。

①每股收益不反映股票所含有的风险。例如,假设长江空调公司原来经营日用品的产销,最近转向房地产投资,公司的经营风险增大了许多,但每股收益可能不变或提高,并没有反映风险增加的不利变化。

②股票是一个"份额"概念,不同股票的每一股在经济上不等量,它们所含有的净资产和市价不同即换取每股收益的投入量不相同,限制了每股收益的公司间比较。

③每股收益多,不一定意味着多分红,还要看公司股利分配政策。

（2）每股股利。每股股利是指股利总额与期末普通股股份总数之比，即每一股股票一定期间内所分得的现金股利。股利总额是指用于分配普通股现金股利的总和，一般只考虑普通股的情况。其计算公式为：

$$每股股利 = \frac{股利总额}{年末流通在外普通股股数}$$

每股股利反映的是普通股股东持有上市公司每 1 股普通股获取股利的大小，是投资人股票投资收益的重要来源之一。每股股利越大，则公司股本盈利能力就越强；每股股利越小，则公司股本盈利能力就越弱。由于净利润是股利分配的来源，因此，每股股利的多少很大程度取决于每股收益的多少。但上市公司每股股利发放多少，除了受上市公司利润多少影响以外，还取决于公司的股利发放政策和投资机会。如果公司为了增强发展后劲而增加公积金，则当前的每股股利必然会减少；反之，则当前的每股股利会增加。

每股收益是公司每一普通股所能获得的税后净利润，但上市公司实现的净利润往往不会全部用于分派股利。每股股利通常低于每股收益，其中一部分作为留存利润用于公司自我积累和发展。但有些年份，每股股利也可能高于每股收益。比如，当公司财务状况不佳、税后利润不足支付股利或经营亏损无利润可分时，为保持投资人对公司及其股票的信心，仍可按不超过股票面值的一定比例，用历年积存的盈余公积支付股利，或在弥补亏损以后支付。这时每股收益为负值，但每股股利却为正值。

（3）股利发放率。股利发放率是指普通股每股股利与每股收益的比值，反映普通股股东从每股全部获利中分得份额的多少。通过该指标，投资者可以了解一家上市公司的股利政策。其计算公式为：

$$股利发放率 = \frac{每股股利}{每股收益} \times 100\%$$

股利发放率没有一个固定的衡量标准，其高低要根据企业对资金需要量的具体情况而定。

（4）市盈率。市盈率是上市公司普通股每股市场价格相当于每股收益的倍数，体现了投资人对上市公司每股收益愿意支付的价格。其计算公式为：

$$市盈率 = \frac{每股市价}{每股收益}$$

市盈率的高低反映了市场上的投资人对股票投资收益和投资风险的预期。一方面，市盈率越高意味着投资人对该股票的收益预期越看好，股票的投资价值也就越大；反之，投资人对该股票评价越低。另一方面，市盈率越高，也说明获得一定的预期利润投资人需要支付更高的价格，因此，投资于该股票的风险也越大；市盈率越低，说明投资于该股票的风险越小。影响市盈率的因素有：①上市公司盈利能力的成长性；②投资人所获报酬率的稳定性；③市场利率水平变动的影响。

使用市盈率进行分析的前提是每股收益维持在一定水平之上，如果每股收益很小或接近亏损，而股票市价不会降为零，会导致市盈率极高，但此时很高的市盈率并不能说明任何问题。此外，以市盈率衡量股票投资价值尽管具有市场公允性，但还存在一些缺陷：①股票价格的高低受很多因素影响，非理性因素的存在会使股票价格偏离其内在价值。②市盈率反映了投资人的投资预期，但由于市场不完全和信息不对称，投资人可能会对股票作出错误估计。因此，通常难以根据某一股票在某一时期的市盈率对其投资价值作出判断，应该进行不同期间以及同行业不同公司之间的比较或与行业平均市盈率进行比较，以判断股票的投资价值。

12.3.2 营运能力分析

营运能力是指企业在经营过程中使用资产获取回报的效率。企业的营运资产主要是指流动资产和固定资产，因为无形资产作用的发挥需要依附于有形资产。营运能力分析能够评价企业的经营管理水平，预测企业的发展前景。

企业的营运能力通常用资产的周转速度来衡量。资产周转速度指标包括资产周转率（次数）和资产周转期（天数）。资产周转率是指一定时期内资产平均占用额与周转额的比率，即用资产的占用量与运用资产所完成的工作量之间的关系来表示。资产周转期是用周转额的计算期除以计算期内资产周转次数，表示资产周转使用一次所经历的时间。二者计算公式分别为：

$$资产周转率 = \frac{资产周转额}{资产平均余额}$$

$$资产周转期 = \frac{计算期天数}{资产周转率}$$

营运能力分析主要包括流动资产营运能力分析、固定资产营运能力分析和总资产营运能力分析。

1. 流动资产营运能力分析

流动资产营运能力分析是企业营运能力分析最重要的组成部分。因为企业经营成果的取得主要依靠流动资产的形态转换。虽然固定资产整体参与经营，但其价值转换是通过折旧方式依托于流动资产逐步实现的。流动资产完成从货币到商品，再到货币这一循环过程，表明流动资产周转了一次，以产品实现销售为标志。我们通常使用营业收入这一指标作为流动资产的周转额。

对流动资产营运能力的分析，我们除了计算流动资产整体的周转速度外，还需重点分析流动资产中两大核心资产，即存货和应收账款。

（1）流动资产周转速度。流动资产周转速度通常采用全部流动资产平均余额与营业收入净额的比率来表示，以反映企业流动资产规模是否合适，周转速度如何，其表达方式有两种：

$$流动资产周转率（次数） = \frac{营业收入净额}{流动资产平均余额}$$

$$流动资产周转期（天数） = \frac{计算期天数}{流动资产周转率}$$

其中，营业收入净额指营业收入扣除销售退回、折让和折扣后的净额。

$$流动资产平均余额 = （年初流动资产 + 年末流动资产） \div 2$$

计算期天数应与流动资产平均余额的取值时间保持一致，如流动资产平均余额是一年的数额，则计算期天数应为 360 天；如流动资产平均余额取一个季度的数额，则计算期天数应为 90 天；如流动资产平均余额取一个月的数额，则计算期天数应为 30 天。

流动资产的周转次数和天数，均表示流动资产的周转速度。在一定时期内，流动资产周转的速度越快，流动资产周转次数越多，表明以相同的流动资产完成的周转额越多，流动资产利用效果越好。流动资产周转天数越少，表明流动资产在经历生产、销售各阶段所占用的时间越短，可相对节约流动资产，增强企业盈利能力。流动资产每周转一次所需天数越少，会相对节约流动资产，等于相对扩大资产投入，增强企业盈利能力；反之，周转速度越慢，需要补充流动资产参加周转，会形成资金使用的浪费，降低企业盈利能力。

根据长江空调公司报表资料，本年营业收入净额为 3 040 804 万元，期初流动资产为 779 086 万元，期末流动资产为 786 333 万元，公司本年流动资产周转率指标计算如下：

$$流动资产平均余额 = （779\ 086 + 786\ 333） \div 2 = 782\ 709.5 （万元）$$

$$流动资产周转率 = \frac{3\ 040\ 804}{782\ 709.5} = 3.88（次）$$

$$流动资产周转期 = \frac{360}{3.88} = 92.78（天）$$

长江空调公司计算的流动资产周转速度是快还是慢，需要结合历史资料及同行业平均水平加以评价。

（2）存货周转速度。在流动资产中，存货所占比重较大，存货的流动性将直接影响企业流动资产的流动性，因此，必须特别重视对存货的分析。存货周转速度通常采用存货平均余额与营业成本的比率来表示，以反映企业存货规模是否合适，周转速度如何，其表达方式有两种：

$$存货周转率（次数） = \frac{营业成本}{平均存货余额}$$

$$存货周转期（天数） = \frac{计算期天数}{存货周转率}$$

其中，平均存货余额 = （期初存货 + 期末存货） \div 2

存货周转速度的快慢，不仅反映出企业生产经营各环节管理工作状况的好坏，而且对企业盈利能力及偿债能力产生重要影响。一般来讲，存货周转率越高，周转天数越少，表明存货周转速度越快，存货转化为现金或应收账款的速度就越快，存货占用水平越低，流动性越强，周转额越大，资金占用水平越低，这样会增强企业的短期偿债能力及盈利能力。反之，表示存货利用效率差。

因此，通过存货周转分析，有利于找出存货管理存在的问题，使存货管理在保证生产经营连续性的同时，尽可能少占用经营资金，提高资金的使用效率，提高企业短期偿债能力，促进企业管理水平提高。

虽然评价存货周转速度快慢取决于周转次数和周转天数，但也不能绝对化。因为有时存货周转次数多、周转天数少，可能是因为存货储备不足而影响了生产或销售业务的进展，特别是那些供应紧张的存货。因此，对存货周转率的评价应注意两点：一是注意存货的结构，看是否有积压、滞销的存货；二是要注意其他企业和行业水平。此外，在使用和计算存货周转率指标时，存货的计价方法，如先进先出法、后进先出法、个别计价法、加权平均法等，在一个会计期间内必须保持一致，不能更换，否则会影响该指标的分析。

根据长江空调公司报表资料，本年营业成本为 2 337 599 万元，期初存货为 292 867 万元，期末存货为 185 292 万元，公司本年存货周转指标计算如下：

$$平均存货余额 = （292\ 867 + 185\ 292）\div 2 = 239\ 079.5（万元）$$

$$存货周转率（次数）= \frac{2\ 337\ 599}{239\ 079.5} = 9.78（次）$$

$$存货周转期（天数）= \frac{360}{9.78} = 36.81（天）$$

（3）应收账款周转速度。应收账款周转率是指一定时期内商品或产品营业收入净额与应收账款平均余额之间的比值，其计算公式如下：

$$应收账款周转率（次数）= \frac{营业收入净额}{平均应收账款余额}$$

$$应收账款周转期（天数）= \frac{计算期天数}{应收账款周转率}$$

$$平均应收账款余额 = （期初应收账款 + 期末应收账款）\div 2$$

应收账款和存货一样，在流动资产中有着举足轻重的地位。及时收回应收账款，不仅可以提高企业短期偿债能力，也反映出企业应收账款管理的效率。一般来说，应收账款周转率越高，周转天数越短，说明应收账款变现速度越快、管理效率越高，增强了资产的流动性，提高了企业短期偿债能力，从而相对增加企业流动资产的投资收益。

注意，应收账款包括会计报表中"应收账款"和"应收票据"，因为应收票据是销售形成的应收款项的另一种形式。此外，应收账款应为未扣除坏账准备的金额。

应收账款周转速度的高低，不仅取决于销售收入的多少和应收账款占用数额的合理性，而且间接地取决于应收账款的账龄分布、企业的信用政策和客户的信用状况。在评价应收账款周转率指标时，应将计算出的指标与企业历史资料以及同行业平均水平比较。此外，应收账款指标分析应注意以下问题：一是季节性经营企业在使用这个指标时，不能反映实际情况；二是大量使用分期收款结算方式；三是大量地使用现金结算的销售；四是年末销售量增加或大幅下降。这些因素都会对该指标计算结果产生较大的影响。

根据长江空调公司报表资料，本年营业收入净额为 3 040 804 万元，期初应收账款为 57 890 万元，应收票据 167 534 万元，期末应收账款 79 457 万元，应收票据 251 222 万元，本年应收账款周转率指标计算如下：

平均应收账款 =（57 890 + 167 534 + 79 457 + 251 222）÷2 = 278 051.5（万元）

$$应收账款周转率（次数）= \frac{3\ 040\ 804}{278\ 051.5} = 10.94（次）$$

$$应收账款周转期（天数）= \frac{360}{10.94} = 32.91（天）$$

2. 固定资产营运能力分析

固定资产周转率是企业营业收入净额与固定资产平均净值的比率。它反映了企业固定资产周转情况，从而衡量固定资产利用效率的一项指标，其计算公式为：

$$固定资产周转率 = \frac{营业收入净额}{平均固定资产净值}$$

$$平均固定资产净值 =（期初固定资产 + 期末固定资产）÷2$$

固定资产周转率高，表明企业固定资产利用充分，同时也表明固定资产投资得当、结构合理，能够充分发挥效率。反之，如果固定资产周转率不高，则表明固定资产使用效率不高，提供的生产成果不多，企业的营运能力不强。

3. 总资产营运能力分析

总资产周转率是企业营业收入净额与平均资产总值的比值，其计算公式为：

$$总资产周转率 = \frac{营业收入净额}{平均资产总额}$$

$$平均资产总额 =（期初资产总额 + 期末资产总额）÷2$$

总资产周转率用来衡量企业全部资产的使用效率，总资产由各项资产组成，在营业收入既定的情况下，总资产周转率的驱动因素是各项资产。如果该比率较低，说明企业全部资产营运效率低，可采用薄利多销或处理多余资产等方法，加速资产周转，提高运营效率；如果该比率较高，说明资产周转快，销售能力强，资产运营效率高。对总资产周转情况的分析应结合各项资产的周转情况，以发现影响企业资产周转的主要因素。

12.3.3　偿债能力分析

偿债能力是指企业偿还各种债务的能力。如果企业偿债能力低，不仅说明企业资金紧张，难以支付日常经营支出，而且说明企业资金周转不灵，难以偿还到期应偿付的债务，甚至面临破产危机。因此，对于债权人来说，企业偿债能力低，就意味着债务到期时，企业按时还本付息的可能性较低。通常金融机构也不愿意贷款给偿债能力有问题的企业。

企业的债务按偿还期限可划分为短期的流动负债和长期的非流动负债两大类。其中，反映偿还流动负债能力的是短期偿债能力，反映偿还非流动负债能力的是长期偿债能力。

1. 短期偿债能力分析

短期偿债能力是指企业通过流动资产的变现偿还到期短期债务的能力。如果企业短期偿债能力弱，就意味着企业的流动资产对其流动负债偿还的保障能力弱，企业的信用因此会受到损害，削弱企业短期筹资能力，增大筹资成本和进货成本，从而对企业的投资能力和盈利能力产生重大影响。评价企业短期偿债能力的财务指标主要有流动比率、速动比率和现金比率等。

（1）流动比率。流动比率是企业流动资产与流动负债的比率。该指标表明企业每1元流动负债有多少流动资产作为偿还的保证，反映企业短期偿债能力的强弱。其计算公式为：

$$流动比率 = \frac{流动资产}{流动负债}$$

一般情况下，流动比率越高，企业的偿债能力越强，债权人利益的安全程度也越高。但从企业的所有者和经营者角度来看，过高的流动比率往往意味着企业持有较多不盈利的闲置流动资产。经验标准认为，该指标应达到2∶1比较合适，但这一标准并不适用于所有行业和企业。

流动比率虽能较好地分析短期偿债能力，但其局限性也不可忽视。一是流动比率是一个静态指标，只表明在某一时点流动负债与可用于偿债资产的关系。二是流动比率没有揭示流动资产的构成，只能大致反映流动资产整体的变现能力。此外，只有当债务的出现与资产的周转完全均匀发生时，流动比率才能正确反映偿债能力。流动比率指标因行业而异，只有与同行业比较或与本企业历史水平比较，才能知道该比率的高低，同时还要结合资产结构、周转情况及现金流量状况综合考虑。

根据长江空调公司的资产负债表，期初流动资产为779 086万元，期末流动资产为786 333万元；期初流动负债为404 322万元，期末流动负债为444 454万元，该公司本年的流动比率为：

$$期初流动比率 = \frac{779\,086}{404\,322} = 1.93$$

$$期末流动比率 = \frac{786\,333}{444\,454} = 1.77$$

期初流动比率为1.93，期末流动比率为1.77，可见期初短期偿债能力与经验标准2较为接近，而期末有所下降，但都高于1.5，总体上企业的短期偿债能力较强。至于偿债能力是否合理，还应结合本企业历史资料和同行业平均水平进行分析。

（2）速动比率。速动比率也称酸性试验比率，是企业速动资产与流动负债的比率，反映在较短期限内每单位流动负债有多少的速动资产作担保。速动资产是指流动资产减去变现能力较差且不稳定的存货的余额。相对于存货，现金、交易性金融资产及应收账款等项目的变现能力较强，由于剔除了存货等变现能力较差且不稳定的资产，速动比率较流动比率能够更加准确、可靠地评价企业资产的流动性及其偿还短期负债的能力。其计算公式为：

$$速动比率 = \frac{速动资产}{流动负债}$$

　　一般认为，速动比率为 1：1 比较合理，说明企业每 1 元流动负债有 1 元的速动资产作保证。速动比率越高，表明企业偿还流动负债的能力越强；但速动比率过高，也意味着企业的现金及应收账款占用过多，从而增加了企业的机会成本。

　　根据长江空调公司资产负债表，期初流动资产为 779 086 万元，期末流动资产为 786 333 万元；期初存货为 292 867 万元，期末存货为 185 292 万元；期初流动负债为 404 322 万元，期末流动负债为 444 454 万元，公司本年速动比率为：

$$期初速动比率 = \frac{779\,086 - 292\,867}{404\,322} = 1.20$$

$$期末速动比率 = \frac{786\,333 - 185\,292}{444\,454} = 1.35$$

　　计算表明公司期初、期末速动比率都高于经验标准。结合流动比率，可以看出企业短期偿债能力较强。

　　（3）现金比率。现金比率也称即付比率，是企业立即可动用的资金与流动负债的比率。企业立即可动用的资金包括企业所拥有的货币资金和持有的有价证券，它是速动资产扣除应收账款后的余额。由于应收账款存在坏账的可能，且某些到期的账款也不一定能按时收回，因此，现金比率是最能直接反映企业偿付流动负债能力的指标。其计算公式为：

$$现金比率 = \frac{立即可动用的资金}{流动负债} \quad 或\ 现金比率 = \frac{货币资金 + 交易性金融资产}{流动负债}$$

　　现金比率剔除了应收账款对偿债能力的影响，最能反映企业直接偿付流动负债的能力，表明每 1 元流动负债有多少现金资产作为偿债保障。现金比率一般认为在 20% 以上为好，但是，也不能认为该指标越高越好。该比率过高，意味着企业流动负债所筹集到的资金未能得到合理应用，企业过多资源占用在盈利能力较低的现金资产上，从而影响企业盈利能力。而经常保持着盈利能力低的现金比率类资产，势必会导致企业机会成本增加。

　　根据长江空调公司资产负债表，期初货币资金为 242 083 万元，期末货币资金为 246 158 万元；期初流动负债为 404 322 万元，期末流动负债为 444 454 万元，公司本年现金比率为：

$$期初现金比率 = \frac{242\,083}{404\,322} = 0.60$$

$$期末现金比率 = \frac{246\,158}{444\,454} = 0.55$$

　　可见该公司期初、期末现金比率都高于经验标准，且期末相对于期初略有下降。

　　2. 长期偿债能力分析

　　长期偿债能力是指企业偿还非流动负债的能力。对企业长期偿债能力进行分析，要结合非流动负债的特点，在明确影响长期偿债能力因素的基础上，从企业资产规模和盈利能力两方面对企业偿还非流动负债的能力进行计算与分析，说明企业长期偿债能力的基本状况及其变动原因，为进行正确的负债经营指明方向。反映长期偿债能力的主要财务指标包括有资产负债率、产权比率和利息保障倍数等。

（1）资产负债率。资产负债率是企业负债总额占资产总额的比率。其中，负债总额为流动负债和非流动负债之和。资产负债率表明企业全部资产中负债所占的比重，它不仅是评价企业用全部资产偿还全部负债的能力指标，而且也是衡量企业负债经营能力和安全程度的重要指标。资产负债率的计算公式如下：

$$资产负债率 = \frac{负债总额}{资产总额} \times 100\%$$

对债权人来说，该指标越低越好，因为企业的债务负担越轻，债权人权益的保证程度就越高。而对企业来说，该指标在适度情况下越高越好，因为企业可以通过扩大举债规模获得较多的财务杠杆利益。经验标准认为，资产负债率的适宜水平是 40% ~ 60%，如果该指标超过 100%，意味着企业已资不抵债，达到破产的警戒线。

根据长江空调公司的报表资料，期初负债总额为 413 284 万元，期末负债总额为 452 954 万元；期初资产总额为 1 118 897 万元，期末资产总额为 1 223 059 万元，公司本年资产负债率指标计算如下：

$$期初资产负债率 = \frac{413\ 284}{1\ 118\ 897} \times 100\% = 36.94\%$$

$$期末资产负债率 = \frac{452\ 954}{1\ 223\ 059} \times 100\% = 37.03\%$$

长江空调公司期初、期末资产负债率都较低，说明偿债能力较强。

（2）产权比率。产权比率也称净资产负债率，是指负债总额占所有者权益总额的比率。该比率表明债权人提供的资金与所有者权益提供的资金之间的比例及企业投资人承担风险的大小，其计算公式如下：

$$产权比率 = \frac{负债总额}{所有者权益} \times 100\%$$

产权比率反映了企业基本财务关系是否稳定。产权比率高，是高风险、高报酬的财务结构；产权比率低，是低风险、低报酬的财务结构。该指标同时也表明债权人投入的资本受到所有者权益的保障程度或者是企业清算时对债权人利益的保障程度。一般而言，该比率小于 1 时，企业应该是有偿债能力的，但还应结合企业的具体情况加以分析。

根据长江空调公司的报表资料，期初负债总额为 413 284 万元，期末负债总额为 452 954 万元，期初所有者权益总额为 705 613 万元，期末所有者权益总额为 770 105 万元，公司产权比率指标计算如下：

$$期初产权比率 = \frac{413\ 284}{705\ 613} \times 100\% = 58.57\%$$

$$期末产权比率 = \frac{452\ 954}{770\ 105} \times 100\% = 58.82\%$$

长江空调公司期初、期末产权比率均远小于 1，且前后变化较小，说明长江空调公司具有较好的长期偿债能力。

（3）利息保障倍数。利息保障倍数是指企业息税前利润与利息费用的比率，用以衡量企业偿付借款利息的能力。公式中分母"利息费用"是指本期发生的全部应付利息，不仅包括财务费用中的利息费用，还应包括计入固定资产成本的资本化利息。

利息保障倍数反映支付利息的利润来源（息税前利润）与利息支出之间的关系，该比率越高，长期偿债能力越强，其计算公式如下：

$$利息保障倍数 = \frac{息税前利润}{利息费用} = \frac{利润总额 + 利息费用}{利息费用}$$

该指标反映了企业息税前利润为所需支付的债务利息的多少倍。只要利息保障倍数足够大，企业就有充足的能力偿付利息，否则反之。从长期看，利息保障倍数至少应当大于 1，且比值越高，企业长期偿债能力一般也就越强。如果利息保障倍数过小，企业将面临亏损、偿债的安全性与稳定性下降的风险。至于利息保障倍数应为多少，才算偿付能力强，要根据企业历史资料结合行业平均水平来判断。同时从稳健原则出发，比较企业连续多年的情况，并选择最低指标年度的数据作为标准值。

根据长江空调公司的报表资料，本年度利润总额为 113 713 万元，利息费用应包括财务费用中的利息费用和资本化利息，但由于资料有限，为方便计算我们直接使用利润表中财务费用代替，即视同本年度利息费用为 10 366 万元，公司的利息保障倍数计算如下：

$$利息保障倍数 = \frac{113\ 713 + 10\ 366}{10\ 366} = 11.97$$

12.3.4　发展能力分析

发展能力是指企业未来生产经营的发展趋势和发展潜能。传统的财务分析仅仅从静态的角度出发来评价企业的财务状况，只注重分析企业的盈利能力、营运能力和偿债能力，在日益激烈的市场竞争中显然不够全面、不够充分。因为企业价值很大程度上取决于企业未来的获利能力，取决于企业销售收入、利润及股利的未来增长，而不是公司过去或现在所取得的收益情况。而且，无论是增强企业的盈利能力、偿债能力，还是提高企业的资产营运效率，都是为了满足企业未来的生存和发展的需要，即为了提高企业的发展能力。因此，全面衡量一个企业的财务状况，不仅应从静态的角度分析其经营能力，还应从动态的角度出发分析和预测企业的经营发展能力。

发展能力的大小是一个相对概念，就是分析本期所有者权益、利润、收入和资产相对于上一期的所有者权益、利润、收入和资产而言的。在实践中通常使用增长率分析企业发展能力，主要指标有所有者权益增长率、净利润增长率、收入增长率和资产增长率。

1. 所有者权益增长率

所有者权益增长率也称资本积累率，是企业本期所有者权益增长额与期初所有者权益总额的比值。该指标反映了企业所有者权益的增长速度和变化趋势，其计算公式为：

$$所有者权益增长率 = \frac{本期所有者权益增长额}{期初所有者权益总额} \times 100\%$$

该指标体现了企业当期资本积累情况以及资本的保全性和增长性。指标越高，表明企业本期所有者权益增长幅度越大，资本保全性越强，应对风险及持续发展的能力越强。一般而言，该指标至少要达到0，如果少于0则说明企业资本流失，要查明原因，予以改进。

根据长江空调公司的报表资料，期初所有者权益总额为705 613万元，期末所有者权益总额为770 105万元，公司所有者权益增长率指标计算如下：

$$所有者权益增长率 = \frac{770\ 105 - 705\ 613}{705\ 613} \times 100\% = 9.14\%$$

2. 净利润增长率

所有者权益增长主要依赖于企业运用股东投入资本所创造的利润，因此，利润增长也是反映发展能力的重要方面。由于净利润是企业经营业绩的综合体现，所以采用净利润增长率进行利润增长能力分析。

净利润增长率是企业本期净利润增加额与上期净利润的比率，其计算公式为：

$$净利润增长率 = \frac{本期净利润增加额}{上期净利润} \times 100\%$$

净利润增长率越大，说明企业收益增长越大，企业经营业绩突出，市场竞争能力越强。反之，如果企业的净利润增长率越小，甚至小于0，说明企业收益增长得少，甚至负增长，表明企业经营业绩不佳，市场竞争能力弱。因此，企业净利润增长率至少应大于0。

根据长江空调公司的报表资料，本期净利润为97 870万元，上期净利润为75 429万元，公司净利润增长率指标计算如下：

$$净利润增长率 = \frac{97\ 870 - 75\ 429}{75\ 429} \times 100\% = 29.75\%$$

3. 收入增长率

收入是利润的源泉，对利润增长的分析还需结合对收入增长的分析。营业收入越多，意味着销售越好，企业生存和发展的空间也越大。营业收入增长率是企业本期营业收入增长额与上期营业收入的比率，其计算公式为：

$$营业收入增长率 = \frac{本期营业收入增长额}{上期营业收入} \times 100\%$$

该指标表明营业收入的增减变动情况，是分析和评价企业发展能力的重要指标。通过对营业收入增长率的分析，可以衡量企业经营水平和市场占有能力，预测企业未来的业务发展趋势。

营业收入增长率如果大于0，表明企业本年销售收入有所增长，指标值越高，表示增长速度越快，市场前景越好，如果小于0，则表明销售收入有所下降，产品滞销，市场份额萎缩等。在对该指标分析时，可结合企业历年销售水平、市场占有情况、行业未来发展等方面作趋势性的分析和判断。

根据长江空调公司的报表资料，本期营业收入为 3 040 804 万元，上期营业收入为 2 946 864 万元，公司营业收入增长率指标计算如下：

$$营业收入增长率 = \frac{3\ 040\ 804\ -\ 2\ 946\ 864}{2\ 946\ 864} \times 100\% = 3.19\%$$

4. 资产增长率

要增加收入，就需要通过增加资产投入来实现。资产的增加可以利用资产增长率来反映。资产增长率是企业本期总资产增长额与期初资产总额的比率，其计算公式为：

$$资产增长率 = \frac{本期总资产增长额}{期初资产总额} \times 100\%$$

资产增长率是用来衡量企业资产规模增长幅度的财务指标。增长率为正数，说明企业本期的资产规模获得增加，数值越大，说明增长的速度越快；资产增长率为负数，则说明本期的资产规模减少；资产增长率为0，说明企业本期的资产规模不增不减。

在对资产增长率进行具体分析时，应将企业资产增长率与收入增长、利润增长等情况结合起来分析、评价企业的资产规模增长是否适当。而且，由于企业的资产来自负债和所有者权益，应进一步分析企业的资产增长中有多少来自所有者权益增长，有多少来自负债增长，并判定资产增长的资本结构是否合理。需要关注资产规模扩张质和量的关系，以及企业的后续发展能力，避免盲目扩张。

根据长江空调公司的报表资料，期末资产总额为 1 223 059 万元，期初资产总额为 1 118 897 万元，公司资产增长率指标计算如下：

$$资产增长率 = \frac{1\ 223\ 059\ -\ 1\ 118\ 897}{1\ 118\ 897} \times 100\% = 9.31\%$$

12.4 财务综合分析

上一节我们从盈利能力、营运能力、偿债能力和发展能力四个方面对企业的经营活动、投资活动和筹资活动进行了分析。但这些分析只是从某一特定角度，就企业某一方面的经营活动作分析，还不足以全面评价企业的总体财务状况和经营业绩。因此，有必要在单项分析的基础上，将有关指标按其内在联系结合起来进行综合分析。杜邦分析法是进行综合分析的最基本方法。

杜邦分析法亦称杜邦财务分析体系，是指根据各主要财务比率指标之间的内在联系，利用几种主要的财务比率之间的关系，建立财务分析指标体系，将企业净资产收益率逐级分解为多项财务比率乘积，这样有助于深入分析比较企业经营成果和财务状况。由于该方法由美国杜邦公司最先采用的，故称为杜邦分析法。

12.4.1 主要指标的关系

（1）净资产收益率是一个综合性最强的财务比率，是杜邦分析法的核心。其他各项指标都是围绕这一核心，通过彼此之间的依存制约关系，来揭示企业的盈利能力及其前因后果。财务管理的目标是使企业价值最大化，净资产收益率反映所有者投入资金的盈利能力，反映企业筹资、投资、资产运营等活动的效率，提高净资产收益率是实现财务管理目标的基本保证。该指标的高低取决于资产净利率和权益乘数。

（2）总资产净利率也是一个重要的财务比率，是企业一定时期净利润与总资产的比率。它揭示了企业生产经营活动的效率，综合性比较强，可以分解为销售净利率和资产周转率的乘积，因此，资产净利率的分析要进一步从经营成果和资产营运能力两个方面来分析。

（3）销售净利率反映了企业净利润与销售收入的关系。提高销售净利率是提高企业盈利能力的关键，而提高这一比率主要有两个途径：一是开拓市场，增加销售收入；二是加强成本费用控制，降低耗费，增加利润。

（4）总资产周转率揭示了企业投入资产并实现销售收入的营运能力。企业要结合销售收入分析企业资产的使用是否合理，流动资产和非流动资产的比例安排是否恰当。此外，还必须对影响资产周转率的各具体因素进行分析。

（5）权益乘数是指资产总额相当于所有者权益总额的倍数。它反映了所有者权益与资产的关系，同时也能够反映企业负债程度，权益乘数越大，企业负债程度越高。在总资产需要量既定的前提下，企业适当进行负债经营，可使权益乘数提高，这样能给企业带来较大的财务杠杆利益，但同时企业也需要承受较大的财务风险压力。因此，企业既要合理营运全部资产，又要妥善安排资本结构，控制财务风险。

杜邦分析法的基本结构如图 12 - 1 所示。

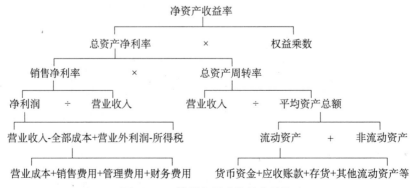

图 12 - 1　杜邦分析法的基本结构

12.4.2　杜邦分析法的优缺点

1. 杜邦分析法的优点

（1）构建了清晰的综合财务指标路线图。杜邦分析法将若干个用以评价企业财务状况和经营成果的比率按其内在联系有机地结合起来，形成一个完整的指标体系，并最终通过净资产收益率来综合反映。可使财务比率分析的层次更清晰、条理更突出，为报表分析者全面仔细地了解企业的财务状况和经营成果提供方便。有助于企业管理层以及其他利益相关者更加清晰地看到净资产收益率的决定因素，以及销售净利率、总资产周转率与权益乘数之间的相互关系，提供了一张明晰的考察企业资产管理效率和最大化股东投资回报的路线图。

（2）符合委托代理理论。由于两权分离导致企业所有者和经营者之间产生了委托代理问题。为尽可能缓解委托代理冲突，有必要建立行之有效的激励与约束机制，即将经营者和所有者的利益联系起来，在实现所有者利益最大化时也能实现经营者的利益最大化。在这样的机制下，经营者会更加主动地关心所有者的收益率及其相关指标。而杜邦分析法正是在关注净资产收益率及其变化的情况下，来分析相关财务指标造成的影响，从而激励或约束经营者的行为，这正符合委托代理理论的要求。

（3）凸显股东财富最大化目标。杜邦分析法把净资产收益率作为核心指标，符合企业的股东财富最大化目标，净资产收益率就是反映股东财富增值程度最为敏感的财务指标。

2. 杜邦分析法的缺点

从企业绩效评价的角度来看，杜邦分析法只包括财务方面的信息，不能全面反映企业的实力，有很大的局限性。主要表现在以下三个方面。

（1）对短期财务指标过分重视，有可能助长企业管理层的短期行为，忽略企业长期的价值创造。

（2）财务指标反映的是企业过去的经营业绩，考察的是工业时代的企业情况。但在当前移动互联网信息时代，客户、供应商、员工、社会环境、制度变迁以及技术创新等因素对企业经营业绩的影响越来越大，而杜邦分析法在这些方面无能为力的。

（3）杜邦分析法没有考虑企业的无形资产、研发能力、市场拓展能力等对企业经营的影响，这些方面的缺失导致杜邦分析法无法广泛应用于新市场环境下的企业财务分析。

🔗 思考与练习

1. 简述财务分析的程序。
2. 简述财务报表分析的局限性。
3. 简述趋势分析法。

4. 根据杜邦分析法，提高净资产收益率的方法有哪些？

5. 长江公司本年度的财务信息如下：资产总额期初值、期末值分别为 240 万元、256 万元；负债总额期初值、期末值分别为 98 万元、128 万元；本年度销售收入 10 000 万元，净利润为 600 万元。要求：计算销售净利率、总资产周转率、权益乘数和净资产收益率。

6. 长江公司本年度利润总额为 30 万元，营业收入是 100 万元。资产期初余额和期末余额相同，都为 250 万元；期初、期末资产负债率不变，都为 40%。全年共发生利息费用 5 万元，企业所得税税率为 25%。要求：计算销售净利率、总资产报酬率、总资产周转率、净资产收益率和期末权益乘数。

7. 长江公司期末资产负债表简略形式如下表所示。已知：期末流动比率是 1.5，期末权益乘数是 2，本期存货周转率是 4.5 次，本期销售成本是 315 000 元，期初存货等于期末存货。要求：计算并填满表格中的空白数据处。

资产负债表（简） 单位：元

资产	金额	负债和所有者权益	金额
货币资金	25 000	应付账款	67 000
应收账款		应交税费	25 000
存货		非流动负债合计	124 000
固定资产	294 000	负债总额	216 000
		实收资本	300 000
		未分配利润	−84 000
资产总计	432 000	负债和所有者权益总计	432 000

8. 长江公司的流动资产由速动资产和存货资产构成，其年初存货为 145 万元，年初应收账款为 125 万元；年末流动比率为 3，年末速动比率为 1.5；存货周转率为 4 次，年末流动资产余额为 270 万元。假定本年赊销净额为 960 万元，除应收账款以外的其他速动资产忽略不计，1 年按 360 天计算。要求：计算公司流动负债年末余额，存货年末余额和年平均余额，本年营业成本，应收账款周转期。

9. 长江公司今年部分财务数据如下表所示，假定流动资产只包括速动资产和存货。要求：计算长江公司今年流动资产的年初余额、年末余额和平均余额、销售收入净额和总资产周转率和销售净利率。

长江公司今年部分财务数据

项目	年初数	年末数	本年数或平均数
存货（万元）	7 200	9 600	8 400
流动资产（万元）	12 000	12 000	12 000
流动负债（万元）	6 000	8 000	7 000
总资产（万元）	15 000	17 000	16 000
流动比率		1.5	

续表

项目	年初数	年末数	本年数或平均数
速动比率	0.8		
权益乘数			1.5
流动资产周转率（次）			4
净利润（万元）			2 880

10. 长江公司 20×2 年的销售收入为 62 500 万元，比上年提高 28%，该公司正处于免税期，有关的财务比率如下表所示。要求：运用杜邦财务分析原理，比较 20×1 年公司与同行业平均的资产收益率，定性分析其差异的原因。运用杜邦分析原理，比较公司 20×2 年与 20×1 年的净资产收益率，定性分析其变化的原因。

长江公司 20×1 年、20×2 年财务指标

财务比率	行业平均（20×1 年）	长江公司（20×1 年）	长江公司（20×2 年）
应收账款回收期（天）	35	36	36
存货周转率	2.5	2.59	2.11
销售毛利率	0.38	0.4	0.4
销售营业利润率（息税前）	0.2	0.096	0.1063
销售利息率	0.0373	0.024	0.0382
销售净利率	0.0627	0.072	0.0681
总资产周转率	1.14	1.11	1.07
固定资产周转率	1.4	2.02	1.82
资产负债率	0.58	0.5	0.613
已获利息倍数	2.68	4	2.78

11. 长江公司本年利润分配及年末股东权益的有关资料如下表所示。公司当前股票市场价格为 10.50 元/股，流通在外的普通股股数为 3 000 万股。要求：计算公司普通股每股利润、股票当前的市盈率、每股股利、股利支付率和每股净资产。

长江公司本年利润分配及年末股东权益

单位：万元

项目	金额	所有者权益	金额
净利润	2 100	股本	3 000
加：年初未分配利润	400	资本公积	2 200
可供分配利润	2 500	盈余公积	1 200
减：提取法定盈余公积	500	未分配利润	600
可供股东分配利润	2 000	所有者权益合计	7 000
减：提取任意盈余公积	200		
减：已分配普通股股利	1 200		
未分配利润	600		

附　表

复利终值系数（F/P，i，n）表

期数	1%	2%	3%	4%	5%	6%	7%	8%	9%	10%	11%	12%	13%	14%	15%	16%	17%	18%	19%	20%
1	1.0100	1.0200	1.0300	1.0400	1.0500	1.0600	1.0700	1.0800	1.0900	1.1000	1.1100	1.1200	1.1300	1.1400	1.1500	1.1600	1.1700	1.1800	1.1900	1.2000
2	1.0201	1.0404	1.0609	1.0816	1.1025	1.1236	1.1449	1.1664	1.1881	1.2100	1.2321	1.2544	1.2769	1.2996	1.3225	1.3456	1.3689	1.3924	1.4161	1.4400
3	1.0303	1.0612	1.0927	1.1249	1.1576	1.1910	1.2250	1.2597	1.2950	1.3310	1.3676	1.4049	1.4429	1.4815	1.5209	1.5609	1.6016	1.6430	1.6852	1.7280
4	1.0406	1.0824	1.1255	1.1699	1.2155	1.2625	1.3108	1.3605	1.4116	1.4641	1.5181	1.5735	1.6305	1.6890	1.7490	1.8106	1.8739	1.9388	2.0053	2.0736
5	1.0510	1.1041	1.1593	1.2167	1.2763	1.3382	1.4026	1.4693	1.5386	1.6105	1.6851	1.7623	1.8424	1.9254	2.0114	2.1003	2.1924	2.2878	2.3864	2.4883
6	1.0615	1.1262	1.1941	1.2653	1.3401	1.4185	1.5007	1.5869	1.6771	1.7716	1.8704	1.9738	2.0820	2.1950	2.3131	2.4364	2.5652	2.6996	2.8398	2.9860
7	1.0721	1.1487	1.2299	1.3159	1.4071	1.5036	1.6058	1.7138	1.8280	1.9487	2.0762	2.2107	2.3526	2.5023	2.6600	2.8262	3.0012	3.1855	3.3793	3.5832
8	1.0829	1.1717	1.2668	1.3686	1.4775	1.5938	1.7182	1.8509	1.9926	2.1436	2.3045	2.4760	2.6584	2.8526	3.0590	3.2784	3.5115	3.7589	4.0214	4.2998
9	1.0937	1.1951	1.3048	1.4233	1.5513	1.6895	1.8385	1.9990	2.1719	2.3579	2.5580	2.7731	3.0040	3.2519	3.5179	3.8030	4.1084	4.4355	4.7854	5.1598
10	1.1046	1.2190	1.3439	1.4802	1.6289	1.7908	1.9672	2.1589	2.3674	2.5937	2.8394	3.1058	3.3946	3.7072	4.0456	4.4114	4.8068	5.2338	5.6947	6.1917
11	1.1157	1.2434	1.3842	1.5395	1.7103	1.8983	2.1049	2.3316	2.5804	2.8531	3.1518	3.4786	3.8359	4.2262	4.6524	5.1173	5.6240	6.1759	6.7767	7.4301
12	1.1268	1.2682	1.4258	1.6010	1.7959	2.0122	2.2522	2.5182	2.8127	3.1384	3.4985	3.8960	4.3345	4.8179	5.3503	5.9360	6.5801	7.2876	8.0642	8.9161
13	1.1381	1.2936	1.4685	1.6651	1.8856	2.1329	2.4098	2.7196	3.0658	3.4523	3.8833	4.3635	4.8980	5.4924	6.1528	6.8858	7.6987	8.5994	9.5964	10.6993

续表

期数	1%	2%	3%	4%	5%	6%	7%	8%	9%	10%	11%	12%	13%	14%	15%	16%	17%	18%	19%	20%
14	1.1495	1.3195	1.5126	1.7317	1.9799	2.2609	2.5785	2.9372	3.3417	3.7975	4.3104	4.8871	5.5348	6.2613	7.0757	7.9875	9.0075	10.1472	11.4198	12.8392
15	1.1610	1.3459	1.5580	1.8009	2.0789	2.3966	2.7590	3.1722	3.6425	4.1772	4.7846	5.4736	6.2543	7.1379	8.1371	9.2655	10.5387	11.9737	13.5895	15.4070
16	1.1726	1.3728	1.6047	1.8730	2.1829	2.5404	2.9522	3.4259	3.9703	4.5950	5.3109	6.1304	7.0673	8.1372	9.3576	10.7480	12.3303	14.1290	16.1715	18.4884
17	1.1843	1.4002	1.6528	1.9479	2.2920	2.6928	3.1588	3.7000	4.3276	5.0545	5.8951	6.8660	7.9861	9.2765	10.7613	12.4677	14.4265	16.6722	19.2441	22.1861
18	1.1961	1.4282	1.7024	2.0258	2.4066	2.8543	3.3799	3.9960	4.7171	5.5599	6.5436	7.6900	9.0243	10.5752	12.3755	14.4625	16.8790	19.6733	22.9005	26.6233
19	1.2081	1.4568	1.7535	2.1068	2.5270	3.0256	3.6165	4.3157	5.1417	6.1159	7.2633	8.6128	10.1974	12.0557	14.2318	16.7765	19.7484	23.2144	27.2516	31.9480
20	1.2202	1.4859	1.8061	2.1911	2.6533	3.2071	3.8697	4.6610	5.6044	6.7275	8.0623	9.6463	11.5231	13.7435	16.3665	19.4608	23.1056	27.3930	32.4294	38.3376
21	1.2324	1.5157	1.8603	2.2788	2.7860	3.3996	4.1406	5.0338	6.1088	7.4002	8.9492	10.8038	13.0211	15.6676	18.8215	22.5745	27.0336	32.3238	38.5910	46.0051
22	1.2447	1.5460	1.9161	2.3699	2.9253	3.6035	4.4304	5.4365	6.6586	8.1403	9.9336	12.1003	14.7138	17.8610	21.6447	26.1864	31.6293	38.1421	45.9233	55.2061
23	1.2572	1.5769	1.9736	2.4647	3.0715	3.8197	4.7405	5.8715	7.2579	8.9543	11.0263	13.5523	16.6266	20.3616	24.8915	30.3762	37.0062	45.0076	54.6487	66.2474
24	1.2697	1.6084	2.0328	2.5633	3.2251	4.0489	5.0724	6.3412	7.9111	9.8497	12.2392	15.1786	18.7881	23.2122	28.6252	35.2364	43.2973	53.1090	65.0320	79.4968
25	1.2824	1.6406	2.0938	2.6658	3.3864	4.2919	5.4274	6.8485	8.6231	10.8347	13.5855	17.0001	21.2305	26.4619	32.9190	40.8742	50.6578	62.6686	77.3881	95.3962
26	1.2953	1.6734	2.1566	2.7725	3.5557	4.5494	5.8074	7.3964	9.3992	11.9182	15.0799	19.0401	23.9905	30.1666	37.8568	47.4141	59.2697	73.9490	92.0918	114.4755
27	1.3082	1.7069	2.2213	2.8834	3.7335	4.8223	6.2139	7.9881	10.2451	13.1100	16.7387	21.3249	27.1093	34.3899	43.5353	55.0004	69.3455	87.2598	109.5893	137.3706
28	1.3213	1.7410	2.2879	2.9987	3.9201	5.1117	6.6488	8.6271	11.1671	14.4210	18.5799	23.8839	30.6335	39.2045	50.0656	63.8004	81.1342	102.9666	130.4112	164.8447
29	1.3345	1.7758	2.3566	3.1187	4.1161	5.4184	7.1143	9.3173	12.1722	15.8631	20.6237	26.7499	34.6158	44.6931	57.5755	74.0085	94.9271	121.5005	155.1893	197.8136
30	1.3478	1.8114	2.4273	3.2434	4.3219	5.7435	7.6123	10.0627	13.2677	17.4494	22.8923	29.9599	39.1159	50.9502	66.2118	85.8499	111.0647	143.3706	184.6753	237.3763

附表二

复利现值系数 $(P/F, i, n)$ 表

期数	1%	2%	3%	4%	5%	6%	7%	8%	9%	10%	11%	12%	13%	14%	15%	16%	17%	18%	19%	20%
1	0.990 1	0.980 4	0.970 9	0.961 5	0.952 4	0.943 4	0.934 6	0.925 9	0.917 4	0.909 1	0.900 9	0.892 9	0.885 0	0.877 2	0.869 6	0.862 1	0.854 7	0.847 5	0.840 3	0.833 3
2	0.980 3	0.961 2	0.942 6	0.924 6	0.907 0	0.890 0	0.873 4	0.857 3	0.841 7	0.826 4	0.811 6	0.797 2	0.783 1	0.769 5	0.756 1	0.743 2	0.730 5	0.718 2	0.706 2	0.694 4
3	0.970 6	0.942 3	0.915 1	0.889 0	0.863 8	0.839 6	0.816 3	0.793 8	0.772 2	0.751 3	0.731 2	0.711 8	0.693 1	0.675 0	0.657 5	0.640 7	0.624 4	0.608 6	0.593 4	0.578 7
4	0.961 0	0.923 8	0.888 5	0.854 8	0.822 7	0.792 1	0.762 9	0.735 0	0.708 4	0.683 0	0.658 7	0.635 5	0.613 3	0.592 1	0.571 8	0.552 3	0.533 7	0.515 8	0.498 7	0.482 3
5	0.951 5	0.905 7	0.862 6	0.821 9	0.783 5	0.747 3	0.713 0	0.680 6	0.649 9	0.620 9	0.593 5	0.567 4	0.542 8	0.519 4	0.497 2	0.476 1	0.456 1	0.437 1	0.419 0	0.401 9
6	0.942 0	0.888 0	0.837 5	0.790 3	0.746 2	0.705 0	0.666 3	0.630 2	0.596 3	0.564 5	0.534 6	0.506 6	0.480 3	0.455 6	0.432 3	0.410 4	0.389 8	0.370 4	0.352 1	0.334 9
7	0.932 7	0.870 6	0.813 1	0.759 9	0.710 7	0.665 1	0.6 227	0.583 5	0.547 0	0.513 2	0.481 7	0.452 3	0.425 1	0.399 6	0.375 9	0.353 8	0.333 2	0.313 9	0.295 9	0.279 1
8	0.923 5	0.853 5	0.789 4	0.730 7	0.676 8	0.627 4	0.582 0	0.540 3	0.501 9	0.466 5	0.433 9	0.403 9	0.376 2	0.350 6	0.326 9	0.305 0	0.284 8	0.266 0	0.248 7	0.232 6
9	0.914 3	0.836 8	0.766 4	0.702 6	0.644 6	0.591 9	0.543 9	0.500 2	0.460 4	0.424 1	0.390 9	0.360 6	0.332 9	0.307 5	0.284 3	0.263 0	0.243 4	0.225 5	0.209 0	0.193 8
10	0.905 3	0.820 3	0.744 1	0.675 6	0.613 9	0.558 4	0.508 3	0.463 2	0.422 4	0.385 5	0.352 2	0.322 0	0.294 6	0.269 7	0.247 2	0.226 7	0.208 0	0.191 1	0.175 6	0.161 5
11	0.896 3	0.804 3	0.722 4	0.649 6	0.584 7	0.526 8	0.475 1	0.428 9	0.387 5	0.350 5	0.317 3	0.287 5	0.260 7	0.236 6	0.214 9	0.195 4	0.177 8	0.161 9	0.147 6	0.134 6
12	0.887 4	0.788 5	0.701 4	0.624 6	0.556 8	0.497 0	0.444 0	0.397 1	0.355 5	0.318 6	0.285 8	0.256 7	0.230 7	0.207 6	0.186 9	0.168 5	0.152 0	0.137 2	0.124 0	0.112 2
13	0.878 7	0.773 0	0.681 0	0.600 6	0.530 3	0.468 8	0.415 0	0.367 7	0.326 2	0.289 7	0.257 5	0.229 2	0.204 2	0.182 1	0.162 5	0.145 2	0.129 9	0.116 3	0.104 2	0.093 5
14	0.870 0	0.757 9	0.661 1	0.577 5	0.505 1	0.442 3	0.387 8	0.340 5	0.299 2	0.263 3	0.232 0	0.204 6	0.180 7	0.159 7	0.141 3	0.125 2	0.111 0	0.098 5	0.087 6	0.077 9
15	0.861 3	0.743 0	0.641 9	0.555 3	0.481 0	0.417 3	0.362 4	0.315 2	0.274 5	0.239 4	0.209 0	0.182 7	0.159 9	0.140 1	0.122 9	0.107 9	0.094 9	0.083 5	0.073 6	0.064 9
16	0.852 8	0.728 4	0.623 2	0.533 9	0.458 1	0.393 6	0.3 387	0.291 9	0.251 9	0.217 6	0.188 3	0.163 1	0.141 5	0.122 9	0.106 9	0.093 0	0.081 1	0.070 8	0.061 8	0.054 1

续表

期数	1%	2%	3%	4%	5%	6%	7%	8%	9%	10%	11%	12%	13%	14%	15%	16%	17%	18%	19%	20%
17	0.8444	0.7142	0.6050	0.5134	0.4363	0.3714	0.3166	0.2703	0.2311	0.1978	0.1696	0.1456	0.1252	0.1078	0.0929	0.0802	0.0693	0.0600	0.0520	0.0451
18	0.8360	0.7002	0.5874	0.4936	0.4155	0.3503	0.2959	0.2502	0.2120	0.1799	0.1528	0.1300	0.1108	0.0946	0.0808	0.0691	0.0592	0.0508	0.0437	0.0376
19	0.8277	0.6864	0.5703	0.4746	0.3957	0.3305	0.2765	0.2317	0.1945	0.1635	0.1377	0.1161	0.0981	0.0829	0.0703	0.0596	0.0506	0.0431	0.0367	0.0313
20	0.8195	0.6730	0.5537	0.4564	0.3769	0.3118	0.2584	0.2145	0.1784	0.1486	0.1240	0.1037	0.0868	0.0728	0.0611	0.0514	0.0433	0.0365	0.0308	0.0261
21	0.8114	0.6598	0.5375	0.4388	0.3589	0.2942	0.2415	0.1987	0.1637	0.1351	0.1117	0.0926	0.0768	0.0638	0.0531	0.0443	0.0370	0.0309	0.0259	0.0217
22	0.8034	0.6468	0.5219	0.4220	0.3418	0.2775	0.2257	0.1839	0.1502	0.1228	0.1007	0.0826	0.0680	0.0560	0.0462	0.0382	0.0316	0.0262	0.0218	0.0181
23	0.7954	0.6342	0.5067	0.4057	0.3256	0.2618	0.2109	0.1703	0.1378	0.1117	0.0907	0.0738	0.0601	0.0491	0.0402	0.0329	0.0270	0.0222	0.0183	0.0151
24	0.7876	0.6217	0.4919	0.3901	0.3101	0.2470	0.1971	0.1577	0.1264	0.1015	0.0817	0.0659	0.0532	0.0431	0.0349	0.0284	0.0231	0.0188	0.0154	0.0126
25	0.7798	0.6095	0.4776	0.3751	0.2953	0.2330	0.1842	0.1460	0.1160	0.0923	0.0736	0.0588	0.0471	0.0378	0.0304	0.0245	0.0197	0.0160	0.0129	0.0105
26	0.7720	0.5976	0.4637	0.3607	0.2812	0.2198	0.1722	0.1352	0.1064	0.0839	0.0663	0.0525	0.0417	0.0331	0.0264	0.0211	0.0169	0.0135	0.0109	0.0087
27	0.7644	0.5859	0.4502	0.3468	0.2678	0.2074	0.1609	0.1252	0.0976	0.0763	0.0597	0.0469	0.0369	0.0291	0.0230	0.0182	0.0144	0.0115	0.0091	0.0073
28	0.7568	0.5744	0.4371	0.3335	0.2551	0.1956	0.1504	0.1159	0.0895	0.0693	0.0538	0.0419	0.0326	0.0255	0.0200	0.0157	0.0123	0.0097	0.0077	0.0061
29	0.7493	0.5631	0.4243	0.3207	0.2429	0.1846	0.1406	0.1073	0.0822	0.0630	0.0485	0.0374	0.0289	0.0224	0.0174	0.0135	0.0105	0.0082	0.0064	0.0051
30	0.7419	0.5521	0.4120	0.3083	0.2314	0.1741	0.1314	0.0994	0.0754	0.0573	0.0437	0.0334	0.0256	0.0196	0.0151	0.0116	0.0090	0.0070	0.0054	0.0042

附表三

年金终值系数（F/A，i，n）表

期数	1%	2%	3%	4%	5%	6%	7%	8%	9%	10%	11%	12%	13%	14%	15%	16%	17%	18%	19%	20%
1	1.0000	1.0000	1.0000	1.0000	1.0000	1.0000	1.0000	1.0000	1.0000	1.0000	1.0000	1.0000	1.0000	1.0000	1.0000	1.0000	1.0000	1.0000	1.0000	1.0000
2	2.0100	2.0200	2.0300	2.0400	2.0500	2.0600	2.0700	2.0800	2.0900	2.1000	2.1100	2.1200	2.1300	2.1400	2.1500	2.1600	2.1700	2.1800	2.1900	2.2000
3	3.0301	3.0604	3.0909	3.1216	3.1525	3.1836	3.2149	3.2464	3.2781	3.3100	3.3421	3.3744	3.4069	3.4396	3.4725	3.5056	3.5389	3.5724	3.6061	3.6400
4	4.0604	4.1216	4.1836	4.2465	4.3101	4.3746	4.4399	4.5061	4.5731	4.6410	4.7097	4.7793	4.8498	4.9211	4.9934	5.0665	5.1405	5.2154	5.2913	5.3680
5	5.1010	5.2040	5.3091	5.4163	5.5256	5.6371	5.7507	5.8666	5.9847	6.1051	6.2278	6.3528	6.4803	6.6101	6.7424	6.8771	7.0144	7.1542	7.2966	7.4416
6	6.1520	6.3081	6.4684	6.6330	6.8019	6.9753	7.1533	7.3359	7.5233	7.7156	7.9129	8.1152	8.3227	8.5355	8.7537	8.9775	9.2068	9.4420	9.6830	9.9299
7	7.2135	7.4343	7.6625	7.8983	8.1420	8.3938	8.6540	8.9228	9.2004	9.4872	9.7833	10.0890	10.4047	10.7305	11.0668	11.4139	11.7720	12.1415	12.5227	12.9159
8	8.2857	8.5830	8.8923	9.2142	9.5491	9.8975	10.2598	10.6366	11.0285	11.4359	11.8594	12.2997	12.7573	13.2328	13.7268	14.2401	14.7733	15.3270	15.9020	16.4991
9	9.3685	9.7546	10.1591	10.5828	11.0266	11.4913	11.9780	12.4876	13.0210	13.5795	14.1640	14.7757	15.4157	16.0853	16.7858	17.5185	18.2847	19.0859	19.9234	20.7989
10	10.4622	10.9497	11.4639	12.0061	12.5779	13.1808	13.8164	14.4866	15.1929	15.9374	16.7220	17.5487	18.4197	19.3373	20.3037	21.3215	22.3931	23.5213	24.7089	25.9587
11	11.5668	12.1687	12.8078	13.4864	14.2068	14.9716	15.7836	16.6455	17.5603	18.5312	19.5614	20.6546	21.8143	23.0445	24.3493	25.7329	27.1999	28.7551	30.4035	32.1504
12	12.6825	13.4121	14.1920	15.0258	15.9171	16.8699	17.8885	18.9771	20.1407	21.3843	22.7132	24.1331	25.6502	27.2707	29.0017	30.8502	32.8239	34.9311	37.1802	39.5805
13	13.8093	14.6803	15.6178	16.6268	17.7130	18.8821	20.1406	21.4953	22.9534	24.5227	26.2116	28.0291	29.9847	32.0887	34.3519	36.7862	39.4040	42.2187	45.2445	48.4966
14	14.9474	15.9739	17.0863	18.2919	19.5986	21.0151	22.5505	24.2149	26.0192	27.9750	30.0949	32.3926	34.8827	37.5811	40.5047	43.6720	47.1027	50.8180	54.8409	59.1959
15	16.0969	17.2934	18.5989	20.0236	21.5786	23.2760	25.1290	27.1521	29.3609	31.7725	34.4054	37.2797	40.4175	43.8424	47.5804	51.6595	56.1101	60.9653	66.2607	72.0351
16	17.2579	18.6393	20.1569	21.8245	23.6575	25.6725	27.8881	30.3243	33.0034	35.9497	39.1899	42.7533	46.6717	50.9804	55.7175	60.9250	66.6488	72.9390	79.8502	87.4421

续表

期数	1%	2%	3%	4%	5%	6%	7%	8%	9%	10%	11%	12%	13%	14%	15%	16%	17%	18%	19%	20%
17	18.4304	20.0121	21.7616	23.6975	25.8404	28.2129	30.8402	33.7502	36.9737	40.5447	44.5008	48.8837	53.7391	59.1176	65.0751	71.6730	78.9792	87.0680	96.0218	105.9306
18	19.6147	21.4123	23.4144	25.6454	28.1324	30.9057	33.9990	37.4502	41.3013	45.5992	50.3959	55.7497	61.7251	68.3941	75.8364	84.1407	93.4056	103.7403	115.2659	128.1167
19	20.8109	22.8406	25.1169	27.6712	30.5390	33.7600	37.3790	41.4463	46.0185	51.1591	56.9395	63.4397	70.7494	78.9692	88.2118	98.6032	110.2846	123.4135	138.1664	154.7400
20	22.0190	24.2974	26.8704	29.7781	33.0660	36.7856	40.9955	45.7620	51.1601	57.2750	64.2028	72.0524	80.9468	91.0249	102.4436	115.3797	130.0329	146.6280	165.4180	186.6880
21	23.2392	25.7833	28.6765	31.9692	35.7193	39.9927	44.8652	50.4229	56.7645	64.0025	72.2651	81.6987	92.4699	104.7684	118.8101	134.8405	153.1385	174.0210	197.8474	225.0256
22	24.4716	27.2990	30.5368	34.2480	38.5052	43.3923	49.0057	55.4568	62.8733	71.4027	81.2143	92.5026	105.4910	120.4360	137.6316	157.4150	180.1721	206.3448	236.4385	271.0307
23	25.7163	28.8450	32.4529	36.6179	41.4305	46.9958	53.4361	60.8933	69.5319	79.5430	91.1479	104.6029	120.2048	138.2970	159.2764	183.6014	211.8013	244.4868	282.3618	326.2369
24	26.9735	30.4219	34.4265	39.0826	44.5020	50.8156	58.1767	66.7648	76.7898	88.4973	102.1742	118.1552	136.8315	158.6586	184.1678	213.9776	248.8076	289.4945	337.0105	392.4842
25	28.2432	32.0303	36.4593	41.6459	47.7271	54.8645	63.2490	73.1059	84.7009	98.3471	114.4133	133.3339	155.6196	181.8708	212.7930	249.2140	292.1049	342.6035	402.0425	471.9811
26	29.5256	33.6709	38.5530	44.3117	51.1135	59.1564	68.6765	79.9544	93.3240	109.1818	127.9988	150.3339	176.8501	208.3327	245.7120	290.0883	342.7627	405.2721	479.4306	567.3773
27	30.8209	35.3443	40.7096	47.0842	54.6691	63.7058	74.4838	87.3508	102.7231	121.0999	143.0786	169.3740	200.8406	238.4993	283.5688	337.5024	402.0323	479.2211	571.5224	681.8528
28	32.1291	37.0512	42.9309	49.9676	58.4026	68.5281	80.6977	95.3388	112.9682	134.2099	159.8173	190.6989	227.4499	272.8892	327.1041	392.5028	471.3778	566.4809	681.1116	819.2233
29	33.4504	38.7922	45.2189	52.9663	62.3227	73.6398	87.3465	103.9659	124.1354	148.6309	178.3972	214.5828	258.5834	312.0937	377.1697	456.3032	552.5121	669.4475	811.5228	984.0680
30	34.7849	40.5681	47.5754	56.0849	66.4388	79.0582	94.4608	113.2832	136.3075	164.4940	199.0209	241.3327	293.1992	356.7868	434.7451	530.3117	647.4391	790.9480	966.7122	1181.8816

附表四

年金现值系数 (P/A, i, n) 表

期数	1%	2%	3%	4%	5%	6%	7%	8%	9%	10%	11%	12%	13%	14%	15%	16%	17%	18%	19%	20%
1	0.9901	0.9804	0.9709	0.9615	0.9524	0.9434	0.9346	0.9259	0.9174	0.9091	0.9009	0.8929	0.8850	0.8772	0.8696	0.8621	0.8547	0.8475	0.8403	0.8333
2	1.9704	1.9416	1.9135	1.8861	1.8594	1.8334	1.8080	1.7833	1.7591	1.7355	1.7125	1.6901	1.6681	1.6467	1.6257	1.6052	1.5852	1.5656	1.5465	1.5278
3	2.9410	2.8839	2.8286	2.7751	2.7232	2.6730	2.6243	2.5771	2.5313	2.4869	2.4437	2.4018	2.3612	2.3216	2.2832	2.2459	2.2096	2.1743	2.1399	2.1065
4	3.9020	3.8077	3.7171	3.6299	3.5460	3.4651	3.3872	3.3121	3.2397	3.1699	3.1024	3.0373	2.9745	2.9137	2.8550	2.7982	2.7432	2.6901	2.6386	2.5887
5	4.8534	4.7135	4.5797	4.4518	4.3295	4.2124	4.1002	3.9927	3.8897	3.7908	3.6959	3.6048	3.5172	3.4331	3.3522	3.2743	3.1993	3.1272	3.0576	2.9906
6	5.7955	5.6014	5.4172	5.2421	5.0757	4.9173	4.7665	4.6229	4.4859	4.3553	4.2305	4.1114	3.9975	3.8887	3.7845	3.6847	3.5892	3.4976	3.4098	3.3255
7	6.7282	6.4720	6.2303	6.0021	5.7864	5.5824	5.3893	5.2064	5.0330	4.8684	4.7122	4.5638	4.4226	4.2883	4.1604	4.0386	3.9224	3.8115	3.7057	3.6046
8	7.6517	7.3255	7.0197	6.7327	6.4632	6.2098	5.9713	5.7466	5.5348	5.3349	5.1461	4.9676	4.7988	4.6389	4.4873	4.3436	4.2072	4.0776	3.9544	3.8372
9	8.5660	8.1622	7.7861	7.4353	7.1078	6.8017	6.5152	6.2469	5.9952	5.7590	5.5370	5.3282	5.1317	4.9464	4.7716	4.6065	4.4506	4.3030	4.1633	4.0310
10	9.4713	8.9826	8.5302	8.1109	7.7217	7.3601	7.0236	6.7101	6.4177	6.1446	5.8892	5.6502	5.4262	5.2161	5.0188	4.8332	4.6586	4.4941	4.3389	4.1925
11	10.3676	9.7868	9.2526	8.7605	8.3064	7.8869	7.4987	7.1390	6.8052	6.4951	6.2065	5.9377	5.6869	5.4527	5.2337	5.0286	4.8364	4.6560	4.4865	4.3271
12	11.2551	10.5753	9.9540	9.3851	8.8633	8.3838	7.9427	7.5361	7.1607	6.8137	6.4924	6.1944	5.9176	5.6603	5.4206	5.1971	4.9884	4.7932	4.6105	4.4392
13	12.1337	11.3484	10.6350	9.9856	9.3936	8.8527	8.3577	7.9038	7.4869	7.1034	6.7499	6.4235	6.1218	5.8424	5.5831	5.3423	5.1183	4.9095	4.7147	4.5327
14	13.0037	12.1062	11.2961	10.5631	9.8986	9.2950	8.7455	8.2442	7.7862	7.3667	6.9819	6.6282	6.3025	6.0021	5.7245	5.4675	5.2293	5.0081	4.8023	4.6106
15	13.8651	12.8493	11.9379	11.1184	10.3797	9.7122	9.1079	8.5595	8.0607	7.6061	7.1909	6.8109	6.4624	6.1422	5.8474	5.5755	5.3242	5.0916	4.8759	4.6755
16	14.7179	13.5777	12.5611	11.6523	10.8378	10.1059	9.4466	8.8514	8.3126	7.8237	7.3792	6.9740	6.6039	6.2651	5.9542	5.6685	5.4053	5.1624	4.9377	4.7296

续表

期数	1%	2%	3%	4%	5%	6%	7%	8%	9%	10%	11%	12%	13%	14%	15%	16%	17%	18%	19%	20%
17	15.5623	14.2919	13.1661	12.1657	11.2741	10.4773	9.7632	9.1216	8.5436	8.0216	7.5488	7.1196	6.7291	6.3729	6.0472	5.7487	5.4746	5.2223	4.9897	4.7746
18	16.3983	14.9920	13.7535	12.6593	11.6896	10.8276	10.0591	9.3719	8.7556	8.2014	7.7016	7.2497	6.8399	6.4674	6.1280	5.8178	5.5339	5.2732	5.0333	4.8122
19	17.2260	15.6785	14.3238	13.1339	12.0853	11.1581	10.3356	9.6036	8.9501	8.3649	7.8393	7.3658	6.9380	6.5504	6.1982	5.8775	5.5845	5.3162	5.0700	4.8435
20	18.0456	16.3514	14.8775	13.5903	12.4622	11.4699	10.5940	9.8181	9.1285	8.5136	7.9633	7.4694	7.0248	6.6231	6.2593	5.9288	5.6278	5.3527	5.1009	4.8696
21	18.8570	17.0112	15.4150	14.0292	12.8212	11.7641	10.8355	10.0168	9.2922	8.6487	8.0751	7.5620	7.1016	6.6870	6.3125	5.9731	5.6648	5.3837	5.1268	4.8913
22	19.6604	17.6580	15.9369	14.4511	13.1630	12.0416	11.0612	10.2007	9.4424	8.7715	8.1757	7.6446	7.1695	6.7429	6.3587	6.0113	5.6964	5.4099	5.1486	4.9094
23	20.4558	18.2922	16.4436	14.8568	13.4886	12.3034	11.2722	10.3711	9.5802	8.8832	8.2664	7.7184	7.2297	6.7921	6.3988	6.0442	5.7234	5.4321	5.1668	4.9245
24	21.2434	18.9139	16.9355	15.2470	13.7986	12.5504	11.4693	10.5288	9.7066	8.9847	8.3481	7.7843	7.2829	6.8351	6.4338	6.0726	5.7465	5.4509	5.1822	4.9371
25	22.0232	19.5235	17.4131	15.6221	14.0939	12.7834	11.6536	10.6748	9.8226	9.0770	8.4217	7.8431	7.3300	6.8729	6.4641	6.0971	5.7662	5.4669	5.1951	4.9476
26	22.7952	20.1210	17.8768	15.9828	14.3752	13.0032	11.8258	10.8100	9.9290	9.1609	8.4881	7.8957	7.3717	6.9061	6.4906	6.1182	5.7831	5.4804	5.2060	4.9563
27	23.5596	20.7069	18.3270	16.3296	14.6430	13.2105	11.9867	10.9352	10.0266	9.2372	8.5478	7.9426	7.4086	6.9352	6.5135	6.1364	5.7975	5.4919	5.2151	4.9636
28	24.3164	21.2813	18.7641	16.6631	14.8981	13.4062	12.1371	11.0511	10.1161	9.3066	8.6016	7.9844	7.4412	6.9607	6.5335	6.1520	5.8099	5.5016	5.2228	4.9697
29	25.0658	21.8444	19.1885	16.9837	15.1411	13.5907	12.2777	11.1584	10.1983	9.3696	8.6501	8.0218	7.4701	6.9830	6.5509	6.1656	5.8204	5.5098	5.2292	4.9747
30	25.8077	22.3965	19.6004	17.2920	15.3725	13.7648	12.4090	11.2578	10.2737	9.4269	8.6938	8.0552	7.4957	7.0027	6.5660	6.1772	5.8294	5.5168	5.2347	4.9789

练习题部分参考答案

第2章 练习题

4. 在下列情况下，计算 1 000 元按年复利计息的终值。(1) 利率为 5%，为期 10 年。(2) 利率为 7%，为期 10 年。(3) 利率为 5%，为期 20 年。(4) 为何 (3) 的结果不是 (2) 的结果的 2 倍?

解：(1) $1\,000 \times (F/P, 5\%, 10) = 1\,628.89$ （元）

(2) $1\,000 \times (F/P, 7\%, 10) = 1\,967.15$ （元）

(3) $1\,000 \times (F/P, 5\%, 20) = 2\,653.3$ （元）

答：显然 2 653.3 不是 1 628.89 的两倍，原因是 20 年期利率 5% 的复利计息是 $(1+5\%)^{20}$，而 100 年期利率 5% 的复利计息是 $(1+5\%)^{10}$，是指数增长 2 倍，不是简单的倍数增长 2 倍。

5. 长江空调公司发行了一种债券，25 年后付给投资人 1 000 元/张，其间不付利息，若贴现率为 3%，该债券现值为多少?

解：贴现债券现值 $= 1\,000/(1+3\%)^{25} = 47.76$ （元/张）

6. 若名义利率为 3%，在下述几种方式之下，1 万元的存款三年之后的终值是多少? (1) 每年计息一次。(2) 每半年计息一次。(3) 每月计息一次。(4) 连续计息。

解：(1) $10\,000 \times (1+3\%)^3 = 10\,927.3$ （元）

(2) $10\,000 \times (1+1.5\%)^6 = 10\,934.43$ （元）

(3) $10\,000 \times (1+0.15\%)^{36} = 10\,940.51$ （元）

(4) $10\,000 \times e^{3\% \times 3} = 10\,941.74$ （元）

答：随着计息频率的增加，1 万元的存款三年之后的终值逐渐增大。

7. 若市场利率为 5%，每年付息 120 元的永续债券价格为多少?

解：永续债券现值 $= 120/5\% = 2\,400$ （元）

8. 假定利率为 3%，计算下述几种现金流的现值。(1) 一年以后开始，永远每年支付 1 000 元。(2) 两年以后开始，永远每年支付 500 元。(3) 三年以后开始，永远每年支付 500 元。

解：(1) $1\,000/3\% = 33\,333.33$ （元）

(2) $[500/3\%]/(1+3\%) = 16\,181.23$ （元）

(3) $[500/3\%]/(1+3\%)^2 = 15\,709.93$ （元）

9. 若年利率为 3%，一项资产价格为 20 万元，在以后 8 年中每年能产生 3 万元的现金流，那么你会购买这项资产吗?

解：未来现金流的现值 $= 30\,000 \times (P/A, 3\%, 8) = 210\,590.7$ （元），大于 20 万

元，应该购买。

10. 你有机会以 1 280 元购买一张债券。该债券在以后的 10 年中，每年年末都肯定会付给你 200 元。如果你购买这个债券，你得到的年利率为多少？

解：$1\,280 = 200 \times (P/A, r, 10)$，倒算出 $r = 9.097\%$。

11. 长江空调公司于年初向银行借款 50 万元购买设备，第一年末开始还款，每年还款一次，等额偿还，分 5 年还清，银行借款利率为 5%。计算每年应还款多少？

解：$50 = A \times (P/A, 5\%, 5)$，$A = 50/4.32948 = 11.55$（万元）。

12. 长江空调公司拟购置一台设备，有两种设备可选择，A 设备的价格比 B 设备高 5 万元，但每年可节约维修保养费用 1 万元。假定 A 设备的经济寿命为 6 年，市场利率为 8%，公司在 A、B 两种设备必须择一的情况下，应选择哪一种设备？

解：$50\,000 = A \times (P/A, 8\%, 6)$，$A = 50\,000/4.6229 = 10\,815.77$（元），大于 1 万元。

答：A 设备高出的价格转换为年金时大于可节约的费用，应选 B 设备。

第 3 章 练习题

8. 现有 F 和 G 两种证券，其中 F 证券期望收益率为 12%，标准差为 9%；而 G 证券期望收益率是 18%，标准差是 25%。求：（1）如果由 30% 的 F 证券和 70% 的 G 证券构成一个投资组合，其期望收益率是多少？（2）如果 F 和 G 这两种证券收益之间的相关系数是 0.2，那么上述组合的标准差是多少？

解：（1）组合期望收益 $= 30\% \times 12\% + 70\% \times 18\% = 16.2\%$

（2）组合的标准差 $= [30\%^2 \times \mathrm{Var}(F) + 70\%^2 \times \mathrm{Var}(G) + 2 \times 30\% \times 70\% \times \mathrm{Cov}(F, G)]^{1/2} = 33.96\%$

9. 长江空调公司现有 A 和 B 两个投资项目，投资报酬情况资料如下表所示。

市场销售情况	概率	A 项目报酬率	B 项目报酬率
较好	30%	30%	20%
一般	50%	10%	10%
很差	20%	−15%	5%

（1）计算 A 项目的期望报酬率、标准差和标准离差率。

（2）计算 B 项目的期望报酬率、标准差和标准离差率。

（3）假定长江空调公司规定，任何投资项目的期望报酬率都必须在 10% 以上，且标准离差率不得超过 1，请问公司应该选择投资哪一个项目？

解：（1）A 的期望报酬率 $= 30\% \times 30\% + 50\% \times 10\% + 20\% \times (−15\%) = 11\%$

A 的标准差 $= [30\% \times (30\% − 11\%)^2 + 50\% \times (10\% − 11\%)^2 + 20\% \times (−15\% − 11\%)^2]^{1/2} = 15.62\%$

A 的标准离差率 = 15.62%/11% = 1.42

（2）B 的期望报酬率 = 30% × 20% + 50% × 10% + 20% × 5% = 12%

B 的标准差 = ［30% × （20% − 12%）² + 50% × （10% − 12%）² + 20% × （5% − 12%）²］^{1/2} = 5.58%

B 的标准离差率 = 5.58%/12% = 0.465

（3）尽管 A 项目的期望报酬率满足公司的要求，但标准离差率太高，风险太大，不符合要求，不宜选取；B 项目的期望报酬率和标准离差率均符合公司设定的投资标准，公司应该选取 B 项目。

10. 长江空调公司当前的普通股股利为每股 4.2 元，股价为每股 53 元，今后公司将保持 5% 的稳定的股利增长率。公司现在股票的 β 系数为 1.28，当前无风险收益率为 3%，预计资本市场平均收益率为 10%。请分别运用股利固定增长模型和资本资产定价模型来估计该公司普通股的资本成本。

解：（1）根据股利固定增长模型：$K_S = D_1/P_0 + g = ［4.2 × （1 + 5%）］/53 + 5% = 13.32\%$

（2）根据资本资产定价模型：$K_S = R_f + β（R_m − R_f）= 3\% + 1.28 × （10\% − 3\%）= 11.96\%$。

11. 苏南公司股票的实际收益率为 20%，长江公司股票的实际收益率为 10%，且长江公司股票的实际收益率与市场组合的平均收益率相同。（1）如果无风险收益率为 3%，计算苏南公司股票的 β 系数。（2）如果苏南公司股票的 β 系数为 2.2，计算无风险收益率 R_f。

解：（1）根据资本资产定价模型：20% = 3% + β（10% − 3%），则 β = 2.43。

（2）20% = R_f + 2.2 × （10% − R_f），则 R_f = 1.67%。

第 4 章　练习题

4. 某上市公司预计明年每股股利为 3 元，且以后每年股利可望以 8% 的比率永久增长，如果适当的贴现率为 12%，那么你预计该公司的股票价格为多少？

解：股票价格 = 3/（12% − 8%）= 75（元/股）

5. 假设某投资人以 50 元每股的价格购买某股票，该股票在将来可能每股支付股利 2 元，股利在不确定的将来以 8% 的比率上升。根据持有者对该公司风险的估计，她认为支付的价格是合理的，问该投资人应得年回报率是多少？

解：50 = 2/（r − 8%），推算出年回报率是 12%

6. 长江空调公司 20×4 年 1 月 1 日发行 5 年期的债券，每张债券的面值 1 000 元，票面利率 10%，每年年末付息一次，到期按面值偿还。

（1）假定 20×4 年 1 月 1 日的市场利率为 8%，债券的发行价格应定为多少？

（2）假定 20×5 年 1 月 1 日债券市价为 1 088 元，你期望的投资报酬率为 6%，你是否愿意购买该债券？

解：（1）$P = 1\,000 \times 10\% \times (P/A, 8\%, 5) + 1\,000 \times (P/F, 8\%, 5) = 1\,079.87$

（2）$P = 1\,000 \times 10\% \times (P/A, 6\%, 4) + 1\,000 \times (P/F, 6\%, 4) = 1\,138.61 > 1\,088$

答：（1）债券的发行价格 $1\,079.87$ 元；（2）债券市价低于现值，该购买。

7. 长江空调公司于 20×4 年 1 月 5 日以每张 $1\,020$ 元的价格购买 A 公司发行的利随本清的公司债券。该债券的面值为 $1\,000$ 元，期限为 3 年，票面利率为 10%，不计复利。购买时市场利率为 8%。

（1）利用债券价值评估模型分析长江空调公司购买 A 公司债券是否合算。

（2）如果长江空调公司于 20×5 年 1 月 5 日将 A 公司债券以每张 $1\,130$ 元的市价出售，计算长江空调公司该债券投资的投资收益率。

解：（1）$P = (1\,000 \times 10\% \times 3 + 1\,000) \times (P/F, 8\%, 3) = 1\,031 > 1\,020$

（2）$(1\,130 - 1\,020)/1\,020 = 10.78\%$

答：（1）购买 A 公司债券是合算的；（2）若当天以每张 $1\,130$ 元的市价卖出，该债券投资收益率为 10.78%。

8. 长江空调公司股票的 β 值为 1.5，市场全部股票的平均收益率为 12%，无风险收益率为 4%。公司今年每股股利 0.4 元，未来 2 年以 15% 的速度高速成长，而后以 8% 的速度转入正常成长。请计算长江空调公司股票的必要报酬率和股票的价值。

解：股票的收益率 $R = 4\% + 1.5 \times (12\% - 4\%) = 4\% + 1.5 \times 8\% = 16\%$

$P_1 = 0.4 \times (1 + 15\%) \times (P/F, 16\%, 1) = 0.3996$

$P_2 = 0.4 \times (1 + 15\%)^2 \times (P/F, 16\%, 1) = 0.3932$

$$P_3' = \frac{D_1}{R - g} = \frac{0.529 \times (1 + 8\%)}{16\% - 8\%} = \frac{0.5713}{8\%} = 7.1413$$

$P_3 = 7.1413 \times (P/F, 16\%, 2) = 5.3074$

$P = P_1 + P_2 + P_3 = 6.0972$

答：该股票的必要报酬率为 16%，该股票的价值为 6.0972 元/股。

9. 长江空调公司支付每股股利为 1.8 元，预计在未来该公司股票的股利按每年 6% 的速度增长。假定必要收益率是 18%。

（1）计算长江空调公司股票的内在价值；

（2）如果现在股票价格是 20 元，长江空调公司股票是否值得投资？

解：明年股利：$1.8 \times 1.06 = 1.908$。内在价值：$1.908/(18\% - 6\%) = 15.9$（元/股）。

答：现在每股股票价格是 20 元/股高于 15.9 元/股，股票价格被高估了，不应投资。

10. 某债券面值 $1\,000$ 元每张，票面利率 8%，20×4 年 7 月 1 日发行，20×9 年 7 月 1 日到期，半年支付一次利息（6 月末和 12 月末支付），假设投资的必要报酬率为 10%。

（1）计算该债券在发行时的价值。

（2）计算该债券在 20×7 年 12 月末，支付利息之前的价值。

（3）计算该债券在 20×7 年 9 月 1 日的价值。

解：（1）每次支付利息 40 元，共计支付 10 次，每年支付 2 次利息，贴现率为 5%。

发行时债券价值 = 40 × （P/A，5%，10） + 1 000 × （P/F，5%，10） = 922.88（元）

（2）债券价值 = 40 + 40 × （P/A，5%，3） + 1 000 × （P/F，5%，3） = 1 012.92（元）

（3）该债券在 20×7 年 9 月 1 日的价值 = 1 012.92 × （P/F，5%，2/3） = 979.49（元）

答：发行时的债券价值为 922.88 元，20×7 年 12 月末，支付利息之前的价值为 1 012.92 元，债券在 20×7 年 9 月 1 日的价值为 979.49 元。

第 5 章　练习题

7. 长江空调公司正与银行协商一笔价值为 800 万元的一年期贷款，假设银行有下列 3 种贷款条件可以选择，公司应该选择哪个贷款条件？

（1）年利率等于 6.47% 的贷款，没有补偿性余额规定，利息费用在年底支付。

（2）年利率等于 5.5% 的贷款，补偿性余额为贷款额的 15%，利息费用在年底支付。

（3）年利率为 3.235%，利息费用在年底支付，但借款本金要每月平均偿还。

解：（1）实际利率是 6.47%；（2）实际利率是 5.5%/（1 – 15%） = 6.47%；（3）实际利率是 8 000 000×3.235%/（8 000 000/2） = 6.47%。

答：3 种贷款条件的实际利率都一样，长江空调公司应结合公司现金流情况选择，如果公司目前缺少现金，不能选第 3 种，因为每月要还本金。

8. 长江空调公司原已发行在外的普通股共 500 万股，每股面值 1 元。20×9 年 1 月发行累积优先股 10 万股，每股面值 10 元，股息率 6%。20×0 年、20×1 年该公司由于经营效益不佳未分派股利。20×2 年、20×3 年经营业绩上升，分配的现金股利（包括优先股）分别为 28 万元和 30 万元。计算 20×2 年、20×3 年普通股股东和优先股股东应分得的每股股利。

解：20×2 年，优先股股利：10×10×6%×3 = 18（万元），18/10 = 1.8（元/股）；普通股股利：（28 – 18）÷500 = 0.02（元/股）。

20×3 年，优先股股利：10×10×6% = 6（万元），6/10 = 0.6（元/股）；普通股股利：（30 – 6）÷500 = 0.048（元/股）。

答：20×2 年，优先股东股利是 1.8 元/股，普通股股利是 0.02 元/股；20×1 年，优先股东股利是 0.6 元/股，普通股股利是 0.048 元/股。

9. 投资人准备从市场上购买 A、B、C 三只股票组成投资组合。已知 A、B、C 三只股票的 β 系数分别为 0.8、1.2、2。无风险收益率为 3%，市场股票的平均必要收益率为 9%。

（1）用资本资产定价模型分别计算这三种股票的预期收益率。

（2）假设该投资人准备长期持有 A 股票，A 股票去年的每股股利为 2 元，预计年股利增长率为 5%，当前每股票市场价为 70 元，投资人的投资决策是否可行？

（3）若投资人按 5∶2∶3 的比例分别购买了 A、B、C 三种股票，计算该投资组合的 β 系数和预期收益率。

解：（1）$R_A = 3\% + (9\% - 3\%) \times 0.8 = 7.8\%$；$R_B = 3\% + (9\% - 3\%) \times 1.2 = 10.2\%$；$R_C = 3\% + (9\% - 3\%) \times 2 = 15\%$

（2）$D_0 = 2 \times (1 + 5\%) = 2.1$（元），$V_A = 2.1 \times (1 + 5\%) \div (7.8\% - 5\%) = 78.6$（元）$> 70$ 元，买入并持有 A 股票可行。

（3）$\beta = \beta_A \times 50\% + \beta_B \times 20\% + \beta_C \times 30\% = 0.8 \times 50\% + 1.2 \times 20\% + 2 \times 30\% = 1.24$；

$R = R_A \times 50\% + R_B \times 20\% + R_C \times 30\% = 7.8\% \times 50\% + 10.2\% \times 20\% + 15\% \times 30\% = 10.44\%$。

答：（1）三种股票的预期收益率分别是 7.8%、10.2% 和 15%；（2）投资 A 股票可行；（3）投资组合的 β 系数 1.24 和预期收益率 10.44%。

10. 长江空调公司在去年销售收入 60 500 万元，净利润 10 500 万元。公司拟申请 IPO 上市，已知行业市平均盈率是 30，行业平均股票市值/销售收入是 3，如果新股发行上市成功，长江空调公司将有 8 000 万股流通股。请估计长江空调公司 IPO 的价格。

解：（1）IPO 定价基于市盈率，行业平均市盈率 30，净利润 10 500 万元；公司股票的总市值：$10\ 500 \times 30 = 315\ 000$（万元）；每股价格将为：$315\ 000 / 8\ 000 = 39.38$（元）。

（2）IPO 定价基于行业平均股票市值/销售收入比率，行业均值为 3，销售收入 60 500 万元；公司股票的总市值：$60\ 500 \times 3 = 181\ 500$（万元），每股价格为 $181\ 500 / 8\ 000 = 22.69$（元）。

答：如果 IPO 定价基于行业市盈率，公司 IPO 股价 39.38 元/股；如果 IPO 定价基于股价/销售收入比率，公司 IPO 股价 22.69 元/股。

第 6 章 练习题

7. 五达公司下年度拟生产单位售价为 12 元的甲产品，现有两个生产方案可供选择：A 方案的单位变动成本为 6.72 元，固定成本为 67.5 万元；B 方案的单位变动成本为 8.25 元，固定成本为 40 万元。公司资产总额为 225 万元，资产负债率为 40%，负债利率为 10%。预计年销售量为 20 万件，公司正处在免税期。计算两个方案的经营杠杆系数、财务杠杆系数和总杠杆系数，并预测当销售量下降 25% 时，两个方案的息税前利润各下降多少，并对比两个方案的总风险。

解：（1）经营杠杆系数。

$$DOL_A = \frac{200\ 000 \times (12 - 6.72)}{200\ 000 \times (12 - 6.72) - 675\ 000} = 2.77$$

$$DOL_B = \frac{200\ 000 \times (12 - 8.25)}{200\ 000 \times (12 - 8.25) - 400\ 000} = 2.14$$

（2）息税前利润的变动。

$$\Delta EBIT = \Delta Q \times (p - v)$$

销售量下降25%后A和B两方案的息税前利润将分别下降：

$$\Delta EBIT_A = 200\ 000 \times 25\% \times (12 - 6.72) = 264\ 000（元）$$

$$\Delta EBIT_B = 200\ 000 \times 25\% \times (12 - 8.25) = 187\ 500（元）$$

（3）财务杠杆系数。

$$DFL_A = \frac{200\ 000 \times (12 - 6.72) - 675\ 000}{200\ 000 \times (12 - 6.72) - 675\ 000 - 2\ 250\ 000 \times 40\% \times 10\%}$$
$$= 1.31$$

$$DFL_B = \frac{200\ 000 \times (12 - 8.25) - 400\ 000}{200\ 000 \times (12 - 8.25) - 400\ 000 - 2\ 250\ 000 \times 40\% \times 10\%} = 1.35$$

（4）总杠杆系数。

$$DTL_A = DOL_A \times DFL_A = 2.77 \times 1.31 = 3.63$$

$$DTL_B = DOL_B \times DFL_B = 2.14 \times 1.35 = 2.89$$

答：A方案的总杠杆系数大于B方案的，A方案的总风险较大。

8. 众诚实业公司发行在外普通股100万股（面值为1元/股），已发行有年利率为10%的债券400万元。该公司计划为一个新的投资项目融资500万元，预计新项目投产后公司每年息税前利润将增加至200万元。经过调查研究，公司财务部门提出了两个方案以备选择：按12%的年利率发行债券（方案1）；按每股20元的价格溢价发行新股（方案2）。若公司适用所得税税率为25%，发行各种证券均无筹资费用。计算两个方案的普通股EPS、财务杠杆系数，并判断两个方案的优劣。

解：（1）两个方案的每股收益如下表所示（单位：万元）。

项目	方案1	方案2
息税前利润	200	200
目前利息	40	40
新增利息	60	—
税前利润	100	160
税后利润	75	120
普通股股数（万股）	100	125
普通股每股收益 EPS（元）	0.75	0.96

（2）$DFL_1 = \dfrac{200}{200 - 40 - 60} = 2$，$DFL_2 = \dfrac{200}{200 - 40} = 1.25$。

答：由于方案2的每股收益大于方案1的，且其财务杠杆系数又小于方案1，即相比方案2而言, 方案2收益较高而风险又较小, 所以方案2更优。

9. 湘水股份公司目前的资本结构为: 总资本 1 000 万元, 其中, 债务 400 万元, 年平均利率为 10%; 普通股 600 万元 (面值为 10 元/股)。目前市场无风险报酬率为 3%, 市场是股票平均收益率为 13%, 该公司股票的贝塔系数为 1.6。假定该公司年息税前利润为 240 万元, 企业所得税税率为 25%, (1) 计算现条件下该公司的市场总价值和加权平均资本成本; (2) 如该公司计划追加筹资 400 万元, 有两个备选方案: 平价发行债券 400 万元, 年利率为 12%; 发行普通股 400 万元, 每股面值 10 元, 试计算两种筹资方案的每股收益无差别点。

解: (1) 根据资本资产定价模型。

预期收益率 = 3% + 1.6 × (13% − 3%) = 19%

股票市场价值 $= \dfrac{(240 - 400 \times 10\%) \times (1 - 25\%)}{19\%} = 789.47$ (万元)

公司总价值 = 债券价值 + 股票价值 = 400 + 789.47 = 1 189.47 (万元)

加权平均资本成本 $= \dfrac{400}{1\,189.47} \times 10\% \times (1 - 25\%) + \dfrac{789.47}{1\,189.47} \times 19\% = 15.13\%$

(2) 计算每股收益无差别点。

$$\frac{(\overline{EBIT} - 400 \times 10\%) \times (1 - 25\%)}{600/10 + 400/10} = \frac{(\overline{EBIT} - 400 \times 10\% - 400 \times 12\%) \times (1 - 25\%)}{600/10}$$

解得: $\overline{EBIT} = 155$ (万元), $\overline{EPS} = 0.825$。

答: 两种筹资方案的每股收益无差别点息税前利润等于 155 万元, 此时每股收益 0.825。

10. 华星公司目前拥有长期资本 8 500 万元, 结构为: 长期负债 1 000 万元, 普通股股本 7 500 万元。公司准备追加筹资 1 500 万元, 现有三个筹资方案备选: 发行普通股、债券和优先股, 详细资料如下表所示 (单位: 万元)。

资本来源	目前资本结构		追加筹资后的资本结构					
			发行普通股		发行长期债券		发行优先股	
	金额	比例	金额	比例	金额	比例	金额	比例
长期负债	1 000	0.12	1 000	0.10	2 500	0.25	1 000	0.10
优先股	—	—	—	—	—	—	1 500	0.15
普通股	7 500	0.88	9 000	0.90	7 500	0.75	7 500	0.75
资本总额	8 500	1.00	10 000	1.00	10 000	1.00	10 000	1.00
年利息额	90	90	270	90				
年优先股股利	—	—	—	150				
普通股股数	1 000 万股	1 300 万股	1 000 万股	1 000 万股				

假设息税前利润为 1 600 万元，企业所得税税率为 25%。请用每股收益分析法决策公司应选择哪种筹资方案，并分析在什么样的息税前利润水平下应采取什么样的方式筹资。

解：（1）华星公司预计追加筹资后的每股收益计算表见下表（单位：万元）。

项目	发行普通股	发行债券	发行优先股
息税前利润	1 600	1 600	1 600
减：债券利息	90	270	90
税前利润	1 510	1 330	1 510
减：所得税（25%）	377.5	332.5	377.5
税后利润	1 132.5	997.5	1 132.5
减：优先股股利			150
普通股可分配利润	1 132.5	997.5	982.5
普通股股数（万股）	1 300	1 000	1 000
普通股每股收益 EPS（元）	0.871	0.998	0.983

预期息税前利润为 1 600 万元时，应选发行债券增资，此时每股收益最高为 0.998。

（2）测算每股收益无差别点。

①发行普通股与债券两种增资方式下的每股收益无差别点为：

$$\frac{(\overline{EBIT} - 90) \times (1 - 25\%)}{1\ 300} = \frac{(\overline{EBIT} - 270) \times (1 - 25\%)}{1\ 000}$$

$\overline{EBIT} = 870（万元），\overline{EPS} = 0.45$

②发行普通股与发行优先股两种增资方式下的每股收益无差别点为：

$$\frac{(\overline{EBIT} - 90) \times (1 - 25\%)}{1\ 300} = \frac{(\overline{EBIT} - 90) \times (1 - 25\%) - 150}{1\ 000}$$

$\overline{EBIT} = 956.67（万元），\overline{EPS} = 0.5$

答：当息税前利润为 870 万元，增发普通股与增发债券的每股收益相等；当息税前利润大于 870 万元，采用增发债券方式要比增发普通股方式更有利；而当息税前利润小于 870 万元时，采用增发债券方式则不如增发普通股方式。同理，当息税前利润为 956.67 万元，增发普通股与发行优先股的每股收益相等；当息税前利润大于 956.67 万元，采用发行优先股方式要比增发普通股方式更有利。

第7章 练习题

9. 长江公司拟扩大规模投产新的生产线，进行为期一年的调研，共花费了 20 万元调研费。今年，公司拟引进价值 200 万元的先进生产系统，提高生产效率，如果购入该系统，额外需花费 2 万元运输费及 3.5 万元安装费。该系统的预期寿命为 5 年，在这 5 年中，预期因增添此系统而增加的税前及未扣除折旧的利润为每年 80 万元。此外，估计由于质量提高而带来销售增长，使该公司的库存量也随之上升 20 万元，应付账款上升 5 万元。假设公司资本成本为 10%，所得税税率为 25%，公司采用直线法计提折旧，该系统5 年后没有残值。

（1）计算该投资项目各年的现金净流量。

（2）计算该投资项目的净现值，并进行财务可行性评价。

解：（1）项目各年的现金净流量。

$NCF_0 = -2\,000\,000 - (20\,000 + 35\,000) - (200\,000 - 50\,000) = -2\,205\,000$（元）

折旧 $= (2\,000\,000 + 55\,000)/5 = 411\,000$（元）

$NCF_{1\sim4} = (800\,000 - 411\,000) \times (1 - 25\%) + 411\,000 = 702\,750$（元）

$NCF_5 = 702\,750 + (200\,000 - 50\,000) = 852\,750$（元）

（2）$NPV = -2\,205\,000 + 702\,750 \times (P/A, 10\%, 4) + 852\,750 \times (P/F, 10\%, 5) = 552\,113.6$（元）

答：$NPV > 0$，应购置该系统。

10. 长江公司拟开发一款新产品，假定该产品行销期估计为 5 年，5 年后停产。有关资料如下：购入机器设备 10 万元；投产需垫支流动资金 5 万元；每年的销售收入 8 万元；每年的材料、人工等付现成本 5 万元；前 4 年每年的设备维修费 2 000 元；5 年后设备的残值 1 万元。假定该项新产品的投资报酬率为 10%，不考虑所得税。

（1）计算项目各年的现金净流量。

（2）计算该项目的内含报酬率。

（3）用内含报酬率指标对该项新产品开发方案是否可行作出评价。

解：（1）项目各年的现金净流量。

$NCF_0 =$ 固定资产投资 + 垫支的流动资金 $= -100\,000 - 50\,000 = -150\,000$（元）

$NCF_{1\sim4} =$ 销售收入 − 付现成本 $= 80\,000 - 50\,000 - 2\,000 = 28\,000$（元）

$NCF_5 =$ 销售收入 − 付现成本 + 残值 + 回收垫支的流动资金 $= 80\,000 - 50\,000 + 10\,000 + 50\,000 = 90\,000$（元）

（2）项目内含报酬率的计算。

假设贴现率为 9%，项目的净现值为：

$NPV = -150\,000 + 28\,000 \times (P/A, 9\%, 4) + 90\,000 \times (P/F, 9\%, 5)$

$= -780$（元）

假设贴现率为 8%，项目的净现值为：

$NPV = -150\,000 + 28\,000 \times (P/A, 8\%, 4) + 90\,000 \times (P/F, 8\%, 5) = 4\,026$（元），用插值法计算内含报酬率：$IRR = 8\% + 1\% \times [4\,026/(4\,026 + 780)] = 8.838\%$

（3）内含报酬率 8.838% ＜投资报酬率 10%，方案不可行。

11. 长江公司计划投资新建一套生产线，该投资项目需要初始投资 150 万元，计划 2 年建设完工，而且预计在建设期的第 1 年年末和第二年年末分别需投入流动资金 50 万元。

预计经营期为 8 年，每年可使公司增加销售量 3 万件，每件单价 100 元，每件付现成本 60 元。设备采用直线法计提折旧，生产线到期报废时有 8% 的净残值。企业所得税税率为 25%，资本成本为 12%。要求：计算该投资项目的净现值并评价该投资项目是否可行。

解：固定资产残值 $=150 \times 8\% = 12$（万元）；固定资产折旧 $=（150 - 12）/8 = 17.25$（万元）。

$NCF_0 = -150$ 万元，$NCF_1 = -50$ 万元，$NCF_2 = -50$ 万元

$NCF_{3 \sim 9} = [30\,000 \times（100 - 60）- 172\,500] \times（1 - 25\%）+ 172\,500 = 943\,125$（元）

$NCF_{10} = 943\,125 +（500\,000 + 120\,000）= 1\,563\,125$（元）

$NPV = -1\,500\,000 - 500\,000 \times（P/A, 12\%, 2）+ 943\,125 \times [（P/A, 12\%, 9）-（P/A, 12\%, 2）] + 1\,563\,125 \times（P/F, 12\%, 10）= 1\,589\,415$（元）

答：NPV 大于 0，可以进行该项目的投资。

12. 长江公司正在评估是否应购置某生产设备。购置该生产设备需 100 万元，预计使用年限为 5 年，采用直线法计提折旧，到期无残值。购入设备后可使公司每年产品销售量增加 18 万件，产品单价为 20 元/件，变动成本为 12 元/件。增加的年固定成本（不包括折旧）为 75 万元，所得税税率为 25%，投资者要求的必要收益率为 12%。

（1）计算购置该设备的现金净流量和净现值。

（2）当销售量减少 1 000 件时，计算净现值相对于销售量变化的敏感程度。

解：（1）$NCF_0 = -1\,000\,000$（元）

$NCF_{1 \sim 5} = [180\,000 \times（20 - 12）- 750\,000 - 1\,000\,000/5] \times（1 - 25\%）+ 1\,000\,000/5 = 367\,500$（元）

$NPV = 367\,500 \times（P/A, 12\%, 5）- 1\,000\,000 = 324\,837$（元）

（2）当销售量减少 1 000 件时：

$NCF_0 = [179\,000 \times（20 - 12）- 750\,000 - 1\,000\,000/5] \times（1 - 25\%）+ 1\,000\,000/5 = 361\,500$（元）

$NCF_{1 \sim 5} = 361\,500 \times（P/A, 12\%, 5）- 1\,000\,000 = 303\,208$（元）

敏感性分析：$（-1\,000）/180\,000 = -0.56\%$，$（303\,208 - 324\,837）/324\,837 = -6.66\%$ $（-6.66\%）/（-0.56\%）= 11.89$

答：销售量变动 1%，净现值变动 11.89%。

第 8 章　练习题

4. 长江公司的原料购买和产品销售均采用商业信用方式，其应收账款的平均收款期为 120 天，应付账款的平均付款期为 40 天，从原料购买到产成品销售的期限平均为 100 天。要求：计算长江公司的现金周转期、现金周转率；若长江公司现金年度需求总量为 250 万元，求最佳现金持有量。

解：（1）现金周转期 = 100 + 120 - 40 = 180（天）。（2）现金周转率 = 360/现金周转期 = 360/180 = 2（次）。（3）最佳现金持有量 = 年现金需求量/现金周转率 = 250/2 = 125（万元）。

答：现金周转期是 180 天，现金周转率是 2，最佳现金持有量是 125 万元。

5. 长江公司大量使用某种外购零部件。零部件单价为 100 元/件，每次订货的变动成本为 20 元，订货的固定成本较小，可以忽略不计。该零部件的全年需求量为 3 600 件，每年按 360 天算，公司的资金成本为 10%，除资金成本外，不考虑其他储存成本。要求：计算甲公司外购零部件的经济订货量、与批量有关的总成本、外购零部件的全年总成本。

解：经济订货量 = $\sqrt{\dfrac{2 \times 3\,600 \times 20}{10}}$ = 120（件）

批量相关成本 = $\sqrt{2 \times 3\,600 \times 20 \times 10}$ = 1 200（元）

总成本 = 3 600 × 100 + 1 200 = 361 200（元）

答：经济订货量是 120 件，批量相关成本 1 200 元，外购总成本 361 200 元。

6. 长江公司有下列三个资金持有方案，各方案的相关成本资料见下表。要求：计算公司的最佳现金持有量。

各方案有关成本明细表

项目	甲	乙	丙
现金持有量（元）	20 000	30 000	40 000
管理成本（元）	2 000	2 000	2 000
有价证券利率（%）	8	8	8
短缺成本（元）	9 600	7 300	6 700

解：甲方案总成本 = 2 000 + 20 000 × 8% + 9 600 = 13 200（元）

乙方案总成本 = 2 000 + 30 000 × 8% + 7 300 = 11 700（元）

丙方案总成本 = 2 000 + 40 000 × 8% + 6 700 = 11 900（元）

答：应选择乙方案，最佳现金持有量为 30 000 元。

7. 甲公司生产的产品生产需要某种材料，年需求量为 720 吨（一年按 360 天计算）。供应商根据甲公司的指令发货，运输费由甲公司承担。材料价格为 3 300 元/吨，运费 20 元/吨，每次订货需要支付固定运费 100 元。材料在甲公司指令发出当天即可送达，但每日最大送货量为 10 吨。材料单位储存成本为 200 元/年。要求：计算经济订货量和总成本。

解：经济订货量 = $\sqrt{\dfrac{2 \times 100 \times 720}{10} \times \dfrac{10}{10 - 2}}$ = 30（吨）

批量相关成本 = $\sqrt{2 \times 720 \times 100 \times 200 \times \left(1 - \dfrac{2}{10}\right)}$ = 4 800（元）

总成本 = 720 × （3 300 + 20） + 4 800 = 2 395 200（元）

答：经济订货量是 30 吨，总成本 2 395 200 元。

8. 长江公司每月平均现金需要量为 20 万元，有价证券的月利率为 1%，假定公司现金管理相关总成本控制目标为 800 元，一年按 360 天计算，且公司采用存货模型确定最佳现金持有量。要求：（1）计算有价证券的每次转换成本。（2）每月最佳现金持有量。（3）最佳有价证券交易间隔期。

解：（1）有价证券的转换成本 = 800 × 800 ÷ （2 × 200 000 × 1%） = 160（元）。

（2）最佳现金持有量 = $\sqrt{2 \times 200\,000 \times 160 \div 1\%}$ = 80 000（元）。

（3）最佳有价证券交易间隔期 = （360/12） ÷ （200 000/80 000） = 12（天）。

答：有价证券每次转换成本 160 元，每月最佳现金持有量为 8 万元，最佳有价证券交易间隔期是 12 天。

9. 长江公司预计年度赊销收入净额为 1 000 万元，原来的信用条件是："N/60"，变动成本率为 60%，资本成本为 10%，平均收账期为 90 天，估计坏账损失率为 3%，发生收账费用 12 万元。为了加速应收账款的收回，公司打算推出新的信用条件，即"2/10，1/20，N/60"，估计约有 40% 的客户将利用 2% 的折扣，10% 的客户将利用 1% 的折扣，预计坏账损失率降为 2%，收账费用降为 10 万元。请问长江公司是否应采用新的信用条件。

解：新的信用条件的有关指标计算如下：

应收账款周转期 = 10 × 40% + 20 × 10% + 60 × 50% = 36（天）

应收账款周转率 = 360 ÷ 36 = 10（次）；应收账款平均余额 = 1 000 ÷ 10 = 100（万元）

维持赊销业务所需要的资金 = 100 × 60% = 60（万元）

应收账款机会成本 = 60 × 10% = 6（万元）；坏账损失 = 1 000 × 2% = 20（万元）

现金折扣 = 1 000 × （2% × 40% + 1% × 10%） = 9（万元）

原信用条件的应收账款机会成本 = 1 000 ÷ （360 ÷ 90） × 60% × 10% = 15（万元）

根据上述计算结果，对两个信用条件对比分析如下表所示。

信用条件分析评价表　　　　　　单位：万元

项目	原信用条件（N/60）	新信用条件（2/10，1/20，N/60）
年赊销额	1 000	1 000
减：现金折扣		9
年赊销净额	1 000	991
变动成本	600	600
信用成本前收益	400	391
信用成本：		
应收账款机会成本	15	6
坏账损失	30	20

续表

项目	原信用条件（$N/60$）	新信用条件（2/10，1/20，$N/60$）
收账费用	12	10
小计	57	36
信用成本后收益	343	355

答：实行新的信用条件后，公司收益增加 12 万元，应采取新的信用条件。

第 9 章　练习题

7. 李先生持有长江空调公司股票的认沽期权，执行价格是 40 元，而长江空调公司的股票正以每股 35 元出售。若该期权以 4 元出售，李先生的最佳策略是什么？

答：立即行权，获得收益 1 元。

8. 某欧式认沽期权合约，标的资产是天恒公司股票，期权费 5 元，执行价格为 100 元，期限是 1 年，如果 1 年后天恒公司股票的市场价格为 120 元。要求：计算该期权交易双方的净损益。

答：由于 1 年后该股票的价格高于执行价格，期权买方会放弃行权，损失 5 元。期权卖方的净损益就是他所收取的期权费 5 元。

9. 某公司股票的欧式认购期权和认沽期权执行价格均为 55 元，期限 1 年，目前该股票的价格是 44 元，期权费为 5 元。在到期日该股票的价格是 30 元。要求：计算同时买入 1 份的认沽期权与 1 份认购期权组合的到期日净损益。

解：认沽期权损益 =（55 - 30）- 5 = 20（元）；如果认购期权放弃行权，则损失期权费。组合收益为 = 20 - 5 = 15（元）。

答：认沽期权到期日净损益 20 元；认购期权到期日净损益 - 5 元；投资组合净损益 15 元。

第 10 章　练习题

6. 长江空调公司流通在外的普通股是 2 000 万股，今年净利润 5 000 万元，现正在讨论年度股利分配方案。方案 1：每 10 股发放现金股利 6 元。方案 2：以 30 元每股回购公司股票 40 万股。假设目前公股票价格是每股 30 元。请对比分析两个方案的异同之处。

答：二者的相同点是都使得股东获得现金。不同点包括：方案 1 是每股股利 0.6 元，共发放现金股利 1 200 万元，分配现金股利后，股东需要缴纳红利所得税，发放现金股利不会减少流通股股数；方案 2 是回购股票 40 万股，共支付现金 1 200 万元，股票回购后，股东需要缴纳资本利得税，而且股票回购会减少流通股股数。

7. 长江公司去年支付股利 504 万元，过去 10 年期间该公司盈利按固定的 10% 速度持续增长，去年税后利润为 1 800 万元。今年税后利润为 2 200 万元，投资总额为 2 000 万元，预计以后仍会恢复 10% 的增长率。假设公司可能采用下列四种股利政策，计算下列四种股利政策下今年的股利。（1）假设公司股利按盈利的长期增长率稳定增长；（2）假设公司维持去年的股利支付率；（3）假设公司采用剩余股利政策（投资 2 000 万元中 30% 以负债融资）；（4）今年的投资额度，30% 源于外部权益融资，30% 源于负债，40% 源于留存收益，剩下的留存收益用于发放股利。

解：（1）股利 = 504 × （1 + 10%）= 554.4（万元）。

（2）去年股利支付率 = 504/1 800 = 28%；今年支付股利 = 2 200 × 28% = 616（万元）。

（3）内部权益融资 = 2 000 × （1 − 30%）= 1 400（万元）；今年支付股利 = 2 200 − 1 400 = 800（万元）。

（4）今年支付股利 = 2 200 − 2 000 × 40% = 1 400（万元）。

答：四种不同的股利政策下，股利分别是 554.4 万元、616 万元、800 万元和 1 400 万元。

8. 长江公司年终利润分配前的股东权益项目资料如下：股本——普通股（每股面值 1 元 2 000 万股）2 000 万元，资本公积 800 万元，未分配利润 8 200 万元，所有者权益合计 17 000 万元，公司股票的每股现行市价为 35 元。假设公司可能采用下列三种不同的股利分配方案，请计算各种方案的股利分配情况。

（1）计划按每 10 股送 1 股的方案发放股票股利并按发放股票股利后的股数派发每股现金股利 0.2 元，股票股利的金额按现行市价计算。计算完成这一方案后的股东权益各项目数额。

（2）假设公司按 1：2 比例进行股票分割，计算股东权益各项目和普通股股数。

（3）假设利润分配不改变市净率，公司按每 10 股送 1 股的方案发放股票股利，股票股利按现行市价计算并按新股票数量发放现金股利，且希望普通股市价达到每股 30 元，计算每股现金股利应是多少。

解：（1）发放股票股利后的普通股数 = 2 000 × （1 + 10%）= 2 200（万股）

发放股票股利后的普通股本 = 1 × 2 200 = 2 200（万元）

发放股票股利后的资本公积 = 800 + （35 − 1）× 200 = 7 600（万元）

现金股利 = 0.2 × 2 200 = 440（万元）

利润分配后的未分配利润 = 8 200 − 35 × 200 − 440 = 760（万元）

（2）股票分割后的普通股数 = 2 000 × 2 = 4 000（万股）

股票分割后的普通股本 = 1 × 4 000 = 4 000（万元）

股票分割后的资本公积 = 800（万元）

股票分割后的未分配利润 = 8 200（万元）

（3）分配前市净率 = 35/（17 000/2 000）= 4.12

每股市价 30 元时的每股净资产 = 30/4.12 = 7.28（元）

每股市价 30 元时的全部净资产 = 7.28 × 2 200 = 16 016（万元）

每股市价 30 元时的每股现金股利 =（17 000 – 16 016）/2 200 = 0.45（元）

答：方案 1：发放股利后股本 2 200 万元，资本公积 7 600 万元，未分配利润 760 万元，现金股利 440 万元。方案 2：股本 4 000 万元，资本公积 800 万元，未分配利润 8 200 万元。方案 3：每股现金股利 0.45 元。

9. 长江公司本年年底的所有者权益总额为 8 000 万元，普通股股数为 6 000 万股。现在的资本结构为长期负债占 60%，所有者权益占 40%，没有需要付息的流动负债。适用的所得税税率为 25%。预计继续增加长期债务不会改变现在 12% 的平均利率水平。董事会计划明年的资金安排如下：（1）计划年度分配现金股利 0.06 元/股；（2）为新的投资项目筹集 4 000 万元；（3）计划年度维持现在的资本结构，并且不增发新股，不借入短期借款。要求：计算实现董事会上述要求所需要的息税前利润。

解：发放现金股利所需的税后利润 = 0.06 × 6 000 = 360（万元）

投资项目所需税后利润 = 4 000 × 40% = 1 600（万元）

计划年度税后利润 = 360 + 1 600 = 1 960（万元）

税前利润 = 1 960/（1 – 25%）= 2 613.33（万元）

计划年度借款利息 =（8 000/40% × 60% + 4 000 × 60%）× 12% = 1 728（万元）

息税前利润 = 2 613.33 + 1 728 = 4 341.33（万元）

答：所需要的息税前利润为 4 341.33 万元。

第 11 章 练习题

5. 甲公司拟按每股 24 元价格并购乙公司，目前甲公司的股票市价为 40 元，普通股数为 1 000 万股，乙公司股价 16 元，股数 400 万股，每股收益 0.7 元，预计并购后稀释后的每股收益为 1.2 元。要求：（1）计算并购后的预计净利润；（2）利用每股收益代乙公司作出决策；（3）如果丙公司也想并购乙公司，愿以其 0.4 股的普通股加 5 元的现金实施并购，丙公司目前的股票市价为 38 元，代乙公司作出选择。

解：（1）股票交换率 = 24/40 = 0.6，预计净利润 = 1.2 ×（1 000 + 400 × 0.6）= 1 488 万元。

（2）并购后乙公司的每股收益 = 1.2 × 0.6 = 0.72（元），因为并购后乙公司的每股收益将增长 0.02 元（0.72 – 0.70），因此，乙公司会同意并购。

（3）甲公司的股价交换率 = 24 × 0.6/16 = 0.9 元，丙公司股价交换率 =（38 × 0.4 + 5）/16 = 1.262 5 元。

答：并购后的预计净利润 1 488 万元；乙公司会同意并购；丙公司的股价交换率高于甲公司的，因此，会选择丙公司。

6. 长江公司预计未来 5 年的预期收益额为 10 万元、11 万元、12 万元、12 万元、13 万元，并从第 6 年开始，企业的年收益额将在第 5 年的水平上以 1% 的增长率增长，假定资本化率为 10%，要求估算持续经营条件下长江公司的价值。

解：预测期连续经营价值 $= 10 \times (P/F, 10\%, 1) + 11 \times (P/F, 10\%, 2) + 12 \times (P/F, 10\%, 3) + 12 \times (P/F, 10\%, 4) + 13 \times (P/F, 10\%, 5) = 43.457$（万元）

明确预测期后连续价值 $= [13 \times (1 + 1\%) / (10\% - 1\%)] \times (P/F. 10\% \times 5) = 145.89 \times 0.621 = 90.6$（万元）

持续经营条件下长江公司的价值 $= 43.457 + 90.6 = 134.06$（万元）

答：持续经营条件下长江公司的价值为 134.06 万元。

7. 天恒公司现进行破产清算，其资产清算价值为 540 万元，欠职工工资 200 万元，欠国家税款 200 万元，银行贷款 100 万元，其他债权人债务 400 万元，清算费用是 40 万元，试制定天恒公司的破产方案。

答：天恒公司的破产方案如下：（1）支付清算费用 40 万元，剩余资产价值 500 万元；（2）支付欠付职工工资 200 万元，剩余资产价值 300 万元；（3）支付欠付国家税款 200 万元，剩余资产价值 100 万元；（4）清偿银行和其他债权人的欠款，偿付比例共 $100 / (100 + 400) = 20\%$，银行贷款受偿额 $= 100 \times 20\% = 20$（万元），其他债权人受偿金额 $= 400 \times 20\% = 80$（万元）。

8. A 公司正考虑并购与其经营相似的 B 公司。B 公司全部资本均为股权资本。目前，该公司每年税后现金净流量为 200 万元，并购后将会产生协同效应，预计今后 10 年现金净流量以 5% 的速度逐年递增，为维持这个增长速度，A 公司每年需投资 100 万元。A 公司把现金流的预计年限假定为 25 年。要求：（1）计算并购后 A 公司每年预期现金净流量是多少；（2）如果内含报酬率为 18%，计算 A 公司可能支付的最高并购价格是多少。

解：

A 公司的现金流量计算表 单位：元

年序	现金流量	损益额	净现金流量	净现金流量现值（18%）
1	2 300 000	1 000 000	1 300 000	1 101 100
2	2 645 000	1 000 000	1 645 000	1 181 110
3	3 041 750	1 000 000	2 041 750	1 243 426
4	3 498 013	1 000 000	2 498 013	1 288 957
5	4 022 714	1 000 000	3 022 714	1 320 926
6	4 626 122	1 000 000	3 626 122	1 341 665
7	5 320 040	1 000 000	4 320 040	1 356 493
8	6 118 046	1 000 000	5 118 046	1 361 400
9	7 035 753	1 000 000	6 035 753	1 358 044
10 ~ 25 *	8 019 116	1 000 000	7 019 116	8 254 059 *
合计				19 807 180

注：* 为第 10 ~ 25 年的总值。

答：A 公司可能支付的最高并购价格是 1 981 万元。

9. 假设甲公司计划以发行股票的方式并购乙公司，并购时双方的有关资料见下表。

并购时甲、乙公司资料

项目	甲公司	乙公司
净利润	500 万元	125 万元
普通股股数	250 万股	100 万股
每股收益	2 元	1. 25 元
每股票市场价	16 元	7. 5 元
市盈率	8	6

（1）若乙公司同意其股票每股作价 8 元，那么甲公司需发行多少股票才能并购乙公司所有股份？（2）若假设并购后的收益能力不变，存续的甲公司的盈余总额为原甲、乙公司盈余之和，那么并购后甲、乙公司股东的每股收益将如何变化？（3）若保持甲、乙公司的每股收益不变，其股票交换率应各为多少？

解：（1）股票交换比率 $8 \div 16 = 0.5$，甲方需发行股票数：$100 \times 0.5 = 50$（万股）。

（2）并购后净利润：625 万元。并购后股本数：300 万股。

并购后甲的每股收益：$625 \div 300 = 2.083$（元），比并购前提高了 0.083 元。

并购后乙的每股收益：$0.5 \times 2.083 = 1.0145$（元），较原来减少了 0.2085 元。

（3）并购前甲公司的 $EPS_1 = 2$ 元，并购后甲公司的 $EPS_2 = 625 \div (250 + 100 \times R_1)$。

$625 \div (250 + 100 \times R_1) = 2$，$R_1 = 0.625$，即交换比率为 0.625。

甲对乙股票每股作价为：$0.625 \times 16 = 10$（元）。并购前乙公司的 $EPS_1 = 1.25$。并购后乙公司的 $EPS_2 = 625 \div (250 + 100 \times R_2) = 1.25$，$R_2 = 2.5$；乙方股票交换率为 2.5。

答：（1）甲方需发行股票数为 50 万股。（2）并购后甲公司每股收益提高了 0.083 元，乙公司每股收益降低了 0.2085 元。（3）若保持甲、乙公司的每股收益不变，其股票交换率应各为 0.625 和 2.5。

第 12 章　练习题

5. 长江公司本年度的财务信息如下：资产总额期初值、期末值分别为 240 万元、256 万元；负债总额期初值、期末值分别为 98 万元、128 万元；本年度销售收入 10 000 万元，净利润为 600 万元。要求：计算销售净利率、总资产周转率、权益乘数和净资产收益率。

解：销售净利率 $= 600/10\ 000 = 6\%$，总资产周转率 $= 10\ 000/(240 + 256) \div 2 = 40.32$，年末资产负债率 $= 128/256 = 50\%$，权益乘数 $= 1 \div (1 - 50\%) = 2$，净资产收益率 $= 6\% \times 40.32 \times 2 = 483.84\%$。

6. 长江公司本年度利润总额为 30 万元，营业收入是 100 万元。资产期初余额和期末余额相同，都为 250 万元；期初、期末资产负债率不变，都为 40%。全年共发生利息费用 5 万元，企业所得税税率为 25%。要求：计算销售净利率、总资产报酬率、总资产周转率、净资产收益率和期末权益乘数。

解：净利润 $= 30 \times (1 - 25\%) = 22.5$（万元），销售净利率 $= 22.5/100 = 22.5\%$。

总资产报酬率 $= (30 + 5) / (250 + 250) \div 2 = 14\%$，总资产周转率 $= 100/(250 + 250) \div 2 = 0.4$。

期初净资产 $=$ 期末净资产 $= 250 \times (1 - 40\%) = 150$（万元）。

净资产收益率 $= 22.5/(150 + 150) \div 2 = 15\%$，权益乘数 $= 250 \div 150 = 5 \div 3 \approx 1.67$。

7. 长江公司期末资产负债表简略形式如下表。已知：期末流动比率是 1.5；期末权益乘数是 2；本期存货周转率是 4.5 次；本期销售成本是 315 000 元；期初存货等于期末存货。要求：计算并填满表格中的空白数据处。

解：存货周转次数 $= 315\,000/$存货 $= 4.5$，存货 $= 315\,000/4.5 = 70\,000$（元）；应收账款净额 $= 432\,000 - 294\,000 - 70\,000 - 25\,000 = 43\,000$（元）；流动比率 $= (432\,000 - 294\,000) /$ 流动负债 $= 1.5$；流动负债 $= 138\,000/1.5 = 92\,000$（元），应付账款 $= 92\,000 - 25\,000 = 67\,000$（元）；期末权益乘数 $= 2$，资产负债率 $= 50\%$，负债总额 $= 432\,000/2 = 216\,000$（元）；非流动负债 $= 216\,000 - 92\,000 = 124\,000$（元），未分配利润 $= 216\,000 - 300\,000 = -84\,000$（元）。

资产负债表（简） 单位：元

资产	金额	负债和所有者权益	金额
货币资金	25 000	应付账款	67 000
应收账款	43 000	应交税费	25 000
存货	70 000	非流动负债合计	124 000
固定资产	294 000	负债总额	216 000
		实收资本	300 000
		未分配利润	-84 000
资产总计	432 000	负债和所有者权益总计	432 000

8. 长江公司的流动资产由速动资产和存货资产构成，其年初存货为 145 万元，年初应收账款为 125 万元；年末流动比率为 3，年末速动比率为 1.5。存货周转率为 4 次，年末流动资产余额为 270 万元。假定本年赊销净额为 960 万元，除应收账款以外的其他速动资产忽略不计，1 年按 360 天计算。要求：计算公司流动负债年末余额，存货年末余额和年平均余额，本年营业成本，应收账款周转期。

解：流动负债年末余额 $= 270 \div 3 = 90$（万元），存货年末余额 $= 270 - 90 \times 1.5 = 135$（万元）。

存货平均余额 $= (135 + 145) \div 2 = 140$（万元），本年营业成本 $= 140 \times 4 = 560$（万元）。

应收账款年末余额 $= 270 - 135 = 135$（万元），或 $90 \times 1.5 = 135$（万元）。

应收账款周转期 $= 360 \times [(125 + 135) \div 2] \div 960 = 48.75$（天）。

9. 长江公司今年部分财务数据如下表所示，假定流动资产只包括速动资产和存货。

要求：计算长江公司今年流动资产的年初余额、年末余额和平均余额、销售收入净额和总资产周转率和销售净利率。

长江公司今年部分财务数据

项目	年初数	年末数	本年数或平均数
存货（万元）	7 200	9 600	8 400
流动资产（万元）	12 000	12 000	12 000
流动负债（万元）	6 000	8 000	7 000
总资产（万元）	15 000	17 000	16 000
流动比率		1.5	
速动比率	0.8		
权益乘数			1.5
流动资产周转率（次）			4
净利润（万元）			2 880

解：年初流动资产余额 $= 0.8 \times 6\,000 + 7\,200 = 12\,000$（万元），年末流动资产余额 $= 1.5 \times 8\,000 = 12\,000$（万元），平均流动资产余额 $= 12\,000$（万元），销售收入净额 $= 4 \times 12\,000 = 48\,000$（万元），平均资产总额 $= (15\,000 + 17\,000)/2 = 16\,000$（万元），总资产周转率 $= 48\,000/16\,000 = 3$（次），销售净利率 $= 2\,880/48\,000 = 6\%$，净资产收益率 $= 2\,880/(16\,000 \div 1.5) = 27\%$ 或净资产收益率 $= 6\% \times 3 \times 1.5 = 27\%$，净资产周转率 $= 48\,000/(16\,000/1.5) = 4.5$（次）。

10. 长江公司 20×2 年的销售收入为 62 500 万元，比上年提高 28%，该公司正处于免税期，有关的财务比率如下表所示。要求：运用杜邦财务分析原理，比较 20×1 年公司与同行业平均的资产收益率，定性分析其差异的原因。运用杜邦分析原理，比较公司 20×2 年与 20×1 年的净资产收益率，定性分析其变化的原因。

长江公司 20×1 年、20×2 年财务指标

财务比率	行业平均（20×1 年）	长江公司（20×1 年）	长江公司（20×2 年）
应收账款回收期（天）	35	36	36
存货周转率	2.5	2.59	2.11
销售毛利率	0.38	0.4	0.4
销售营业利润率（息税前）	0.2	0.096	0.1063
销售利息率	0.0373	0.024	0.0382
销售净利率	0.0627	0.072	0.0681
总资产周转率	1.14	1.11	1.07
固定资产周转率	1.4	2.02	1.82
资产负债率	0.58	0.5	0.613
已获利息倍数	2.68	4	2.78

解：20×1 年长江公司净资产收益率 =7.2% ×1.11× [1/50%] =15.98%，行业平均净资产收益率 =6.27% ×1.14× [1/（1−58%）] =17.01%，20×1 年长江公司净资产收益率低于行业平均的原因是应收账款回收较慢；权益乘数低于行业平均水平是因为负债较少。

20×2 年长江公司净资产收益率 =6.81% ×1.07× [1/（1−61.3%）] =18.83%，与 20×1 年相比，净资产收益率上升了 2.85%；虽然销售净利率下降了 0.39%，总资产周转率下降了 0.2，但权益乘数增加 0.58，即增加负债会提高净资产收益率。

11. 长江公司本年利润分配及年末股东权益的有关资料如下表所示。公司当前股票市场价格为 10.50 元/股，流通在外的普通股股数为 3 000 万股。

要求：计算该公司普通股每股利润、股票当前的市盈率、每股股利、股利支付率和每股净资产。

长江公司本年利润分配及年末股东权益　　　　　单位：万元

项目	金额	所有者权益	金额
净利润	2 100	股本	3 000
加：年初未分配利润	400	资本公积	2 200
可供分配利润	2 500	盈余公积	1 200
减：提取法定盈余公积	500	未分配利润	600
可供股东分配利润	2 000	所有者权益合计	7 000
减：提取任意盈余公积	200		
减：已分配普通股股利	1 200		
未分配利润	600		

解：每股利润 =2 100/3 000 =0.7，市盈率 =10.5/0.7 =15，每股股利 =1 200/3 000 =0.4，股利支付率 =0.4/0.7 =57.14%，每股净资产 =7 000/3 000 =2.33。